SCHRIFTEN ZUR GELDTHEORIE UND GELDPOLITIK

Herausgegeben von
Prof. Dr. Hans-Hermann Francke, Freiburg
Prof. Dr. Alois Oberhauser, Freiburg

Band 17

Die deutsche Geldnachfrage

Empirische Ergebnisse zu den Eigenschaften von Feedback- und Forward-Looking-Geldnachfragemodellen

Martin T. Bohl

Centaurus Verlag & Media UG 1997

Zum Autor: Studium der Volkswirtschaftslehre in Gießen, 1989 - 1995 wissenschaftlicher Mitarbeiter am Lehrstuhl für Geld, Kredit, Währung der Universität Gießen. Derzeit tätig als wissenschaftlicher Mitarbeiter am Lehrstuhl für Finanzwirtschaft.

Die Deutsche Bibliothek – CIP-Einheitsaufnahme

Bohl, Martin T.:
Die deutsche Geldnachfrage : empirische Ergebnisse zu den Eigenschaften von Feedback- und Forward-Looking-Geldnachfragemodellen / Martin T. Bohl. – Pfaffenweiler : Centaurus-Verl.-Ges., 1997
(Schriften zur Geldtheorie und Geldpolitik ; Bd. 17)
Zugl.: Giessen, Univ., Diss., 1995
ISBN 978-3-8255-0125-9 ISBN 978-3-86226-348-6 (eBook)
DOI 10.1007/978-3-86226-348-6

NE: GT

ISSN 0941-1194

Satz: Vorlage des Autors

Meinen Eltern

Vorwort

Die vorliegende Arbeit ist während meiner Zeit als wissenschaftlicher Mitarbeiter am Lehrstuhl für Geld, Kredit und Währung der Justus-Liebig-Universität Gießen entstanden und vom Fachbereich Wirtschaftswissenschaften als Dissertation im November 1995 angenommen worden.

Es ist mir eine große Freude, an dieser Stelle meinem akademischen Lehrer Herrn Prof. Dr. Volbert Alexander für die Betreuung der Arbeit und das Erstgutachten zu danken. Während der Zeit an seiner Professur genoß ich für die Erstellung der vorliegenden Arbeit sowohl ein Höchstmaß an akademischer Freiheit als auch die erforderlichen zeitlichen Freiräume. Zu danken habe ich ferner Herrn Prof. Dr. Horst Rinne für die bereitwillige Übernahme des Zweitgutachtens. Mein Kollege Herr Diplom-Kaufmann Ralf Ahrens hat die gesamte Arbeit korrekturgelesen und mich mit hanseatischem Scharfsinn auf manche Schwäche und Unklarheit aufmerksam gemacht.

Last but not least möchte ich meinen Eltern aufrichtig danken. Meine Eltern haben mir eine universitäre Ausbildung ermöglicht und mich stets auf diesem Weg bestärkt und unterstützt.

Gießen, im Februar 1996 Martin T. Bohl

Inhaltsverzeichnis

Tabellenverzeichnis

Abbildungsverzeichnis

Abkürzungsverzeichnis

Bd.	Band
bzw.	beziehungsweise
ed., eds.	editor, editors
et al.	und andere
f.	folgende Seite
ff.	folgende Seiten

Hrsg.	Herausgeber
Jg.	Jahrgang
S.	Seite
u.U.	unter Umständen
vol.	volume

1. Problemstellung und Abgrenzung

Während der vergangenen drei Dekaden war die Geldnachfragefunktion aufgrund ihrer geldpolitischen und modelltheoretischen Bedeutung ein zentraler Untersuchungsgegenstand im Rahmen der quantitativen Wirtschaftsforschung. Für die empirischen Geldnachfrageanalysen der siebziger und achtziger Jahre ist rückblickend sicherlich die Arbeit von Goldfeld (1973) zur US-amerikanischen Geldnachfragefunktion wegweisend gewesen. Goldfeld legt eine Studie mit enzyklopädischem Charakter vor, in der eine Vielzahl alternativer Geldnachfragefunktionen spezifiziert und empirisch getestet wird. Die zentralen Resultate seiner Arbeit lassen sich knapp zusammenfassen: Für ein eng definiertes reales Geldmengenaggregat stellen Realeinkommen, ein oder zwei repräsentative Zinssätze und die um eine Periode verzögerte reale Geldmenge die relevanten Argumente der kurzfristigen Geldnachfragefunktion dar. Diese Spezifikation weist neben ökonomisch sinnvoll interpretierbaren Parameterschätzungen hervorragende statistische Eigenschaften und keinerlei signifikante Instabilitäten auf. Nach Einschätzung von Judd/Scadding (1982b) repräsentiert die Goldfeld-Gleichung das Endprodukt der intensiven empirischen Erforschung der amerikanischen Geldnachfragefunktion auf Basis von Quartalsdaten seit dem zweiten Weltkrieg bis zum Anfang der siebziger Jahre.

In den Folgejahren fand die Arbeit Goldfelds international große Beachtung, und die favorisierte Funktion war Vorbild für eine nahezu unüberschaubare Anzahl empirischer Analysen zur Geldnachfrage anderer Länder. Auch für die Bundesrepublik sind bis Ende der siebziger und Anfang der achtziger Jahre eine ganze Reihe Untersuchungen erschienen, die mit geringfügigen Modifikationen die parsimonische Spezifikation Goldfelds verwenden und zu vergleichbaren, ökonomisch plausiblen Größenordnungen sowohl für die langfristigen Einkommens- und Zinselastizitäten als auch für die Anpassungselastizitäten gelangen. Ebenso wird die Stabilität der geschätzten Funktionen bestätigt.[1]

---

[1] Hierzu zählen die Studien von Al-Khuri/Nsouli (1978), Arango/Nadiri (1981), Canarella/Roseman (1978), Frowen/Arestis (1976) und Ram (1982). Die ersten empirischen Arbeiten zur deutschen Geldnachfragefunktion legen Bergen (1969), König (1968), Müller (1969), Roskamp/Laumas (1969, 1970), Westphal (1970) sowie Woll (1969) vor.

Analog zu den Geldnachfragestudien für die USA und für andere Industrienationen gelangt die überwiegende Anzahl der jüngeren Arbeiten zur deutschen Geldnachfragefunktion zu einer anderen Einschätzung der Eigenschaften. Obwohl die Ergebnisse für die Bundesrepublik nicht eindeutig sind, finden sich neben unplausibel niedrigen Werten für die Anpassungselastizität in einigen Studien empirische Evidenzen für Strukturbrüche am Anfang und Ende der siebziger Jahre sowie teilweise zusätzlich am Anfang der achtziger Jahre.[2] Darüber hinaus erhalten Heri (1985) und Gaab/Seitz (1988) ökonomisch unplausible Schätzergebnisse für einzelne Koeffizienten der untersuchten Geldnachfragemodelle speziell in Stützbereichen beginnend in den Jahren 1973/74.

Auf Basis der bestehenden empirischen Evidenzen zur deutschen Geldnachfragefunktion kann als Fazit tendenziell festgehalten werden, daß Goldfeld-Gleichungen in Stützbereichen mit einem aktuellen Rand bis Mitte der siebziger Jahre ökonomisch plausible Parameterschätzungen und Stabilität zeigen. Demgegenüber liefern Spezifikationen vom Typ Goldfelds häufig unbefriedigende Resultate, falls der empirischen Analyse Stützbereiche zugrundeliegen, deren aktueller Rand deutlich über die Mitte der siebziger Jahre hinausgeht oder deren historischer Rand Mitte der siebziger Jahre beginnt. Seit der Periode substantieller ökonomischer Veränderungen – gekennzeichnet durch Ölpreisschocks, geldpolitische Regimewechsel, vergleichsweise hohen sowie variablen Inflationsraten und Zinssätzen, Rezessionen und Änderungen des Wechselkursregimes – kommen an der Stabilität der deutschen Geldnachfragefunktion Zweifel auf. Liegt eine empirisch instabile Geldnachfragefunktion vor, fehlt es an einer grundlegenden Voraussetzung zur erfolgreichen Durchführung einer auf dauerhafte Preisstabilität zielenden Geldpolitik im Rahmen des Konzepts öffentlich angekündigter Geldmengenziele, das seit 1975 in der Bundesrepublik praktiziert wird.

Die Literatur diskutiert drei Möglichkeiten, sich den Problemen traditioneller Geldnachfragefunktionen zu nähern. Zum ersten kann die Diskussion innerhalb der Spezifikation Goldfelds ansetzen, indem Überlegungen angestellt werden, neben einer Skalenvariablen sowie inländischen Zinssätzen zusätzli-

---

[2] Andersen (1985), Atkinson et al. (1984), Baade/Nazmi (1989), Boughton (1981), Buscher (1984b), Buscher/Schröder (1983a, 1983b), Gaab/Seitz (1988), Gödde (1988), Heri (1985), Neumann (1983), Schlomann (1988), Schröder (1983a).

che erklärende Variablen in die Gleichung aufzunehmen und/oder alternative Variablendefinitionen zu verwenden. Konkret läßt sich mit alternativen Konzepten des aktuellen Einkommens, permanenten Einkommens oder Vermögens, unterschiedlich definierten lang- sowie kurzfristigen Zinssätzen, alternativen Risikomaßen, Approximationsgrößen für Finanzinnovationen und einer Vielzahl weiterer Variablen als Argumente experimentieren. Für die Bundesrepublik hat in diesem Zusammenhang die Erweiterung der Geldnachfragefunktion Goldfelds um Approximationsgrößen für die erwartete Inflationsrate und um erklärende Variablen, die das Charakteristikum einer offenen Volkswirtschaft einzufangen versuchen, eine zentrale Rolle gespielt.[3] Die fälschlicherweise Nichtberücksichtigung solcher erklärender Variablen kann eine mögliche Ursache für die festgestellten Instabilitäten der Standardgeldnachfragefunktion sein. Die empirische Evidenz der bereits zitierten Arbeiten ist allerdings dahingehend interpretierbar, daß es durch diese Strategie nicht möglich ist, die Probleme traditioneller Geldnachfragefunktionen zu lösen.

Zum zweiten können die seit Anfang der achtziger Jahre entwickelten modernen ökonometrischen Techniken zur Spezifikation von Geldnachfragefunktionen herangezogen werden. Das Verfahren der dynamischen Modellbildung, der Kointegrationsansatz und die Spezifikation von Fehlerkorrekturmodellen sind hierbei als herausragende Konzepte zu nennen.[4] Im Unterschied zu den Versuchen, mit zusätzlichen erklärenden Variablen und alternativen Variablendefinitionen der Instabilität der deutschen Geldnachfragefunktion zu begegnen, weisen einige dieser Arbeiten – sofern eine Stabilitätsanalyse durchgeführt wird – stabile Geldnachfragefunktionen aus. Somit können zumindest in gewissem Umfang die für traditionelle Geldnachfragefunktionen festgestellten Instabilitäten sowie statistischen Unplausibilitäten auf deren limitierte lag-Struktur und inadäquate statistische Behandlung des Datenmaterials zurückgeführt werden. Die aus dieser Forschungsrichtung erlangten Ergebnisse müssen

---

[3] Arango/Nadiri (1981), Boughton (1981), Buscher (1983, 1984a, 1984b), Buscher/Schröder (1983a, 1983b), Cuddington (1983), Gaab/Seitz (1988), Gödde (1988), Langfeldt/Lehment (1980), Loef (1980, 1982), Neumann (1983), Schlomann (1988), Schröder (1983a, 1983b).

[4] Für die Bundesrepublik schätzen Boughton (1991), Boughton/Tavlas (1990), Gaab/Seitz (1988), Hoffman et al. (1995), Issing/Tödter (1995), Neumann/von Hagen (1987), Rüdel (1989), Sauer (1992), Tödter (1994), Trehan (1988), von Hagen (1993), von Hagen/Neumann (1988), Westphal/Kuhnert (1995) und Willms/Clausen (1995) mit Hilfe des modernen ökonometrischen Instrumentariums langfristige und kurzfristige Geldnachfragefunktionen.

sicherlich als wesentlicher Beitrag zur Lösung eines Teils der Probleme von Geldnachfragefunktionen bewertet werden. Da die zugrundeliegenden Geldnachfragemodelle marginalisierte und konditionierte Repräsentationen eines datengenerierenden Prozesses mit ausschließlich beobachtbaren Variablen darstellen, bezeichnet sie die Literatur auch als Feedback- oder Backward-Looking-Modelle.

Zum dritten können zur Konstruktion von Geldnachfragefunktionen Forward-Looking-Modelle eingesetzt werden, die sich durch die Verwendung erwarteter und unerwarteter Variablen als Determinanten der Kassenhaltung auszeichnen. Die Literatur hat mit dem Cuthbertson-Taylor- und Dutkowsky-Foote-Ansatz zwei solcher Geldnachfragemodelle hervorgebracht.[5] Dutkowsky und Foote leiten eine Geldnachfragefunktion unter der Annahme rationaler Erwartungen auf Basis einer Nutzenfunktion ab, die den realen Konsum und die Realkassenhaltung als Argumente enthält.[6] Die Lösung des Optimierungsansatzes liefert eine Geldnachfragegleichung mit erwarteten und unerwarteten Variablen als erklärenden Argumenten der Realkassenhaltung. Mit Ausnahme der Kritik von Fry/Wadhwa (1991) und Rossiter (1991) sowie der Replik von Dutkowsky/Foote (1991) ist das Modell in der Literatur nicht weiter diskutiert worden.

Demgegenüber wird dem Ansatz von Cuthbertson und Taylor bis zum heutigen Zeitpunkt zentrale Beachtung geschenkt. Die Wurzeln dieses Modells liegen in der Diskussion um die Buffer-Stock-Eigenschaft des Geldes. Die Bedeutung des Geldes als Puffer zur Absorption von Schocks ist bereits sehr früh in den Arbeiten von Friedman/Schwartz (1963) und Archibald/Lipsey (1958) diskutiert worden. Während Friedman und Schwartz die Buffer-Stock-Eigenschaft im Zusammenhang mit dem Transmissionsmechanismus geldpolitischer Maßnahmen analysieren, steht in der Studie von Archibald und Lipsey die Beziehung zum Geldnachfrageverhalten durch die Analyse des Realkasseneffektes im Vordergrund. Aus den siebziger Jahren sind die Studien von Darby (1972) und Jonson (1976a, 1976b) zum Buffer-Stock-Ansatz zu nennen, womit sich seine Behandlung in der Literatur im wesentlichen erschöpft. Überlagert von den Problemen traditioneller Goldfeld-Geldnachfragefunktionen, gaben neben der Arbeit

[5] Cuthbertson (1988a), Cuthberston/Taylor (1987b, 1989, 1990a, 1990b, 1990c, 1992) und Dutkowsky/Foote (1988).

[6] Die Arbeiten von Friedman (1969) und Sidrauski (1967) bilden hierzu die Grundlage.

von Santomero/Seater (1981) insbesondere die Diskussion zwischen Carr/Darby (1981), Carr et al. (1985) und MacKinnon/Milbourne (1984) im Journal of Monetary Economics und die Harry G. Johnson Lecture von Laidler (1984) die entscheidenden Impulse zur intensiven Auseinandersetzung mit der Buffer-Stock-Problematik. Ergebnis dieser Diskussion ist eine überschaubare Anzahl von Folgearbeiten, in deren Mittelpunkt das auf Carr/Darby (1981) zurückgehende Shock-Absorber-Modell steht.

Carr/Darby (1981) weisen erwarteten und unerwarteten Geldangebotsänderungen einen unterschiedlichen Effekt auf die Realkassenhaltung zu. Neben einer Skalen- und Opportunitätskostenvariablen beinhaltet die postulierte Geldnachfragefunktion das transitorische Einkommen und einen Geldangebotsschockterm als zusätzliche Argumente. Durch beide Shock-Absorber-Variablen soll das den traditionellen Geldnachfragefunktionen anhaftende Problem überschießender Zinsen sowie der Instabilität Rechnung getragen werden. Die empirische Evidenz zum Shock-Absorber-Modell und seinen Modifikationen für die Bundesrepublik ist auf die Arbeit von Thornton (1990) und international angelegte Studien beschränkt.[7] Insbesondere die in Folgearbeiten diskutierten Modifikationen und Testmöglichkeiten des Carr-Darby-Modells verwenden nahezu ausnahmslos US-amerikanische und britische Daten,[8] so daß empirische Evidenz zum Shock-Absorber-Modell für Deutschland zwar vorhanden ist, aber für eine Vielzahl einzelner Aspekte keine empirischen Ergebnisse vorliegen.

Während die Aufnahme eines Geldangebotsschocks in die Geldnachfragegleichung das Novum des Carr-Darby-Ansatzes repräsentiert, stellt die Berücksichtigung erwarteter und unerwarteter Variablen für jede Determinante der langfristigen Kassenhaltung in der kurzfristigen Geldnachfragefunktion das wesentliche Charakteristikum des Cuthbertson-Taylor-Modells dar. Die Aufnahme antizipierter und nicht-antizipierter Argumente in die Geldnachfragefunktion fundieren die Autoren durch die Buffer-Stock-Eigenschaft des Geldes in Kombination mit einem intertemporalen Optimierungsansatz (Sargent (1979)). Dadurch weist das Forward-Looking-Modell eine konsequente theoretische Fundierung

---

[7] Boughton/Tavlas (1990), Carr/Darby (1981), Darby/Stockman (1983a, 1983b), Gandolfi/Lothian (1983).

[8] Cuthbertson (1986a), Cuthbertson/Taylor (1986, 1987d, 1988), MacKinnon/Milbourne (1988).

auf und unterscheidet sich von anderen Modellen, die Erwartungsgrößen in der Geldnachfragefunktion berücksichtigen.

Die Bedeutung des Forward-Looking-Modells von Cuthbertson und Taylor für die Diskussion über die Instabilität der Geldnachfragefunktion resultiert aus der expliziten Berücksichtigung rationaler Erwartungen in der Geldnachfragegleichung. Sowohl Goldfeld-Gleichungen als auch Feedback-Modelle lassen Erwartungen bezüglich der zukünftigen Entwicklung der Determinanten der Geldhaltung und damit einen wesentlichen Aspekt des Verhaltens von Transakteuren unberücksichtigt. Es läßt sich analytisch zeigen, daß die geschätzten Regressionsparameter der Feedback-Modelle eine Zusammensetzung aus Strukturparametern und Parametern des erwartungsgenerierenden Prozesses repräsentieren, falls Transakteure Geldnachfrageentscheidungen auf der Basis rationaler Erwartungsbildung treffen. Instabilitäten der geschätzten Funktion können fälschlicherweise Veränderungen der Strukturparameter der langfristigen Geldnachfragefunktionen zugeordnet werden, obwohl de facto Instabilitäten im erwartungsgenerierenden Prozeß infolge Regimewechseln und sonstigen institutionellen Änderungen ursächlich sind. Da dieses Defizit sowohl traditionellen Geldnachfragefunktionen vom Typ Goldfelds als auch den auf Basis des Fehlerkorrekturmodells spezifizierten Geldnachfragefunktionen anhaftet, beanspruchen Forward-Looking-Modelle die Überlegenheit gegenüber beiden Kategorien von Geldnachfragemodellen.

Die empirische Evidenz zu Forward-Looking-Modellen beschränkt sich auf die USA und Großbritannien durch die oben zitierten Studien von Cuthbertson und Taylor, die Untersuchungen von Mizen (1992, 1994) und Muscatelli (1988, 1989) sowie auf Italien durch die Arbeit von Bagliano/Favero (1992). Bislang liegt für die deutsche Geldnachfragefunktion keine Evidenz vor. Neben der Schließung dieser Lücke ist eine Analyse von Forward-Looking-Modellen auch durch die Ergebnisse einiger der oben zitierten Arbeiten motivierbar: Die Forward-Looking-Funktion von Bagliano/Favero (1992) für Italien erweist sich gegenüber einem Feedback-Modell als bemerkenswert stabil während des geldpolitischen Regimewechsels der italienischen Zentralbank in den Jahren 1969/70. Die empirische Evidenz Cuthbertson/Taylors (1990a) deutet darauf hin, daß die Instabilitäten der US-amerikanischen Geldnachfragefunktion während der Periode des Missing Money 1973/74 eher auf Veränderungen im erwartungsgenerierenden Prozeß der Argumente der langfristigen Geldnachfragefunktion als auf Veränderungen der strukturellen Geldnachfrageparameter zurückzuführen sind. Des weiteren ermitteln Cuthbertson/Taylor (1992) für die britische Geldnachfragefunktion stabile langfristige Parameter auf der Grundlage eines Forward-Looking-Modells. Andererseits gelangt Muscatelli (1988, 1989) zu dem Ergebnis, daß das Cuthbertson-Taylor-Modell gegenüber Fehlerkorrekturmodellen im Vergleich der empirischen Eigenschaften deutlich schlechter abschneidet.

Der Beitrag der vorliegenden Arbeit zur Diskussion über die Geldnachfragefunktion besteht darin, die Eigenschaften von Feedback- und Forward-Looking-Modellen für die Bundesrepublik im Zeitraum von 1960 bis 1989 zu vergleichen. Dabei steht die Frage im Mittelpunkt, ob Geldnachfragefunktionen auf der Grundlage des Forward-Looking-Ansatzes den Fehlerkorrekturmodellen hinsichtlich der Stabilitätseigenschaft überlegen sind. Die Periode eignet sich zum Testen und Vergleichen von Forward-Looking-Modellen für die Bundesrepublik sowohl aufgrund der erfolgten geldpolitischen Regimewechsel als auch infolge markanter Brüche im datengenerierenden Prozeß einiger makroökonomischer Variablen.

Die beschriebene Problemstellung legt folgenden Aufbau der Arbeit nahe: Um die Probleme traditioneller Geldnachfragefunktionen aufzuzeigen, stellt Kapitel 2 die theoretische Fundierung und die verfügbare empirische Evidenz von Goldfeld-Funktionen für die Bundesrepublik dar. Da eine nicht unbeträchtliche Anzahl von Arbeiten zu solchen Geldnachfragefunktionen erschienen ist, wird zur Darstellung ihrer Charakteristika auf die Resultate der seit Mitte der siebziger Jahre erschienenen Analysen zurückgegriffen und auf die Produktion eigener empirischer Ergebnisse verzichtet. Der Methodik zur Spezifikation von Feedback-Geldnachfragefunktionen widmet sich Kapitel 3 durch Darstellung des Kointegrationskonzepts und der daraus ableitbaren Fehlerkorrekturmodelle, eines Tests auf Identifizierbarkeit, einer Vielzahl von Diagnosetests, verschiedener Ansätze zur Stabilitätsanalyse und saisonaler Einheitswurzeltests. Nachdem in Kapitel 4 die Datenauswahl erfolgt, können Feedback-Geldnachfragemodelle in Kapitel 5 geschätzt und ihre Eigenschaften analysiert werden. Kapitel 6 stellt in Form eines Literaturüberblicks die Debatte über Buffer-Stock-Modelle als Vorläufer des Cuthbertson-Taylor-Ansatzes dar. Dem Forward-Looking-Ansatz widmet sich Kapitel 7. Nach einer Darstellung des Modells sowie seiner Eigenschaften und Schätzmöglichkeiten erfolgt die empirische Evaluierung und der Vergleich der empirischen Eigenschaften mit den Feedback-Geldnachfragefunktionen in Kapitel 8. Mit einer Zusammenfassung in Kapitel 9 schließt die Arbeit.

2. Eigenschaften traditioneller Goldfeld-Geldnachfragefunktionen

In der Bundesrepublik zählt die Geldnachfrage zu einem der bevorzugten Forschungsgebiete in der Ökonomie, wobei die Spezifikation, Schätzung und Analyse traditioneller Geldnachfragegleichungen vom Goldfeld-Typ im Mittelpunkt der Diskussion steht. Um zu einer Bestandsaufnahme der bisherigen Debatte über traditionelle Geldnachfragefunktionen für Deutschland zu gelangen und deren Eigenschaften aufzuzeigen, stellt Abschnitt 2.1 die theoretische Fundierung für solche Geldnachfragefunktionen, Abschnitt 2.2 die potentiellen Argumente der langfristigen Geldnachfragefunktion und Abschnitt 2.3 im Überblick die vorhandene empirische Evidenz für Deutschland dar.

2.1. Langfristige Geldnachfragefunktion, partielle Anpassungsmodelle und kurzfristige Geldnachfragefunktionen

Kennzeichnend für traditionelle Geldnachfragefunktionen ist die Modellierung der realen Kassenhaltung in Abhängigkeit von einer Skalenvariable, einer Anzahl von Opportunitätskostenvariablen und der um eine Periode verzögerten endogenen Variablen. Ungeachtet der Unterschiede und des Facettenreichtums empirischer Arbeiten zu traditionellen Geldnachfragefunktionen aus den siebziger und achtziger Jahren fußen nahezu alle diese Analysen auf einer gemeinsamen theoretischen Basis. Konstitutives Merkmal ihrer theoretischen Fundierung ist die Unterscheidung zwischen einer lang- und einer kurzfristigen Geldnachfragefunktion, für die partielle Anpassungsmechanismen als Begründung herangezogen werden können. Durch reale und nominale Bestandsanpassungsmodelle gelingt die Fundierung der für traditionelle Geldnachfragegleichungen spezifischen lag-Struktur, die in Abhängigkeit des jeweils unterstellten Bestandsanpassungsmodells aus einer "echten" oder quasi verzögerten endogenen Variablen besteht.[9] Solche lag-Strukturen sind primär durch die

---

[9] Partielle Anpassungsmechanismen stellen nicht die einzige Möglichkeit zur

empirische Erfahrung motiviert, wonach die verzögerten endogenen Variablen bei Verwendung von Jahres-, Quartals- und Monatsdaten einen sehr hohen Erklärungsbeitrag liefern.[10] Da die Frage nach dem adäquaten Bestandsanpassungsmechanismus in der Literatur eine zentrale Rolle gespielt hat,[11] werden im folgenden die kurzfristigen Geldnachfragefunktionen auf der Grundlage beider Anpassungshypothesen vorgestellt.

Ausgangspunkt der Ableitung traditioneller Geldnachfragefunktionen ist die individuelle langfristige Geldnachfragefunktion:

$$m^*_{i,t} - p_t = f_i(X_{i,t}) \tag{1a}$$

respektive:

$$m^*_{i,t} = f_i(X_{i,t}) + p_t \ , \tag{1b}$$

in welcher der natürliche Logarithmus der langfristig gewünschten Geldhaltung des Transakteurs i am Ende der Periode t $m^*_{i,t}$, von einem Vektor individueller Bestimmungsgrößen der realen Geldnachfrage $X_{i,t}$ bestehend aus Skalen- und Opportunitätskostenvariablen sowie dem natürlichen Logarithmus des Preisniveaus p_t abhängt. Die individuelle langfristige Geldnachfragefunktion unterstellt, daß im Zeitablauf die persönlichen Präferenzen des Transakteurs gegenüber seiner Geldhaltung konstant sind und Anpassungen der langfristig gewünschten Nominalkasse bei Veränderungen der Argumente im Variablenvektor

---

theoretischen Erklärung von lag-Strukturen in traditionellen Geldnachfragegleichungen dar, da verzögerte erklärende Variablen in Geldnachfragefunktionen auch auf adaptiven Erwartungsbildungsprozessen beruhen können. Auf diesen Aspekt wird weiter unten nochmals kurz eingegangen. Goodfriend (1985) begründet lag-Strukturen in Geldnachfragefunktionen mit der Existenz von Meßfehlern für die erklärenden Variablen.

[10] Eine Alternative zur Modellierung von lag-Strukturen besteht in der Konstruktion von Zeitreihen mit hoher zeitlicher Aggregation. Friedman/Schwartz (1982) verwenden sogenannte Phase-Average-Daten und verzichten auf die Formulierung von lag-Strukturen. Ähnlich verfahren Friedman (1959) und Laidler (1966). Das Vorgehen stellt in der Geldnachfrageliteratur jedoch die große Ausnahme dar.

[11] Zu dieser Debatte siehe insbesondere Cuthbertson (1986b), Fair (1987), Goldfeld/Sichel (1987, 1990), Gupta/Moazzami (1990), Hafer/Hein (1979), Hafer/Thornton (1986), Hwang (1985b), MacKinnon/Milbourne (1988), Milbourne (1983b, 1986), Spencer (1985) und White (1978).

$X_{i,t}$ ohne zeitliche Verzögerung erfolgen. Weitere Charakteristika der langfristigen Geldnachfragefunktion sind neben der logarithmisch-linearen Formulierung und der Unterstellung diskreter Variablen ein Homogenitätsgrad gegenüber dem Preisniveau in Höhe von Eins. Die Geldnachfrage ist eine Nachfrage nach realer Kasse; der Geldhalter unterliegt keiner Geldillusion (Gordon (1984), S. 405 f.).

Der Unterscheidung zwischen lang- und kurzfristiger Geldnachfragefunktion liegt die Annahme zugrunde, daß Portfolioumstrukturierungen Anpassungskosten verursachen. Die Existenz von Portfolioumstrukturierungskosten bewirkt, daß der Transakteur bei Veränderungen der Determinanten der realen Geldhaltung das korrespondierende neue Niveau der langfristig gewünschten Kassenhaltung nicht sofort, sondern allmählich realisiert und somit die aktuelle kurzfristige und die gewünschte langfristige Geldnachfrage differieren. Durch einen partiellen Anpassungsmechanismus gelingt es, kurzfristigen Abweichungen vom langfristig gewünschten Kassenhaltungsniveau, die länger als eine Periode andauern, Rechnung zu tragen und eine allmähliche Anpassung an das neue langfristig gewünschte Niveau der Geldhaltung zu modellieren (Laidler (1982), S. 41). Die Literatur unterscheidet mit dem realen und dem nominalen partiellen Bestandsanpassungsmodell zwei Ausprägungen partieller Anpassungsmechanismen. Beiden Varianten liegt ein spezifisches einperiodiges Kostenminimierungskalkül zugrunde, das ihrer mikroökonomischen Fundierung dient.

Zur Darstellung der realen partiellen Anpassungshypothese sei unterstellt, daß der Transakteur i in der Ausgangssituation das Niveau der langfristig gewünschten realen Kassenhaltung $mr^*_{i,t} = (m^*_{i,t} - p_t)$ gewählt hat und dieses Optimum durch Veränderung der Determinanten $X_{i,t}$ der realen Geldnachfrage gestört wird. Der daraus resultierende Realkassenbestand $mr_{i,t} = (m^D_{i,t} - p_t)$ korrespondiert mit der aktuellen kurzfristigen Kassenhaltung. Die Diskrepanz zwischen lang- und kurzfristiger Geldhaltung ist mit zwei Kostenarten verbunden. Zum einen fallen Kosten an, die durch die Abweichung von der langfristig gewünschten Realkasse per se entstehen – etwa Opportunitätskosten in Form entgangener Zinserträge – und die von dem Ausmaß der Abweichung $(mr_{i,t} - mr^*_{i,t})$ abhängen. Zum anderen sind es Kosten, die sich infolge der Wiederherstellung der optimalen Kassenhaltung ergeben. Hierbei handelt es sich um Such- und Anpassungskosten, die durch das Ausmaß der Veränderung der kurzfristigen Kassenhaltung $(mr_{i,t} - mr_{i,t-1})$ determiniert werden.

Unter der Annahme quadratischer Kostenfunktionen ergibt sich für den Transakteur i aus beiden Kostenkategorien folgende Gesamtkostenfunktion:

$$C_{i,t} = \xi_{i,0}(mr_{i,t} - mr^*_{i,t})^2 + \xi_{i,1}(mr_{i,t} - mr_{i,t-1})^2 \quad , \tag{2}$$

wobei für die Parameter $\xi_{i,0}, \xi_{i,1} > 0$ gilt.[12] Das Problem des Transakteurs besteht nun darin, unter Beachtung der langfristig gewünschten Realkassenhaltung $mr^*_{i,t}$ und der zu Beginn der Periode t festgestellten Realkasse $mr_{i,t-1}$, diejenige Kassenposition $mr_{i,t}$ zu wählen, welche die individuelle Gesamtkostenfunktion (2) minimiert. Die Ableitung der Gesamtkostenfunktion nach $mr_{i,t}$ und anschließendes Nullsetzen $\partial C_{i,t}/\partial mr_{i,t} = 0$ liefert nach einigen elementaren Umformungen:

$$mr_{i,t} = \frac{\xi_{i,0}}{\xi_{i,0} + \xi_{i,1}} mr^*_{i,t} + \frac{\xi_{i,1}}{\xi_{i,0} + \xi_{i,1}} mr_{i,t-1} \quad . \tag{3}$$

Die Substitution von $\gamma_i = \xi_{i,0}/(\xi_{i,0} + \xi_{i,1})$ in (3) ergibt den realen partiellen Anpassungsmechanismus:

$$mr_{i,t} - mr_{i,t-1} = \gamma_i(mr^*_{i,t} - mr_{i,t-1}) \tag{4}$$

als Resultat des einperiodigen Kostenminimierungsansatzes mit $0 \leq \gamma_i \leq 1$. Demzufolge entspricht die relative Änderung der realen Kassenhaltung zwischen den beiden Perioden $t-1$ und t zu einem bestimmten Anteil γ_i der Abweichung zwischen der zu Beginn der Periode t gehaltenen Kasse und der für das Ende dieser Periode als langfristig optimal angesehenen Kasse. Je größer der Wert der Anpassungselastizität γ_i ist, umso stärker wird ein suboptimaler Kassenbestand in der laufenden Periode abgebaut. Belaufen sich die Kosten zur Wiederherstellung der optimalen Geldhaltung auf Null $\xi_{i,1} = 0$, erfolgt aufgrund von $\gamma_i = 1$ eine sofortige Anpassung der kurzfristigen an die langfristig gewünschte reale Kassenhaltung, so daß $mr_{i,t} = mr^*_{i,t}$ gilt. Der dazu konträre Extremfall wird durch $\xi_{i,0} = 0$ beschreiben. Hierbei betragen die durch Abweichungen der kurz- von der langfristigen Realkasse entstehen-

---

[12] Die quadratische Formulierung der Kostenfunktion garantiert lineare Optimalitätsbedingungen und einen linearen Anpassungsprozeß; eine mikroökonomische Fundierung existiert nicht (Laidler (1982), S. 45).

den Kosten Null, so daß $\gamma_i = 0$ ist und somit keinerlei Anpassung $mr_{i,t} = mr_{i,t-1}$ erfolgt (Feige (1967), S. 466, Griliches (1967), S. 43).

Die Substitution der langfristigen Geldnachfragefunktion (1a) in den realen partiellen Anpassungsmechanismus (4) liefert die kurzfristige individuelle Geldnachfragefunktion:

$$mr_{i,t} = \gamma_i f_i(X_{i,t}) + (1 - \gamma_i) mr_{i,t-1} \quad , \tag{5}$$

in der die logarithmierte kurzfristige Realkassenhaltung des Transakteurs i am Ende der Periode t $mr_{i,t}$ von dem Vektor $X_{i,t}$ und der am Anfang der Periode t gehaltenen Realkasse $mr_{i,t-1}$ abhängt.

Kurzfristige Geldnachfragefunktionen, die auf dem realen partiellen Anpassungsmechanismus beruhen, unterstellen eine asymmetrische Reaktion des Transakteurs gegenüber Veränderungen des Preisniveaus einerseits und den Determinanten der realen Geldnachfrage $X_{i,t}$ andererseits. Während Veränderungen des Preisniveaus eine sofortige Anpassung der kurzfristigen Kassenhaltung induzieren, resultiert aus Änderungen der Variablen in $X_{i,t}$ eine verzögerte Reaktion. Diese Asymmetrie haftet der nominalen partiellen Anpassungshypothese nicht an (Goldfeld (1976), S. 691).

Im Unterschied zum realen Anpassungsmodell postuliert die nominale Anpassungshypothese eine individuelle Gesamtkostenfunktion, die in nominalen Größen spezifiziert ist:

$$C'_{i,t} = \xi'_{i,0}(m^D_{i,t} - m^*_{i,t})^2 + \xi'_{i,1}(m^D_{i,t} - m^D_{i,t-1})^2 \ , \ \xi'_{i,0}, \ \xi'_{i,1} > 0 \ . \tag{6}$$

Die Ableitung der Gesamtkostenfunktion (6) nach $m^D_{i,t}$ und anschließendes Nullsetzen $\partial C_{i,t}/\partial m^D_{i,t} = 0$ liefert nach einigen Umformungen:

$$m^D_{i,t} = \frac{\xi'_{i,0}}{\xi'_{i,0} + \xi'_{i,1}} m^*_{i,t} + \frac{\xi'_{i,1}}{\xi'_{i,0} + \xi'_{i,1}} m^D_{i,t-1} \ . \tag{7}$$

Die Substitution von $\gamma'_i = \xi'_{i,0}/(\xi'_{i,0} + \xi'_{i,1})$ in (7) ergibt den partiellen nominalen Anpassungsmechanismus:

$$m^D_{i,t} - m^D_{i,t-1} = \gamma'_i(m^*_{i,t} - m^D_{i,t-1}) \quad , \tag{8}$$

der im Unterschied zur realen partiellen Anpassungshypothese (4) die nominale kurzfristige individuelle Geldhaltung am Anfang und Ende der Periode t $m^D_{i,t-1}$ respektive $m^D_{i,t}$ sowie die nominale langfristig gewünschte Kasse $m^*_{i,t}$ enthält. Bezüglich der Anpassungselastizität γ'_i ist (8) einer analogen Interpretation wie (4) zugänglich (Laidler (1993), S. 126).

Die Substitution der langfristigen Geldnachfragefunktion (1b) in den partiellen Anpassungsmechanismus (8) liefert die kurzfristige individuelle Geldnachfragefunktion auf Basis des nominalen Bestandsanpassungsmodells:

$$m^D_{i,t} = \gamma'_i(f_i(X_{i,t}) + p_t) + (1 - \gamma'_i)m^D_{i,t-1} \quad . \tag{9}$$

In der reduzierten Form (9) ist $m^D_{i,t}$ die logarithmierte kurzfristige nominale Kassenhaltung des Transakteurs i am Ende der Periode t von p_t dem logarithmierten Preisniveau während der Periode t, dem Vektor $X_{i,t}$ und der am Anfang der Periode t gehaltenen Kasse $m^D_{i,t-1}$ abhängig. Ein Vergleich der kurzfristigen Geldnachfragefunktionen (5) und (9) verdeutlicht den bereits oben angesprochenen Unterschied bezüglich der Reaktion auf Preisniveauvariationen. Kurzfristige Geldnachfragefunktionen auf der Grundlage der nominalen Anpassungshypothese zeichnen sich durch eine verzögerte Reaktion der Kassenhaltung sowohl auf Preisniveauänderungen als auch auf Variationen der übrigen Determinanten der realen Kassenhaltung aus, so daß keine Anpassungsasymmetrie vorliegt.

Auf Basis der nominalen partiellen Anpassungshypothese abgeleitete kurzfristige individuelle Geldnachfragefunktionen weisen die attraktive Eigenschaft auf, daß die auf der linken Seite des Gleichheitszeichens in (9) stehende Größe auch tatsächlich eine endogene Variable darstellt, die unter dem direkten Einfluß des Transakteurs steht, und die Größen auf der rechten Seite "echte" exogene bzw. im Fall von $m^D_{i,t-1}$ endogene, aber vorherbestimmte Variablen sind. Laidler (1982) schreibt dazu: Such an equation makes perfectly good economic (and econometric) sense. The price level and nominal interest rates are quite beyond the individuals control, as is real income ... Beginning of the period money is also exogenous from the point of view of current behaviour ... The only endogenous variable in the equation is indeed the one which appears on its left-hand side (Laidler (1982), S. 45).

Da die Ableitung der Geldnachfragefunktionen (5) und (9) auf einer mikroökonomischen Argumentation basiert, den empirischen Arbeiten zur Geldnachfragefunktion aber ausnahmslos ein makroökonomischer Datensatz zugrundeliegt, ist der Übergang von der mikro- zur makroökonomischen Ebene erforderlich. Für diesen Übergang greift die Literatur auf das Argument von Chow (1966) zurück, welches besagt, die kurz- und langfristige gesamtwirtschaftliche Geldnachfragefunktion könne behandelt werden, als ob Geld ein langlebiges Konsumgut sei. Aufgrund der Analogie zwischen der aggregierten Geldnachfrage und der Nachfrage nach dauerhaften Konsumgütern ist die aggregierte Geldhaltung die Summe der individuellen Kassenhaltungen (Chow (1966), S. 113). Mit dieser Lösung des Aggregationsproblems ergibt sich die langfristige gesamtwirtschaftliche Geldnachfragefunktion:

$$mr_t^* = m_t^* - p_t = f(X_t) \tag{10a}$$

und:

$$m_t^* = f(X_t) + p_t \quad , \tag{10b}$$

der reale partielle Anpassungsmechanismus mit $mr_t = (m_t^D - p_t)$:

$$mr_t - mr_{t-1} = \gamma(mr_t^* - mr_{t-1}) \qquad 0 \leq \gamma \leq 1 \ , \tag{11}$$

der nominale partielle Anpassungsmechanismus:

$$m_t^D - m_{t-1}^D = \gamma'(m_t^* - m_{t-1}^D) \qquad 0 \leq \gamma' \leq 1 \tag{12}$$

und somit die kurzfristige gesamtwirtschaftliche Geldnachfragefunktion gemäß (10a) und (11):

$$mr_t = \gamma f(X_t) + (1 - \gamma)mr_{t-1} \tag{13}$$

und entprechend (10b) und (12):

$$m_t^D = \gamma'(f(X_t) + p_t) + (1 - \gamma')m_{t-1}^D \qquad (14a)$$

oder äquivalent:

$$mr_t = \gamma' f(X_t) + (1 - \gamma')(m_{t-1}^D - p_t) \ . \qquad (14b)$$

Als Schätzgleichung resultiert auf Basis des realen Anpassungsmechanismus:

$$mr_t = \alpha_0 + \alpha_1 X_t + \alpha_2 mr_{t-1} + u_t \qquad (15)$$

und auf der Grundlage des nominalen Anpassungsmechanismus nach einigen Umformungen:

$$mr_t = \alpha_0' + \alpha_1' X_t + \alpha_2'(m_{t-1}^D - p_t) + v_t \ , \qquad (16)$$

wobei α_0 und α_0' konstante Terme, α_1 und α_1' Koeffizientenvektoren, α_2 und α_2' Parameter der verzögerten endogenen Variablen und u_t sowie v_t Störgrößen mit den üblichen white-noise-Eigenschaften bezeichnen.

Die zur Ableitung der kurzfristigen gesamtwirtschaftlichen Geldnachfragefunktionen (13) und (14b) respektive (15) und (16) postulierten unterschiedlichen Bestandsanpassungsmodelle spiegeln sich in der jeweiligen verzögerten endogenen Variable wider. Während die Funktion auf Basis des realen Mechanismus mit $mr_{t-1} = (m_{t-1}^D - p_{t-1})$ eine "echte" verzögerte endogene Variable besitzt, wird in der Gleichung auf Basis des nominalen Mechanismus die verzögerte gesamtwirtschaftliche nominale Geldhaltung durch das kontemporäre allgemeine Preisniveau dividiert $(m_{t-1}^D - p_t)$. Trotz der Ähnlichkeit von (15) und (16) liegen beiden Funktionen sehr unterschiedliche Anpassungsmechanismen zugrunde.

Da die Geldhaltung eine per se unbeobachtbare Größe ist, wird zur Schätzung der Geldnachfragefunktionen (15) und (16) die Annahme eines permanenten Gleichgewichts zwischen Geldnachfrage und Geldangebot:

$$m_t^D = m_t^S = m_t \qquad (17)$$

erforderlich. Die geschätzten Parametervektoren α_1 und α_1' aus (15) und (16) sind als kurzfristige Elastizitäten interpretierbar, falls die korrespondierenden Variablen in natürlichen Logarithmen definiert sind. Gehen die Argumente in nicht-logarithmischer Form in die Geldnachfragegleichung ein, spiegeln die geschätzten Parameter kurzfristige Semi-Elastizitäten wider. Die kurzfristigen (Semi-) Elastizitäten erlauben nach Division durch die geschätzte Anpassungselastizität $\hat{\lambda} = (1 - \hat{\alpha}_2)$ respektive $\hat{\lambda} = (1 - \hat{\alpha}_2')$ die Ermittlung langfristiger (Semi-) Elastizitäten. Darüber hinaus ist die Berechnung verschiedener Maße zur Beurteilung der Anpassungsgeschwindigkeit der kurzfristigen an die langfristig gewünschte Geldnachfrage mit Hilfe des geschätzten Koeffizienten der verzögerten Variablen möglich. Empirische Studien weisen häufig durch:

$$Q_x = \ln(1 - x)/\ln\hat{\alpha}_2 \qquad (18a)$$

bzw.:

$$Q_x = \ln(1 - x)/\ln\hat{\alpha}_2' \qquad (18b)$$

die Anzahl der Perioden aus, in denen eine x-prozentige Anpassung der kurz- an die langfristige Kassenhaltung erfolgt ist (Stewart/Wallis (1981), S. 40).

Geldnachfragefunktionen des Typs (15) und (16) wurden insbesondere durch die beiden Arbeiten von Goldfeld (1973, 1976) populär und in den siebziger sowie achtziger Jahren für eine Vielzahl von Ländern und Perioden geschätzt; die Bundesrepublik bildet hierbei keine Ausnahme. Bevor die empirische Evidenz zu traditionellen Geldnachfragefunktionen für die Bundesrepublik dargestellt wird, widmet sich der nächste Abschnitt den potentiellen Argumenten in der langfristigen Geldnachfragefunktion.

2.2. Argumente langfristiger Geldnachfragefunktionen

Während in den frühen Arbeiten zur Geldnachfragefunktion der Vektor der Bestimmungsgrößen der realen Geldhaltung X_t meist aus einer Realeinkommens- oder Vermögensvariable und einem oder zwei repräsentativen inländischen Nominalzinssätzen bestand, wurden im Zuge der kritischen Auseinandersetzung mit traditionellen Geldnachfragefunktionen zusätzliche erklärende Variablen berücksichtigt. Der vorliegende Abschnitt widmet sich der Aufspaltung des Vektors erklärender Variablen X_t in die potentiellen Determinanten der Geldnachfrage und einer kurzen Diskussion der mit den einzelnen Argumenten verbundenen Aspekte. Die vorgenommene Auswahl ist durch die in den Studien zur deutschen Geldnachfragefunktion verwendeten Variablen bestimmt und dient der Vorbereitung der im nächsten Abschnitt zu diskutierenden empirischen Ergebnisse.

Grundlegend ist im Fall des realen partiellen Anpassungsmechanismus die allgemeine Geldnachfragefunktion:

$$mr_t = \alpha_0 + \alpha_1 y_t + \alpha_2 i^I_t + \alpha_3 \pi^E_t + \alpha_4 i^A_t + \alpha_5 x^E_t + \alpha_6 w_t + \alpha_7 mr_{t-1} + u_t \qquad (19)$$

und für das nominale Bestandsanpassungsmodell die Gleichung:

$$mr_t = \alpha_0 + \alpha_1 y_t + \alpha_2 i^I_t + \alpha_3 \pi^E_t + \alpha_4 i^A_t + \alpha_5 x^E_t + \alpha_6 w_t + \alpha_7 (m^D_{t-1} - p_t) + v_t \ . \qquad (20)$$

Für die Parameter der Skalenvariablen y_t sowie der verzögerten bzw. quasi verzögerten endogenen Variable können a priori positive Vorzeichen und für den inländischen Zinssatz i^I_t, die erwartete Inflationsrate π^E_t, den erweiterten ausländischen Zinssatz i^A_t sowie die erwartete Wechselkursänderung x^E_t negative Vorzeichen erwartet werden:

$$\alpha_1, \alpha_7 > 0 \qquad (21a)$$

$$\alpha_2, \alpha_3, \alpha_4, \alpha_5 < 0 \ . \qquad (21b)$$

Das a priori zu erwartenden Vorzeichen für weitere erklärende Variablen w_t ist von Fall zu Fall verschieden:

$$\alpha_6 \gtrless 0 \ . \qquad (22)$$

Als potentielle Skalenvariablen kommen das Transaktionsvolumen und das Vermögen in Betracht. Die theoretische Basis für die Wahl des Transaktionsvolumens liefern die Lagerhaltungsmodelle zur Geldnachfragetheorie von Baumol (1952) und Tobin (1956), aus denen die positive Abhängigkeit der realen Kassenhaltung vom realen Transaktionsvolumen hervorgeht. Zur Approximation des Transaktionsvolumens greifen empirische Geldnachfragestudien auf ein Realeinkommenskonzept oder eine vergleichbare Größe aus der volkswirtschaftlichen Gesamtrechnung zurück.[13] Alternativ zu einer transaktionsorientierten Interpretation ist eine vermögenstheoretische Fundierung der Geldnachfrage (Friedman (1956)) möglich, welche die Verwendung einer Vermögensgröße als relevante Skalenvariable nahelegt. Konkret kommen hierbei eine direkt gemessene Vermögensvariable und das permanente Einkommen in Betracht.

Die durch offizielle Datenproduzenten bereitgestellten Vermögensvariablen basieren auf Stromgrößen aus der volkswirtschaftlichen Gesamtrechnung, die nach der Perpetual-Inventory-Methode von Goldsmith (1951) zu Bestandsgrößen aggregiert werden und – mit einigen Einschränkungen – als Maß des non-human-wealth interpretierbar sind. Gegen die Verwendung dieser Vermögensgrößen spricht neben einigen konzeptionellen Unzulänglichkeiten insbesondere die Enge des zugrundeliegenden Vermögenskonzepts, da Friedmans Vermögensbegriff zusätzlich zum non-human-wealth das human-wealth beinhaltet. Letztgenannter Bestandteil stößt naturgemäß auf erhebliche Erfassungsschwierigkeiten. Dieses Datenproblem läßt sich jedoch durch Verwendung des permanenten Einkommens umgehen, wobei der Anknüpfungspunkt die Interpretation des Vermögens als diskontierter Gegenwartswert des künftig erwarteten Einkommens ist. Wird die Konstanz des Diskontfaktors im Zeitablauf unterstellt, sind relative Änderungen des Vermögens mit denen des erwarteten (permanenten) Einkommens identisch, und die Verwendung des permanenten Einkommens als Repräsentant

[13] Eine konkrete Datenspezifikation ist für den vorliegenden Abschnitt von untergeordnetem Interesse und soll, um Redundanzen zu vermeiden, Kapitel 4 vorbehalten bleiben.

eines non-human- und human-wealth umfassenden Vermögenskonzepts ist gerechtfertigt (Laidler (1993), S. 99 f.).

Im Zusammenhang mit der Verwendung des permanenten Einkommens in einer Geldnachfragegleichung ist hervorzuheben, daß Geldnachfragefunktionen mit dem durch den adaptiven Erwartungsbildungsprozeß modellierten permanenten Einkommen als Skalenvariable nach Anwendung der Koyck-Transformation (Koyck (1954)) mit solchen Geldnachfragefunktionen kompatibel sind, die – neben anderen Argumenten – das aktuelle Einkommen und die verzögerte endogene Variable enthalten (Laidler (1993), S. 124). Adaptive Erwartungsbildungsprozesse liefern somit neben partiellen Anpassungsmechanismen eine weitere theoretische Begründung zur Aufnahme der verzögerten Endogenen als zusätzlichen Regressor. Aus beiden konzeptionell sehr unterschiedlichen Ansätzen resultieren ähnliche Geldnachfragegleichungen, zwischen denen empirisch sehr schwer zu diskriminieren ist.[14] Allerdings tauchen ungeachtet des Zusammenhangs zwischen Erwartungs- und Anpassungsverzögerungen in empirischen Geldnachfragestudien Funktionen auf, die neben dem permanenten Einkommen auch eine verzögerte endogene Variable besitzen.

Zusätzlich zu einer Skalenvariablen sind in- und ausländische Opportunitätskosten weitere potentielle Argumente der Geldnachfragefunktion. Inländische sowie ausländische Opportunitätskosten repräsentieren den Ertrag alternativer Aktiva und somit entgangene Erträge infolge der Geldhaltung. Die Erträge der einzelnen alternativen Anlageformen finanzieller und nicht-finanzieller Art haben somit eine negative partielle Ableitung.

Aufgrund der Vielzahl alternativer finanzieller Anlagemöglichkeiten zur Kassenhaltung kommen prinzipiell eine entsprechende Vielzahl korrespondierender Opportunitätskosten als Argumente der Geldnachfragefunktion in Betracht. Die Berücksichtigung mehrerer Zinssätze für finanzielle Anlagealternativen lehnt die Literatur häufig mit Verweis auf den starken linearen Zusammenhang zwischen den einzelnen Zinszeitreihen ab. Um das Multikollinearitätsproblem zu umgehen, verwendet die Mehrheit der Geldnachfragestudien einen einzigen

---

[14] Die Frage, ob die in geschätzten Geldnachfragegleichungen auftauchenden lag-Strukturen auf partielle Bestandsanpassungen oder Erwartungsverzögerungen basieren, ist von Feige (1967) in die Diskussion eingeführt worden. Einen Überblick zu den erschienenen Folgearbeiten geben Laidler (1993), S. 165 f. und Cuthbertson (1989), S. 93 f.

Zins, der als repräsentativer Zinssatz interpretiert wird.[15] Mit der Entscheidung, einen einzigen Zinssatz in die Geldnachfragefunktion aufzunehmen, stellt sich die Frage, ob ein kurz- oder ein langfristiger Zins der adäquate Repräsentant der Opportunitätskosten für finanzielle inländische Aktiva ist. Die Verwendung eines langfristigen Zinses läßt sich damit rechtfertigen, daß ein langfristiger Zins die beste Approximation der durchschnittlich zu erzielenden Verzinsung darstellt. Für die Aufnahme eines kurzfristigen Zinses spricht, daß kurzfristige Finanzanlagen engere Substitute zu Geld repräsentieren (Laidler (1993), S. 103).

Neben finanziellen kommen nach Friedman (1956) auch nicht-finanzielle Aktiva, wie beispielsweise langlebige Konsumgüter, Immobilien etc., als Substitute zur Geldhaltung in Frage, deren erwarteter Ertrag durch die erwartete Inflationsrate gemessen werden kann.[16] Gegen den direkten Einbezug der erwarteten Inflationsrate in die Geldnachfragefunktion spricht, daß sich Inflationserwartungen entsprechend der Fisherschen Zinsgleichung bereits in Nominalzinsen niederschlagen und somit eine eigenständige Repräsentation in einer Geldnachfragegleichung nicht gerechtfertigt ist. Spiegeln sich allerdings Inflationserwartungen nicht vollständig in Nominalzinsen wider, kann die erwartete Inflationsrate eine direkte, selbständige Rolle in der Geldnachfragefunktion spielen (Heri (1986), S. 89, Laidler (1993), S. 159). Für die Bedeutung der erwarteten Inflationsrate als Argument der deutschen Geldnachfragefunktion spricht die Höhe und Volatilität der Inflationsrate in den siebziger Jahren und am Anfang der achtziger Jahre (Boughton (1992), S. 7, Loef (1980), S. 12).

Die empirische Geldnachfrageliteratur operationalisiert die erwartete Inflationsrate häufig durch die aktuelle Inflationsrate der laufenden Periode. Es läßt sich zeigen, daß im Zusammenhang mit der Verwendung der aktuellen In-

---

[15] Als weitere Alternative schlagen Heller/Khan (1979) die Verwendung von Approximationsgrößen für die gesamte Zinsstruktur vor. Mit der kritischen Auseinandersetzung von Allen/Hafer (1983), Hafer (1985) sowie Hwang (1985a) und der Anwendung von Baum/Thies (1989) erschöpfen sich die Analysen zu diesem Ansatz. Die Konzeption von Heller und Khan hat sich in der Literatur nicht durchgesetzt.

[16] Alternative Konzepte zur Messung des Ertrages auf Sachkapital sind die Wachstumsrate des nominalen Bruttosozialprodukts und das Dividenden-Preis-Verhältnis (Judd/Scadding (1982b), S. 1007). Die überwiegende Anzahl empirischer Arbeiten legt jedoch die erwartete Inflationsrate zugrunde.

flationsrate eine enge Beziehung zwischen kurzfristigen Geldnachfragefunktionen, die auf der Grundlage des nominalen Bestandsanpassungsmodells und die auf Basis der realen Anpassungshypothese abgeleitet werden, besteht. Auf der Grundlage der nominalen Anpassungshypothese abgeleitete kurzfristige Geldnachfragefunktionen ohne die aktuelle Inflationsrate als Argument der langfristigen Geldnachfragefunktion sind äquivalent mit kurzfristigen Geldnachfragefunktionen, die auf der realen Anpassungshypothese fußen und die aktuelle Inflationsrate als Argument der langfristigen Geldnachfragefunktion beinhalten. Bei Unterstellung eines nominalen Anpassungsmechanismus taucht die aktuelle Inflationsrate somit automatisch als Argument der kurzfristigen Geldnachfragefunktion auf. Die empirische Evidenz eines signifikant von Null verschiedenen Einflusses der Inflationsrate in einer Geldnachfragefunktion auf Basis des realen Bestandsanpassungsmodells kann Evidenz für eine Fehlspezifikation des Geldnachfragemodells sein und muß nicht notwendigerweise für einen unabhängigen Einfluß der Inflationsrate auf die Realkassenhaltung sprechen (Milbourne (1983b), S. 634).[17]

Nach dem Zusammenbruch des Fixkurssystems von Bretton Woods sind möglicherweise weitere Faktoren als Determinanten der heimischen Kassenhaltung von Bedeutung, da die Portfolioentscheidungen der Transakteure neben inländischen auch ausländische Aktiva betreffen. Inländische Transakteure werden die Nachfrage nach heimischen Kassenbeständen reduzieren (erhöhen), falls die Erträge ausländischer Aktiva steigen (fallen). Dabei kommen als Substitutionsmöglichkeiten sowohl ausländische zinstragende Wertpapiere als auch ausländisches Geld ohne Eigenzins in Betracht.

Der erwartete Ertrag ausländischer Wertpapiere ausgedrückt in heimischer Währung setzt sich aus dem Zins ausländischer Wertpapiere und der erwarteten Wechselkursänderung zusammen. Die Reaktion der inländischen Kassenhaltung gegenüber Veränderungen der Erträge auf ausländische Wertpapiere mißt den Grad der internationalen Kapitalmobilität (Cuddington (1983), S. 118). Die erwartete Wechselkursänderung als Argument der Geldnachfragefunktion per se mißt den Ertrag auf die Haltung ausländischer Währung ohne Eigenzins. Setzt sich für die ausländische Währung eine Aufwertungserwartung durch, steigen

[17] Zu diesem Argument siehe neben Cuthbertson (1986b), S. 335 ff. die kritischen Stellungnahmen von Goldfeld/Sichel (1987) und Hafer/Thornton (1986) sowie die Replik von Milbourne (1986).

die Opportunitätskosten der Haltung inländischen Geldes. Für die heimischen Transakteure ist es in dieser Situation attraktiver, den Anteil der ausländischen Währung an der gesamten Kassenhaltung auszudehnen und denjenigen der inländischen Währung entsprechend einzuschränken. Die Reaktion der heimischen Geldnachfrage auf Variationen der erwarteten Wechselkursänderung mißt den Grad der Währungssubstitution (Cuthbertson (1989), S. 116).

Neben einer Skalenvariablen, verzögerten endogenen Variablen, in- und ausländischen Opportunitätskostenvariablen tauchen in Geldnachfragegleichungen weitere Größen auf, die in den Funktionen (19) sowie (20) unter das Argument w_t subsumiert werden. Hierunter fallen verschiedene Unsicherheitsmaße, Sonderfaktoren, das transitorische Einkommen und ein nominaler Geldangebotsschock. Nach Akhtar/Putman (1980) führt ein steigendes Wechselkursrisiko zu einer geringeren Nachfrage nach heimischer Währung infolge eines direkten und indirekten Effekts. Der direkte Effekt beruht auf einer Tendenz der Transakteure zur Diversifikation und Haltung eines geringeren Bestandes an inländischer Kasse, falls der Inlandswährung ein steigendes Wechselkursrisiko anhaftet. Aufgrund des erhöhten Risikos besitzt die heimische Währung einen reduzierten Informationsgehalt im Rahmen internationaler Transaktionen, so daß sich deren Nachfrage bei gegebenem Transaktionsvolumen reduziert. Gemäß dem indirekten Effekt führt ein erhöhtes Wechselkursrisiko zu steigenden Kosten des internationalen Handels. Die gestiegenen Kosten können mit einem gesunkenen internationalen Transaktionsvolumen einhergehen und dadurch die Geldnachfrage reduzieren (Akhtar/Putnam (1980), S. 787 f., Buscher (1984a), S. 258).

Für den Einfluß der Inflationsunsicherheit läßt sich a priori sowohl ein negatives als auch positives Vorzeichen vermuten. Zum einen nimmt mit steigender Unsicherheit über die künftige Entwicklung der Inflationsrate auch die Unsicherheit über die zukünftige Kaufkraftentwicklung der geplanten Kassenhaltung zu, so daß die Geldnachfrage sinkt (Smirlock (1982), S. 355). Zum anderen leitet Klein (1977) auf der Grundlage eines entscheidungstheoretischen Modells die positive Abhängigkeit der Geldnachfrage von der Inflationsunsicherheit ab. Da sich der Strom monetärer Dienste und der Nutzen der Geldhaltung mit zunehmender Inflationsunsicherheit verringert, resultiert daraus eine steigende Kassenhaltung, falls Transakteure ein bestimmtes Niveau monetärer Dienste und des Nutzens aufrechterhalten möchten (Klein (1977), S. 691 f.).[18]

Speziell von der Deutschen Bundesbank (1977, 1978) und dem Sachverständigenrat (1978) wurde, motiviert durch die Abnahme der Umlaufgeschwindigkeit des Geldes im Zeitraum von 1974 bis 1978, auf die potentielle Bedeutung dreier zusätzlicher Argumente, sogenannter Sonderfaktoren, verwiesen, die in traditionellen Geldnachfragefunktionen außer Acht bleiben. Einer dieser drei Sonderfaktoren ist die Veränderung der Einkommensverteilung zugunsten der Rentner, die im Vergleich zu den im Erwerbsleben stehenden Transakteuren eine höhere Liquiditätspräferenz besitzen.

Des weiteren wird die relativ starke Zunahme des Bargeldumlaufs als Indikator für eine zusätzliche Nachfrage nach D-Mark Kassenbeständen außerhalb und innerhalb der Bundesrepublik genannt. Als Grund für die zusätzliche D-Mark Nachfrage im Ausland nennt die Bundesbank die gestiegene Verwendung der D-Mark in der DDR im Vergleich zu den sechziger Jahren aufgrund eines intensiveren Personenverkehrs zwischen beiden deutschen Staaten.[19] Die überproportionale Ausweitung des informellen Sektors in der Bundesrepublik könnte eine Ursache für die zusätzliche D-Mark Nachfrage innerhalb Deutschlands sein. Da schattenwirtschaftliche Aktivitäten überwiegend mit Bargeld abgewickelt werden, läßt sich aus einer vermuteten Zunahme der Schattenwirtschaft auf einen Anstieg der Bargeldnachfrage folgern.[20]

Schließlich vermutet der Sachverständigenrat, daß die sehr stabile D-Mark Ende der siebziger Jahre für Änderungen von Währungspräferenzen in Form einer verstärkten Nachfrage nach D-Mark anstelle von US-Dollar verantwortlich ist. Da sowohl die Veränderung der Einkommensverteilung zugunsten der Rentner und die gestiegene Verwendung der D-Mark inner- sowie außerhalb der Bundesrepublik als auch die Veränderung der Währungspräferenzen zu einer stei-

---

[18] Zum Nutzen der Geldhaltung bei zunehmender Inflationsunsicherheit siehe auch die Diskussion in Brunner/Meltzer (1971).

[19] Vergleiche hierzu die neueren Analysen von Deutsche Bundesbank (1995) und Seitz (1995).

[20] Exemplarisch sei in diesem Kontext auf die Arbeiten von Tanzi (1980, 1983) und Kirchgässner (1983) verwiesen.

genden Geldnachfrage führen, ist für die Koeffizienten der drei Sonderfaktoren ein positives Vorzeichen zu erwarten.[21]

Unter das Argument w_t ließen sich noch eine Vielzahl weiterer Größen subsumieren, die in der umfangreichen internationalen Geldnachfrageliteratur eine Rolle gespielt haben und auch einer empirischen Evaluierung unterzogen wurden. Für die Bundesrepublik berücksichtigen Buscher (1984b) und Buscher/Schröder (1983b) das transitorische Einkommen und einen nominalen Geldangebotsschock als Argumente der Geldnachfragefunktion. Da beide Größen aus der Debatte um die Buffer-Stock-Eigenschaft des Geldes hervorgehen und in unmittelbarer Beziehung zur Arbeit von Carr/Darby (1981) stehen, wird zur Erläuterung auf die Diskussion in Kapitel 6 verwiesen.

2.3. Bisherige empirische Evidenzen für Deutschland

Welche empirische Evidenz liegt für traditionelle Geldnachfragefunktionen hinsichtlich des Erklärungsgehalts alternativer Argumente, der Größenordnungen kurz- und langfristiger (Semi-) Elastizitäten sowie den Stabilitätseigenschaften vor? Für US-amerikanische Geldnachfragefunktionen existieren zu diesem Themenkomplex der häufig zitierte Survey-Artikel von Judd/Scadding (1982b), die Arbeit von Leventakis/Brissimis (1991) und die umfassende Darstellung Laidlers (1993); einen knappen Überblick über Studien zu traditionellen Geldnachfragefunktionen für Deutschland liefern Deutsche Bundesbank (1985), Gödde (1988) und Neumann/von Hagen (1987). Im folgenden soll ein etwas umfassenderer und auf die vorliegende Problemstellung zugeschnittener Überblick über Untersuchungen von Geldnachfragefunktionen des Typs (19) und (20) für die Bundesrepublik gegeben werden.

Der Überblick verfolgt das Ziel, einen komprimierten Einblick in die Eigenschaften und Defizite traditioneller Geldnachfragefunktionen für die Bundesrepublik zu präsentieren. Darauf aufbauend lassen sich die Anknüpfungspunkte für die modernen Ansätze zur Geldnachfragetheorie sowie -empirie und für die weitere Untersuchung aufzeigen. Um die Übersicht zu wahren, beschränkt sich

---

[21] Neben Deutsche Bundesbank (1977), S. 24 und (1978), S. 37 sowie Sachverständigenrat (1978), S. 171 diskutieren Langfeldt/Lehment (1980), S. 675 ff. und Schröder (1983a), S. 82 ff. die drei Sonderfaktoren.

der Überblick auf Arbeiten, die nach dem Jahre 1975 publiziert wurden. Des weiteren enthält Tabelle 1 nur diejenigen Studien, die in unmittelbarer Beziehung zur Goldfeld-Gleichung stehen und sich auf das reale oder nominale Bestandsanpassungsmodell stützen.[22] Geldnachfragefunktionen in nomineller Spezifikation werden nicht näher kommentiert. Die aufgeführten Studien sind chronologisch nach dem aktuellen Rand der Untersuchungsperiode geordnet; neben der Stützperiode und dem verwendeten Datentyp werden die untersuchten Geldmengenaggregate, die Regressoren, das Anpassungsmodell und die implementierten Stabilitätstests sowie deren Ergebnisse aufgeführt.

Die bei weitem überwiegende Mehrzahl der Analysen verwenden entweder saisonal bereinigte (SA) oder nicht-saisonal bereinigte (SU) Quartalsdaten (Q) – die Saisonbereinigung betrifft die Zeitreihen der Geldmengen, der Einkommensvariablen und/oder des Preisindex – und führen die Regressionsanalyse auf Basis der Zeitreihen in Niveaus mit der gewöhnlichen KQ-Methode, einem Instrumentvariablenverfahren und/oder einem Verfahren zur Korrektur autokorrelierter Residuen erster Ordnung durch. Von dieser Regel weichen lediglich Al-Khuri/Nsouli (1978), Atkinson et al. (1984), Frowen/Arestis (1976), Canarella/Roseman (1978) und Heri (1985) ab, da in den drei erstgenannten Arbeiten Regressionen mit Zeitreihen in der ersten nicht-saisonalen Differenz benutzt und in der Studie von Canarella und Roseman Jahresdaten (J) verwandt werden. Heri analysiert die Geldnachfrage auf Basis von Monatsdaten (M).

Die restlichen Analysen unterscheiden sich primär durch die Verwendung alternativ definierter Skalen- und Opportunitätskostenvariablen, die Auswahl weiterer erklärender Variablen, die Unterstellung eines partiellen realen (RAM) oder nominalen Bestandsanpassungsmodells (NAM) und die durchgeführten Stabilitätstests. Als Geldmengenaggregat liegt den Analysen meist die reale Kassenhaltung von M1 und teilweise zusätzlich M3 (mr1 und mr3) in der Abgrenzung der Deutschen Bundesbank zugrunde. Die Geldnachfrage nach M2 (mr2) wird oft mit Verweis auf schlechte Regressionsergebnisse nicht näher betrachtet. Abweichend davon analysieren Al-Khuri/Nsouli (1978), Fair (1987) und Frowen/Arestis (1976) die reale Pro-Kopf-Geldmenge von M1, M2 und M3 (mri – pop, i = 1,2,3), wobei pop die Bevölkerungsanzahl bezeichnet. Der realen Zentralbankgeldmenge (zbgr) und der um Euroeinlagen sowie kurzfristi-

---

[22] Durch diese Eingrenzung scheiden die Arbeiten von Akhtar/Putman (1980), den Butter/Fase (1981) und Hamburger (1977) zur weiteren Diskussion aus.

ge Bankschuldverschreibungen erweiterten realen Geldmenge M3 (mr3e) widmen sich lediglich Herz/Röger (1988).

Tabelle 1: Untersuchungen zur traditionellen Geldnachfragefunktion Deutschlands

Autoren	Stützperiode Datentyp	Aggregate	Regressoren, Anpassungs-modell	Stabilitätstest und deren Ergebnisse
Canarella/ Roseman (1978)	1957-1972 J	mr1	y^B, i^L, RAM	______
Frowen/Arestis (1976)	1965:1-1973:4 Q, SA	mr1 – pop mr2 – pop	y^B – pop, i^S, i^L, RAM	______
Arango/ Nadiri (1981)	1960:1-1975:4 Q, SA	mr1	y^P, i^S, i^A, π^E, sw, RAM	Chow-Test, stabil
Al-Khuri/ Nsouli (1978)	1962:3-1976:4 Q, SA	mr1 – pop mr3 – pop	y^B – pop, i^S, i^L, π^E, RAM	Chow-Test, beide stabil
Boughton (1981)	1960:2/64:1 -1977:4 Q, SA	mr1, mr3	y^B, i^S, i^L, i^A, π^E, RAM	Chow-, Cusum-Squared-Test, Quandts-Ratio, beide instabil
Ram (1982)	1960:2/64:1 -1977:4 Q, SA	mr1, mr3	y^B, i^S, i^L, i^A, π^E, RAM	Cooley-Prescott-Verfahren, beide stabil
Langfeldt/ Lehment (1980)	1962:1-1979:2 Q, SA	mr1	y^B, i^S, i^L, Sonderfaktoren, RAM, NAM	______

Tabelle 1: Fortsetzung

Cuddington (1983)	1962:2/69:3 -1979:2/79:4 Q, SA	mr1, mr3	y^B, i^S, i^A, sw, RAM	———
Loef (1980)	1970:1-1979:3 Q, SA	mr1	y^P, i^S, i^L, π^E, i^A, sw, RAM	Prognose, stabil
Loef (1982)	1970:1-1979:4 Q, SA	mr1	y^P, i^S, i^L, π^E, i^A, sw, RAM	———
Schröder (1983a)	1965:1-1982:2 Q, SU	mr1	y^P, i^S, sw, RAM	Quandts-Ratio, Cusum-Test, Prognose, Subperiodenvergleich, gleitende Regressionen, instabil
Buscher (1983)	1965:1-1982:4 Q, SU	mr1, mr3	y^P, y^B, i^S, i^L, sw, RAM	Prognose, beide instabil
Buscher (1984a)	1965:1-1982:4 Q, SU	mr1, mr3	y^P, i^S, i^L, sw, $\sigma(\pi)$, $\sigma(sr)$, RAM	Cooley-Prescott-Verfahren, beide stabil
Buscher (1984b)	1965:1-1982:4 Q, SU	mr1, mr3	y^P, y^B, i^S, i^L, sw, $\sigma(\pi)$, m^U, y^T, RAM	Chow-, Cusum-, Cusum-Squared-Test, gleitende Regressionen, beide instabil

Tabelle 1: Fortsetzung

Buscher/ Schröder (1983a)	1965:1-1982:4 Q, SU	mr1, mr3	y^P, y^B, i^S, i^L, sw, RAM	Cusum-, Cusum-Squared-Test, Quandts-Ratio, gleitende Regressionen, beide instabil
Buscher/ Schröder (1983b)	1965:1-1982:2 Q, SU	mr1	y^P, y^B, i^S, sw, σ(sr), y^T, m^U, RAM	Cusum-, Cusum-Squared-Test, gleitende Regressionen, Quandts-Ratio, Prognose, beide instabil
Neumann (1983)	1965:1-1982:4 Q, SU	mr1, mr3	y^P, y^B, i^S, i^L, sw, RAM	Chow-, Cusum-, Cusum-Squared-Test, Subperiodenvergleich, beide instabil
Atkinson et al. (1984)	1973:2-1983:1 Q, SA	mr1, mr3	y^B, i^S, π^E, RAM	Quandts-Ratio, Chow-, Cusum-, Cusum-Squared-Test, mr1 instabil, mr3 stabil
Andersen (1985)	1960:1-1983:4 Q, SA	mr1, mr3	y^B, i^S, π^E, RAM	Chow-Test, rollende Regressionen, mr1 stabil, mr3 instabil

Tabelle 1: Fortsetzung

Heri (1985)	1966:2-1983:12 M, SU	mr1	y^B, i^S, i^L, RAM, NAM	Chow-Test, Subperiodenvergleich, instabil
Batten/ Hafer (1984)	1966:1-1984:1 Q, SA	mr1	y^B, i^S, sw, RAM	________
Herz/Röger (1990)	1962:3-1984:4 Q, SU	mr3	y^B, i^L, RAM	Chow-Test, instabil
Baade/ Nazmi (1989)	1965:3-1985:3 Q, SA	mr1	y^B, i^S, RAM	Chow-Test, instabil
Fair (1987)	1969:1-1985:4 Q, SA	mr1 – pop	y^B – pop, i^S, RAM, NAM	________
Gaab/Seitz (1988)	1963:1-1985:4 Q, SU	mr1	y^B, i^S, π^E, sw, RAM	Quandts-Ratio, Chow-, Cusum-, Cusum-Squared-Test, Subperiodenvergleich, rekursive Schätzung, Cooley-Prescott-Test, instabil
Gödde (1988)	1966:1/69:2 -1985:4 Q, SA	mr1, mr2, mr3	y^B, i^S, i^L, π^E, i^A, sw, RAM, NAM	Chow-, Cusum-, Cusum-Squared-Test, Quandts-Ratio, Prognose, alle drei instabil

Tabelle 1: Fortsetzung

Schlomann (1988)	1974:1-1986:2 Q, SU	mr1, mr2, mr3	y^B, i^S, i^L, i^A, sw, RAM	Chow-Test, Subperiodenvergleich, mr1 stabil, mr3 instabil
Herz/Röger (1988)	1975:1-1987:3 Q, SA	mr3, zbgr, mr3e	y^P, i^S, π^E, RAM	Chow-, Cusum-, Cusum-Squared-Test, mr3 und mr3e stabil, zbgr instabil

Die verwendeten Symbole sind im Text erläutert.

Die Koeffizienten der Skalenvariablen erweisen sich in den meisten Arbeiten als signifikant positiv. Unabhängig davon, ob die empirischen Analysen ein Realeinkommenskonzept (y^B) oder eine Approximationsgröße des permanenten Einkommens (y^P) verwenden, liegen die ermittelten langfristigen Einkommenselastizitäten für die Realkassenhaltung von M1 um den Wert Eins, meist etwas höher. Im Vergleich dazu sind die langfristigen Einkommenselastizitäten für die Geldhaltung von M3 höher und schwanken um einen Wert von 1,50. Die langfristigen (Semi-) Zinselastizitäten kurz- und/oder langfristiger inländischer Zinssätze (i^S und i^L) lassen sich in etwa mit $-0{,}10$ beziffern; sie liegen oft betragsmäßig niedriger, selten aber höher. Die kurzfristigen (Semi-) Zinselastizitäten sind mit dem häufig ermittelten Wert $-0{,}005$ im Betrag sehr gering.

Während die empirische Evidenz für Skalenvariablen und inländische Zinssätze relativ eindeutig ist, liegen für die weiteren Variablen sehr unterschiedliche Resultate vor. In den Geldnachfragegleichungen von Andersen (1985), Arango/Nadiri (1981), Atkinson et al. (1984), Boughton (1981), Gödde (1988), Herz/Röger (1988) und Loef (1980, 1982) erweist sich der Parameter der erwarteten Inflationsrate (π^E) als signifikant negativ. Die empirische Evidenz bezieht sich auf die realen Geldmengenaggregate von M1, M2, M3, die reale

Zentralbankgeldmenge und die erweiterte reale Geldmenge M3. Demgegenüber ist in Al-Khuri/Nsouli (1978) und Gaab/Seitz (1988) der Koeffizient der Inflationsrate für mr1 nicht signifikant von Null verschieden und trägt in Teilstützbereichen ein positives Vorzeichen. Allerdings weist der Parameter der Inflationsrate sämtlicher Spezifikationen von Al-Khuri und Nsouli im Stützbereich von 1971 bis 1976 das erwartete negative Vorzeichen auf und ist signifikant von Null verschieden. Im Unterschied zur Geldnachfrage von mr1 finden diese Autoren für das weite Aggregat mr3 signifikant negative Koeffizienten sowohl für die Gesamtperiode als auch Teilstützbereiche.

Während Arango/Nadiri (1981), Loef (1980, 1982) und Schlomann (1988) einen signifikant negativen Effekt eines erweiterten ausländischen Zinssatzes (i^A) und des Swapsatzes (sw) zur Approximation der erwarteten Wechselkursänderung auf die Realkassenhaltung von M1 feststellen, findet Cuddington (1983) keinen Einfluß beider ausländischen Opportunitätskostenvariablen auf die Geldhaltung von M1. Lediglich für mr3 ergibt sich in Cuddingtons Studie schwache Evidenz zugunsten des Swapsatzes. Die ausschließliche Berücksichtigung eines unbereinigten ausländischen Zinssatzes liefert in Boughton (1981) und Ram (1982) keinen signifikant negativen Einfluß auf mr1 und in Gödde (1988) einen signifikant positiven Einfluß auf mr1, mr2 sowie mr3.

Sowohl Cuddington als auch Loef verweisen explizit auf Multikollinearitätsprobleme, die durch die Gültigkeit der Zinsparitätentheorie und damit durch die simultane Berücksichtigung inländischer sowie erweiterter ausländischer Zinssätze hervorgerufen werden können. Die empirische Evidenz bestätigt dieses Argument, da die Aufnahme beider Zinsvariablen in Loefs Arbeiten zu insignifikant von Null verschieden geschätzten Parametern führt, die separate Berücksichtigung aber signifikant negativ geschätzte Koeffizienten liefert. Die Substitution von Auslands- durch Inlandszinssatz wirkt sich kaum auf die Regressionsergebnisse aus. Insbesondere aufgrund des Multikollinearitätsproblems verzichten häufig Autoren auf die Berücksichtigung eines ausländischen Zinssatzes und konzentrieren sich auf die Analyse des Swapsatzes als ausländische Opportunitätskostenvariable.

Gaab/Seitz (1988) verweisen im Zusammenhang mit der Untersuchung des Swapsatzes auf die Bedeutung des gewählten Stützbereichs, da zwar in der Gesamtperiode von 1963 bis 1985 der Einfluß des Swapsatzes für mr1 signifikant negativ ist, sich aber im Stützbereich seit 1973 als insignifikant von Null verschieden erweist. Die Resultate von Buscher (1983, 1984a, 1984b), Buscher/Schröder (1983a, 1983b), Gödde (1988), Schlomann (1988) und Schröder (1983a) bestätigen diese Beobachtung nur teilweise. Die Autoren erhalten übereinstimmend einen signifikant negativen Einfluß des Swapsatzes in Funktionen für mr1 und mr3 in der jeweils untersuchten Gesamtperiode. Sofern Subperiodenuntersuchungen vorgenommen werden, erweist sich der Koeffizient des Swapsatzes im Unterschied zu den Ergebnissen von Gaab und Seitz als signifikant negativ für verschiedene Teilstützbereiche. Die geschätzten Parameter des Swapsatzes unterliegen allerdings erheblichen Schwankungen. Für die Geldnachfragegleichungen von mr2 ergeben sich in Schlomanns Arbeit für den Parameter des Swapsatzes inkorrekte Vorzeichen, und für die Funktionen von mr3 ist die empirische Evidenz nicht eindeutig. Neumann (1983) erhält für mr1 und mr3 signifikant negative Koeffizienten des Swapsatzes in den Perioden 1965:1 bis 1982:4 und 1974:1 bis 1982:4, aber insignifikante Parameter in der Periode fixierter Wechselkurse von 1965:1 bis 1972:4. Battan/Hafer (1984) bestätigen dieses Ergebnis.

Buscher (1984a, 1984b) und Buscher/Schröder (1983b) können sowohl für das Maß der Inflationsunsicherheit ($\sigma(\pi)$) als auch für die Variable des Wechselkursrisikos (σ(sr)) keinen signifikant von Null verschiedenen Einfluß auf die reale Kassenhaltung von M1 und M3 feststellen. Zusätzlich experimentieren Buscher (1984b) und Buscher/Schröder (1983b) mit dem transitorischen Einkommen (y^T) und einem nominalen Geldangebotsschockterm (m^U) als Buffer-Stock-Argumente in der traditionellen Geldnachfragefunktion; auf diese Ergebnisse wird in Abschnitt 6.3.2 eingegangen. Zwischen den von Langfeldt/Lehment (1980) untersuchten Sonderfaktoren und der realen Geldnachfrage nach M1 besteht kein signifikant positiver Zusammenhang. Der Parameter des Anteils der Rentnereinkommen am Gesamteinkommen ist zwar signifikant, trägt aber das inkorrekte negative Vorzeichen. Ferner haben die Veränderungen des Kassenhaltungkoeffizienten, definiert als Quote von Bargeldumlauf zum Sichteinlagenvolumen, und die Änderung des realen Außenwertes der D-Mark einen insignifikant von Null verschiedenen Einfluß auf mr1.

Für Geldnachfragefunktionen auf Basis des realen Anpassungsmechanismus (RAM) und der nominalen Anpassungshypothese (NAM) ergeben sich kaum unterschiedliche Regressionsergebnisse hinsichtlich der Größenordnung der geschätzten Parameter und der Eigenschaften der Geldnachfragefunktionen. Ferner liegen für beide Kategorien von Geldnachfragegleichungen die Anpassungselastizitäten in etwa zwischen 0,10 und 0,20, so daß es sehr lange dauert, bis sich die tatsächliche kurzfristige Kassenhaltung an die langfristig gewünschte Geldnachfrage anpaßt. Für den häufig geschätzten Wert $\hat{\alpha}_7 = 0{,}90$ sind erst nach rund 22 Quartalen 90 Prozent der Anpassung vollzogen. Eine solch lange Anpassungsdauer ist ökonomisch sicherlich unplausibel. Vergleichsweise niedrige Werte der Anpassungselastizität um 0,50 ermitteln Arango/Nadiri (1981) und Loef (1980, 1982); eine 90 prozentige Anpassung erfolgt hierbei in ca. 3,5 Quartalen. Fair (1987) findet Evidenz zur Überlegenheit der nominalen Anpassungshypothese gegenüber dem realen Bestandsanpassungsmodell.

Gemessen an den Statistiken zur Beurteilung der Güte der gesamten Regression sind die Regressionsergebnisse aller Studien fast ausnahmslos akzeptabel. Es fallen sehr hohe korrigierte Bestimmtheitsmaße auf, die knapp unter dem Wert Eins liegen und dadurch den Regressionsansätzen einen sehr hohen Erklärungsbeitrag zuweisen. Darüber hinaus sind die Durbin-Watson- und Durbins-h-Statistiken zur Überprüfung autokorrelierter Residuen erster Ordnung meist insignifikant.

Durch die Analyse der Stabilitätseigenschaften traditioneller Geldnachfragefunktionen kann dieses positive Bild nicht bestätigt werden. Wie aus der rechten Spalte der Tabelle 1 hervorgeht, erfolgt die Stabilitätsuntersuchung in der überwiegenden Anzahl der Studien durch Anwendung mehrerer Verfahren. Die Verfahren sind entsprechend der jeweiligen Stabilitätsdefinition in drei Kategorien einteilbar. Die Ansätze der ersten Kategorie – Chow-, Cusum-, Cusum-Squared-Test, Subperiodenvergleich, gleitende bzw. rollende und rekursive Regressionen – unterstellen die Konstanz der Regressionsparameter im Zeitablauf. Quandts-Ratio wird i.d.R. in Verbindung mit dem Chow-Test zur Datierung von potentiellen Strukturbrüchen eingesetzt. Zur zweiten Kategorie zählt das Cooley-Prescott-Verfahren, das Stabilität im Sinne stationärer Prozesse für die Parameter der Geldnachfragefunktion versteht.[23]

---

[23] Der Chow-Test geht auf die Arbeit von Chow (1960), Quandts-Ratio auf Quandt (1958, 1960), das Cooley-Prescott-Verfahren auf Cooley/Prescott (1973, 1976) zurück. Cusum- sowie Cusum-Squared-Test propagieren Brown et al. (1975).

Unter die dritte Kategorie fällt die Analyse der Prognosequalität. Von einer befriedigenden Prognoseleistung wird auf die Stabilität der zugrundeliegenden Funktion geschlossen, wobei im folgenden unter Prognosen out-of-sample Prognosen zu verstehen sind.[24] Neben den implementierten Verfahren enthält die rechte Spalte von Tabelle 1 das Ergebnis der Stabilitätsuntersuchung, wobei in "instabil" und "stabil" kategorisiert wird. Führt die Anwendung mehrerer Stabilitätstests zu widersprüchlichen Ergebnissen, bedeutet die Etikettierung mit "instabil", daß mindestens ein Testverfahren die Instabilität der Geldnachfragefunktion anzeigt.

Im Rahmen der Stabilitätsanalyse nach Chow kann die Festlegung des Strukturbruchzeitpunktes zur Separation des Gesamtstützbereichs in Subperioden gemäß des Ergebnisses von Quandts-Ratio und nach Maßgabe bedeutender, relevanter Ereignisse erfolgen. Als markante Ereignisse werden die Dollarkrise in 1971:3 und der Übergang von fixen zu floatenden Wechselkursen in 1973:1 angesehen. Für diese Zeitpunkte führen Al-Khuri/Nsouli (1978) und Arango/Nadiri (1981) Chow-Tests durch und stellen die Stabilität der Geldnachfragefunktion fest. Dabei ist zu beachten, daß die verwendeten Zeitreihen bei erstgenannten Autoren 1976:4 und bei zweitgenannten Autoren 1975:4 enden und damit die zweite Unterperiode sehr kurz ausfällt. Heri (1985) separiert den Stützbereich von 1966:1 bis 1983:12 in zwei Teilbereiche von 1966:1 bis 1972:12 sowie 1973:2 bis 1983:12 und erhält für mr1 eine signifikante Chow-Statistik. Evidenz für einen Strukturbruch im Jahre 1973 findet auch Andersen (1985) für die Realkassenhaltung von M3, nicht hingegen für M1. Gödde (1988) implementiert Chow-Tests für die Zeitpunkte 1973:1 und 1975:1, wobei der erste Zeitpunkt durch die Änderung des Wechselkursregimes und der zweite Zeitpunkt durch die Änderung der geldpolitischen Strategie der Deutschen Bundesbank in Form der Ankündigung von Geldmengenzeilen für das jeweils folgende Jahr motiviert ist. Die realen Geldmengenaggregate von M2 und M3 wei-

---

[24] Die Ermittlung von out-of-sample Prognosen basiert auf der Unterteilung der gesamten Untersuchungsperiode in einen Regressionsstützbereich und einen Prognosezeitraum. Der Regressionsstützbereich dient der Schätzung der Geldnachfragefunktion, so daß Prognosen der abhängigen Variable für Zeitpunkte des daran anschließenden Prognosezeitraums möglich sind. Die Güte dieser Prognosen ist durch einen Vergleich mit den tatsächlichen Werten auf der Grundlage quantitativer Prognosefehlermaße beurteilbar (Pindyck/Rubinfeld (1993), S. 336 ff.). Zusätzlich zu den genannten Stabilitätstests und der Prognosetechnik benutzen einige Autoren weitere Verfahren, die aufgrund der seltenen Anwendung nicht in Tabelle 1 aufgeführt und diskutiert werden.

sen zu beiden Zeitpunkten eine signifikante Chow-Statistik auf. Ebenso ist die Chow-Statistik für mr1 im Zeitpunkt 1975:1 signifikant, im Zeitpunkt 1973:1 hingegen insignifikant.

Auf der Grundlage eines Stützbereichs, der von 1965 bis 1985 reicht, wenden Baade/Nazmi (1989) sukzessive Chow-Tests für die vier Quartale des Jahres 1974 als potentielle Strukturbruchzeitpunkte an und stellen im vierten Quartal einen Strukturbruch fest. Boughton (1981) identifiziert mit dem Quandt-Ratio für mr1 in 1962:4 und für mr3 in 1969:3 ein Minimum. Durch den Chow-Test wird der Strukturbruch für mr3 bestätigt, für mr1 hingegen nicht. Andererseits zeigt der Cusum-Squared-Test für die Geldnachfragefunktion mr1 nach 1972 die Instabilität an. Minima zeigen die von Gödde (1988) implementierten Quandt-Ratio in 1981:1 für mr1, in 1973:3 für mr2 und in 1980:3 für mr3. Diese Zeitpunkte bestätigen die Chow-Tests als Strukturbrüche. Buschers (1984b) und Neumanns (1983) Chow-Tests für unterschiedliche Spezifikationen von mr1 und mr3 liefern allesamt einen Strukturbruch im Zeitpunkt 1973:3.

Eine umfangreiche Stabilitätsuntersuchung führen auch Atkinson et al. (1984) durch. Die Autoren finden keine Evidenz für Instabilitäten der Geldnachfragefunktion von M3 und keine eindeutige Evidenz für diejenige von M1. Während für mr1 der Cusum-Test auf Instabilität schließen läßt und die durch das Quandt-Ratio identifizierten Minima in 1977:1 sowie 1980:3 durch einen Chow-Test als Strukturbruch bestätigt werden, zeigen die restlichen Stabilitätstests die Strukturkonstanz an. Widersprüchliche Ergebnisse bei der Anwendung von Cusum- und Cusum-Squared-Tests erhält auch Buscher (1984b) für mr1 und mr3. Analog zu Atkinson et al. weisen die Cusum-Tests auf Instabilität und die Cusum-Squared-Tests auf Stabilität hin. Buscher/Schröder (1983b) liefern dazu diametral konträre Evidenz und Buscher/Schröder (1983a) die weitgehende Übereinstimmung zwischen Cusum- und Cusum-Squared-Tests. Der Cusum-Squared-Test von Gödde (1988) zeigt im Gesamtstützbereich die Stabilität von mr3 und die Instabilität von mr1 sowie mr2 an.

Gaab/Seitz (1988) lokalisieren auf der Grundlage des Quandt-Ratio einen potentiellen Strukturbruch für die Zeitpunkte 1970:1 und 1977:4. Chow-Tests bestätigen diese Zeitpunkte als Strukturbrüche. Wiederum liefern Cusum- und Cusum-Squared-Tests widersprüchliche Ergebnisse. Den Eindruck der Instabilität bekräftigen Gaab und Seitz visuell durch Darstellung der Zeitpfade rekursiv KQ-geschätzter Koeffizienten. Vergleichbare Ergebnisse weist auch Schröder (1983a) aus. Das Quandt-Ratio zeigt lokale Minima in 1973:4 und 1976:1 für mr1. Zu diesen Zeitpunkten überschreiten die Cusum-Teststatistiken die Signifikanzgrenzen, so daß auf Strukturbrüche geschlossen werden kann. Darüber hinaus deuten Schröders Regressionen für Teilperioden und auch die gleitenden Regressionen auf signifikante Veränderungen der Koeffizienten im Zeitablauf hin.

Konträr dazu erhält Andersen (1985) auf der Grundlage rollender Regressionen relativ stabile Zeitpfade für die Koeffizienten von mr1. Hingegen stellt Andersen für die Parameterschätzungen von mr3 markante Sprünge am Anfang und am Ende der siebziger Jahre fest. Buscher (1984b) gelangt zu dem Ergebnis, daß die Zeitpfade der Koeffizienten für mr1 im Zeitraum 1969 bis 1975 sehr unstetig verlaufen, aber seit 1976 nahezu konstante geschätzte Parameter für das Realeinkommen, den inländischen Zinssatz und die verzögerte Realkassenhaltung vorliegen. Für den Koeffizienten des Swapsatzes trifft dies nicht zu. Die gleitenden Regressionen von Buscher/Schröder (1983a, 1983b) zeigen für mr1 und mr3 die Instabilität an.

Neben den oben kommentierten Stabilitätstest ist auch ein Vergleich der Ergebnisse für nicht-überlappende Unterperioden zur Stabilitätsanalyse heranziehbar. Interessant sind insbesondere die Resultate von Gaab/Seitz (1988) und Heri (1985): Während geschätzte Geldnachfragefunktionen für Stützbereiche beginnend in den sechziger Jahren und endend im Jahr 1972 bzw. 1973 befriedigende Ergebnisse im Sinne von signifikanten Koeffizienten mit korrekten Vorzeichen aufweisen, sind die kurzfristigen Einkommenselastizitäten in den Perioden seit 1973 respektive 1974 insignifikant von Null verschieden. In beiden Arbeiten sind die Standardfehler der Regressionen für die Schätzgleichungen der zweiten Subperioden systematisch höher als diejenigen der ersten Unterperioden. Heri stellt zusätzlich fest, daß die Anpassungselastizitäten in der zweiten Periode niedriger liegen als in der ersten Periode, was auf eine ökonomisch unplausibel langsame Portfolioanpassungsgeschwindigkeit in der zweiten Subperiode schließen läßt. Insbesondere Heri, aber auch Gaab und Seitz, verweisen als Begründung für die erhaltenen Ergebnisse auf die monetären Regimewechsel in Gestalt des Übergangs zu floatenden Wechselkursen und einer monetaristisch inspirierten Geldmengenpolitik der Deutschen Bundesbank.[25]

Die Ergebnisse von Heri, Gaab und Seitz können Herz/Röger (1988) und Schlomann (1988) nicht bestätigen. Im Stützbereich 1973/74 bis 1986/87 finden sich ökonomisch sinnvoll interpretierbare Parameterschätzungen, und die Stabilitätsuntersuchungen liefern Indizien für die Stabilität von mr1 und mr3. Des weiteren zeigt Buscher (1984b), daß spätestens seit 1976:1 seine mit Chow-, Cusum- und Cusum-Squared-Tests geprüften Geldnachfragefunktionen stabil sind. Neumann (1983) stellt beim Subperiodenvergleich 1965:1 bis 1972:4 und 1974:1 bis 1982:4 für mr1 eine erhebliche Zunahme der kurz- und langfristigen Einkommenselastizität und für mr3 eine erhebliche Veränderung der (Semi-) Zinselastizität fest, erhält aber sowohl für mr1 als auch mr3 in beiden Teilperioden stabile Geldnachfragefunktionen auf der Grundlage von Cusum- und Cusum-Squared-Tests. Allerdings ist das permanente Einkommen für die Realkassenhaltung von M3 in der Periode 1974:1 bis 1982:4 zum 5-prozentigen Niveau insignifikant von Null verschieden. Dies stellen für den Stützbereich 1975:1 bis 1987:3 auch Herz/Röger (1988) fest.

Die ersten out-of-sample Prognosen für die deutsche Geldnachfragefunktion führt Loef (1980) durch. Loef schätzt die Geldnachfragefunktion für M1 auf Basis des Stützbereichs von 1970:1 bis 1978:4 und prognostiziert mit hoher Qualität die Realkassenhaltung der ersten drei Quartale von 1979. Ebenso weisen Buscher/Schröder (1983b) und Schröder (1983a) Geldnachfragefunktionen für mr1 eine hohe Prognosequalität für den Zeitraum von 1981:1 bis 1982:2 zu. Nach dem Kriterium der Prognosequalität kann die Geldnachfragefunktion somit als stabil gelten. Für den Prognosezeitraum 1981:1 bis 1982:4 gelangt Buscher (1983) auf Basis einer bedeutend umfangreicheren Prognosefehleranalyse zu dem Fazit einer unzureichenden Prognosequalität für Geldnachfragefunktionen von M3, falls das Realeinkommen als Skalenvariable dient. Obwohl mr1 eine vergleichsweise bessere Prognosequalität aufweist, ist die Prognosegüte aufgrund der hohen Anzahl von Tendenzfehlern ebenso unzureichend. Gödde (1988) erweitert die Evidenz zur Prognoseleistung traditioneller Geldnachfragefunktionen um die Analyse des Prognosezeitraums von 1984:1 bis

---

[25] Die Bedeutung geldpolitischer Regimewechsel als Ursache für instabile Geldnachfragefunktionen wird im Zusammenhang mit den Forward-Looking-Modellen in Abschnitt 7.1 diskutiert.

1985:4 und erzielt für mr2 durchweg gute Resultate, für mr3 vergleichsweise schlechte Ergebnisse und für mr1 eher unbefriedigende Prognosen.

Die jüngste Untersuchung zu den Stabilitätseigenschaften der Goldfeld-Spezifikation für Deutschland von Herz/Röger (1990) zeigt, daß der Strukturbruch traditioneller Geldnachfragefunktionen in 1973:4 auf eine Veränderung des saisonalen Musters in der Einkommensvariable zurückgeführt werden kann. Die Berücksichtigung eines veränderten Saisonverhaltens liefert eine stabile Geldnachfragefunktion vom Goldfeld-Typ.

Die bisher genannten Studien verstehen unter Stabilität die Konstanz der Parameter in Zeitablauf. Alternativ kann unter Stabilität auch die Stationarität der Parameterprozesse aufgefaßt werden, so daß die Parameter stochastischen Variationen unterliegen und langfristig konstante Mittelwerte aufweisen, aber keinem random-walk folgen. Buscher (1984a), Gaab/Seitz (1988) und Ram (1982) legen diesen Stabilitätsbegriff zugrunde und können mit Hilfe des Cooley-Prescott-Verfahrens die Alternativhypothese der Instabilität nicht annehmen.

Zusammenfassend läßt sich aus den dargestellten Untersuchungen zur deutschen Geldnachfragefunktion folgendes festhalten:

(1) Die Analysen liefern nahezu ausnahmslos signifikant positive langfristige Einkommenselastizitäten größer als Eins und niedrige signifikant negative langfristige (Semi-) Elastizitäten für inländische Nominalzinsen.

(2) Darüber hinaus liegen Indizien für einen signifikant von Null verschiedenen Einfluß weiterer erklärender Variablen vor. Es handelt sich um die erwartete Inflationsrate, ausländische Zinssätze und den Swapsatz. Dagegen zeigen Unsicherheitsmaße keinen empirisch nachweisbaren Einfluß auf die Realkassenhaltung, und für Sonderfaktoren ist keine signifikant positive Beziehung zur Geldnachfrage feststellbar.

(3) Die geschätzten Anpassungselastizitäten sind meist sehr niedrig, so daß ökonomisch unplausible Anpassungsgeschwindigkeiten der kurzfristigen an die langfristige Geldnachfrage resultieren.

(4) Die Testergebnisse zur Stabilität traditioneller Geldnachfragefunktionen für Deutschland liefern keine eindeutige Evidenz. Während ältere Studien, deren Stützbereiche am Anfang und in der Mitte der siebziger Jahre enden, überwiegend keine Instabilitäten feststellen, ergeben sich aus jüngeren Studien, deren Stützperioden hinreichend weit in die siebziger und achtziger Jahre reichen, meist Evidenzen für die Instabilität deutscher Geldnachfragefunktionen des Goldfeld-Typs.

(5) Indizien für Strukturbrüche finden sich vermehrt am Anfang und in der Mitte der siebziger Jahre. Dadurch kommen als potentielle Ursache die monetären Regimewechsel in Betracht. Diese Aussage wird in einigen Studien durch das schlechte Abschneiden traditioneller Geldnachfragefunktionen für Perioden beginnend am Anfang und in der Mitte der siebziger Jahre gestützt, obwohl auch diese Evidenz nicht eindeutig ist.

(6) Die empirischen Ergebnisse für Deutschland sind dahingehend interpretierbar, daß eine Erweiterung der Liste der erklärenden Variablen und die Verwendung alternativer Variablendefinitionen als Strategie zur Bekämpfung ihrer Defizite keinen substantiellen Erfolg hat.

Die empirische Evidenz zur Goldfeld-Geldnachfragefunktion für die Bundesrepublik weist somit auffallende Parallelen zu den Ergebnissen für traditionelle Geldnachfragefunktionen anderer Industrienationen auf: unplausibel niedrige Werte der Anpassungselastizität, Indizien für Strukturbrüche in den siebziger und achtziger Jahren, Gleichungen mit befriedigenden Eigenschaften für die Periode der sechziger und Anfang siebziger Jahre, Funktionen mit unbefriedigenden Charakteristika seit Mitte der siebziger Jahre und schließlich die vernachlässigbaren Erfolge, durch eine Erweiterung der Liste der erklärenden Variablen und die Verwendung alternativer Variablendefinitionen die Defizite nachhaltig zu heben. Um eine Aussage machen zu können, ob durch die Anwendung moderner ökonometrischer Techniken die Lösung der festgestellten Defizite gelingt, stellt das nächste Kapitel das im folgenden für die empirische Analyse verwendete methodische Handwerkszeug dar.

3. Spezifikation von Feedback-Geldnachfragefunktionen auf der Basis des Kointegrationskonzepts

Die in den folgenden Abschnitten dargestellten Konzepte zur Modellierung von Geldnachfragefunktionen werden in der Literatur als ökonometrische Reaktion auf die Probleme traditioneller Geldnachfragefunktionen vorgeschlagen. Dabei wurden die weitverbreiteten und im vorherigen Kapitel behandelten Modelle partieller Anpassung von Fehlerkorrekturmodellen abgelöst. Fehlerkorrekturmodelle zählen zur Klasse der Feedback-Modelle und können als marginalisierte und konditionierte Repräsentationen eines datengenerierenden Prozesses mit ausschließlich beobachtbaren Variablen definiert werden. Die Strategien zur Spezifikation eines Fehlerkorrekturmodells lassen sich in zwei Kategorien unterteilen, je nachdem, ob die langfristige Gleichgewichtsbeziehung und die kurzfristige Dynamik gemeinsam oder sukzessive modelliert werden. Das simultane Vorgehen entspricht der general-to-specific Modellbildung, die überwiegend auf die Arbeiten von Hendry zurückgeht.[26] Das weitere Vorgehen konzentriert sich auf die stufenweise Konstruktion von Fehlerkorrekturmodellen, wobei dem Kointegrationskonzept als Basis eine besondere Bedeutung zukommt.

Abschnitt 3.1 geht auf die Bedeutung des Kointegrationskonzepts für die Untersuchung der Geldnachfragefunktion ein, und Abschnitt 3.2 widmet sich dem zweistufigen Verfahren von Engle/Granger (1987), Stocks (1987) einstufigem Ansatz sowie den daraus resultierenden Fehlerkorrekturmodellen. In den beiden folgenden Abschnitte werden die Verfahren zur Analyse der Fehlerkorrekturmodelle dargestellt. Ein Ansatz zum Testen von Geldnachfragefunktionen auf Identifizierbarkeit bei trägem Preisniveau präsentiert Abschnitt 3.3. Abschnitt 3.4 erläutert die verwendeten Diagnosetests und verschiedene Verfahren zur Stabilitätsanalyse. Die Darstellung saisonaler Einheitswurzeltests in Abschnitt 3.5 rundet das vorliegende Kapitel ab.

---

[26] Siehe hierzu Hendry (1979, 1983, 1984, 1987, 1988), Hendry et al. (1984), ebenso Gilbert (1986) und die Lehrbuchdarstellungen von Charemza/Deadman (1992), S. 80 ff. sowie Cuthbertson et al. (1992), S. 98 ff.

3.1. Die Bedeutung des Kointegrationskonzepts für die Modellierung von Geldnachfragefunktionen

Gemeinsames Charakteristikum der im vorangegangenen Kapitel dargestellten Studien zu traditionellen Geldnachfragefunktionen ist die a priori Unterstellung einer langfristigen Geldnachfragefunktion, deren Parameter auf Basis der geschätzten Koeffizienten der kurzfristigen Geldnachfragefunktion berechnet werden. Ferner trägt die Modellbildungsprozedur den statistischen Eigenschaften der verwandten Zeitreihen nicht explizit Rechnung. Das moderne ökonometrische Vorgehen zur Spezifikation von Geldnachfragefunktionen hebt sich von diesem Verfahren sehr deutlich ab.

Im Unterschied zur traditionellen Technik unterstellt die moderne Vorgehensweise nicht a priori eine langfristige Geldnachfragefunktion, sondern testet die Existenz einer langfristigen Beziehung zwischen den interessierenden Variablen mit Hilfe des Kointegrationskonzepts. Dies ermöglicht eine Schätzung der Parameter für die langfristige Geldnachfragefunktion. Darauf aufbauend kann gemäß dem Granger-Repräsentationstheorem ein Fehlerkorrekturmodell spezifiziert werden, das als kurzfristige Geldnachfragefunktion interpretierbar ist und die Analyse der dynamischen Eigenschaften erlaubt. Fehlerkorrekturmodelle zeichnen sich neben weiteren wünschenswerten Eigenschaften gegenüber den für traditionelle Geldnachfragefunktionen charakteristischen partiellen Anpassungsmodellen durch eine bedeutend flexiblere kurzfristige Dynamik aus. Bestehen zwischen der Spezifikation der kurzfristigen Dynamik und den langfristigen Eigenschaften der Geldnachfragefunktion Interdependenzen, und werden die kurzfristigen Charakteristika durch das partielle Anpassungsmodell nicht adäquat repräsentiert, kann dies zu Verzerrungen in der Schätzung der langfristigen Geldnachfragefunktion führen. Daher kommt der Modellierung der kurzfristigen Dynamik der Geldnachfragefunktion eine zentrale Bedeutung zu (Boughton (1991), S. 7).

Für das traditionelle Vorgehen ist charakteristisch, daß die Schätzung der Geldnachfragefunktion und die Beurteilung der Testergebnisse ohne vorherige Prüfung der Kompatibilität der statistischen Eigenschaften der verwandten Daten mit den Voraussetzungen der durchgeführten Schätz- und Testverfahren erfolgt. Die implementierten Tests sind daher stets verbundene Tests, die sowohl die Angemessenheit der ökonometrischen Spezifikation als auch die

Gültigkeit der ökonomischen Hypothese testen; der Aussagegehalt der Ergebnisse im Hinblick auf die ökonomische Hypothese ist daher fraglich. Im Unterschied dazu testet das moderne ökonometrische Vorgehen zunächst zentrale Eigenschaften der statistischen Modellspezifikation und führt daraufhin weitergehende Untersuchungen in Form interessierender ökonomischer Hypothesen oder Stabilitätsanalysen durch (Neumann/von Hagen (1987), S. 70).

In diesem Kontext ist die Feststellung von zentraler Bedeutung, daß die Schätzung von Geldnachfragefunktionen auf der Grundlage des traditionellen ökonometrischen Instrumentariums implizit die Stationarität der datengenerierenden Prozesse für die zugrundeliegenden Zeitreihen unterstellt. Im Zuge der wegweisenden Arbeit von Nelson/Plosser (1982) ist jedoch überwältigende empirische Evidenz für die Differenzen- oder Trendstationarität vieler makroökonomischer Zeitreihen vorgelegt worden, so daß das den Regressionsansätzen zugrundeliegende Stationaritätspostulat sehr oft nicht erfüllt ist. Die Konsequenzen dieser Annahmenverletzung für die statistischen Eigenschaften von Schätzern der interessierenden Parameter und Tests sind gravierend, wie die facettenreiche Diskussion über das Problem der Scheinregressionen verdeutlicht.[27] Aus dieser Debatte sind für die Bedeutung des Kointegrationskonzepts die Beiträge von Granger/Newbold (1974) und Phillips (1986) hervorzuheben.

Granger und Newbold untersuchen Regressionsgleichungen für die Niveaus voneinander unabhängiger Zeitreihen, die integrierte Prozesse vom ARIMA-Typ repräsentieren und damit einen stochastischen Trend aufweisen. Es handelt sich um random-walk-Prozesse ARIMA(0,1,0) und integrierte moving-average-Prozesse erster Ordnung ARIMA(0,1,1). Obwohl die Zeitreihen in keinem Beziehungszusammenhang stehen, lehnen die gewöhnlichen t-Tests zum 5-prozentigen Signifikanzniveau die Nullhypothese keiner Beziehung zwischen beiden random-walks in der Mehrzahl der Fälle ab. Dieses grundlegende Resultat wird durch die Aufnahme weiterer unabhängiger Variablen in den Regressionsansatz sowohl bei der Analyse von random-walk- als auch ARIMA(0,1,1)-Prozessen bekräftigt.

Charakteristisch für die Regressionsergebnisse sind ferner sowohl hohe Bestimmtheitsmaße als auch niedrige Durbin-Watson-Statistiken. Das Bestimmt-

---

[27] Einen Überblick hierzu geben Hall/Henry (1988), S. 49 ff., Hendry (1986), S. 202 ff., Hendry/Morgan (1986), S. 23 ff. und McDermott (1990), S. 3 ff.

heitsmaß für Regressionen mit trendbehafteten Zeitreihen tendiert gegen Eins, da die Summe $\sum_{t=1}^{T}(y_t - \bar{y})^2$ fälschlicherweise auf der Grundlage eines konstanten Mittelwertes $\bar{y}$ der abhängigen Variable y_t berechnet wird. Der daraus resultierende Wert für die Summe führt in der Berechnung des Bestimmtheitsmaßes $R^2 = 1 - (\sum_{t=1}^{T}\hat{\varepsilon}_t^2 / \sum_{t=1}^{T}(y_t - \bar{y})^2)$ zu einem entsprechend niedrigen Wert für den Ausdruck in der Klammer und daher zu einem R^2 nahe Eins. Niedrige Durbin-Watson-Statistiken sind das Ergebnis autokorrelierter Residuen erster Ordnung. Die Evidenz aus den Monte-Carlo-Simulationen weist auf substantielle Verzerrungen konventioneller Signifikanztests für die Regressionskoeffizienten in Richtung auf die Ablehnung der Nullhypothese der Existenz keiner Beziehung zwischen den Variablen und damit die Annahme eines Scheinzusammenhangs hin. Hohe Werte für unkorrigierte und korrigierte Bestimmtheitsmaße zusammen mit niedrigen Durbin-Watson-Statistiken können nicht als Indiz für die Existenz einer tatsächlich vorhandenen ökonomischen Beziehung gewertet werden. Als Handlungsempfehlung schlagen Granger und Newbold im Fall des simultanen Auftretens eines hohen korrigierten Bestimmtheitsmaßes und einer niedrigen Durbin-Watson-Statistik die Durchführung der Regression mit Zeitreihen in der ersten Differenz vor, um die Regressionsanalyse auf stationäre Zeitreihen zu stützen (Granger/Newbold (1974), S. 111 ff.).[28]

Eine konsequente analytische Fundierung für die geschilderten Implikationen, zu denen Granger/Newbold (1974) ausschließlich auf Basis von Monte-Carlo-Simulationen gelangen, liefert Phillips (1986). Der Autor untersucht die Charakteristika der Regressionskoeffizienten, des Bestimmtheitsmaßes, der Durbin-Watson-Statistik, der Box-Pierce-Statistik sowie der t- und F-Tests bei Vorliegen allgemeiner integrierter Prozesse ARIMA(p,1,q) in Regressionsgleichungen. Phillips gelingt der Nachweis, daß deren Eigenschaften von denen aus der konventionellen Regressionstheorie für stationäre Prozesse abgeleiteten Eigenschaften divergieren und die Aussagekraft von Regressionskoeffizienten, Teststatistiken und sonstigen Prüfgrößen äußerst zweifelhaft ist (Phillips (1986), S. 313 ff.).

---

[28] Die Resultate von Granger/Newbold (1974) wurden durch die Arbeiten von Granger/Newbold (1986), Newbold/Davies (1978) und Plosser/Schwert (1978) untermauert. Sehr illustrative Beispiele präsentieren Charemza/Deadman (1992), S. 124 ff. und Hendry (1980).

Ungeachtet der unerwünschten Eigenschaften, die durch die Verwendung integrierter Prozesse in Regressionsanalysen entstehen, basiert die bei weitem überwiegende Anzahl empirischer Analysen auf instationären Zeitreihen. Diese Einschätzung trifft sowohl allgemein auf traditionelle Untersuchungen aus dem breiten Spektrum der quantitativen Wirtschaftsforschung als auch speziell auf Geldnachfrageanalysen zu. Die reservierte Haltung gegenüber dem Vorschlag von Granger/Newbold (1974), die Regressionsuntersuchung auf die erste Differenz der Zeitreihen zu stützen, wird meist mit dem Verlust an wertvollen langfristigen Informationen hinsichtlich des Niveauzusammenhangs zwischen den ökonomischen Zeitreihen durch Anwendung des Differenzenfilters begründet. Wie wiederum Phillips (1986) zeigt, existiert jedoch eine Konstellation, in welcher die beiden diametralen Positionen zusammengefügt werden können, so daß weder der Vorwurf der Verletzung statistischer Annahmen greift noch die Zeitreihen in der ersten Differenz in die Regression aufgenommen werden müssen. In Regressionsmodellen mit integrierten Prozessen besitzen die aus der Regressionstheorie für stationäre Prozesse abgeleiteten Eigenschaften von Schätzern Gültigkeit, falls für das Regressionsmodell eine singuläre Varianz-Kovarianzmatrix vorliegt. In diesem Fall besteht eine lineare Beziehung zwischen den beteiligten instationären Zeitreihen, die zu konsistenten KQ-Schätzungen führt. Die Singularität der Varianz-Kovarianz-Matrix ist die notwendige Bedingung für die Existenz einer Kointegrationsbeziehung zwischen den Variablen (Phillips (1986), S. 321 f.).[29]

In einer formalen Definition heißen zwei Zeitreihen x_{1t} und x_{2t} im Sinne von Engle/Granger (1987) kointegriert der Ordnung (d,b), $x_{1t}, x_{2t} \sim CI(d,b)$, falls zum einen beide Zeitreihen integriert vom Grade d, $x_{1t}, x_{2t} \sim I(d)$, sind und zum anderen eine Linearkombination zwischen beiden Reihen existiert, $x_{1t} - \beta x_{2t}$, die integriert vom Grade $(d - b)$, mit $b > 0$, ist.[30] β stellt den Kointegrationsparameter und $(1, -\beta)$ den Kointegrationsvektor dar. Für den Fall von n Zeitreihen ist die Generalisierung dieser Definition möglich, wobei x_t einen $(n \times 1)$ Vektor der Zeitreihen $x_{1t}, x_{2t}, \ldots, x_{nt}$ be-

---

[29] Zu einer detallierten formalen Analyse dieser Zusammenhänge siehe Phillips/Durlauf (1986). Das Kointegrationskonzept wurde von Granger (1981) in die Diskussion eingeführt und von Granger/Weiss (1983) sowie Engle/Granger (1987) weiterentwickelt.

[30] Eine Zeitreihe ist integriert vom Grade d, falls nach d-maliger Differenzenbildung eine stationäre, invertierbare, nicht-deterministische ARMA-Repräsentation existiert (Engle/Granger (1987), S. 252).

zeichnet. Die Komponenten des Vektors x_t heißen kointegriert der Ordnung (d,b), $x_t \sim CI(d,b)$, falls sämtliche Komponenten von x_t integriert vom Grade d, $x_t \sim I(d)$, sind und ein Kointegrationsvektor $\beta \neq 0$ existiert, so daß $z_t = \beta' x_t \sim I(d-b)$, mit $b > 0$, gilt (Engle/Granger (1987), S. 254, Granger (1986), S. 215 ff.).

Während kointegrierte Zeitreihen eine langfristig stabile Gleichgewichtsbeziehung im zeitreihenanalytischen Sinne aufweisen, besteht für nicht-kointegrierte Zeitreihen ein solch langfristiger Zusammenhang nicht.[31] Für den in der ökonometrischen Praxis bedeutsamen Spezialfall einer Integrationsordnung aller betrachteten Zeitreihen von x_t der Höhe Eins wird für die Kointegrationseigenschaft die Stationarität der Linearkombination z_t verlangt. Die Niveaus der Zeitreihen entwickeln sich nicht beliebig weit auseinander, sondern unterliegen einer zeitreihenanalytischen Gleichgewichtsbeziehung, die gewährleistet, daß Abweichungen von diesem Gleichgewicht – in der Literatur häufig als Gleichgewichtsfehler bezeichnet – nicht beliebig groß werden (Hall/Henry (1988), S. 53).

3.2. Das zweistufige Engle-Granger-Verfahren und Stocks einstufiger Ansatz

Um die Eigenschaften kointegrierter Zeitreihen für die empirische Arbeit nutzen zu können, ist neben einer Stationaritätsanalyse für die beteiligten Zeitreihen die Anwendung von Kointegrationstests und die Schätzung der Parameter des Kointegrationsvektors erforderlich. Darauf aufbauend kann ein Fehlerkorrekturmodell spezifiziert werden, das die Informationen aus dem langfristigen Zusammenhang gemeinsam mit kurzfristigen Dynamiken berücksichtigt.

Trotz der zahlreichen Verzweigungen der Kointegrationstheorie genießt das zweistufige Konzept von Engle/Granger (1987) aufgrund seiner einfachen Implementierbarkeit die weiteste Verbreitung.[32] Auf der ersten Stufe erfolgt

---

[31] Der in der Kointegrationsliteratur verwandte Gleichgewichtsbegriff ist von demjenigen aus der ökonomischen Theorie zu unterscheiden, da erstgenannter eine beobachtete Relation zwischen Variablen, die im Durchschnitt langfristig Bestand hat, kennzeichnet.

[32] Ferner können zur Analyse kointegrierter Beziehungen die Prozedur von Johansen (1988, 1991), die Hauptkomponentenmethode von Stock/Watson (1988),

die Durchführung der Kointegrationstests und die Schätzung des Kointegrationsvektors. Die Bewältigung beider Aufgaben basiert im Fall von n Variablen $x_{1t}, x_{2t}, \ldots, x_{nt}$ auf der KQ-geschätzten Gleichung:

$$x_{1t} = \beta_0 + \beta_1 x_{2t} + \ldots + \beta_{n-1} x_{nt} + u_t . \tag{23}$$

Als Kointegrationstests können der Cointegration-Regression-Durbin-Watson- (CRDW-), der Cointegration-Regression-Dickey-Fuller- (CRDF-), der Cointegration-Regression-Augmented-Dickey-Fuller- (CRADF-) und der Cointegration-Regression-Phillips-Z_α- (CRPZ-) Test herangezogen werden. Die genannten Kointegrationstests basieren auf den geschätzten Residuen $\hat{u}_t$ aus der Kointegrationsregression (23) und testen die Nullhypothese der Nicht-Kointegration gegen die Alternativhypothese der Kointegration und somit, ob die geschätzten Residuen aus (23) integriert vom Grade Eins $\hat{u}_t \sim I(1)$ oder vom Grade Null $\hat{u}_t \sim I(0)$ sind. Die Nullhypothese der Nicht-Kointegration korrespondiert mit der Existenz einer Einheitswurzel in den geschätzten Residuen und die Alternativhypothese mit einer Wurzel kleiner als Eins.

Als Teststatistik verwendet der CRDW-Test die gewöhnliche Prüfgröße von Durbin/Watson (1950, 1951) aus der Kointegrationsregression (Sargan/Bhargava (1983)); kritische Werte für diese Teststatistik finden sich in Engle/Yoo (1987), S. 158 für den Fall zweier Variablen. Da die exakte Verteilung der Teststatistik für jeden datengenerierenden Prozeß eine andere ist, besitzt der CRDW-Test eine eingeschränkte Aussagekraft und kann somit nur als erste Approximation zur Entscheidung über nicht-kointegrierte und kointegrierte Zeitreihen herangezogen werden.

Auf der Grundlage der geschätzten Residuen $\hat{u}_t$ aus (23) und der KQ-Regression:

$$\Delta\hat{u}_t = \delta\hat{u}_{t-1} + v_t \tag{24}$$

---

der Ansatz kanonischer Korrelationen von Bossaerts (1988), der Instrumentvariablenansatz von Hansen/Phillips (1990), die Spektralregression von Phillips (1991) und das dreistufige Verfahren von Engle/Yoo (1991) herangezogen werden.

testet der CRDF-Test die Nullhypothese H_0: $\delta = 0$ gegen die Alternativhypothese H_A: $\delta < 0$ mit einem gewöhnlichen t-Test. Der von Engle/Granger (1987) empfohlene CRADF-Test besteht in der Verallgemeinerung von Gleichung (24) durch die Aufnahme verzögerter erster Differenzen der geschätzten Residuen:

$$\Delta\hat{u}_t = \delta\hat{u}_{t-1} + \sum_{i=1}^{p} \delta_i \Delta\hat{u}_{t-i} + v_t \quad . \tag{25}$$

Analog zum CRDF-Test prüft der CRADF-Test die Nullhypothese H_0: $\delta = 0$ gegen die Alternativhypothese H_A: $\delta < 0$ mit einem gewöhnlichen t-Test. Kritische Werte für CRDF- und CRADF-Tests finden sich in Engle/Yoo (1987, S. 157 f.). Die kritischen Werte aus der Engle-Yoo-Studie variieren in Abhängigkeit der Anzahl der in die Kointegrationsregression einbezogenen Variablen, der Stützbereichslänge und je nachdem, ob lags in der Regressionsgleichung berücksichtigt werden oder nicht; es ergeben sich somit unterschiedliche Werte für CRDF- und CRADF-Tests. Zur Festlegung der lag-Länge p empfehlen die Autoren die Verwendung eines Informationskriteriums.

Die asymptotischen Eigenschaften des CRADF-Tests vergleichen Phillips/Ouliaris (1990) mit einer Anzahl weiterer Kointegrationstests, die auf den geschätzten Residuen der Kointegrationsregression basieren, und gelangen zu dem Ergebnis, daß der CRPZ-Test von Phillips (1987) eine vergleichsweise höhere Macht gegenüber dem CRADF-Test besitzt.[33] Die CRPZ-Statistik fußt auf der Regression der geschätzten Residuen in den Niveaus:

$$\hat{u}_t = \hat{\gamma}\hat{u}_{t-1} + \hat{k}_t \tag{26}$$

und berechnet sich durch:

$$CRPZ = T(\hat{\gamma} - 1) - (1/2)(s_{Tl}^2 - s_k^2)\left[T^{-2}\sum_{t=2}^{T} \hat{u}_{t-1}^2\right]^{-1} \tag{27}$$

[33] Siehe hierzu auch die Untersuchung von Gregory (1994) und Hooker (1993).

mit:

$$s_k^2 = T^{-1}\sum_{t=1}^{T}\hat{k}_t^2 \tag{28a}$$

$$s_{Tl}^2 = T^{-1}\sum_{t=1}^{T}\hat{k}_t^2 + 2T^{-1}\sum_{s=1}^{l} w_{sl} \sum_{t=s+1}^{T} \hat{k}_t\hat{k}_{t-s} \tag{28b}$$

für ein gewähltes lag-Fenster $w_{sl} = 1 - s/(l + 1)$. Die nicht-parametrische Korrektur eliminiert Nuisance Parameter,[34] so daß die Verteilung der CRPZ-Statistik von der Anzahl der unabhängigen Variablen in der Kointegrationsregression abhängt (Phillips/Ouliaris (1990), S. 171). Ergänzend zur Phillips-Ouliaris-Studie ermittelt Haugh (1992, S. 477) kritische Werte für die Stützbereichslängen T = 50 und T = 100 sowie Kointegrationsregressionen mit konstantem Term und bis zu fünf unabhängigen Variablen. Die CRPZ-Tests werden für l = 1,3,5 ermittelt und die Teststatistiken mit CRPZ1, CRPZ3 sowie CRPZ5 bezeichnet. Die kritischen Werte der CRDW-, CRDF-, CRADF- und CRPZ-Tests sind in Tabelle 2 für die Stützbereichslängen T = 50 sowie T = 100 und für Regressionen mit drei bis sechs einbezogenen Variablen - aufgeführt in den Spalten [3], [4], [5] und [6] - zusammengestellt.

Kann die Nullhypothese der Nicht-Kointegration abgelehnt werden, ist mit der Schätzung der statischen Regression (23) auch die Schätzung des Kointegrationsvektors gelungen. In diesem Zusammenhang sind die Ergebnisse von Stock (1987) bezüglich der asymptotischen Eigenschaften des KQ-geschätzten Kointegrationsvektors hervorzuheben. Stock weist analytisch die Konsistenzeigenschaft der geschätzten Parameter des Kointegrationsvektors im Fall kointegrierter Variablen nach (Stocks Theorem 2). Darüber hinaus konvergieren die KQ-geschätzten Parameter mit der Rate T^{-1} gegen die wahren Werte, wobei T die Stützbereichslänge bezeichnet (Stocks Theorem 4). Da die Konvergenzrate im klassischen linearen Regressionsmodell mit stationären Zeitreihen $T^{-1/2}$ beträgt und somit die Schätzungen in kointegrierten Systemen schneller gegen die wahren Parameterwerte konvergieren, spricht man von der Superkonsistenzeigenschaft der geschätzten Kointegrationsparameter (Stock (1987), S. 1042

---

[34] Nuisance Parameter sind Koeffizienten, die nicht von unmittelbarem Interesse für die Nullhypothese sind.

ff.). Engle/Granger (1987) zeigen ferner die Robustheit der Parameter des Kointegrationsvektors gegenüber einem Simultanitätsbias, unberücksichtigten Variablen und mit Meßfehlern behafteten Variablen (Engle/Granger (1987), S. 255 ff.).

Tabelle 2: Kritische Werte der Kointegrationstests
für das Engle-Granger-Verfahren

	CRDW	CRDF			CRADF		
		[3]	[4]	[5]	[3]	[4]	[5]
1%	0,51 (1,00)	–4,45 (–4,84)	–4,75 (–4,94)	–5,18 (–5,41)	–4,22 (–4,45)	–4,61 (–4,61)	–4,98 (–4,80)
5%	0,39 (0,78)	–3,93 (–4,11)	–4,22 (–4,35)	–4,58 (–4,76)	–3,62 (–3,75)	–4,02 (–3,98)	–4,36 (–4,15)
10%	0,32 (0,69)	–3,59 (–3,73)	–3,89 (–4,02)	–4,26 (–4,42)	–3,32 (–3,36)	–3,71 (–3,67)	–4,06 (–3,85)

	CRPZ			
	[3]	[4]	[5]	[6]
1%	–31,85 (–28,48)	–36,71 (–32,53)	–41,99 (–36,48)	–45,50 (–39,62)
5%	–24,66 (–22,68)	–29,36 (–26,70)	–33,86 (–30,50)	–37,94 (–33,49)
10%	–21,26 (–19,60)	–25,66 (–23,54)	–29,98 (–27,28)	–33,87 (–30,48)

Die kritischen Werte sind Engle/Yoo (1987), S. 157 f. und Haugh (1992), S. 477 entnommen. Werte, die nicht in Klammern stehen, beziehen sich auf die Stützbereichslänge T = 100, in runden Klammern stehende Werte gelten für die Stützbereichslänge T = 50. Die in eckigen Klammern stehenden Zahlen geben die Anzahl der Variablen in der Kointegrationsregression, inclusive der abhängigen Variablen und exclusive eines konstanten Terms, an.

Bezüglich der Eigenschaften der geschätzten Kointegrationsparameter weist Stock (1987) allerdings auch eine Verzerrung in kurzen Stützbereichen nach (Stocks Theorem 1). Nach den Resultaten von Banerjee et al. (1986) kann diese Verzerrung ein erhebliches Ausmaß annehmen und korreliert im Fall zweier Variablen negativ mit der Höhe des Bestimmtheitsmaßes (Banerjee et al. (1986), S. 256).

Hinsichtlich der Standardfehler für die geschätzten Parameter der statischen KQ-Regression ist nach Engle/Granger (1987) und Stock (1987) eine Verzerrung konstatierbar, so daß sie für Signifikanzaussagen und Restriktionentests nicht heranziehbar sind.[35] Diese Eigenschaft impliziert für die Modellbildung, daß die Auswahl der Regressoren in der ersten Stufe nach Maßgabe der ökonomischen Theorie oder in Abhängigkeit des Ausgangs der Kointegrationstests erfolgen muß. t-Statistiken, die signifikant respektive insignifikant von Null verschieden geschätzte Parameter anzeigen, sind als Entscheidungskriterium nicht einsetzbar (Muscatelli/Hurn (1992), S. 4).

Die Existenz einer Kointegrationsbeziehung zwischen einer Anzahl von Variablen impliziert nach dem Granger-Repräsentationstheorem (Granger (1983)) die Existenz eines Fehlerkorrekturmodells. Bezeichnet x_t den $(n \times 1)$ Vektor mit Zeitreihen, die kointegriert der Ordnung (1,1) sind, $x_t \sim CI(1,1)$, und β den Kointegrationsvektor, hat in allgemeiner Formulierung das Fehlerkorrekturmodell mit $z_t = \beta' x_t$ das Aussehen:

$$\Psi(B)\Delta x_t = -\gamma' z_{t-1} + \psi(B)\varepsilon_t , \tag{29}$$

wobei $\psi(B)$ und $\Psi(B)$ lag-Polynome finiter Ordnung mit $\Psi(0) = I_N$, I_N eine $(N \times N)$ Einheitsmatrix und ε_t einen Störterm mit white-noise-Eigenschaften bezeichnen.[36] Die Spezifikation und Schätzung von Fehlerkorrekturmodellen kennzeichnet die zweite Stufe des Engle-Granger-Verfahrens. Im Fall von n kointegrierten Variablen $x_{1t}, x_{2t}, \ldots, x_{nt}$ mit dem Integrations- und Kointegrationsgrad Eins, $d = b = 1$, kann das Fehlerkorrekturmodell bei Festlegung auf x_{1t} als endogene Variable als:

---

[35] Siehe hierzu die Diskussion in Park/Phillips (1988, 1989) und West (1988).

[36] Der Beweis des Granger-Repräsentationstheorems findet sich u.a. in Engle/ Granger (1987), S. 255 ff.

$$\Delta x_{1t} = \alpha_1(B)\Delta x_{1t-1} + \alpha_2(B)\Delta x_{2t} + \ldots + \alpha_n(B)\Delta x_{nt} - \gamma\hat{u}_{t-1} + \varepsilon_t \qquad (30)$$

geschrieben werden, wobei $\alpha_1(B)$, $\alpha_2(B)$, ..., $\alpha_n(B)$ lag-Polynome finiter Ordnung darstellen. Die Bestandteile der Gleichung (30) sind neben der abhängigen und unabhängigen Variablen in der ersten Differenz der um eine Periode verzögerte Fehlerkorrekturterm $\hat{u}_{t-1}$ aus der Kointegrationsregression (23):

$$\hat{u}_t = x_{1t} - (\hat{\beta}_0 + \hat{\beta}_1 x_{2t} + \ldots + \hat{\beta}_{n-1} x_{nt}) \ . \qquad (31)$$

Da annahmegemäß die Zeitreihen x_{1t}, x_{2t}, ..., x_{nt} integriert vom Grade Eins, die korrespondierenden ersten Differenzen somit stationär sind und des weiteren im Fall einer Kointegrationsbeziehung zwischen x_{1t}, x_{2t}, ..., x_{nt} der Fehlerkorrekturterm $\hat{u}_{t-1}$ ebenso der Stationaritäteigenschaft genügt, erfüllen sämtliche Variablen der Fehlerkorrekturrepräsentation (30) die Eigenschaft der Stationarität. Mit (30) liegt ein Modell vor, das der Stationaritätsannahme der klassischen Regressionstheorie entspricht und für das Signifikanz- und sonstige Spezifikationstests sinnvoll anwendbar sind. Dennoch sind die Informationen des Niveauzusammenhangs zwischen den Variablen x_{1t}, x_{2t}, ..., x_{nt} in dem Fehlerkorrekturmodell enthalten, weil der Fehlerkorrekturterm aus der statischen Kointegrationsregression hervorgeht. Ein signifikant negativer Parameter für den Fehlerkorrekturterm impliziert einen Fehlerkorrekturmechanismus, demgemäß das System auf eine Abweichung von der Gleichgewichtsbeziehung mit einer Tendenz zum Gleichgewicht zurück reagiert. Es kann von einem signifikant negativen Wert für γ auf die dynamische Stabilität des Systems und die Existenz einer Kointegrationsbeziehung geschlossen werden. Aus einer adäquaten Repräsentation der Variablen durch ein Fehlerkorrekturmodell läßt sich folgerichtig auf die Existenz einer Kointegrationsbeziehung schließen (Engle/Granger (1987), S. 259).

Übertragen auf die Analyse der Geldnachfragefunktion bei Festlegung der Realkassenhaltung als endogene Variable resultiert im allgemeinsten Fall die Kointegrationsregression:

$$mr_t = \beta_0 + \beta_1 y_t + \beta_2 i_t^I + \beta_3 i_t^E + \beta_4 \pi_t^E + \beta_5 i_t^A + \beta_6 x_t^E + u_t \ , \qquad (32)$$

auf deren Basis die langfristigen Parameter geschätzt, Kointegrationstests implementiert und das Fehlerkorrekturmodell:

$$\Delta mr_t = \alpha_0 + \sum_{i=1}^{6} \alpha 1_i \Delta mr_{t-i} + \sum_{i=0}^{6} \alpha 2_i \Delta y_{t-i} + \sum_{i=0}^{6} \alpha 3_i \Delta i^I_{t-i} + \sum_{i=0}^{6} \alpha 4_i \Delta i^E_{t-i}$$

$$+ \sum_{i=0}^{6} \alpha 5_i \Delta \pi^E_{t-i} + \sum_{i=0}^{6} \alpha 6_i \Delta i^A_{t-i} + \sum_{i=0}^{6} \alpha 7_i \Delta x^E_{t-i} - \gamma \hat{u}_{t-1} + \varepsilon_t . \quad (33)$$

spezifiziert werden kann. In (32) und (33) bezeichnen y_t eine Skalenvariable, i^I_t einen inländischen Nominalzins, i^E_t einen Eigenzins, π^E_t die erwartete Inflationsrate, i^A_t einen um die erwartete Wechselkursänderung erweiterten ausländischen Zinssatz und x^E_t die erwartete Wechselkursänderung.[37] Um als Geldnachfragefunktion sinnvoll interpretierbar zu sein, müssen die Parameter $\alpha 2_i$ und $\alpha 4_i$ positive Vorzeichen und diejenigen von $\alpha 3_i$, $\alpha 5_i$, $\alpha 6_i$ und $\alpha 7_i$ negative Vorzeichen besitzen. Entsprechend muß für die Kointegrationsregression $\beta_1, \beta_3 > 0$ und $\beta_2, \beta_4, \beta_5, \beta_6 < 0$ gelten.

Als Alternative zum Engle-Granger-Verfahren schlägt Stock (1987) die simultane Schätzung der Kointegrationsparameter und der Parameter für die kurzfristige Dynamik vor. Das einstufige Verfahren motiviert Stock durch die Verallgemeinerung des Schätzers von Davidson et al. (1978) sowie einen möglichen Effizienzgewinn und niedrigeren Bias für die geschätzten Parameter des Kointegrationsvektors gegenüber dem Engle-Granger-Ansatz.[38] Das Stock-Verfahren stützt sich auf die KQ-geschätzte Regressionsgleichung:

$$\Delta x_{1t} = \delta_1 x_{1t-1} + \delta_2 x_{2t-1} + \ldots + \delta_n x_{nt-1}$$

$$+ \alpha_1(B)\Delta x_{1t-1} + \alpha_2(B)\Delta x_{2t} + \ldots + \alpha_n(B)\Delta x_{nt} + \varepsilon_t . \quad (34)$$

Die langfristigen Parameter werden durch:

$$\beta'_i = - \hat{\delta}_i / \hat{\delta}_1 , \ i = 2,3,\ldots,n \quad (35)$$

---

[37] Die erklärenden Argumente in den Gleichungen (32) und (33) sind mit Ausnahme des Eigenzinses aus der Diskussion in Abschnitt 2.2 bekannt. Auf den Eigenzins wird im Zusammenhang mit der Datenauswahl in Kapitel 4 eingegangen.

[38] Die Simulationsergebnisse von Stock ergeben zwar einen Effizienzvorteil und eine geringere Verzerrung, es ist aber nicht ausschließbar, daß dieses Resultat von den gewählten Parametern und Annahmen des Simulationsmodells abhängt (Stock (1987), S. 1050).

berechnet (Stock (1987), S. 1039 f.). Konkret bildet das Fehlerkorrekturmodell:

$$\Delta mr_t = \delta_1 mr_{t-1} + \delta_2 y_{t-1} + \delta_3 i^I_{t-1} + \delta_4 i^E_{t-1} + \delta_5 \pi^E_{t-1} + \delta_6 i^A_{t-1} + \delta_7 x^E_{t-1}$$

$$\alpha_0 + \sum_{i=1}^{6} \alpha 1_i \Delta mr_{t-i} + \sum_{i=0}^{6} \alpha 2_i \Delta y_{t-i} + \sum_{i=0}^{6} \alpha 3_i \Delta i^I_{t-i} + \sum_{i=0}^{6} \alpha 4_i \Delta i^E_{t-i}$$

$$+ \sum_{i=0}^{6} \alpha 5_i \Delta \pi^E_{t-i} + \sum_{i=0}^{6} \alpha 6_i \Delta i^A_{t-i} + \sum_{i=0}^{6} \alpha 7_i \Delta x^E_{t-i} + \varepsilon_t \quad (36)$$

den Ausgangspunkt zur Schätzung der deutschen Geldnachfragefunktion. Analog zu (32) und (33) müssen die kurzfristigen Parameter $\alpha 2_i$, $\alpha 4_i$ und die langfristigen Parameter δ_2, δ_4 positive Vorzeichen, die kurzfristigen Parameter $\alpha 3_i$, $\alpha 5_i$, $\alpha 6_i$, $\alpha 7_i$ und die langfristigen Parameter δ_3, δ_5, δ_6, δ_7 negative Vorzeichen aufweisen, damit (36) als Geldnachfragefunktion sinnvoll interpretierbar ist.

Sowohl für das Fehlerkorrekturmodell (33) als auch die Gleichung (36) ist die Simplifizierung der lag-Struktur der verzögerten ersten Differenzen der erklärenden Variablen erforderlich. Zur Lösung dieser Aufgabe wird im empirischen Teil der Arbeit auf die Methodik der dynamischen Modellbildung zurückgegriffen. Ausgehend von einem Modell mit sechs lags je erklärender Variable – mit Ausnahme des Fehlerkorrekturterms in (33) und der einmal verzögerten Niveauterme in (36) – werden sukzessive lags insignifikanter Koeffizienten eliminiert und das resultierende Modell erneut geschätzt (Miller (1991), S. 147). Nach der ersten Schätzung des Fehlerkorrekturmodells erfolgt die Elimination aller erklärender Variablen in der ersten Differenz, deren t-Wert betragsmäßig unter Eins liegen, und anschließend die Neuschätzung des Modells. Auf der Grundlage dieser Schätzgleichung wird die Variable mit der betragsmäßig geringsten t-Statistik gestrichen und das Fehlerkorrekturmodell erneut geschätzt. Das Prozedere endet, falls sämtliche Parameter der erklärenden Variablen zumindest auf 5-prozentigem Niveau signifikant von Null verschieden sind. Jede Schätzung berücksichtigt neben dem Fehlerkorrekturterm $\hat{u}_{t-1}$ in (33) und die um eine Periode verzögerten Niveauterme in (36) drei Saisonindikatorvariablen sowie einen konstanten Term. Auf der letzten

Stufe der Spezifikationsprozedur erfolgt die Elimination derjenigen Saisonindikatorvariablenparameter, die auf 5-prozentigem Niveau insignifikant von Null verschieden sind, und daraufhin die Neuschätzung des Modells. Im Ergebnis resultiert das beschriebene Verfahren der dynamischen Modellbildung in einer Schätzgleichung mit signifikant von Null verschiedenen Koeffizienten zum 5-prozentigen Niveau.

Abschließend zur Darstellung des Engle-Granger- und Stock-Verfahrens ist auf drei Probleme zu verweisen, die im besonderen den zweistufigen Engle-Granger-Ansatz betreffen. Zum ersten testet die statische Regression die Nullhypothese der Nicht-Kointegration gegen die Alternativhypothese der Kointegration, obwohl aus ökonomischer Sicht die umgekehrte Konstellation wünschenswert wäre (McDermott (1992), S. 14, Rüdel (1989), S. 11 f.).

Zum zweiten bleibt die Frage offen, auf welche Art Saisonalitäten begegnet werden soll. Die dargestellten Verfahren abstrahieren von der Saisonproblematik und berücksichtigen ausschließlich Einheitswurzeln zur langfristigen Frequenz Null. Wie Engle et al. (1989) zeigen, liefert bei Präsenz saisonaler Einheitswurzeln die Schätzung der statischen Kointegrationsregression nicht zwangsläufig Parameter, welche die Konsistenzeigenschaft besitzen. Dieses Ergebnis steht im Gegensatz zu dem Resultat von Stock (1987), der bei Absenz nicht-saisonaler Einheitswurzeln die Superkonsistenzeigenschaft der Kointegrationsparameter nachweist (Engle et al. (1989), S. 50 f.).

Das Testen von Kointegrationsbeziehungen und die Schätzung von Kointegrationsvektoren mit saisonal integrierten Zeitreihen kann auf verschiedene Weisen erfolgen. Neben der Verwendung saisonal bereinigter Zeitreihen besteht die Möglichkeit, die langfristigen Parameter durch Rückgriff auf die korrespondierenden Zeitreihen in jährlicher Periodizität zu schätzen. Dadurch sind die Kointegrationstests standardmäßig anwendbar, und die Modellierung von Saisonalitäten ist nicht erforderlich. Darüber hinaus greift die Superkonsistenzeigenschaft, und es werden möglicherweise inkonsistente Parameterschätzungen vermieden (Engle et al. (1989), S. 52). Als weitere Möglichkeit ließen sich saisonale Wurzeln aus dem zugrundeliegenden Datenmaterial eliminieren, bevor die Kointegrationsanalyse durchgeführt wird (Hylleberg et al. (1990), S. 234). Schließlich ist die Aufnahme von Saisonindikatorvariablen möglich, wodurch implizit deterministische saisonale Instationarität unterstellt wird. Der empirische Teil der vorliegenden Arbeit folgt diesem Vorgehen.[39]

Schließlich ist drittens das Problem multipler Kointegrationsvektoren im Fall von mehr als zwei analysierten Variablen hervorzuheben. Die KQ-Schätzung der statischen Kointegrationsregression im Engle-Granger-Verfahren liefert nicht zwangsläufig einen eindeutig geschätzten Kointegrationsvektor. Die Eindeutigkeitseigenschaft des Kointegrationsvektors im Zwei-Variablen-Fall veranschaulichen Cuthbertson et al. (1992) folgendermaßen: Es seien zwei integrierte Zeitreihen x_{1t} und x_{2t} vom Grade Eins, $x_{1t}, x_{2t} \sim I(1)$, unterstellt, die gemäß des Kointegrationsparameters α eine Kointegrationsbeziehung aufweisen, so daß:

$$u_t = x_{1t} - \alpha x_{2t} \sim I(0) \tag{37}$$

gilt. Ferner sei β als weiterer Kointegrationsparameter betrachtet:

$$w_t = x_{1t} - \beta x_{2t} \sim I(0) \quad . \tag{38}$$

Die Addition und Subtraktion von βx_{2t} in Gleichung (37) ergibt:

$$u_t = x_{1t} - (\alpha - \beta)x_{2t} - \beta x_{2t} \tag{39}$$

und aufgrund von (38) die Gleichung:

$$u_t = w_t - (\alpha - \beta)x_{2t} \quad . \tag{40}$$

Annahmegemäß sind u_t sowie w_t integriert vom Grade Null und x_{2t} integriert vom Grade Eins. Diese drei Eigenschaften können nur gelten, wenn die beiden Kointegrationsparameter identisch sind, $\alpha = \beta$, und damit der Kointegrationsparameter α eindeutig ist. Werden mehr als zwei Variablen betrachtet, ist es hingegen nicht möglich, die Eindeutigkeit des Kointegrationsvektors zu de-

[39] Siehe hierzu die Diskussion in Engle et al. (1989), S. 48 ff., Engle et al. (1993), S. 275 ff., Harvey/Scott (1994), S. 1324 ff., Hylleberg et al. (1990), S. 233 ff., Kunst (1993), S. 326 ff., Lee (1992), S. 5 ff. und Muscatelli/Hurn (1992), S. 20 ff.

monstrieren. Für n > 2 Variablen können bis zu n – 1 unterschiedliche Kointegrationsvektoren existieren (Cuthbertson et al. (1992), S. 143 f.).

Damit haftet dem Engle-Granger-Verfahren durch die Möglichkeit multipler Kointegrationsvektoren mit Ausnahme des bivariaten Falls ein gewichtiger Nachteil an. Für eine gegebene Anzahl von Variablen n > 2 können mehrere langfristige Beziehungen existieren, die durch die KQ-Schätzung des Kointegrationsvektors nicht identifizierbar sind und deren Anzahl nicht getestet werden können. Die Normalisierung des Kointegrationsvektors, die implizit durch die Festlegung der abhängigen Variable in der Kointegrationsregression determiniert wird, ist des weiteren von Bedeutung, da die KQ-Schätzungen und die Ergebnisse der Kointegrationstests in Abhängigkeit der gewählten Normalisierung differieren können; die Invarianz der Testergebnisse ist lediglich asymptotisch gegeben.

3.3. Die Identifizierbarkeit von Geldnachfragefunktionen bei trägem Verhalten des Preisniveaus

Die Diskussion über die Identifizierbarkeit von Geldnachfragegleichungen hat ihre Wurzeln in den vielbeachteten Arbeiten von Cooley/LeRoy (1981), Gordon (1984) sowie Laidler (1982) und ermöglicht Instabilitäten von Geldnachfragefunktionen im Zusammenhang mit dem Geldangebotsverhalten der Zentralbank zu interpretieren. Im Rahmen der Modellierung traditioneller Geldnachfragefunktionen wird eine linear-homogene Beziehung zwischen der nominalen Geldmenge und dem Preisniveau postuliert und dadurch das Identifikationsproblem von Geldnachfragefunktionen als gelöst angesehen. Die Annahme linearer Homogenität soll in traditionellen Geldnachfragefunktionen die ausschließliche Erfassung des Geldnachfrageverhaltens durch die Schätzung der entsprechenden Regressionsgleichungen sicherstellen. In diesem Ansatz ist für die Identifizierbarkeit der Geldnachfragefunktion die Gleichheit von beobachtetem und gleichgewichtigem Preisniveau die hinreichende Bedingung. Sie gewährleistet, daß die geschätzte Funktion ausschließlich das Nachfrageverhalten und nicht eine Mischung aus Geldnachfrage- und Geldangebotsverhalten erfaßt. Demgegenüber impliziert ein träges Preisniveau, das stets von seinem Gleichgewichtsniveau abweicht, die Nicht-Identifizierbarkeit der Geldnachfragefunktion.

Analytisch veranschaulichen Neumann/von Hagen (1987) die grundlegenden Zusammenhänge durch ein einfaches Geldmarktmodell. Das Modell setzt sich aus der Geldnachfragefunktion:

$$m_t^D = p_t + \lambda_1 y_t - \lambda_2 i_t^I , \tag{41}$$

der Geldangebotsfunktion:

$$m_t^S = \alpha_1 i_t^I + \alpha_2 IZ_t \tag{42}$$

und der Gleichgewichtsbedingung:

$$m_t^D = m_t^S = m_t \tag{43}$$

zusammen. Wiederum bezeichnen p_t das Preisniveau, m_t^D und m_t^S die nominale Geldnachfrage und das Geldangebot, i_t^I den inländischen Zinssatz, y_t das Realeinkommen und IZ_t einen Vektor geldpolitischer Instrumente und Zielvariablen. Aus dem Geldmarktmodell folgt durch Gleichsetzung von (41) und (42) gemäß (43) für das gleichgewichtige Preisniveau:

$$p_t^* = (\alpha_1 + \lambda_2) i_t^I - \lambda_1 y_t + \alpha_2 IZ_t \quad . \tag{44}$$

Für das tatsächliche Preisniveau unterstellen Neumann und von Hagen die Funktion:

$$p_t = \mu p_t^* + (1 - \mu) p_{t-1} \quad , \quad 0 \leq \mu \leq 1 \quad . \tag{45}$$

Im Fall eines trägen Preisniveaus liegt der Parameterwert μ im offenen Intervall (0,1), so daß sich das tatsächliche Preisniveau entsprechend der Größenordnung von μ, $0 < \mu < 1$, träge in Abhängigkeit des gleichgewichtigen p_t^* und realisierten Preisniveaus der Vorperiode p_{t-1} anpaßt. Im Extremfall $\mu = 1$ ist das Preisniveau vollkommen flexibel und das realisierte mit dem gleichgewichtigen Preisniveau identisch $p_t = p_t^*$. Einsetzen der Gleichung für das gleichgewichtige Preisniveau (44) in die Funktion (45) liefert:

$$p_t = \mu(\alpha_1 + \lambda_2) i_t^I - \mu\lambda_1 y_t + \mu\alpha_2 IZ_t + (1 - \mu) p_{t-1} \quad . \tag{46}$$

Zur Überprüfung der Identifizierbarkeit sei die Definition der realen Kassenhaltung betrachtet $(m^D_t - p_t) = (m_t - p_t)$, für m_t entsprechend der Gleichgewichtsbedingung (43) das Geldangebot (42) substituiert und ferner für das tatsächliche Preisniveau p_t die Gleichung (46) eingesetzt:

$$(m_t - p_t) = (\alpha_1(1 - \mu) - \mu\lambda_2)i^I_t + \mu\lambda_1 y_t + (1 - \mu)\alpha_2 IZ_t - (1 - \mu)p_{t-1} \,. \tag{47}$$

Aus Gleichung (47) gehen die Implikationen eines trägen und vollkommen flexiblen Preisniveaus hervor. Im Fall eines trägen Preisniveaus, $0 < \mu < 1$, hängt die reale Kassenhaltung sowohl von den Geldnachfrageparametern λ_1 und λ_2 als auch von den Geldangebotsparametern α_1 und α_2 ab. Die Kassenhaltung wird daher neben Geldnachfragereaktionen auch von Geldangebotsreaktionen bestimmt und ist empirisch nicht identifizierbar.

Für die Debatte um die Stabilität der Geldnachfragefunktion kann dieses Ergebnis dahingehend interpretiert werden, daß die beobachteten Instabilitäten geschätzter Geldnachfragegleichungen nicht zwangsläufig auf instabile Geldnachfrageparameter zurückzuführen sind, sondern auch aus instabilen Geldangebotsparametern resultieren können. Unterliegt die Geldangebotsgleichung (42) einer Reaktionsfunktion seitens der Zentralbank und ist das Zentralbankverhalten im Zeitablauf nicht konstant, wird es wahrscheinlich, daß der praktizierte Regimewechsel der Deutschen Bundesbank in den siebziger Jahren die Ursache für Instabilitäten der geschätzten Geldnachfragefunktion ist.[40] Darüber hinaus kann das erhaltene Resultat als Argument zum Verzicht auf die Schätzung von Geldnachfragefunktionen durch Strukturgleichungen angesehen werden.

Liegt ein vollkommen flexibles Preisniveau vor, nimmt der Parameterwert μ in Gleichung (45) den Wert Eins an, wodurch die Funktion (47) zu:

$$(m_t - p_t) = \lambda_1 y_t - \lambda_2 i^I_t \tag{48}$$

---

[40] Siehe hierzu auch die modelltheoretischen Analysen von Cooley/LeRoy (1981), S. 840 ff., Gordon (1984), S. 416 ff. sowie die Ausführungen von Heri (1985), S. 526 ff.

reduziert. Bestehen durch unendlich schnell anpassende Güterpreise keine Diskrepanzen zwischen aktuellem und gleichgewichtigem Preisniveau, entfallen das verzögerte Preisniveau sowie der Vektor von Ziel- und Instrumentvariablen als erklärende Argumente in (47), und es wird die Identifizierbarkeit der Geldnachfrageparameter λ_1 und λ_2 sichergestellt. In diesem Fall erfaßt die geschätzte Funktion ausschließlich das Geldnachfrageverhalten und keine Elemente des Geldangebotsverhaltens.

Zum Testen der Nullhypothese eines vollkommen flexiblen Preisniveaus H_0: $\mu = 1$ und damit der Identifikationsbedingung verwenden Neumann und von Hagen einen Lagrange-Multiplikator-Test. Zunächst wird ein allgemeines Fehlerkorrekturmodell unter der Nullhypothese geschätzt, anschließend die Residuen aus dieser Schätzung $\hat{\varepsilon}_t$ auf die Regressoren des Fehlerkorrekturmodells und das verzögerte Preisniveau p_{t-1} regressiert. Das Bestimmtheitsmaß dieser Regression R^2 in der centered Version zusammen mit der Anzahl der Beobachtungen T liegt der Berechnung der Lagrange-Multiplikator-Statistik:

$$LM1 = T \cdot R^2 \tag{49}$$

zugrunde. Die Teststatistik LM1 folgt unter der Nullhypothese der Identifizierbarkeit einer χ^2-Verteilung mit einem einzigen Freiheitsgrad. Für Werte unter der 5-prozentigen Signifikanzgrenze kann die Hypothese der Preisniveauflexibilität angenommen und von der Identifizierbarkeit der Geldnachfragefunktion ausgegangen werden, da das verzögerte Preisniveau keinen zusätzlichen Erklärungsbeitrag leistet (Neumann/von Hagen (1987), S. 77 ff.).

In der Diskussion des Beitrags von Neumann und von Hagen wendet Gaab (1987) gegen die praktizierte Vorgehensweise ein, daß die Autoren durch die ausschließliche Berücksichtigung des um eine Periode verzögerten Preisniveaus eine ganz spezifische Preisanpassung testen. Gaab schlägt durch die Berücksichtigung von k verzögerten Preisniveaus eine allgemeinere Preisanpassung vor (Gaab (1987), S. 117). Um diese Kritik in die empirische Analyse einzubeziehen, wird die Identifizierbarkeit der Geldnachfragefunktionen auf Basis des einmal $\Delta^2 p_{t-1}$ und sechsmal $\sum_{j=1}^{6} B^j \gamma_j \Delta^2 p_t$ verzögerten Preisniveaus getestet; die korrespondierenden Lagrange-Multiplikator-Statistiken lauten LM1 und LM6. Entsprechend der Ergebnisse zu den Einheitswurzeltests erfolgt für das Preisniveau die zweimalige nicht-saisonale Differenzenbildung, um die Stationaritätseigenschaft zu erzielen.

3.4. Diagnosetests und Verfahren zur Stabilitätsanalyse

Neben den traditionellen Maßen zur Beurteilung von geschätzten Regressionsgleichungen – wie beispielsweise dem korrigierten Bestimmtheitsmaß, der Durbin-Watson-Statistik, dem Standardfehler der Regression etc. – sind im Zuge der Weiterentwicklungen der Ökonometrie eine Vielzahl neuer Diagnosetests vorgeschlagen worden, die eine umfassendere Beurteilung der Schätzgleichungen ermöglichen. Im Anschluß an die Darstellung der neueren Diagnosetests präsentiert der vorliegende Abschnitt die zur Untersuchung der Stabilitätseigenschaften herangezogenen Verfahren.

Während die Durbin-Watson- (DW-) Statistik zum Test auf Autokorrelation erster Ordnung herangezogen wird, ist die Nullhypothese autokorrelationsfreier Residuen q-ter Ordnung H_0: $\beta_1 = \beta_2 \ldots \beta_q = 0$ auf Basis der Regression:

$$\hat{\varepsilon}_t = \alpha_1(B)\Delta x_{1t-1} + \alpha_2(B)\Delta x_{2t} + \ldots + \alpha_n(B)\Delta x_{nt} - \gamma\hat{u}_{t-1}$$

$$+ \beta_1\hat{\varepsilon}_{t-1} + \ldots + \beta_q\hat{\varepsilon}_{t-q} + v_t \qquad (50)$$

mit der Statistik:

$$ARq = T \cdot R^2_{AR} \qquad (51)$$

testbar; die ersten Terme in Gleichung (50) repräsentieren die Regressoren des allgemeinen Fehlerkorrekturmodells (30) und $\hat{\varepsilon}_t$, $\hat{\varepsilon}_{t-1}$, ..., $\hat{\varepsilon}_{t-q}$ die aus seiner Schätzung resultierenden Residuen. Die Teststatistik (51) ist χ^2-verteilt mit q Freiheitsgraden und berechnet sich durch Multiplikation der Beobachtungsanzahl T aus (30) mit dem Bestimmtheitsmaß R^2_{AR} aus (50) (Godfrey (1978), S. 1309, Breusch (1978), S. 341).[41] Die Ordnung wird auf q = 6 festgelegt und die Teststatistik mit AR6 bezeichnet, was der gängigen Praxis in der Literatur entspricht.

---

[41] In der Literatur erfolgt die Berechnung des Bestimmtheitsmaßes zur Ermittlung der Lagrange-Multiplikator-Statistiken sowohl in der centered als auch in der uncentered Version, wobei exemplarisch die modernen Lehrbuchdarstellungen von Davidson/MacKinnon (1993) und Hamilton (1994) zu nennen sind. Der vorliegenden Arbeit liegt ausschließlich die centered Version zugrunde.

Heteroskedastizität der Residuen schlägt sich in ungleichen Varianzen der Störterme nieder. Die Gültigkeit der Homoskedastizitätsannahme ist mit Hilfe des Heteroskedastizitätstests von White (1980) empirisch überprüfbar.[42] Dem White-Test liegt die Nullhypothese der Homoskedastizität $H_0: \sigma_1^2 = \sigma_2^2 = \ldots = \sigma_T^2$ und die Alternativhypothese $H_A: \sigma_t^2 = f(\delta_0 + \delta_1 Z_{1t} + \delta_2 Z_{2t} + \ldots + \delta_p \cdot Z_{pt})$, $t = 1,2,\ldots,T$, zugrunde, wobei σ_t^2 die Varianzen der Störgrößen und T die Anzahl der Beobachtungen bezeichnen. f repräsentiert eine stetige Funktion, die nicht spezifiziert und ausreichend allgemein ist, um sowohl additive als auch multiplikative Heteroskedastizität als Spezialfall zu enthalten. Bei $Z_{1t}, Z_{2t}, \ldots, Z_{pt}$ handelt es sich um bekannte nicht-stochastische Variablen, die i.d.R. eine Auswahl der erklärenden Variablen aus der zugrundeliegenden Regressionsgleichung und/oder eine Transformation von diesen sind.

Whites Heteroskedastizitätstest fußt auf der Regressionsgleichung:

$$\hat{\varepsilon}_t^2 = \delta_0 + \delta_1 Z_{1t} + \delta_2 Z_{2t} + \ldots + \delta_p Z_{pt} + v_t \tag{52}$$

und der Lagrange-Multiplikator-Statistik:

$$WHp = T \cdot R_W^2 , \tag{53}$$

wobei R_W^2 das aus (52) ermittelte Bestimmtheitsmaß, T die Anzahl der Beobachtungen und $\hat{\varepsilon}_t^2$ die geschätzten quadrierten Residuen aus (30) repräsentieren. Die Teststatistik (53) folgt mit p Freiheitsgraden einer χ^2-Verteilung. Die Spezifikation der Z-Variablen in (52) und damit die Festlegung von p erfolgt in Abhängigkeit der jeweils zugrundeliegenden erklärenden Variablen. Jeder Regressor geht mit seinem Niveau und seinem Quadrat als Z-Variable ein (White (1980), S. 824 f.).

Neben unbedingter Heteroskedastizität unterscheidet die Literatur autoregressiv bedingte Heteroskedastizität, die sogenannte autoregressive conditional heteroscedasticity oder kurz ARCH, als weitere Heteroskedastizitäts-

---

[42] Einen weiteren, häufig verwendeten Heteroskedastizitätstest schlagen Breusch/Pagan (1979) vor. Der Test von White hat gegenüber dem Breusch-Pagan-Test den Vorteil, nicht sensitiv auf die Verletzung der Normalitätsannahme für die Residuen zu reagieren.

form. Die Existenz von ARCH-Effekten testet Engle (1982) auf der Basis der quadrierten Residuen:

$$\hat{\varepsilon}_t^2 = \beta_0 + \beta_1 \hat{\varepsilon}_{t-1}^2 + \beta_2 \hat{\varepsilon}_{t-2}^2 + \ldots + \beta_m \hat{\varepsilon}_{t-m}^2 + v_t \tag{54}$$

und der Lagrange-Multiplikator-Statistik:

$$\text{ARCHm} = T \cdot R_A^2 , \tag{55}$$

die mit m Freiheitsgraden wiederum χ^2-verteilt ist und sich durch das Bestimmtheitsmaß aus (54) R_A^2 sowie die Beobachtungsanzahl T berechnet (Engle (1982), S. 1000, Engle (1983), S. 289). Zur Durchführung des Engle-Tests wird m auf sechs festgesetzt und die Teststatistik mit ARCH6 bezeichnet, um die Nullhypothese H_0: $\beta_1 = \beta_2 = \ldots = \beta_6 = 0$ zu testen.

Jarque/Bera (1980) schlagen als Test auf normalverteilte Residuen eine Statistik vor, welche die dritten und vierten Momente – Schiefe und Wölbung – der Verteilung der Residuen verwendet:

$$\text{JB2} = T \cdot ((\hat{\mu}_3^2/6 \cdot \hat{\mu}_2^3) + ((\hat{\mu}_4/\hat{\mu}_2^2) - 3)^2/24) , \tag{56}$$

wobei :

$$\hat{\mu}_j = \sum_{t=1}^{T} \hat{\varepsilon}_t^j / T, \quad j = 2,3,4 \quad . \tag{57}$$

Die Statistik ist unter der Nullhypothese normalverteilter Residuen mit zwei Freiheitsgraden χ^2-verteilt (Jarque/Bera (1980), S. 256, Stewart (1991), S. 162).

Zur Analyse der adäquaten Wahl der funktionellen Form bietet sich die Verwendung des Tests von Ramsey (1974) an, der in der Literatur als RESET-Test bezeichnet wird. In Ramseys RESET-Test repräsentieren Polynome höherer Ordnung unterschiedliche funktionelle Formen. Bezeichnen wiederum $\hat{\varepsilon}_t$ die geschätzten Residuen des Fehlerkorrekturmodells (30) und $\Delta\hat{mr}_t$ die geschätzte endogene Variable, basiert der RESET-Test auf der Regressionsgleichung:

$$\hat{\varepsilon}_t = \alpha_1(B)\Delta x_{1t-1} + \alpha_2(B)\Delta x_{2t} + \ldots + \alpha_n(B)\Delta x_{nt} - \gamma\hat{u}_{t-1}$$

$$+ \beta_1\Delta\hat{mr}_t^2 + \ldots + \beta_n\Delta\hat{mr}_t^{n+1} + v_t \quad , \qquad (58)$$

der Nullhypothese H_0: $\beta_1 = \beta_2 = \ldots = \beta_n = 0$ und der Teststatistik:

$$\text{RESETn} = T \cdot R_R^2 \quad . \qquad (59)$$

Der RESET-Tests wird für n = 3 implementiert, so daß der Test die logarithmisch-lineare Funktionen gegen die quadratische, kubische Form und die funktionale Form vierter Ordnung testet. Die Teststatistik ist mit drei Freiheitsgraden χ^2-verteilt (Stewart (1991), S. 71). Die verwendeten Kürzel und Bezeichnungen der vorgestellten Diagnosetests sowie ihre Verteilung und die Anzahl der Freiheitsgrade sind in Tabelle 3 zusammengefaßt.

Im Rahmen der Untersuchung der Eigenschaften von Geldnachfragefunktionen ist eine Stabilitätsanalyse unerläßlich und daher die Anwendung von Stabilitätstests erforderlich. Allgemein kann eine Geldnachfragefunktion als stabil betrachtet werden, wenn die Parameter ihrerseits stabilen Funktionen genügen. Unter der Vielzahl möglicher Parameterfunktionen sind in der Literatur überwiegend zwei anzutreffen. Die traditionelle, sehr restriktive Stabilitätshypothese:

$$H_1: \beta_t = \bar{\beta} \qquad (60)$$

verlangt die Konstanz der Regressionsparameter β im Zeitablauf. Entsprechend der Hypothese H_1 gilt eine Geldnachfragefunktion als instabil, wenn die Konstanz der Parameter im Zeitablauf nicht gegeben ist. Wesentlich großzügiger definiert die Hypothese:

$$H_2: \beta_t = \bar{\beta} + u_t \qquad (61)$$

den Stabilitätsbegriff. Gemäß H_2 können die Regressionsparameter als stationärer Prozeß u_t um einen konstanten Mittelwert variieren. Instabilität liegt vor, wenn die Parameter instationären Prozessen folgen (Buscher (1984b), S. 518).

Tabelle 3: Die verwendeten Diagnosetests

Kürzel	Bezeichnung	Verteilung,	Freiheitsgrade
$\overline{R}^2$	korrigiertes Bestimmtheitsmaß		
SE	Standardfehler der Schätzung		
DW	Durbins-Watson-Statistik zum Test autorrelationsfreier Residuen erster Ordnung		
AR6	Test auf autokorrelierte Residuen sechster Ordnung	χ^2	6
WHp	Heteroskedastizitätstest nach White (1980)	χ^2	p
ARCH6	Test auf autoregressiv bedingte Heteroskedastizität nach Engle (1982)	χ^2	6
JB2	Test auf Normalität der Residuen nach Jarque/Bera (1980)	χ^2	2
RESET3	Test auf funktionelle Richtigkeit nach Ramsey (1974)	χ^2	3

Im folgenden werden mehrere Verfahren zur Stabilitätsanalyse implementiert, um eine umfassende Beurteilungsgrundlage über die Stabilitätseigenschaften der Geldnachfragefunktionen zu bekommen. Erste Anhaltspunkte geben die Schätzung identischer Funktionen für nicht-überlappende Unterperioden. Das Vorgehen ermöglicht eine Aussage, ob sich die (Semi-) Elastizitäten hinsichtlich ihrer Größenordnung sowie Signifikanz in Teilperioden substantiell unterscheiden und die herangezogenen Diagnosetests unterschiedliche Ergebnisse liefern. Darüber hinaus lassen sich gemäß des Ausgangs der für die Unterperioden implementierten Kointegrationstests Rückschlüsse auf die Stabilität der langfristigen Geldnachfragefunktion ziehen. Beispielsweise Heri/ Kugler (1988) und Siklos (1993) interpretieren Kointegrationstests auch als Stabilitätstests, so daß die Existenz einer Kointegrationsbeziehung zwischen der Realkassenhaltung und den Argumenten der langfristigen Geldnachfragefunktion mit der Stabilität derselben korrespondiert. Im Fall der Annahme der Nullhypothese der Nicht-Kointegration ist diese Schlußfolgerung nicht möglich (Siklos (1993), S. 382).

Darüber hinaus läßt sich die Stabilität mit Hilfe des Verfahrens rekursiver Koeffizienten untersuchen. Diese Technik basiert auf einer sequentiellen Schätzung des zugrundeliegenden Regressionsmodells, die mit der Schätzung der Geldnachfragegleichung für einen verkürzten Stützbereich bestehend aus T Beobachtungen, $t = 1,2,\ldots,T$, beginnt. Dabei ist die Anzahl der Beobachtungen T größer als die Anzahl der zu schätzenden Parameter k, $T > k$. Im nächsten Schritt wird der Stützbereich um einen einzigen Datenpunkt erweitert und erneut dieselbe Geldnachfragegleichung für den Stützbereich $t = 1,2,\ldots, T + 1$ geschätzt. Das Prozedere der sukzessiven Erweiterung des Stützbereichs um einen Datenpunkt und der korrespondierenden Neuschätzung des Regressionsmodells endet mit dem Erreichen des aktuellen Randes der gesamten Stützperiode $T + S$.

Das Verfahren rekursiver Koeffizienten umfaßt die grafische Darstellung der einzelnen Regressionskoeffizienten zu dem jeweils letzten Datenpunkt der sequentiell erweiterten Stützbereiche, so daß für jeden Koeffizienten eine Zeitreihe der Länge $t = T,T + 1,\ldots,T + S$ entsteht. Die Zeitreihen der einzelnen Parameter sollten – abgesehen von anfänglichen Schwankungen aufgrund der geringen Anzahl von Beobachtungen für die ersten Teilperioden – eine relativ konstante Entwicklung zeigen, um auf deren Stabilität schließen zu können. Sprünge in ihrer Entwicklung deuten demgegenüber auf einen Strukturbruch zu dem korrespondierenden Zeitpunkt hin.

Die Methode rekursiver Koeffizienten, wie auch das Verfahren nicht-überlappender Regressionen, liefern erste wichtige Einblicke in die Stabilitätseigenschaften der Geldnachfragefunktion, lassen aber einen großen Entscheidungs- und Interpretationsspielraum offen, da keine kritischen Grenzen zur Ablehnung oder zur Annahme der Hypothese der Strukturkonstanz definiert sind. Für die Schätzung identischer Funktionen nicht-überlappender Unterperioden stellt sich darüber hinaus die Frage nach der Festlegung der Zeitpunkte zur Trennung des gesamten Stützbereichs, so daß neben den informellen Verfahren formelle Methoden, die auf der Basis eines statistischen Kriteriums eine Entscheidung über die Stabilität oder Instabilität der Geldnachfragefunktion ermöglichen, an Bedeutung gewinnen. In der neueren Geldnachfrageliteratur wird hierzu sehr häufig der rekursive Chow-Test verwandt.[43]

Der rekursive Chow-Test ermöglicht eine statistisch fundierte Aussage über den Zeitpunkt eines potentiellen Strukturbruchs bzw. die Zeitpunkte potentieller Strukturbrüche. Für zwei aufeinanderfolgende KQ-Regressionen $t = 1,2,\ldots,T-1$ und $t = 1,2,\ldots,T$ wird auf Basis der Summe der quadrierten Residuen:

$$RSS = \sum_{t=1}^{T-1} \hat{u}_t^2 , \qquad RSS^* = \sum_{t=1}^{T} \hat{u}_t^2 \qquad (62a, 62b)$$

die mit 1 und $T-1-k$ Freiheitsgraden F-verteilte Teststatistik:

$$C_T = (RSS^* - RSS)/(RSS/(T-1-k)) \qquad (63)$$

$$\sim F_{1,T-1-k}$$

für $T, T+1,\ldots,T+S$ berechnet. Werte der Statistik (63), die die kritischen Werte der F-Verteilung übersteigen, führen zur Ablehnung der Nullhypothese der Strukturkonstanz zwischen den beiden Perioden $T-1$ und T (Charemza/Deadman (1992), S. 66 ff., Cuthbertson et al. (1992), S. 114, Kmenta (1986), S. 422).

Die Aussage zu den Stabilitätseigenschaften der spezifizierten Geldnachfragefunktionen stützen sich somit auf die Schätzung nicht-überlappender Unterperioden, das Verfahren rekursiver Koeffizienten und den rekursiven Chow-Test. Im Zusammenhang mit den Schlußfolgerungen aus den Resultaten von Stabilitätstests für Geldnachfragefunktionen verweist Neumann (1983) auf die Unterscheidung zweierlei Formen der Parameterinstabilität. Instabilitäten sind dann als problematisch anzusehen, wenn fortwährend Parameterveränderun-

---

[43] Bagliano/Favero (1992), Hendry (1988) und Hendry/Ericsson (1991a, 1991b), um nur einige Studien zu nennen. Neben diesen Ansätzen existieren eine Vielzahl weiterer Stabilitätstests, die zwar häufig in Geldnachfrageuntersuchungen angewandt, aber im folgenden ignoriert werden. Einen Überblick geben Buscher (1984b), Brown et al. (1975), Fackler/McMillin (1983), Gödde (1988) und Weber (1988). Zum Verfahren, das die Stabilitätshypothese (61) zugrundelegt, siehe Buscher (1984a), Gaab/Seitz (1988) und Ram (1982).

gen über einen gewissen Zeitraum vorliegen. Bei dieser Konstellation stellt die Geldnachfragefunktion ein instabiles Kuriosum dar. Tritt demgegenüber Parameterinstabilität zu einem bestimmten Zeitpunkt auf, und sind die Parameter ab diesem Zeitpunkt auf dem neuen Niveau wiederum stabil, so ist dies weder aus ökonometrischer noch aus geldpolitischer Sicht problematisch. Liegt bis zu dem Zeitpunkt eine stabile Funktion und danach eine neue, wiederum stabile Gleichung vor, kann nach Erkennung und Zäsur des Strukturbruchs vom ökonometrischen Standpunkt aus nicht auf eine verzerrte Schätzfunktion für die gesamte Periode geschlossen werden. Aus geldpolitischer Sicht kommt es nicht auf die über den gesamten Stützbereich geschätzte Funktion und die vor Eintritt des Strukturbruchs gültige Gleichung an, sondern auf die seitdem geltende, stabile Geldnachfragefunktion. Generelle Instabilität innerhalb eines gewissen Zeitraumes besteht nicht (Neumann (1983), S. 416 f.).

3.5. Stationaritätsanalyse saisonbehafteter Zeitreihen

Die Implementierung des dargestellten ökonometrischen Instrumentariums erfordert die Kenntnis der stochastischen Eigenschaften der zugrundeliegenden Zeitreihen, so daß Integrationsuntersuchungen notwendig sind. Die empirische Analyse der vorliegenden Arbeit wird durch die Verwendung unterjähriger Zeitreihen, von denen einige ein ausgeprägtes Saisonverhalten aufweisen, zusätzlich erschwert und entsprechend aufwendiger. Alternativ ließe sich das Problem saisonbehafteter Zeitreihen durch die Benutzung saisonal bereinigter Daten umgehen. Die Verwendung saisonal bereinigter Zeitreihen anstelle von nicht-saisonbereinigten Daten wäre jedoch mit einer Vielzahl von Nachteilen verbunden, auf die an dieser Stelle nur kurz eingegangen werden soll.

Ein erster Nachteil bei der Verwendung von saisonbereinigten Zeitreihen in Regressionsanalysen ist darin zu sehen, daß die Saisonbereinigung zu autokorrelierten Residuen führen kann. Ferner weisen die durch offizielle Datenproduzenten publizierten saisonbereinigten Zeitreihen häufig die unerwünschte Eigenschaft der Überanpassung auf, die sich in tendenziell negativen Autokorrelationskoeffizienten für die saisonalen lags manifestiert (Harvey

(1981), S. 176).[44] Wallis (1974) gelangt im Zusammenhang mit dem Für und Wider der Verwendung saisonal bereinigter Zeitreihen zu dem generellen Resultat, daß eine Saisonbereinigung störende Effekte in die Zeitreihe induzieren kann, ohne die Beseitigung saisonbedingter Schwankungen zu garantieren. Daher favorisiert Wallis die Benutzung von unbereinigten Zeitreihen für die empirische Arbeit.

Neuere Analysen stützen die skeptische Haltung gegenüber der Verwendung saisonbereinigter Daten. Auf die quantitativ große Bedeutung saisonaler Komponenten für die kurzfristige Variabilität makroökonomischer Zeitreihen verweisen beispielsweise Barsky/Miron (1989). Die Anwendung von Saisonbereinigungsverfahren zieht die unerwünschte Eigenschaft nach sich, solche Fluktuationen zu eliminieren und bedeutet daher einen Informationsverlust. Ferner betont Ghysels (1990) die möglichen Effekte, die bei der Anwendung von Einheitswurzeltests auf saisonbereinigte Zeitreihen auftauchen können. Da die Saisonbereinigung zu einer Glättung der ursprünglichen Zeitreihe führt, kann eine höhere Persistenz und Autokorrelation erster Ordnung resultieren. Tritt dieser Effekt auf, wird es schwieriger, die Nullhypothese einer Einheitswurzel für die geglättete Zeitreihe zu verwerfen, da der Einheitswurzeltest einem Machtverlust unterliegt (Ghysels (1990), S. 145). Ghysels liefert für diese Vermutung empirische Evidenz auf Basis des US-amerikanischen realen Bruttosozialprodukts und einer sehr rudimentären Monte Carlo Simulation. Darauf aufbauend legen Ghysels/Perron (1993) eine bedeutend umfassendere Untersuchung mit dem Ergebnis vor, daß in einer Vielzahl der Fälle die t-Tests von Dickey/Fuller (1979) und die Z-Statistiken von Phillips/Perron (1987) einen erheblichen Machtverlust aufweisen. Zusammenfassend läßt sich festhalten, daß aufgrund der wahrscheinlichen unerwünschten Begleiterscheinungen der Saisonbereinigung wenn immer möglich auf saisonunbereinigte Zeitreihen zurückgegriffen werden sollte (Muscatelli/Hurn (1992), S. 16).

---

[44] Auf dieses Phänomen verweist auch Wolters (1991) für das vom Deutschen Institut für Wirtschaftsforschung saisonbereinigte reale Bruttosozialprodukt. Neben dem Deutschen Institut für Wirtschaftsforschung bieten seitens offizieller Datenproduzenten die Deutsche Bundesbank und das Statistischen Bundesamt saisonbereinigte Zeitreihen für die Bundesrepublik an. Die Bundesbank stützt sich auf eine Variante des Census Verfahrens II, Version X-11 (Deutsche Bundesbank (1970, 1987)), das Deutsche Institut für Wirtschaftsforschung und das Statistische Bundesamt auf das Berliner Verfahren.

Zur Untersuchung der stochastischen Eigenschaften von Zeitreihen lassen sich sowohl informelle als auch formelle Verfahren heranziehen. Zu den informellen Verfahren zählen die visuelle Inspektion der Zeitreihe und der korrespondierenden empirischen Autokorrelationsfunktion. Das Trendverhalten der Zeitreihe äußert sich in Autokorrelationskoeffizienten, die für die ersten lags sehr groß sind und nur langsam mit wachsendem lag abnehmen. Analog liegen im Fall saisonaler Instationarität zur saisonalen Verzögerung $s = 4$ für Quartalsdaten ein sehr hoher Autokorrelationskoeffizient und für die lags $k = n \cdot s$, $n = 2,3,\ldots$, nur allmählich abnehmende Autokorrelationskoeffizienten vor.

Das informelle Vorgehen auf Basis der empirischen Autokorrelationsfunktion liefert erste wichtige Einblicke in die zugrundeliegenden Zeitreihencharakteristika, läßt jedoch einen erheblichen Interpretations- und Entscheidungsspielraum offen. Einheitswurzeltests sind die formellen Verfahren zur Analyse der stochastischen Eigenschaften von Zeitreihen; sie lassen sich in nicht-saisonale und saisonale Tests als eine mögliche Kategorisierung einteilen. Die populärsten Integrationstests sind zweifelsohne die Ansätze von Dickey und Fuller (Dickey/Fuller (1979, 1981), Fuller (1976)) sowie Phillips und Perron (Phillips/Perron (1987), Perron (1988)).[45] Während die Dickey-Fuller- und Phillips-Perron-Tests relativ einfach anzuwenden sind und in der Literatur mittlerweile zu den Standardtests zählen, ist die Analyse saisonaler Integration vergleichsweise komplizierter und etabliert sich in empirischen Studien nur allmählich als Untersuchungsinstrumentarium.[46] Die durch die genannten nicht-saisonalen Einheitswurzeltests analysierte Einheitswurzel korrespondiert im Frequenzbereich mit der Frequenz Null im Spektrum. Ferner unterstellen die Testverfahren, daß keine weiteren Einheitswurzeln im betrachteten Prozeß existieren. Da sich die vorliegende Untersuchung aus-

---

[45] Einen Überblick zu verschiedenen Einheitswurzeltests und ihren Eigenschaften geben Diebold/Nerlove (1988), Dolado et al. (1990) und Pagan/Wickens (1989).

[46] Saisonale Integrationstests zur Analyse der deutschen Umlaufgeschwindigkeit führen lediglich Neumann/von Hagen (1987) durch. Die Mehrzahl der Studien stehen im Zusammenhang mit Untersuchungen zur Konsumfunktion (Birchenhall et al. (1989), Lee/Siklos (1993), Osborn et al. (1988)), zum Konjunkturzyklus (Barsky/Miron (1989), Ghysels/Nerlove (1988)) oder führen solche Tests für eine Anzahl unterschiedlicher Zeitreihen durch, um ihre stochastischen Eigenschaften zu erforschen (Beaulieu/Miron (1993), Franses (1991), Hurn (1993), Hylleberg et al. (1990, 1993), Lee/Siklos (1991), Muscatelli/ Hurn (1992), Osborn (1990), Url/Wehinger (1990)).

schließlich auf unbereinigte, unterjährige Zeitreihen in Form von Quartalsdaten stützt und für einige der verwendeten Zeitreihen ein ausgeprägtes Saisonverhalten nicht ausschließbar ist, besteht die Möglichkeit der Existenz von Einheitswurzeln zu saisonalen Frequenzen.

Zur weiteren Analyse saisonaler Prozesse ist die Festlegung auf eine der beiden in der Literatur verwendeten Definitionen saisonaler Integration sinnvoll. Eine Zeitreihe y_t mit s unterjährigen Perioden ist nicht-saisonal und saisonal integriert vom Grade (d,D), $I_s(d,D)$, falls die Zeitreihe durch Anwendung von d nicht-saisonalen und D saisonalen Differenzen eine stationäre ARMA-Repräsentation besitzt. Es gilt $y_t \sim I_s(d,D)$, falls $(1 - B)^d(1 - B^s)^D y_t = \Delta^d \Delta_s^D y_t$ stationär ist, wobei B den lag-Operator bezeichnet. Damit korrespondiert das erste Argument in $I_s(d,D)$ mit dem Grad der nicht-saisonalen und das zweite Argument mit demjenigen der saisonalen Differenzenbildung. Insbesondere Engle et al. (1989) und Hylleberg et al. (1990) favorisieren die alternative Definition, wonach eine saisonal integrierte Zeitreihe der Ordnung (d,D), $SI_s(d,D)$, vorliegt, falls durch $(1 - B)^d S(B)^D y_t = \Delta^d S(B)^D y_t$ die Transformation in eine stationäre Zeitreihe gelingt; $S(B) = (1 + B + B^2 + B^3)$ repräsentiert ein saisonales Polynom. Für das weitere Vorgehen wird der Terminologie des Standardwerks zur Zeitreihenanalyse von Box/Jenkins (1976) gefolgt und die erstgenannte Definition durchgehend verwendet. Ferner kann sich die Diskussion auf s = 4 konzentrieren, da der empirischen Analyse ausnahmslos Quartalsdaten zugrundeliegen. Eine Generalisierung zur monatlichen Frequenz ist jedoch möglich.

Mit den Verfahren von Osborn et al. (1988) und Hylleberg et al. (1990) benutzt die vorliegende Arbeit die beiden gegenwärtig in der Literatur gängigen saisonalen Einheitswurzeltests und verzichtet auf die frühen Ansätze von Dickey et al. (1984) sowie Hasza/Fuller (1982) zur Analyse unterjähriger Zeitreihen.[47] Gemäß den Autorennamen werden die zwei Verfahren mit OCSB- respektive HEGY-Tests abgekürzt. Die OCSB-Tests basieren auf der KQ-geschätzten Gleichung:

---

[47] Zu den Vorteilen des Verfahrens von Hylleberg et al. gegenüber den älteren Ansätzen siehe Beaulieu/Miron (1993), S. 309 f.

$$\Delta\Delta_4 y_t = \sum_{i=1}^{4} \alpha_i Q_i + \beta_1 \Delta_4 y_{t-1} + \beta_2 \Delta y_{t-4} + \sum_{i=1}^{n} \phi_i \Delta\Delta_4 y_{t-i} + \varepsilon_t , \qquad (64)$$

wobei y_t die zugrundeliegende Zeitreihe, Q_i, $i = 1,\ldots,4$, Saisonindikatorvariablen, $\Delta = (1 - B)$ die erste nicht-saisonale Differenz und $\Delta_4 = (1 - B^4)$ die erste saisonale Differenz bezeichnen. Ausschlaggebend für die Entscheidung über den Integrationsgrad sind verschiedene Konstellationen der beiden Parameter β_1 und β_2. Die Nullhypothese nicht-saisonaler und saisonaler Integration jeweils vom Grade Eins $I_4(1,1)$ korrespondiert mit dem Fall $\beta_1 = \beta_2 = 0$. Sind beide Parameter ungleich Null, ist die Zeitreihe stationär, d.h. jeweils nicht-saisonal und saisonal integriert vom Grade Null $I_4(0,0)$. Die weiteren Hypothesen lassen sich durch $\beta_1 < 0$ und $\beta_2 = 0$ im Fall einer ausschließlich saisonal integrierten Zeitreihe $I_4(0,1)$ sowie durch $\beta_1 = 0$ und $\beta_2 < 0$ im Fall einer ausschließlich nicht-saisonal integrierten Zeitreihe $I_4(1,0)$ formulieren.

Die Implementierung der dazu korrespondierenden t- und F-Tests erfordert die Kenntnis entsprechender kritischer Werte; die Werte der gewöhnlichen t- und F-Verteilung können hierzu nicht herangezogen werden. Durch die Simulationsstudie von Osborn (1990) stehen jedoch für die drei Teststatistiken kritische Werte zum 5- sowie 1-prozentigen Signifikanzniveau zur Verfügung, deren zugrundeliegende Beobachtungszahl von 136 Datenpunkten in etwa mit der Stützbereichslänge der Zeitreihen aus der vorliegenden Untersuchung kompatibel ist. Diese Werte sind in Tabelle 4 wiedergegeben. Bei den Teststatistiken β_1 und β_2 handelt es sich um die üblichen t-Werte, die F-Statistik des OCSB-Tests berechnet Osborn (1990) auf der Grundlage von $\beta_1 = \beta_2 = \alpha_i = 0 \ \forall \ i = 1,\ldots,4$ (Osborn (1990), S. 328 ff., Osborn et al. (1988), S. 363 ff.).

Ein Nachteil des OCSB-Verfahrens ist darin zu sehen, daß keine separaten Tests auf die Existenz aller potentiellen Einheitswurzeln des saisonalen Prozesses implementierbar sind. Liegen der Analyse Quartalsdaten zugrunde, ist der Prozeß integriert zur Frequenz 1/2, falls er die Komponente $(1 + B)$ besitzt, und integriert zur Frequenz 1/4, falls er die Komponente $(1 + B^2)$ aufweist. Diese beiden saisonalen Frequenzen korrespondieren im Zeitbereich mit zwei Zyklen pro Jahr (semi-jährig) respektive einem Zyklus pro Jahr (jährig). Der Prozeß ist integriert zur langfristigen Frequenz 0 bzw. zum

Tabelle 4: Kritische Werte der OCSB- und HEGY-Tests

	OCSB-Tests			HEGY-Tests				
	β_1	β_2	F	π_1	π_2	π_3	π_4	$\pi_3 \cap \pi_4$
1%	-2,82	-4,35	4,80	-4,15 (-3,56)	-3,57 (-3,49)	-4,05 (-4,06)	-2,71 (-2,72)	8,77 (8,92)
5%	-2,11	-3,75	3,79	-3,52 (-2,94)	-2,93 (-2,90)	-3,44 (-3,44)	-1,94 (-1,96)	6,62 (6,63)

Die kritischen Werte sind Osborn (1990), S. 329 und Hylleberg et al. (1990), S. 226 f. entnommen. Kritische Werte des HEGY-Tests, die nicht in Klammern stehen, beziehen sich auf Regressionen mit konstantem Term, Trend und Saisonindikatorvariablen, diejenigen in Klammern auf Regressionen mit konstantem Term und Saisonindikatorvariablen, aber ohne Trend. Es liegt jeweils die Stützbereichslänge T = 136 zugrunde.

einperiodigen Zyklus, falls er die Komponente $(1 - B)$ enthält. Eine Zeitreihe, die zu den drei genannten Frequenzen integriert ist, besitzt nach Anwendung des saisonalen Differenzenoperators $(1 - B^4)$ eine stationäre ARMA-Repräsentation, da:

$$(1 - B^4) = (1 - B)(1 + B)(1 + B^2) \tag{65}$$

gilt. Aus (65) lassen sich durch Faktorisierung des saisonalen Differenzenoperators zu:

$$(1 - B^4) = (1 - B)(1 + B)(1 - iB)(1 + iB) \tag{66}$$

die möglichen Einheitswurzeln des generierenden Prozesses veranschaulichen. Gemäß des Ausdrucks (66) enthält der generierende Prozeß mit 1, − 1, + i und − i vier mögliche Einheitswurzeln, die im Frequenzbereich jeweils mit unterschiedlichen Frequenzen korrespondieren. Konkret entsprechen die Einheitswurzeln von $(1 - B^4) = 0$ den Frequenzen 0 (B = 1), 1/2 (B = − 1), 1/4 (B = + i) und 3/4 (B = − i). Die komplexe Einheitswurzel − i ist für Quartalsdaten aufgrund des Maskierungseffekts von + i nicht unterscheidbar, so daß beide komplexe Einheitswurzeln zusammen in einem jährigen Zyklus behandelt werden (Hylleberg et al. (1990), S. 221 f., Hylleberg et al. (1993), S. 322 f.).

Um sowohl sämtliche saisonalen Frequenzen als auch die langfristige Frequenz in der Teststrategie berücksichtigen zu können, betrachten Hylleberg et al. den allgemeinen autoregressiven Prozeß AR(p):

$$\phi(B)y_t = \varepsilon_t \quad , \tag{67}$$

der die Stationaritätseigenschaft aufweist, falls sämtliche Wurzeln des Polynoms $\phi(B)$ außerhalb des Einheitskreises liegen. Um die Hypothese, daß die Wurzeln von $\phi(B)$ auf dem Einheitskreis liegen, gegen die Alternativhypothese, daß die Wurzeln außerhalb des Einheitskreises liegen, zu testen, verwenden die Autoren eine Polynomerweiterung um die in (66) identifizierten Einheitswurzeln 1, − 1, + i, − i folgender Gestalt:

$$\psi(B)(1 - B^4) = \pi_1(1 + B + B^2 + B^3)(B) + \pi_2(1 - B + B^2 - B^3)(B)$$
$$+ (\pi_4 + \pi_3 B)(B)(1 - B^2) + \eta \quad . \tag{68}$$

Das Polynom $\psi(B)$ besitzt die Einheitswurzeln 1, − 1, + i, − i, falls die korrespondierenden Terme π_i Null sind. Um aus (68) eine schätzbare Gleichung abzuleiten, empfiehlt sich der Rückgriff auf die drei Filter:

$$Z_1 = (1 + B + B^2 + B^3) \tag{69a}$$

$$Z_2 = -(1 - B + B^2 - B^3) \tag{69b}$$

$$Z_3 = -(1 - B^2) \quad . \tag{69c}$$

Der Filter Z_1 bereinigt die Zeitreihe um die Einheitswurzeln zu den Frequenzen 1/4, 1/2 und 3/4, nicht aber um die zum Faktor (1 − B) korrespondierende Einheitswurzel. Durch Anwendung des Filters Z_2 wird die Zeitreihe um alle Einheitswurzeln außer derjenigen, die zum Faktor (1 + B) korrespondiert, angepaßt. Schließlich bereinigt der Filter Z_3 um alle Einheitswurzeln außer denjenigen, die zu den beiden komplexen Einheitswurzeln im Faktor $(1 + B^2)$ von $(1 - B^4)$ korrespondieren.

Nach einigen Umformungen von (68) unter Verwendung der Filter (69a, 69b, 69c) sowie Anwendung der Polynomexpansion auf (67) ergibt sich die Regressionsgleichung:

$$\Delta_4 y_t = \pi_1 Z_1 y_{t-1} + \pi_2 Z_2 y_{t-1} + \pi_3 Z_3 y_{t-2}$$

$$+ \pi_4 Z_3 y_{t-1} + \sum_{i=1}^{n} \phi_i \Delta_4 y_{t-i} + \varepsilon_t \ . \qquad (70)$$

Nach der Schätzung von (70) mit dem gewöhnlichen KQ-Verfahren lassen sich die Nullhypothesen H_0: $\pi_1 = 0$ und H_0: $\pi_2 = 0$ gegen die entsprechenden Alternativhypothesen der Stationarität H_A: $\pi_1 < 0$ respektive H_A: $\pi_2 < 0$ mittels gewöhnlicher t-Statistiken testen. Diese Tests korrespondieren mit den Einheitswurzeln 1 und -1 bzw. mit der langfristigen Frequenz 0 respektive der semi-jährigen Frequenz 1/2. Ob sowohl π_3 als auch π_4 Null für die komplexen Einheitswurzeln $+i$ und $-i$ (die jährigen Frequenzen) sind, kann entweder mit einer F-Statistik für die verbundene Nullhypothese H_0: $\pi_3 = \pi_4 = 0$ oder mit t-Tests geprüft werden. Falls der zweiseitige t-Test für H_0: $\pi_4 = 0$ nicht ablehnbar ist, wird H_0: $\pi_3 = 0$ gegen H_0: $\pi_3 < 0$ getestet. Eine Zeitreihe enthält keine saisonalen Einheitswurzeln, falls sowohl der t-Test für $\pi_2 = 0$ als auch der F-Test für $\pi_3 = \pi_4 = 0$ die Nullhypothese ablehnen.

Durch die Analyse der Teststatistiken lassen sich die Integrationsgrade $I_4(0,0)$, $I_4(0,1)$ und $I_4(1,0)$ unterscheiden. Sind sämtliche Statistiken π_i, $i = 1,\ldots,4$, ungleich Null, existiert keine Einheitswurzel und es handelt sich um einen stationären Prozeß $I_4(0,0)$. Für die Entscheidung sind die einzelnen t-Statistiken der π_i heranzuziehen, da der verbundenen Test für π_3 und π_4 in diesem Fall nicht aussagefähig ist. Die Nullhypothese saisonaler Instationarität $I_4(0,1)$ ist zu akzeptieren, falls die Teststatistiken von π_1, π_2 und $\pi_3 \cap \pi_4$ nicht signifikant von Null verschieden sind.[48] Nicht-saisonale Instationarität $I_4(1,0)$ verlangt die Insignifikanz der π_1-Statistik und die Signifikanz der restlichen Teststatistiken (Hylleberg et al. (1990), S. 223 f.).

[48] In Anlehnung an die internationale Literatur wird im folgenden " $\cap$ " als Zeichen für die verbundene Nullhypothese genutzt.

Die Regressionsgleichung (70) läßt sich um einen konstanten Term, Saisonindikatorvariablen und einen deterministischen Trend erweitern, so daß in der allgemeinen Spezifikation die Schätzgleichung:

$$\Delta_4 y_t = \alpha_0 + \sum_{i=1}^{3} \alpha_i Q_i + \beta t + \pi_1 Z_1 y_{t-1} + \pi_2 Z_2 y_{t-1} + \pi_3 Z_3 y_{t-2}$$

$$+ \pi_4 Z_3 y_{t-1} + \sum_{i=1}^{n} \phi_i \Delta_4 y_{t-i} + \varepsilon_t \qquad (71)$$

resultiert. Die beschriebenen Tests zu (70) sind in völliger Analogie auch auf (71) anwendbar. Die kritischen Werte folgen keiner Standardverteilung, sondern sind den Tabellen 1a und 1b aus Hylleberg et al. (1990) zu entnehmen. Dabei ist zu beachten, welche konkrete Spezifikation von (71) hinsichtlich der Aufnahme oder der Nichtberücksichtigung eines konstanten Terms, von Saisonindikatorvariablen und einer Trendvariablen zugrundeliegt. Die kritischen Werte zum 5- und 1-prozentigen Niveau für die Beobachtungsanzahl 136 im Fall der Existenz eines konstanten Terms, Saisonindikatorvariablen und eines Zeittrends sind in Tabelle 4 aufgeführt. Da keine kritischen Werte zum 10-prozentigen Niveau für die OCSB-Tests verfügbar sind, wird auch auf die Verwendung kritischer Werte zum 10-prozentigen Signifikanzniveau für die HEGY-Tests verzichtet, um eine gewisse Einheitlichkeit in der Interpretation der empirischen Resultate sicherzustellen.

Osborn (1990) schlägt eine Transformation des HEGY-Tests (71) vor, die analog zum OCSB-Test die Analyse der Nullhypothese nicht-saisonaler und saisonaler Integration der Ordnung Eins $I_4(1,1)$ erlaubt. Im Vergleich zum OCSB- und HEGY-Test hat der modifizierte HEGY-Test den Vorteil, daß neben $I_4(0,1)$ auch die Hypothese zweier nicht-saisonaler Einheitswurzeln $I_4(2,0)$ überprüfbar ist. Da viele makroökonomische Zeitreihen zumindest integriert der Ordnung $I_4(1,0)$ sind und die Existenz zweier nicht-saisonaler Einheitswurzeln nicht ausschließbar ist, impliziert die Durchführung des modifizierten HEGY-Tests einen Informationsgewinn. Die Regressionsgleichung ergibt sich durch Anwendung des Differenzenfilters $\Delta = (1 - B)$ auf Gleichung (71):

$$\Delta\Delta_4 y_t = \alpha_0 + \alpha_1(Q_1 - Q_4) + \alpha_2(Q_2 - Q_4) + \alpha_3(Q_3 - Q_4) + \pi_1 Z_1' y_{t-1}$$

$$+ \pi_2 Z_2' y_{t-1} + \pi_3 Z_3' y_{t-2} + \pi_4 Z_3' y_{t-1} + \sum_{i=1}^{n} \phi_i \Delta\Delta_4 y_{t-i} + \varepsilon_t' , \qquad (72)$$

wobei die Filter durch:

$$Z_1' = (1 + B + B^2 + B^3)(1 - B) \qquad (73a)$$

$$Z_2' = -(1 - B + B^2 - B^3)(1 - B) \qquad (73b)$$

$$Z_3' = -(1 - B^2)(1 - B) \qquad (73c)$$

definiert sind und für den Störterm $\varepsilon_t' = (1 - B)\varepsilon_t$ gilt. Zur Annahme der Nullhypothese nicht-saisonaler und saisonaler Integration $I_4(1,1)$ müssen die Teststatistiken π_1, π_2 und $\pi_3 \cap \pi_4$ insignifikant von Null verschieden sein. Die Alternativhypothese $I_4(0,1)$ erfordert $\pi_2 = \pi_3 = \pi_4 = 0$ mit $\pi_1 < 0$, wobei Osborn für $\pi_2 = 0$ und $\pi_1 < 0$ t-Tests und für $\pi_3 \cap \pi_4 = 0$ einen F-Test verwendet. Für die Alternativhypothese $I_4(2,0)$ muß $\pi_1 = 0$ zusammen mit $\pi_2 \neq 0$ und $\pi_3 \cap \pi_4 \neq 0$ gelten. Für Regressionen mit einem konstanten Term sowie Saisonindikatorvariablen, aber keinem linearen Trend, sind die kritischen Werte Hylleberg et al. (1990), S. 226 f. zu entnehmen. Tabelle 4 enthält auch diese Werte (Osborn (1990), S. 329 f.).[49]

Zur Implementierung sämtlicher diskutierter Integrationstests ist das Problem der Festlegung der lag-Anzahl n zu lösen. Einerseits führt eine zu geringe lag-Anzahl zu nicht aussagefähigen Teststatistiken infolge autokorrelierter Residuen, andererseits aber reduziert eine zu hohe lag-Anzahl die Macht des Einheitswurzeltests (Osborn et al. (1988), S. 365). In der vorliegenden Arbeit wird über die Aufnahme verzögerter Variablen in die OCSB- und HEGY-Tests (64), (71) und (72) mit Hilfe des bayesianischen Informationskriteriums von Rissanen (1978) und Schwarz (1978):

---

[49] Wie oben bereits erwähnt, beziehen sich die Ausführungen ausschließlich auf Quartalsdaten. Zur Diskussion des HEGY-Verfahrens für monatliche Zeitreihen siehe Beaulieu/Miron (1993) und Franses (1991).

$$BIC = \ln\hat{\sigma}^2 + kT^{-1}\ln T \qquad (74)$$

entschieden, wobei $\hat{\sigma}^2$ die geschätzte Residualvarianz, k die Anzahl der geschätzten Parameter und T die Anzahl der Beobachtungen bezeichnen. Das Minimum von (74) legt die lag-Ordnung für die Verzögerungen der Einheitswurzeltests fest (Hannan (1980), S. 1072). Die Anwendung des BIC-Kriteriums anstelle des häufig benutzten Informationskriteriums von Akaike (1973) ist dadurch begründbar, daß (74) asymptotisch das wahre Modell bestimmt, während das Kriterium Akaikes zur Überparametrisierung des Modells führt (Mills (1990), S. 139). Nach Festlegung der lag-Anzahl prüft die in Abschnitt 3.4 vorgestellte Lagrange-Multiplikator-Statistik AR6 die Autokorrelationsfreiheit sechster Ordnung für die Residuen. Lehnt die AR6-Statistik die Nullhypothese autokorrelationsfreier Residuen zum 10-prozentigen Signifikanzniveau ab, wird die lag-Anzahl durch den nächst niedrigeren Wert des BIC-Kriteriums festgelegt und wiederum mit der AR6-Statistik die Autokorrelationsfreiheit der Residuen geprüft. Der Spezifikation der lag-Länge liegen 13 Regressionen von Null bis einschließlich zwölf lags zugrunde.

4. Datenauswahl

Die Variablen der Fehlerkorrekturmodelle enthalten die reale Geldmenge, eine Skalenvariable, Opportunitätskostenvariablen und verzögerte endogene sowie exogene Variablen. Bereits in Abschnitt 2.2 wurde auf die einzelnen erklärenden Argumente der Realkassenhaltung eingegangen, so daß im vorliegenden Kapitel lediglich Spezifikationsfragen und Aspekte der Datenqualität zu erörtern sind. Die Ausführungen in Abschnitt 4.1 beziehen sich auf die realen Geldmengenaggregate als abhängige Variablen. In diesem Abschnitt wird auch die Festlegung des aktuellen Randes aller Zeitreihen auf das Jahresende 1989 gerechtfertigt. Abschnitt 4.2 diskutiert alternative Skalenvariablen, und Abschnitt 4.3 widmet sich dem Eigenzins auf Geld und in- sowie ausländischen Opportunitätskostenvariablen.

4.1. Reale Geldmengenaggregate

Die Spezifikation der endogenen Variable in Geldnachfragefunktionen erfordert die Auswahl eines Geldmengenaggregates und eines Preisindex zur Deflationierung. Für die Bundesrepublik veröffentlicht die Bundesbank eine Anzahl monetärer Aggregate, von denen die Geldmengendefinitionen M1 und M3, etwas seltener M2, im Mittelpunkt der empirischen Analysen zur deutschen Geldnachfragefunktion stehen. Das Geldvolumen M1 umfaßt den Bargeldumlauf – ohne Kassenbestände der Geschäftsbanken, aber einschließlich der statistisch nicht ausschließbaren Noten und Münzen im Ausland – und die Sichteinlagen inländischer Nichtbanken. Die Addition von Termingeldern inländischer Nichtbanken mit Befristung unter vier Jahren liefert die Geldmengendefinition M2. Der Geldbestand M3 beinhaltet zusätzlich zu den Komponenten von M2 die Spareinlagen inländischer Nichtbanken; bis zum Juni 1993 handelt es sich um die Spareinlagen mit gesetzlicher Kündigungsfrist und seither um die Spareinlagen mit dreimonatiger Kündigungsfrist.[50]

Die Verwendung der Geldmengenaggregate M1, M2 und M3 entsprechend den Definitionen der Bundesbank wirft die Frage nach ihrer adäquaten Abgrenzung und

[50] Zu den inländischen Nichtbanken zählt die Bundesbank Unternehmen, Privatpersonen sowie öffentliche Haushalte. Die Zentralbankeinlagen der öffentlichen Haushalte werden nicht in die Geldmengendefinitionen einbezogen.

Konstruktion auf. In der Literatur entzündet sich die Kritik an den offiziellen, durch Zentralbanken veröffentlichten Geldmengenaggregaten sowohl an der ad hoc Auswahl der in ein Geldmengenaggregat einbezogenen Finanzaktiva als auch an der praktizierten Aggregationsmethodik. Die Selektions- und Aggregationsproblematik haben insbesondere durch den Prozeß finanzieller Innovationen großes Gewicht erlangt und werden in jüngster Zeit vor allem in den USA und in Großbritannien intensiv diskutiert.[51] In diesem Kontext kommt der starken außenwirtschaftlichen Verflechtung der Bundesrepublik eine bedeutende Rolle zu (Issing (1987), S. 182 ff.).

Zur Lösung des Selektions- und Aggregationsproblems bietet die Literatur nachfragetheoretisch fundierte Verfahren an, welche die Konstruktion adäquater Geldmengenaggregate in zwei Schritten ermöglichen. Der erste Schritt besteht in der Auswahl der zulässigen monetären Komponenten durch Anwendung eines Tests auf schwache Separabilität. Im zweiten Schritt erfolgt die angemessene Aggregation der in der Gruppe zulässiger Finanzaktiva befindlichen Komponenten. Das von den Zentralbanken angewandte Verfahren der ungewichteten Summation einzelner Komponenten enthält implizit die Annahme, daß die ausgewählten Finanzaktiva perfekte Substitute sind. Ist dieses Postulat nicht erfüllt, widerspricht die einfache Summation fundamentalen Aggregationsprinzipien. Die Anwendung eines Divisia-Gewichtungsschema (Barnett (1980, 1982)) auf die Gruppe zulässiger Komponenten liefert Geldmengenaggregate, in denen aufgrund der adäquaten Gewichtung die unterschiedliche Geldnähe der monetären Komponenten berücksichtigt wird. Je ausgeprägter die Geldnähe eines Finanzaktivas ist, desto größer ist seine Gewichtung im monetären Aggregat (Belongia/Chalfant (1990), S. 23 ff.).[52]

Generell wird dem Aspekt alternativer Geldmengendefinitionen in Deutschland kaum Beachtung geschenkt. Issing et al. (1993) und Ketterer (1988) konstruieren zwar Divisia-Geldmengenaggregate für die Komponenten von M1, M2 und M3, unterziehen diese aber keiner empirischen Geldnachfrageanalyse. Poniachek (1980) diskutiert den Aspekt der adäquaten Geldmengendefinition in ei-

---

[51] Siehe hierzu die Arbeiten von Batten/Thornton (1985), Belongia/Chalfant (1989), Belongia/Chrystal (1991), Choi/Sosin (1992), Drake (1992), Ford et al. (1992), Serletis/Robb (1986) und Thornton/Yue (1992).

[52] Zur weiteren Diskussion der Selektions- und Aggregationsproblematik siehe u.a. Barnett (1990), Barnett et al. (1992), Serletis (1991), Swofford/Whitney (1991) und Yue/Fluri (1991).

ner offenen Volkswirtschaft und kommt zu dem Ergebnis, daß das Aggregat M1 durchaus ein geeignetes Geldmengenkonzept für die Bundesrepublik darstellt. Speziell den Unzulänglichkeiten der Zentralbankgeldmenge widmet sich Neumann (1986). Unter den jüngeren Studien ist Tödter (1994) hervorzuheben, da der Autor sowohl ein gewichtetes Geldmengenaggregat ermittelt als auch dafür eine Geldnachfragefunktion modelliert.

Die Arbeiten zur deutschen Geldnachfragefunktion greifen somit nahezu ausnahmslos auf die von der Bundesbank publizierten Geldmengenaggregate zurück. Da die Definition und die Eigenschaften von Divisia-Geldmengenaggregaten im Zusammenhang mit der Debatte um die Charakteristika der Geldnachfragefunktion eine eigenständige Behandlung verdienen, beschränkt sich die vorliegende Arbeit auf die Verwendung der Geldmengenbegriffe der Bundesbank M1, M2 und M3. Darüber hinaus hat die Beschränkung auf diese drei Aggregate den Vorteil, einen einigermaßen zuverlässigen Vergleich zu den Resultaten anderer Autoren zu ermöglichen. Die drei Geldmengenaggregate stehen als Monatsendwerte seit Januar 1960 in dem statistischen Anhang der Monatsberichte der Deutschen Bundesbank zur Verfügung.

Wie bereits in Abschnitt 2.1 ausgeführt wurde, ist die Nachfrage nach Geld eine Nachfrage nach realer Kasse, so daß die Deflationierung der nominalen Geldmengenaggregate durch einen adäquaten Preisindex erforderlich ist. Zur Deflationierung wird meist der Bruttosozialproduktsdeflator oder der Konsumentenpreisindex herangezogen. Für die Verwendung des Bruttosozialproduktsdeflators, dem Quotienten aus nominalem und realem Bruttosozialprodukt, spricht der große Umfang der berücksichtigten Güter (Laidler (1993), S. 98). Demgegenüber argumentiert Loef (1982), daß der Bruttosozialproduktsdeflator den Transakteuren mit einer beträchtlichen zeitlichen Verzögerung zur Verfügung steht, erheblichen Revisionen unterliegt und möglicherweise große Variationen der Importpreise unmittelbar widerspiegelt. Im Unterschied dazu ist der Konsumentenpreisindex ohne wesentliche Verzögerung allgemein verfügbar; er kann somit bei Portfolioentscheidungen zum Monats- respektive Quartalsende berücksichtigt werden. Der Konsumentenpreisindex reflektiert Importpreisausschläge nur dann, wenn sie auf das Preisniveau für Endprodukte durchschlagen und einen längerfristigen Charakter aufweisen. Ferner sind für nutzentheoretische Überlegungen der Konsum und nicht die sonstigen Bruttosozialproduktskomponenten entscheidend. Aus den angeführten Gründen empfiehlt sich daher die Verwendung des Konsumentenpreisindex zur Deflationierung der Geldmengenaggregate (Loef (1982), S. 520). Der statistische Anhang der Monatsberichte der Bundesbank dient als Datenquelle für den Preisindex der Lebenshaltung aller privaten Haushalte auf Monatsbasis, wobei 1985 das Basisjahr (1985 = 1) markiert.

Als endogene Variablen ergeben sich somit in logarithmischer Formulierung die mit dem Konsumentenpreisindex P_t deflationierten Geldmengenaggregate $M1_t$, $M2_t$ und $M3_t$ entsprechend der Abgrenzung der Bundesbank $mr1_t = \ln(M1_t/P_t)$, $mr2_t = \ln(M2_t/P_t)$ und $mr3_t = \ln(M3_t/P_t)$. Sämtliche Daten sind nicht saisonbereinigt. Da die Zeitreihen der Geldmengenaggregate und des Konsumentenpreisindex in monatlicher Periodizität vorliegen, der folgenden Untersuchung aber aufgrund der vierteljährigen Periodizität der Skalenvariablen Quartalsdaten zugrundeliegen, wird sowohl für die Geldmengenaggregate als auch für den Konsumentenpreisindex auf Quartalsendwerte zurückgegriffen.

Mit Inkrafttreten des Staatsvertrages über die Schaffung einer Währungs-, Wirtschafts- und Sozialunion zwischen der Bundesrepublik und der DDR gilt seit dem 1. Juli 1990 die D-Mark als alleiniges gesetzliches Zahlungsmittel auch auf dem Gebiet der ehemaligen DDR. Die Erweiterung des DM-Währungsraums ist mit einer Anpassung der monetären Statistiken und einem "Niveausprung" für alle Geldmengenaggregate verbunden.[53] Um diesen statistisch bedingten Bruch für die vorliegende Untersuchung und die damit einhergehenden Datenprobleme auszuschalten, wird der aktuelle Rand der Zeitreihen auf das Jahresende 1989 festgelegt.

Nach der Erweiterung des Währungsgebietes bezieht sich die Geldpolitik der Bundesbank auf Gesamtdeutschland und orientiert sich an einem Geldmengenziel für M3. Die Deutsche Bundesbank hat aus diesem Grund nur für eine kurze Übergangszeit die monetäre Entwicklung in Ost- und Westdeutschland gesondert betrachtet und auch im statistischen Teil ihrer Monatsberichte lediglich bis Dezember 1990 Geldmengenaggregate regional differenziert ausgewiesen. Darüber hinaus ist der schnelle Übergang zu einer gesamtdeutschen Abgrenzung monetärer Statistiken erforderlich, weil durch die zunehmende Verflechtung von Kreditinstituten und Unternehmen aus Ost- sowie Westdeutschland regional

---

[53] Eine detaillierte Darstellung der Währungsumstellung geben Deutsche Bundesbank (1990a, 1990b).

getrennte Geldmengenaggregate an Aussagekraft verlieren. Nach Ablauf einer gewissen Anpassungszeit im Anschluß an die Währungsunion ist von einer mangelnden regionalen Zuordnungsfähigkeit der Depositenbestände auf ost- und westdeutsche Einwohner auszugehen. Dies trifft ganz sicherlich auch auf den nicht direkt beobachtbaren Bargeldumlauf zu, so daß die Verwendung gesamtdeutscher Angaben für Geldmengenaggregate erforderlich ist (Hanau (1992), S. 35, von Hagen (1993), S. 816 f.).

Die Verwendung gesamtdeutscher monetärer Aggregate verlangt die Benutzung einer Skalenvariable, die sich auf das vereinte Bundesgebiet bezieht. Im Unterschied zu den Angaben für die Geldmengenaggregate erfolgt allerdings im Bereich der güterwirtschaftlichen Statistiken eine weitgehend getrennte Veröffentlichung der Daten für Ost- und Westdeutschland, weil das methodisch und inhaltlich andersartige statistische System der ehemaligen DDR an das westdeutsche System während einer mehrjährigen Übergangsphase angepaßt werden muß. Ferner sind die Erhebungsgrundlagen teilweise unsicher und infolge struktureller Änderungen in Ostdeutschland einem raschen Wandel unterworfen (Hanau (1992), S. 36, Rinne (1994), S. 30). Das Statistische Bundesamt weist bis zum heutigen Zeitpunkt im Rahmen der Publikation der Ergebnisse zum Bruttosozialprodukt auf die eingeschränkte Qualität des Zahlenmaterials für Ostdeutschland hin (Statistisches Bundesamt (1994b), S. 11, (1994c), S. 695). Daher ist bei einer Aggregation ost- und westdeutscher Einkommensgrößen mit Qualitätseinbußen zu rechnen und davon auszugehen, daß nur für Westdeutschland das Bruttosozialprodukt mit hinreichender Genauigkeit vorliegt.

Neben dem Aspekt der Datenqualität stellt sich die Frage nach der adäquaten Skalenvariable auf ganz spezifische Weise.[54] Von Hagen (1993) argumentiert, daß das reale Bruttosozialprodukt im Fall einer geschlossenen Volkswirtschaft eine geeignete Approximationsgröße für das Transaktionsvolumen ist, da es mit der Inlandsnachfrage zusammenfällt.[55] Ebenso ist das Bruttosozialprodukt für eine offene Volkswirtschaft zu diesem Zweck sinnvoll einsetzbar, falls die Nettoexporte von geringer Größenordnung und Volatilität sind. Für

---

[54] Da auf die Wahl der Skalenvariable der folgende Abschnitt 4.2 eingeht, bleibt die Diskussion in diesem Abschnitt auf die Aspekte im Zusammenhang mit der Vereinigung Deutschlands beschränkt.

[55] Das Bruttosozialprodukt ist in der Verwendungsrechnung die Summe aus privatem Konsum, Staatsverbrauch, Bruttoinvestitionen und Nettoexporten. Die Inlandsnachfrage ergibt sich nach Subtraktion der Nettoexporte.

Ostdeutschland ist dies allerdings nicht gegeben, da primär durch massive Fiskaltransfers die Inlandsnachfrage das Bruttosozialprodukt deutlich übersteigt.[56] Die Inlandsnachfrage wird daher von von Hagen als Skalenvariable favorisiert. Mishkin (1993) verweist in seinem Kommentar zu von Hagens Arbeit darauf, daß die Verwendung der Inlandsnachfrage als Skalenvariable für die Geldnachfrage von Haushalten sinnvoll ist, aber nicht für die Kassenhaltung der Unternehmen. Insofern müßten Exporte einbezogen werden. Allerdings ist der geringe Umfang ostdeutscher Exporte zu berücksichtigen, wodurch das Argument Mishkins entschärft wird (Mishkin (1993), S. 833 f., von Hagen (1993), S. 817).

Schließlich ist auf die Besonderheiten der Preisentwicklung in Ostdeutschland nach der Vereinigung zu verweisen. Preisänderungen ergeben sich zu einem gewissen Teil durch die allmähliche Freigabe administrativ fixierter Preise und die Vereinheitlichung des Steuersystems. Darüber hinaus orientiert sich der ostdeutsche Lebenshaltungskostenindex hinsichtlich der Verbrauchsstruktur an den Verhältnissen in der ehemaligen DDR. Insgesamt dürfte der ostdeutsche Preisindex die tatsächliche Preisentwicklung zu hoch ausweisen. Über das Ausmaß der möglichen Verzerrung liegen allerdings nur unzureichende Informationen vor, so daß eine adäquate Korrektur des Datenmaterials sehr schwer vorzunehmen ist (Hanau (1992), S. 39, Issing/Tödter (1995), S. 101).

Die Entscheidung, den aktuellen Rand aller Zeitreihen in der vorliegenden Untersuchung auf das Jahresende 1989 festzulegen, ist nach den oben angeführten Argumenten durch die mangelnde Datenqualität für die Einkommensvariable, die sich im Hinblick auf die Wahl der adäquaten Skalenvariable zusätzlich ergebenden Komplikationen und die spezifische Preisentwicklung in den neuen Ländern zu rechtfertigen.[57]

---

[56] Die ostdeutsche reale Inlandsnachfrage war in den zurückliegenden Jahren ungefähr doppelt so groß wie das in den neuen Ländern erwirtschaftete Bruttosozialprodukt zu konstanten Preisen (Statistisches Bundesamt (1993), S. 712, (1994a), S. 712).

[57] Auch die aktuellen Studien von Biefang-Frisancho Mariscal et al. (1995), Hoffman et al. (1995) und Willms/Clausen (1994) legen den aktuellen Rand auf einen Zeitpunkt vor der Währungsunion fest, um Datenprobleme zu vermeiden.

4.2. Alternative Skalenvariablen

Als potentielle Skalenvariablen kommen das Transaktionsvolumen und das Vermögen in Betracht. Zur Approximation des Transaktionsvolumens greifen empirische Geldnachfragestudien üblicherweise mit dem realen Bruttosozialprodukt auf ein Realeinkommenskonzept zurück, dessen Verwendung nicht unproblematisch ist. Die Debatte um das reale Sozialprodukt als adäquates Maß für das Transaktionsvolumen läßt zwei Schwerpunkte erkennen: Zum einen wird die Konstruktion eines umfassenderen Index für das Transaktionsvolumen vorgeschlagen, da bei der Sozialproduktsberechnung Transferzahlungen sowie Transaktionen im Zusammenhang mit bereits existierenden Gütern und Finanzaktiva unberücksichtigt bleiben. Um Doppelzählungen auf den einzelnen Produktionsstufen zu vermeiden, fallen außerdem sämtliche Verkäufe von Zwischenprodukten heraus. Somit werden Transaktionen, die einen beträchtlichen Umfang an Kassenhaltung erfordern, im Sozialprodukt nicht berücksichtigt. Andererseits enthält das Sozialprodukt imputierte Einkommen, die mit keinerlei Transaktionen verbunden sind (Goldfeld (1976), S. 693 f., Lieberman (1977), S. 307 f.).

Da das Sozialprodukt das tatsächliche Transaktionsvolumen beträchtlich unterschätzt, gleichsam nicht gewährleistet ist, daß der unberücksichtigte Transaktionsumfang durch Transaktionen mit Zwischenprodukten und Finanzaktiva in konstanter Relation zum Sozialprodukt variiert, sind Zweifel an der Tauglichkeit des Sozialprodukts als Maß für das Transaktionsvolumen berechtigt. Es ist jedoch zu berücksichtigen, daß infolge von Datenproblemen enge Grenzen für die Konstruktion alternativer, umfassender Transaktionsvariablen bestehen. Ferner sind die vorgeschlagenen Alternativen von Cramer (1986) und Lieberman (1977) ihrerseits einer Vielzahl von Kritikpunkten ausgesetzt, so daß die alternativen Maße für das Transaktionsvolumen nicht zwangsläufig dem Sozialprodukt überlegen sind.

Neben der Konstruktion umfassenderer Indizes für das Transaktionsvolumen wird zum anderen eine Disaggregation des Sozialprodukts entsprechend seiner Verwendungskomponenten vorgeschlagen, da diese einen unterschiedlich hohen Bedarf an Transaktionsmitteln generieren. So stellen Mankiw/Summers (1986) für die USA fest, daß mit den privaten Konsumausgaben eine um ein Vielfaches höhere Nachfrage nach dem Geldmengenaggregat M1 und M2 in der US-amerikanischen Abgrenzung im Vergleich zu den anderen Bruttosozialproduktskomponenten verbunden ist. Die Autoren favorisieren daher den privaten Verbrauch zu konstanten Preisen als Skalenvariable. Auf Basis einer analogen Argumentation schlagen Radecki/Wenninger (1985) die reale inländische Bruttoendnachfrage (Bruttosozialprodukt abzüglich der Nettoexporte und der Veränderung der Lagerinvestitionen) und Enzler et al. (1976) eine Gewichtung der Verwendungskomponenten des Sozialprodukts vor. Um Außenhandelsbeziehungen adäquat Rechnung zu tragen, verwenden Bomberger/Makinen (1980) die realen inländischen Bruttoausgaben (Bruttosozialprodukt abzüglich der Exporte und zuzüglich der Importe). Aus der Vielfalt möglicher Maße für das reale Transaktionsvolumen wird für die folgende empirische Arbeit das Bruttosozialprodukt y_t^B und der private Verbrauch y_t^K zu konstanten Preisen von 1985 ausgewählt. Beide Zeitreihen sind saisonal nicht bereinigt, in natürlichen Logarithmen definiert und stehen auf Quartalsbasis in der volkswirtschaftlichen Gesamtrechnung des Deutschen Instituts für Wirtschaftsforschung seit 1960 zur Verfügung.

Alternativ zu einer transaktionsorientierten Interpretation ist eine vermögenstheoretische Fundierung der Geldnachfrage im Sinne Friedmans (1956) möglich, welche die Verwendung einer Vermögensgröße als relevante Skalenvariable nahelegt. Das Vermögen wird meist durch eine Approximationsgröße für das permanente Einkommen operationalisiert. Während Mankiw/Summers (1986) die privaten Konsumausgaben einerseits aufgrund des Transaktionsaspekts favorisieren, gelangen sie andererseits zu dem Ergebnis, daß der reale private Konsum auch zur Approximation des unbeobachtbaren permanenten Einkommens sinnvoll einsetzbar ist (Mankiw/Summers (1986), S. 416). Dadurch läßt sich die Verwendung der privaten Konsumausgaben auch vermögenstheoretisch rechtfertigen.[58]

4.3. Eigenzins, in- und ausländische Opportunitätskostenvariablen

Neben einer Skalenvariablen sind der Eigenzins sowie in- und ausländische Opportunitätskosten weitere potentielle Argumente der Geldnachfragefunktion.

---

[58] Zur Diskussion über die adäquate Skalenvariable siehe auch die neueren Arbeiten von Bomberger (1993), Elyasiani/Nasseh (1994), Faig (1989), Nasseh (1989) und Sumner (1991).

Im Unterschied zu in- und ausländischen Opportunitätskostenvariablen stellt der Eigenzins einen Ertrag auf die Haltung von Geld dar und besitzt daher eine positive partielle Ableitung. In Abhängigkeit von dem jeweils zugrundeliegenden Geldmengenaggregat einer Geldnachfragefunktion kann ein inländischer Zinssatz entweder einen Ertrag oder aber Opportunitätskosten der Geldhaltung repräsentieren. Für die Nachfrage nach dem eng definierten Aggregat $mr1_t$ ist davon auszugehen, daß einem Eigenzins keine Bedeutung zukommt, da M1 eine unverzinste Bargeldkomponente und eine quasi unverzinste Sichteinlagenkomponente enthält. Der Zins auf Sichteinlagen ist ausgesprochen gering, unterliegt kaum Variationen und dürfte daher als Argument der Geldnachfragefunktion von $mr1_t$ keine Bedeutung haben. In der empirischen Analyse wird von einem Eigenzins für die reale Geldnachfrage nach dem eng abgegrenzten Aggregat M1 abstrahiert.[59]

Demgegenüber erscheint aufgrund der verzinslichen Komponenten in den Aggregaten M2 und M3 die Aufnahme eines Eigenzinses für die Funktionen von $mr2_t$ und $mr3_t$ angemessen. Für $mr2_t$ bietet sich die Berücksichtigung eines Termineinlagenzinses und für $mr3_t$ zusätzlich eines Spareinlagenzinses an. Mit der Verwendung beider Zinszeitreihen im Stützbereich von 1960 bis 1989 sind zwei Probleme verbunden: Das erste Problem betrifft die bis einschließlich März 1967 gültige Zinsverordnung. Die Zinssätze für Termin- und Spareinlagen unterlagen bis zu diesem Zeitpunkt einer administrativen Regelung, welche die Höchstsätze dieser Einlagearten fixierte. Es ist davon auszugehen, daß die behördlich geregelten Höchstsätze nicht den tatsächlich angesetzten Zinssätzen entsprachen. Nach Ansicht der Bundesbank vergüteten die Banken vor der völligen Zinsliberalisierung im Rahmen legaler Umgehungsgeschäfte sogenannte "graue" Habenzinsen, die über den Höchstsätzen lagen und insbesondere Großeinlegern gezahlt wurden (Deutsche Bundesbank (1967), S. 15). Da keine fortlaufende Statistik über die tatsächlichen Habenzinsen existiert und nicht zwangsläufig die tatsächlichen Einlagenzinsen in konstanter Proportion zu den offiziell festgesetzten Zinsen variieren, kommen an der Tauglichkeit des Termin- und Spareinlagenzinses als adäquate Indikatoren des Eigenzinses Zweifel auf (Westphal (1970), S. 42 f.). Trotz der genannten Vorbehalte werden in der empirischen Analyse Zinszeitreihen für Termin- und Spareinlagen

[59] Für die Schweiz argumentiert Heri (1986), S. 85 analog. Zur weiteren Diskussion des Eigenertrages von Sichteinlagen siehe Goldfeld/Sichel (1990), S. 320 f. und Laidler (1993), S. 105 ff.

akzeptiert, die bis zum ersten Quartal 1967 einer administrativen Regulierung unterlagen.

Das zweite Problem betrifft die Methodik der Zinserhebung seit dem Jahr 1967. Im Zeitraum vom zweiten Quartal 1967 bis zum ersten Quartal 1975 erfolgte die Zinserhebung der Bundesbank in mindestens vierteljährlichem Abstand, ohne daß jedoch für diese Periode eine konsistente Zeitreihe der Werte zum jeweiligen Quartalsende (März, Juni, September, Dezember) eines jeden Jahres existiert. Erst seit dem zweiten Quartal 1975 veröffentlicht die Bundesbank lückenlose monatliche Zeitreihen für Termin- und Spareinlagenzins. Das Erhebungsproblem wird im folgenden durch Interpolation der unregelmäßig verfügbaren Datenpunkte für dazwischenliegende Monate zu einer Monatszeitreihe gelöst. Ergebnis dieses Vorgehens ist eine Zeitreihe des Zinses für Termineinlagen mit einer vereinbarten Laufzeit von ein bis drei Monaten in Höhe von 100000 bis 1 Million D-Mark und des Zinses für Spareinlagen mit gesetzlicher Kündigungsfrist, die beide als Monatswerte von Januar 1960 bis Dezember 1989 zur Verfügung stehen und als Quartalsendwerte in die empirische Arbeit eingehen. Die Qualität beider Zeitreihen im Zeitraum von 1960 bis Anfang 1975 darf jedoch infolge der oben genannten Aspekte nicht überschätzt und die empirischen Ergebnisse müssen mit Vorsicht interpretiert werden.

Neben den diskutierten Einschränkungen hinsichtlich des Datenmaterials verweisen Goldfeld/Sichel (1990) auf zusätzliche Komplikationen, falls nur einige Komponenten des Geldmengenaggregates einen expliziten und darüber hinaus unterschiedlichen Zins tragen. Beides trifft für das weit gefaßte Aggregat M3 zu. Der aggregierte Eigenzins ist in einem solchen Fall eine Funktion der einzelnen Zinssätze, der Anteile der Komponenten am Gesamtaggregat und der Elastizitäten der jeweiligen Komponenten (Goldfeld/Sichel (1990), S. 321). Dieser Aspekt wird im folgenden ignoriert und der Termineinlagenzins $i_t^{E,T}$ als Eigenzins für $mr2_t$ und der Spareinlagenzins $i_t^{E,S}$ als alleiniger Eigenzins für $mr3_t$ benutzt.

Auf einzelne Aspekte, die mit der Auswahl inländischer Zinssätze verbunden sind, wurde bereits in Abschnitt 2.2 eingegangen. Analog zur überwiegenden Mehrheit der Geldnachfrageanalysen verwendet die vorliegende Arbeit meist einen einzigen Zins als Repräsentant der Opportunitätskosten. Um eine Aussage über die Sensitivität der kurz- und langfristigen Zinselastizitäten gegenüber der Auswahl verschiedener Zinszeitreihen zu bekommen, wird mit zwei kurzfristigen Zinssätzen, einem langfristigen Zinssatz und dem Spareinlagenzins experimentiert. Der Zins für Dreimonatsgeld taucht in empirischen Geldnachfragestudien am häufigsten als repräsentativer kurzfristiger Inlandszins auf. Gegen seine Verwendung spricht, daß er lediglich für die am Geldmarkt agierenden Geschäftsbanken unmittelbar relevant ist, für Portfolioentscheidungen außerhalb des Bankensystems hingegen nicht (Hamburger (1977), S. 28, Loef (1982), S. 528). Die Verwendung dieser Zeitreihe läßt sich durch die hohe Korrelation zu den übrigen Zinssätzen rechtfertigen, so daß der Dreimonatsgeldmarktsatz als Näherungsgröße für die Opportunitätskosten der Geldhaltung von M1, M2 und M3 gegenüber kurzfristigen Finanzanlagen betrachtet werden kann.

Speziell für die Geldnachfrage nach M1 kommen zusätzlich der kurzfristige Termineinlagenzins und der Spareinlagenzins als alternative Opportunitätskostenvariablen in Betracht, wobei nochmals auf die Unzulänglichkeiten beider Zeitreihen zu verweisen ist. Die Umlaufrendite tarifbesteuerter festverzinslicher Anleihen der öffentlichen Hand repräsentiert einen langfristigen Inlandszins und wird als Alternative zu den genannten Zinsen in den Geldnachfragefunktionen mit den drei Geldmengenabgrenzungen verwendet. Sämtliche Zinszeitreihen stehen in der Datenbank der Bundesbank in monatlicher Periodizität zur Verfügung. Aus den Monatsdaten wird durch Selektion des jeweils letzten Monats eines Quartals eine Zeitreihe mit Quartalswerten generiert.

Im Anschluß an die Lösung des Auswahlproblems stellt sich die Frage nach der konkreten Spezifikation der Zinszeitreihe in der Geldnachfragefunktion. Am häufigsten tauchen in der Literatur die doppelt-logarithmische und die semilogarithmische Spezifikation auf.[60] In der doppelt-logarithmischen Funktionsform wird der natürliche Logarithmus des Zinssatzes und in der semi-logarithmischen Spezifikation der nicht-logarithmierte Zins in die Gleichung aufgenommen. Im ersten Fall liegt eine konstante Zinselastizität vor, und im zweiten Fall resultiert eine Elastizität, die vom Niveau des Zinses und der Geldmenge abhängt (Heri (1986), S. 88). Die empirische Evidenz einer Vielzahl von Studien zeigt, daß die Auswahl der Zinsspezifikation keine große

---

[60] Über weitere Spezifikationsalternativen informieren Coghlan (1980), S. 129 f. und Heri (1986), S. 87 ff.

Auswirkung auf die Schätzergebnisse hat.[61] Sowohl die oben diskutierten Eigenzinssätze als auch die kurz- und langfristigen Zinsen gehen in nicht-logarithmierter Form in die Geldnachfragefunktion ein, um die Vergleichbarkeit mit anderen Opportunitätskostenvariablen zu gewährleisten. Es bezeichnen i_t^F die Umlaufrendite festverzinslicher Wertpapiere, i_t^D den Dreimonatsgeldmarktsatz, i_t^T den Termineinlagenzins und i_t^S den Spareinlagenzins.

Die erwartete Inflationsrate als Ertrag auf die Haltung nicht-finanzieller Aktiva wird durch die tatsächliche Inflationsrate der aktuellen Periode operationalisiert. Die Berechnung der Inflationsrate basiert auf dem Konsumentenpreisindex P_t, der saisonal nicht bereinigt im statistischen Anhang der Monatsberichte der Deutschen Bundesbank auf monatlicher Basis zur Verfügung steht. Nach Selektion der Quartalsendwerte erfolgt die Ermittlung der jährlichen Inflationsrate durch:

$$\pi_t = ((P_t/P_{t-4}) - 1)\cdot 100 \quad . \tag{75}$$

Eine Logarithmierung der Inflationsrate scheidet infolge negativer Werte aus.[62]

Die Berücksichtigung ausländischer Opportunitätskostenvariablen als Determinanten der deutschen Geldnachfrage erfordert die Auswahl einer Zeitreihe für den ausländischen Zinssatz und für die erwartete Wechselkursänderung. In dem statistischen Anhang der Monatsberichte der Deutschen Bundesbank steht der Zinssatz für Dreimonatsgeld auf dem Euro-Dollar-Markt i_t^{EU} und der Emissionssatz US-amerikanischer Schatzwechsel mit dreimonatiger Laufzeit i_t^{US} zur Verfügung. Diese Zeitreihen liegen als Monatsdurchschnitte seit 1960 vor; die folgende Untersuchung benutzt die jeweiligen Quartalsendwerte. Um die direkte Vergleichbarkeit mit den inländischen Opportunitätskostenvariablen zu gewährleisten, erfolgt keine Logarithmierung der Zeitreihen.

---

[61] Hierzu sei exemplarisch auf Fair (1987), Heri (1986) und Vital (1978) verwiesen.

[62] Auf die Modellierung von Erwartungsgrößen wird im vorliegenden Zusammenhang bewußt verzichtet, da sich dieses Problem im Rahmen der Spezifikation der Forward-Looking-Ansätze erneut stellt und daher der Diskussion in Kapitel 7 vorbehalten bleiben soll.

Der Swapsatz für Kontrakte dreimonatiger Laufzeit:

$$sw_t = ((FR_t - SR_t)/SR_t)\cdot 400 \tag{76}$$

ist das empirische Substitut für die erwartete Wechselkursänderung. SR_t bezeichnet den Kassakurs der Periode t in der Preisnotierung DM/US-Dollar und FR_t den korrespondierenden DM/US-Dollar Dreimonatsterminkurs der Periode t für t + 1, die Multiplikation mit 400 dient der Umrechnung in Prozent p.a. Übersteigt der Dreimonatsterminkurs den Kassakurs, so unterliegt die ausländische Währung einer Aufwertungserwartung, es besteht eine forward premium und somit ein positiver Swapsatz. Ein im Vergleich zum Terminkurs höherer Kassakurs impliziert demgegenüber für die ausländische Währung eine Abwertungserwartung, einen forward discount und einen negativen Swapsatz. Durch die Auswahl des Swapsatzes wird auf eine beobachtbare Marktgröße zurückgegriffen und die Tauglichkeit des Terminkurses zur Prognose des künftigen Kassakurses unterstellt (Loef (1982), S. 522 f.). Quartalsenddaten, generiert aus Monatsendwerten, stehen in den Main Economic Indicators der OECD zur Verfügung. Durch die Beschränkung auf Quartalsdaten ist das Beobachtungsinterval des Kassakurses mit dem Prognoseinterval des Terminkurses identisch, so daß das Problem überlappender Kontraktperioden nicht auftaucht. Analog zur Inflationsrate scheidet die Logarithmierung des Swapsatzes aufgrund negativer Werte aus.

Als ausländische Argumente stehen somit der um den Swapsatz erweiterte Zinssatz für Dreimonatsgeld am Euro-Dollar-Markt $i_t^{A,E} = (i_t^{EU} + sw_t)$, der um den Swapsatz erweiterte Emissionssatz US-amerikanischer Schatzwechsel dreimonatiger Laufzeit $i_t^{A,U} = (i_t^{US} + sw_t)$ und der Swapsatz sw_t zur Verfügung. Die empirische Analyse stützt sich auf zwei kurzfristige ausländische Zinssätze, um die Kompatibilität mit dem Swapsatz dreimonatiger Laufzeit zu gewährleisten, und verzichtet auf die Verwendung eines langfristigen ausländischen Zinssatzes.

Schließlich ist im Rahmen der Diskussion über die Auswahl und die Aufbereitung des Datenmaterials auf die potentiellen Effekte der Verwendung von Quartalsdurchschnitts- respektive Quartalsendwerten hinzuweisen. Dieses Datenproblem greifen Goldfeld/Sichel (1990) und Roley (1985) im Zusammenhang mit der Schätzung traditioneller Goldfeld-Gleichungen für die USA auf. Während Goldfeld und Sichel eine Erhöhung des Wertes für den Parameter der verzögerten endogenen Variablen bei Verwendung von Quartalsendwerten feststellen, führt die Verwendung von Quartalsendwerten in den Gleichungen Roleys zu einem Absinken des Parameterwertes im Vergleich zu den Ergebnissen auf Basis von Quartalsdurchschnitten für das Geldmengenaggregat.[63] Beide Arbeiten liefern übereinstimmend Hinweise auf die Reduktion serieller Korrelation in den Residuen durch die Verwendung von Quartalsenddaten anstelle von Quartalsdurchschnitten.[64] Gemäß diesen Resultaten ist ein Einfluß auf die dynamische Struktur der Geldnachfragefunktion in Abhängigkeit der Verwendung von Quartalsdurchschnitts- und Quartalsenddaten nicht ausschließbar.[65]

Aus den Ergebnissen von Goldfeld, Sichel und Roley wird für die vorliegende Arbeit der Rückschluß gezogen, Quartalsendwerte für die Geldmengenaggregate zu verwenden. Um die Kompatibilität mit den restlichen Zeitreihen zu erzielen, erfolgt für sämtliche Zeitreihen – mit Ausnahme des realen Konsums und Bruttosozialprodukts als Stromgrößen – die Festlegung auf Quartalsendwerte. Diesem Vorgehen ist entgegenzuhalten, daß beispielsweise die von der Bundesbank veröffentlichten Zinssätze Monatsdurchschnitte repräsentieren und somit die ausschließliche Benutzung von "echten" Quartalsenddaten nicht gelungen ist.[66] Die in den obigen Abschnitten ausgewählten Variablen sind in Tabelle 5 überblicksartig zusammengestellt. Die sich daran anschließende Tabelle 6 führt die Datenquellen der Zeitreihen auf.

---

[63] Christiano/Eichenbaum (1987) erhalten eine positive Verzerrung des Parameters der verzögerten abhängigen Variable in einem Bestandsanpassungsmodell für Investitionen.

[64] Damit besteht eine Parallele zu den Ergebnissen Workings (1960): Daten, die einem random-walk folgen, weisen nach der Bildung von Durchschnitten Autokorrelation in den ersten Differenzen auf.

[65] Daß die Datenauswahl und -spezifikation eine zentrale Rolle für die Eigenschaften der Geldnachfragefunktion spielt, zeigt im besonderen die bereits oben erwähnte Analyse von Goodfriend (1985). Goodfriend fundiert lag-Strukturen in traditionellen Geldnachfragefunktionen ausschließlich durch die Existenz von Meßfehlern in Skalen- und Opportunitätskostenvariablen. Taylor (1994) entwickelt ein Verfahren zum Testen der Hypothese Goodfriends. Seine empirische Evidenz deutet allerdings darauf hin, daß Meßfehler nicht allein für die dynamische Struktur in traditionellen Geldnachfragefunktionen verantwortlich sind.

[66] Auf die Implikationen der Verwendung von Quartalsend- zusammen mit Quartalsdurchschnittswerten für die Beziehung zwischen zwei Zeitreihen verweisen Kirchgässner/Wolters (1992).

Damit ist die Suche nach Zeitreihen für die reale Geldmenge, die Skalenvariable und die verschiedenen Opportunitätskostenvariablen abgeschlossen. Ebenso wurde in diesem Kapitel die konkrete Spezifikation festgelegt, mit der das Zahlenmaterial in die Regressionen eingeht. Sowohl im Rahmen der Datenauswahl als auch bei der Festlegung der Spezifikation ist weitgehend dem in der sehr umfangreichen Literatur zur Geldnachfragefunktion praktizierten Vorgehen gefolgt worden. Die Zielsetzung des Kapitels bestand auch darin, auf die vielfältigen Alternativen der Datenauswahl und die Qualität des Datenmaterials hinzuweisen. Defizite in der Datenqualität können nach den obigen Ausführungen für die im folgenden untersuchten Geldnachfragefunktionen nicht ausgeschlossen werden.

Tabelle 5: Übersicht der verwendeten Variablen

Nominale und reale Geldmengenaggregate	
$m1_t = \ln(M1_t)$	Logarithmus der nominalen Geldmenge M1
$m2_t = \ln(M2_t)$	Logarithmus der nominalen Geldmenge M2
$m3_t = \ln(M3_t)$	Logarithmus der nominalen Geldmenge M3
$mr1_t = \ln(M1_t/P_t)$	Logarithmus der realen Kassenhaltung von M1
$mr2_t = \ln(M2_t/P_t)$	Logarithmus der realen Kassenhaltung von M2
$mr3_t = \ln(M3_t/P_t)$	Logarithmus der realen Kassenhaltung von M3
Skalenvariablen	
y_t^B	Logarithmus des realen Bruttosozialprodukts
y_t^K	Logarithmus des realen privaten Konsums

Tabelle 5: Fortsetzung

	Zinssätze
i_t^F	Umlaufrendite festverzinslicher Wertpapiere
i_t^D	Zinssatz für Dreimonatsgeld
i_t^T	Termineinlagenzins als Opportunitätskosten-variable
i_t^S	Spareinlagenzins als Opportunitätskosten-variable
$i_t^{E,T}$	Termineinlagenzins als Eigenzins
$i_t^{E,S}$	Spareinlagenzins als Eigenzins
$i_t^{A,E} = (i_t^{EU} + sw_t)$	um den Swapsatz erweiterter Zinssatz für Dreimonatsgeld am Euro-Dollar-Markt
$i_t^{A,U} = (i_t^{US} + sw_t)$	um den Swapsatz erweiterter Emissionssatz US-amerikanischer Schatzwechsel
	Sonstige Variablen
P_t	Konsumentenpreisindex
SR_t	DM/US-Dollar Kassakurs
FR_t	DM/US-Dollar Dreimonatsterminkurs
$sw_t = ((FR_t - SR_t)/SR_t)\cdot 400$	Swapsatz für Kontrakte dreimonatiger Laufzeit
$\pi_t = ((P_t/P_{t-4}) - 1)\cdot 100$	Inflationsrate
Q_1, Q_2, Q_3, Q_4	Saisonindikatorvariablen
I_t	Indikatorvariable

Tabelle 6: Datenquellen der originären Zeitreihen

Y^B	Bruttosozialprodukt zu konstanten Preisen von 1985 in Milliarden D-Mark, vierteljährliche volkswirtschaftliche Gesamtrechnung, Deutsches Institut für Wirtschaftsforschung, Berlin.
Y^K	Privater Verbrauch zu konstanten Preisen von 1985 in Milliarden D-Mark, vierteljährliche volkswirtschaftliche Gesamtrechnung, Deutsches Institut für Wirtschaftsforschung, Berlin.
M1	Geldvolumen M1 in Milliarden D-Mark, Noten und Münzen zuzüglich Sichteinlagen inländischer Nichtbanken, Monatsendbestand, Monatsberichte der Deutschen Bundesbank, Frankfurt/M.
M2	Geldvolumen M2 in Milliarden D-Mark, Geldvolumen M1 zuzüglich Termingelder inländischer Nichtbanken mit Befristung unter 4 Jahren, Monatsendbestand, Monatsberichte der Deutschen Bundesbank, Frankfurt/M.
M3	Geldvolumen M3 in Milliarden D-Mark, Geldvolumen M2 zuzüglich Spareinlagen inländischer Nichtbanken mit gesetzlicher respektive dreimonatiger Kündigungsfrist, Monatsendbestand, Monatsberichte der Deutschen Bundesbank, Frankfurt/M.
i^D	Zinssatz für Dreimonatsgeld am Frankfurter Bankplatz in Prozent p.a., Monatsdurchschnitt, Monatsberichte der Deutschen Bundesbank, Frankfurt/M.
i^F	Umlaufrendite tarifbesteuerter festverzinslicher Anleihen der öffentlichen Hand in Prozent p.a., Statistische Beihefte zu den Monatsberichten der Deutschen Bundesbank, Reihe 2: Wertpapierstatistik, Frankfurt/M.

Tabelle 6: Fortsetzung

i^S	Zinssatz auf Spareinlagen mit gesetzlicher Kündigungsfrist in Prozent p.a., durchschnittlicher Zinssatz, Monatsberichte der Deutschen Bundesbank, Frankfurt/M.
i^T	Zinssatz auf Festgelder mit vereinbarter Laufzeit bis drei Monate unter einer Mio. DM in Prozent p.a., durchschnittlicher Zinssatz, Monatsberichte der Deutschen Bundesbank, Frankfurt/M.
i^{EU}	Zinssatz für Dreimonatsgeld auf dem Euro-Dollar-Markt in Prozent p.a., Monatsdurchschnitt, Monatsberichte der Deutschen Bundesbank, Frankfurt/M.
i^{US}	Emissionssatz US-amerikanischer Schatzwechsel mit dreimonatiger Laufzeit in Prozent p.a., Monatsdurchschnitt, Monatsberichte der Deutschen Bundesbank, Frankfurt/M.
P	Preisindex für die Lebenshaltung aller privaten Haushalte 1985 = 1, Monatsberichte der Deutschen Bundesbank, Frankfurt/M.
FR	Dreimonatsterminkurs DM/US-Dollar, Monatsendwert, Main Economic Indicators der OECD, Paris.
SR	Kassakurs DM/US-Dollar, Monatsendwert, Main Economic Indicators der OECD, Paris.

5. Empirische Ergebnisse zu Feedback-Modellen

Die empirischen Resultate für Geldnachfragefunktionen auf der Grundlage des Kointegrationskonzepts präsentiert das vorliegende Kapitel in drei Abschnitten. Den Ergebnissen zur Stationaritätsanalyse mit saisonalen Einheitswurzeltests widmet sich Abschnitt 5.1. Zusammen mit den Resultaten zu den Kointegrationsverfahren stellt Abschnitt 5.2 die Eigenschaften der Fehlerkorrekturmodelle vor. Schließlich werden die spezifizierten Fehlerkorrekturmodelle in Abschnitt 5.3 einer Stabilitätsanalyse unterzogen.

5.1. Resultate der saisonalen Einheitswurzeltests

Um einen ersten Einblick in die stochastischen Eigenschaften der verwendeten Zeitreihen zu bekommen, werden die empirischen Autokorrelationsfunktionen für die Niveaus, die erste nicht-saisonale Differenz, die erste saisonale Differenz und die Kombination der ersten nicht-saisonalen mit der saisonalen Differenz berechnet. Dem informellen Vorgehen liegen die in Kapitel 4 ausgewählten Zeitreihen zugrunde. Damit erstreckt sich die empirische Untersuchung auf die Skalenvariablen y_t^B und y_t^K, die nominalen Geldmengenaggregate $m1_t$, $m2_t$ und $m3_t$, den Konsumentenpreisindex p_t sowie die drei realen Geldmengenaggregate $mr1_t$, $mr2_t$ und $mr3_t$, wobei diese Variablen in natürlichen Logarithmen definiert sind. In nicht-logarithmierter Form werden ferner die Zinszeitreihen i_t^F, i_t^D, i_t^T und i_t^S, die Inflationsrate π_t, die erweiterten ausländischen Zinssätze $i_t^{A,E}$ und $i_t^{A,U}$ sowie der Swapsatz sw_t verwandt.[67]

Die Verläufe der Autokorrelationsfunktionen für die beiden Skalenvariablen, die drei nominalen sowie realen Geldmengenaggregate lassen auf die Existenz einer nicht-saisonalen und einer saisonalen Einheitswurzel schließen. Für die Zeitreihen der inländischen Zinssätze, der um den Swapsatz erweiterten ausländischen Zinssätze und der Inflationsrate deutet sich ausschließlich die Existenz einer nicht-saisonalen Einheitswurzel an. Die empirischen Autokorrelationsverläufe des Konsumentenpreisindex lassen den Rückschluß auf zu-

[67] Die Analyse der empirischen Autokorrelationsfunktionen beschränkt sich auf eine knappe schriftliche Darstellung der Ergebnisse, da die grafische Präsentation von vier Autokorrelationsverläufen für 17 Zeitreihen zu 68 Abbildungen geführt hätte.

mindest eine, vielleicht zwei nicht-saisonale Einheitswurzeln zu. Abschließend bleibt für die Autokorrelationsfunktionen des Swapsatzes festzustellen, daß auf Basis des informellen Vorgehens keine Entscheidung über die Existenz einer nicht-saisonalen Einheitswurzel möglich ist.

In den Tabellen 7, 8 und 9 sind die Ergebnisse zu den OCSB-, HEGY- sowie den modifizierten HEGY-Einheitswurzeltests festgehalten. Zur Rekapitulation seien an dieser Stelle die Schätzgleichungen der in Abschnitt 3.5 vorgestellten Tests noch einmal aufgeführt. Die Gleichung für die OCSB-Tests lautet:

$$\Delta\Delta_4 y_t = \sum_{i=1}^{4} \alpha_i Q_i + \beta_1 \Delta_4 y_{t-1} + \beta_2 \Delta y_{t-4} + \sum_{i=1}^{n} \phi_i \Delta\Delta_4 y_{t-i} + \varepsilon_t \,, \qquad (64)$$

diejenige für die HEGY-Tests:

$$\Delta_4 y_t = \alpha_0 + \sum_{i=1}^{3} \alpha_i Q_i + \beta t + \pi_1 Z_1 y_{t-1} + \pi_2 Z_2 y_{t-1} + \pi_3 Z_3 y_{t-2}$$

$$+ \pi_4 Z_3 y_{t-1} + \sum_{i=1}^{n} \phi_i \Delta_4 y_{t-i} + \varepsilon_t \qquad (71)$$

und diejenige für die modifizierten HEGY-Tests:

$$\Delta\Delta_4 y_t = \alpha_0 + \alpha_1(Q_1 - Q_4) + \alpha_2(Q_2 - Q_4) + \alpha_3(Q_3 - Q_4) + \pi_1 Z_1' y_{t-1}$$

$$+ \pi_2 Z_2' y_{t-1} + \pi_3 Z_3' y_{t-2} + \pi_4 Z_3' y_{t-1} + \sum_{i=1}^{n} \phi_i \Delta\Delta_4 y_{t-i} + \varepsilon_t' \,. \qquad (72)$$

Der zugrundeliegende Stützbereich von 1960:1 bis 1989:4 umfaßt 120 Beobachtungen. Alleine für die Zeitreihe der Inflationsrate verkürzt sich der Stützbereich am historischen Rand konstruktionsbedingt um vier Quartale. Somit korrespondiert für alle Zeitreihen die Beobachtungsanzahl nicht exakt mit der Anzahl von 136 Datenpunkten, die den kritischen Werten für die Teststatistiken zugrundeliegt. Die Konsequenzen aus der Diskrepanz von 16 Beobachtungen für die Implementierung der Tests dürften allerdings geringfügig sein. Neben den Teststatistiken enthalten die Tabellen die Minima der BIC-

Werte und in Spalte L die dazu korrespondierende Anzahl einbezogener lags in die Regressionen (64), (71) respektive (72). Ferner sind in der jeweils letzten Spalte die Lagrange-Multiplikator-Statistiken AR6 aufgeführt. Die AR6-Statistiken sind allesamt zum 10-prozentigen Niveau insignifikant, so daß für sämtliche Schätzgleichungen von seriell unkorrelierten Residuen sechster Ordnung auszugehen ist und auf die Aussagefähigkeit der Teststatistiken geschlossen werden kann.

Die F-Statistiken der OCSB-Tests in Tabelle 7 zum Testen der Nullhypothese nicht-saisonaler und saisonaler Instationarität $I_4(1,1)$ sind nur mit einer einzigen Ausnahme auf 1-prozentigem Niveau signifikant. Lediglich die F-Statistik für die Zeitreihe des realen privaten Konsums liegt unterhalb des 5-prozentigen kritischen Wertes und läßt die Schlußfolgerung der Existenz einer nicht-saisonalen sowie einer saisonalen Einheitswurzel zu. Für die restlichen Zeitreihen ist diese Nullhypothese zu verwerfen. Durch die β_2-Statistiken kann mit Ausnahme der beiden Skalenvariablen für jede der analysierten Zeitreihen die Nullhypothese saisonaler Instationarität $I_4(0,1)$ abgelehnt werden. Dieses Resultat ist für die Zeitreihen der Opportunitätskostenvariablen wenig erstaunlich, überrascht aber vor dem Hintergrund der Ergebnisse zu den Verläufen der empirischen Autokorrelationsfunktionen für die nominalen und realen Geldmengenaggregate. Durch die β_1-Statistiken wird mit Ausnahme zweier Zeitreihen die Nullhypothese der Existenz einer nicht-saisonalen Einheitswurzel $I_4(1,0)$ bestätigt. Die beiden Ausnahmen sind der Swapsatz und das reale Bruttosozialprodukt.

Zusammenfassend zeigen die OCSB-Tests die Integrationsordnung $I_4(1,1)$ für den realen Konsum, $I_4(0,1)$ für das reale Bruttosozialprodukt, $I_4(0,0)$ für den Swapsatz und $I_4(1,0)$ für die restlichen Zeitreihen an. Während für die überwiegende Anzahl der Zeitreihen die Existenz einer nicht-saisonalen Einheitswurzel feststellbar ist, liefern somit die OCSB-Tests nur für die Skalenvariablen Anhaltspunkte auf saisonale Instationarität.

Wie bereits in Abschnitt 3.5 festgestellt wurde, liefern die HEGY- und modifizierten HEGY-Tests einen tiefergehenden Einblick in die stochastischen Eigenschaften unterjähriger Zeitreihen, weshalb diese beiden Testansätze etwas ausführlicher kommentiert und ausschließlich deren Ergebnisse der weiteren Untersuchung zugrundegelegt werden.

Tabelle 7: Ergebnisse der OCSB-Tests

	β_1	β_2	F	L	BIC	AR6
y_t^B	$-3{,}02^{***}$	-3,19	$4{,}90^{***}$	0	-8,07	5,82
y_t^K	-2,04	-2,70	3,21	3	-8,30	9,45
$m1_t$	-1,15	$-5{,}78^{***}$	$9{,}54^{***}$	4	-7,71	8,77
$m2_t$	1,40	$-6{,}75^{***}$	$9{,}42^{***}$	1	-8,12	10,57
$m3_t$	1,37	$-6{,}29^{***}$	$7{,}93^{***}$	0	-9,02	10,25
p_t	4,20	$-7{,}52^{***}$	$10{,}32^{***}$	0	-10,28	6,35
$mr1_t$	0,89	$-7{,}33^{***}$	$11{,}36^{***}$	0	-7,64	9,14
$mr2_t$	1,02	$-6{,}75^{***}$	$9{,}51^{***}$	0	-7,93	10,02
$mr3_t$	1,06	$-6{,}15^{***}$	$7{,}83^{***}$	0	-8,60	8,97
i_t^F	1,82	$-9{,}42^{***}$	$17{,}84^{***}$	0	-1,15	5,18
i_t^D	-1,22	$-4{,}78^{***}$	$10{,}19^{***}$	5	0,45	2,22
i_t^T	-0,57	$-4{,}43^{***}$	$8{,}33^{***}$	5	-0,42	7,16
i_t^S	2,92	$-10{,}31^{***}$	$20{,}55^{***}$	0	-2,31	6,27
π_t	2,18	$-12{,}21^{***}$	$32{,}09^{***}$	0	-0,62	10,36
$i_t^{A,E}$	-1,78	$-6{,}95^{***}$	$19{,}26^{***}$	3	1,52	6,21
$i_t^{A,U}$	-0,89	$-9{,}69^{***}$	$21{,}81^{***}$	1	1,37	7,29
sw_t	$-2{,}91^{***}$	$-7{,}46^{***}$	$14{,}53^{***}$	4	1,51	9,03

Zur Bedeutung der Zeitreihenkürzel siehe Tabelle 5. β_1, β_2 und F bezeichnen die Teststatistiken der OCSB-Tests, L die Anzahl der verwendeten lags in den Regressionen, BIC das Minimum des Informationskriteriums von Rissanen (1978) und Schwarz (1978) und AR6 die Lagrange-Multiplikator-Statistik zum Test auf autokorrelierte Residuen sechster Ordnung. ** und *** bezeichnen signifikante Statistiken zum 5- respektive 1-prozentigen Niveau.

Tabelle 8: Ergebnisse der HEGY-Tests

	π_1	π_2	π_3	π_4	$\pi_3 \cap \pi_4$	L	BIC	AR6
y_t^B	−1,64	−3,80***	−2,07	−1,25	2,91	1	−7,99	10,29
y_t^K	−1,12	−1,57	−2,23	−0,59	2,68	4	8,16	8,78
$m1_t$	−1,78	−3,14**	−5,15***	−2,40**	18,17***	2	−7,70	8,87
$m2_t$	−2,43	−4,38***	−4,48***	−2,79***	13,95***	1	−8,04	6,82
$m3_t$	0,45	−2,56	−2,69	−2,76***	8,03**	4	−8,77	9,13
p_t	−2,38	−4,49***	−5,70***	−2,45**	19,22***	1	−10,16	5,31
$mr1_t$	−3,25	−4,32***	−4,59***	−2,87***	14,68***	1	−7,54	8,14
$mr2_t$	−2,62	−4,24***	−4,68***	−2,37**	13,75***	1	−7,81	6,02
$mr3_t$	−1,98	−4,23***	−3,77**	−2,71***	10,79***	1	−8,48	9,13
i_t^F	−2,87	−7,18***	−6,00***	−6,03***	55,17***	0	−1,10	7,04
i_t^D	−3,26	−5,44***	−4,72***	−8,89***	78,51***	0	0,27	6,91
i_t^T	−3,06	−6,91***	−3,10	−8,63***	52,07***	0	−0,67	4,01
i_t^S	−2,75	−6,74***	−5,30***	−7,09***	59,68***	0	−2,26	1,49
π_t	−2,03	−5,58***	−5,76***	−4,37***	26,86***	9	−0,33	7,28
$i_t^{A,E}$	−3,85**	−6,60***	−8,48***	−3,99***	60,52***	0	1,41	8,52
$i_t^{A,U}$	−4,17***	−6,45***	−8,58***	−3,57***	56,44***	0	1,31	6,54
sw_t	−3,21	−6,55***	−7,73***	−1,64	33,00***	0	1,40	8,79

Siehe die Erläuterungen zu Tabelle 7. π_1, π_2, π_3, π_4 und $\pi_3 \cap \pi_4$ bezeichnen die Teststatistiken der HEGY-Tests.

Tabelle 9: Ergebnisse der modifizierten HEGY-Tests

	π_1	π_2	$\pi_3 \cap \pi_4$	L	BIC	AR6
y_t^B	$-4{,}20^{***}$	$-3{,}85^{***}$	2,85	0	-8,06	8,82
y_t^K	$-3{,}08^{**}$	-1,62	2,96	3	-8,21	8,93
$m1_t$	$-4{,}82^{***}$	$-3{,}12^{**}$	$19{,}82^{***}$	1	-7,76	8,57
$m2_t$	-2,84	$-4{,}56^{***}$	$14{,}69^{***}$	0	-8,08	10,13
$m3_t$	-2,69	$-4{,}32^{***}$	$11{,}56^{***}$	0	-8,93	9,12
p_t	-2,06	$-4{,}73^{***}$	$19{,}99^{***}$	0	-10,20	7,15
$mr1_t$	$-4{,}39^{***}$	$-3{,}39^{**}$	$19{,}36^{***}$	1	-7,55	3,78
$mr2_t$	$-3{,}04^{**}$	$-4{,}44^{***}$	$14{,}34^{***}$	0	-7,84	9,22
$mr3_t$	-2,88	$-4{,}33^{***}$	$10{,}99^{***}$	0	-8,52	7,42
i_t^F	$-4{,}49^{***}$	$-5{,}81^{***}$	$26{,}74^{***}$	0	-1,07	6,03
i_t^D	$-4{,}93^{***}$	$-4{,}58^{***}$	$18{,}14^{***}$	2	0,40	7,73
i_t^T	$-4{,}36^{***}$	$-5{,}52^{***}$	$40{,}97^{***}$	0	-0,63	8,02
i_t^S	$-4{,}47^{***}$	$-5{,}70^{***}$	$32{,}68^{***}$	0	-2,24	3,66
π_t	$-5{,}05^{***}$	$-7{,}56^{***}$	$56{,}30^{***}$	0	-0,56	7,18
$i_t^{A,E}$	$-4{,}84^{***}$	$-5{,}66^{***}$	$12{,}92^{***}$	2	1,58	9,57
$i_t^{A,U}$	$-6{,}12^{***}$	$-5{,}81^{***}$	$34{,}61^{***}$	0	1,40	9,04
sw_t	$-7{,}52^{***}$	$-6{,}52^{***}$	$32{,}03^{***}$	0	1,41	10,47

Siehe die Erläuterungen zu den Tabellen 7 und 8.

Aus den Ergebnissen zu den HEGY-Tests in Tabelle 8 läßt sich zunächst festhalten, daß mit Ausnahme der beiden bereinigten ausländischen Zinssätze die π_1-Statistiken die Existenz einer Einheitswurzel zur nicht-saisonalen langfristigen Frequenz anzeigen und daher auf nicht-saisonale Instationarität für die überwiegende Anzahl der Zeitreihen geschlossen werden kann. Bei Zugrundelegung der Statistiken für die semi-jährige Frequenz π_2 und die jährigen Frequenzen $\pi_3 \cap \pi_4$ weisen die ausländischen Zinssätze, die inländischen Zinssätze und der Swapsatz erwartungsgemäß keine saisonalen Einheitswurzeln auf. Darüber hinaus lassen sich keinerlei saisonale Instationaritäten für den Konsumentenpreisindex, die Inflationsrate, die drei realen Geldmengenaggregate und die nominalen Aggregate $m1_t$ sowie $m2_t$ finden.

Empirische Evidenz für die Existenz saisonaler Einheitswurzeln zeigen sich für das reale Bruttosozialprodukt, den realen Konsum und die nominale Geldmenge $m3_t$. Die beiden Skalenvariablen weisen komplexe Einheitswurzeln zur jährigen Frequenz auf; die Zeitreihe des realen Konsums enthält darüber hinaus eine Einheitswurzel zur semi-jährigen Frequenz. Die Nullhypothese saisonaler Instationarität $I_4(0,1)$ ist somit nur für die Zeitreihe des realen Konsums nicht ablehnbar. Für das reale Bruttosozialprodukt kann diese Schlußfolgerung wegen der Signifikanz von π_2 nicht getroffen werden. Die nominale Geldmenge $m3_t$ besitzt eine saisonale Einheitswurzel zur semi-jährigen Frequenz, während die F-Statistik die Nullhypothese der Existenz komplexer Einheitswurzeln auf 5-prozentigem Signifikanzniveau ablehnt.

Die modifizierten HEGY-Tests in Tabelle 9 können die Nullhypothese nicht-saisonaler und saisonaler Instationarität $I_4(1,1)$ für keine der analysierten Zeitreihen bestätigen, da die Statistiken von π_1, π_2 und $\pi_3 \cap \pi_4$ nicht gemeinsam insignifikant von Null verschieden sind. Für den realen Konsum liefern die Resultate die Integrationsordnung $I_4(0,1)$, wodurch das Ergebnis der HEGY-Tests aus Tabelle 8 bestätigt wird. Die nominalen Geldmengen $m2_t$ sowie $m3_t$, der Konsumentenpreisindex und auch die reale Geldmenge $mr3_t$ sind der Kategorie $I_4(2,0)$ zuzuordnen. Tabelle 10 faßt in komprimierter Form die Ergebnisse zu den HEGY- und modifizierten HEGY-Tests zusammen.

Tabelle 10: Zusammenfassung der Ergebnisse zu den HEGY- und modifizierten HEGY-Tests

	HEGY-Tests			modifzierte HEGY-Tests		
	π_1	π_2	$\pi_3 \cap \pi_4$	π_1	π_2	$\pi_3 \cap \pi_4$
y_t^B	†		†			†
y_t^K	†	†	†		†	†
$m1_t$	†					
$m2_t$	†			†		
$m3_t$	†	†		†		
p_t	†			†		
mr1	†					
mr2	†					
mr3	†			†		
i_t^F	†					
i_t^D	†					
i_t^T	†					
i_t^S	†					
π_t	†					
$i_t^{A,E}$						
$i_t^{A,U}$						
sw_t	†					

† kennzeichnet die Existenz einer Einheitswurzel zu den Frequenzen π_1, π_2 und $\pi_3 \cap \pi_4$.

Während das Testergebnis zweier nicht-saisonaler Einheitswurzeln für den Konsumentenpreisindex aufgrund der Integrationseigenschaft der Inflationsrate nicht ungewöhnlich ist, überrascht es für das reale Geldmengenaggregat $mr3_t$ und kann Ausdruck einer geringen Macht der Tests sein. Allerdings gelangt auch Osborn (1990) für ein britisches reales Geldmengenaggregat in einer weiten Abgrenzung zu einem analogen Resultat und führt ergänzend zum modifizierten HEGY-Test nicht-saisonale Einheitswurzeltests durch. Die Nullhypothese der Existenz zweier nicht-saisonaler Einheitswurzeln für $mr3_t$ ist sowohl auf Basis des Tests von Hasza/Fuller (1979) als auch des gewöhnlichen Dickey-Fuller-Tests (Dickey/Fuller (1979, 1981), Fuller (1976)) auf 5-prozentigem Niveau nicht ablehnbar, so daß von $mr3_t \sim I_4(2,0)$ ausgegangen werden muß.[68]

Die Ergebnisse der Integrationsanalyse auf der Basis der HEGY- und modifizierten HEGY-Tests lassen sich in folgenden Punkten zusammenfassen:

(1) Die Nullhypothese saisonaler Instationarität $I_4(0,1)$ wird ausschließlich für die Zeitreihe des realen Konsums bestätigt.

(2) Evidenzen für saisonale Instationaritäten liegen ferner für das reale Bruttosozialprodukt und die nominale Geldmenge M3 vor. Neben einer Einheitswurzel zur langfristigen Frequenz besitzt das reale Bruttosozialprodukt komplexe saisonale Einheitswurzeln und die nominale Geldmenge M3 eine saisonale Einheitswurzel zur semi-jährigen Frequenz.

(3) Die erweiterten ausländischen Zinssätze sind der Kategorie stationärer Prozesse $I_4(0,0)$ zuzuordnen.

---

[68] Die Regressionen enthalten zusätzlich drei Saisonindikatorvariablen und liefern für den Hasza-Fuller-Test eine F-Statistik von 6,07 und für den Dickey-Fuller-Test eine t-Statistik von 2,88 mit AR6- und BIC-Werten von 9,93 und −8,51 respektive 7,42 und −8,52 bei jeweils drei lags. Von einiger Bedeutung für dieses Resultat dürfte die Länge des zugrundeliegenden Stützbereichs sein. Tödter (1994) analysiert die reale Geldmenge M3 in der kürzeren Periode von 1975:1 bis 1992:4 mit dem gewöhnlichen Dickey-Fuller-Test und stellt die Existenz einer einzigen nicht-saisonalen Einheitswurzel fest. Das Ergebnis wird durch Issing/Tödter (1995) für den Stützbereich von 1975:1 bis 1993:2 bestätigt.

(4) Evidenz für die Existenz zweier nicht-saisonaler Einheitswurzeln findet sich für die nominalen Geldmengen M2 und M3, die reale Geldmenge von M3 und den Konsumentenpreisindex, so daß diese Zeitreihen den Integrationsgrad $I_4(2,0)$ besitzen.

(5) Die verbleibenden Zeitreihen besitzen nach den Testergebnissen eine einzige nicht-saisonale Einheitswurzel und sind daher integriert der Ordnung $I_4(1,0)$.

Bislang liegen für Zeitreihen der Bundesrepublik kaum empirische Evidenzen zu den neueren saisonalen Einheitswurzeltests vor. Lediglich Abeysinghe (1994) untersucht das deutsche Bruttoinlandsprodukt in konstanten Preisen im Stützbereich von 1960:1 bis 1987:3 und stellt in Analogie zu den obigen Ergebnissen eine Einheitswurzel zur langfristigen Frequenz, keine zur semijährigen Frequenz, aber komplexe Einheitswurzeln fest.

Um auch zu einer Plausibilitätsaussage für die erhaltenen Ergebnisse zu den restlichen Zeitreihen zu kommen, soll ein Vergleich mit den Resultaten anderer Autoren für Zeitreihen anderer Staaten angestellt werden. In Übereinstimmung mit den obigen Resultaten zu den OCSB-Tests für die nominalen und realen Geldmengenaggregate, die Zinssätze und den Konsumentenpreisindex lehnen Muscatelli/Hurn (1992) und Osborn (1990) die beiden Hypothesen $I_4(0,1)$ sowie $I_4(1,1)$ auf der Basis eines britischen Datensatzes ab und akzeptieren $I_4(1,0)$. Des weiteren findet Osborn (1990) Evidenz für den Integrationsgrad $I_4(1,1)$ für die britische Zeitreihe nicht-langlebiger Konsumgüter. Auch in der vorliegenden Analyse konnte auf der Basis der OCSB-Tests unter der Vielzahl der Zeitreihen lediglich für den realen privaten Konsum der Integrationsgrad $I_4(1,1)$ festgestellt werden. Übereinstimmend mit der Evidenz zu den HEGY-Tests erhalten Lee/Siklos (1991, 1993) keine saisonalen Einheitswurzeln für den impliziten Preisdeflator, die enge nominale und reale Geldmenge Kanadas. Ghysels et al. (1993) erhalten für den US-amerikanischen Konsumentenpreisindex und die Zeitreihe der Realkassenhaltung ein analoges Ergebnis. Ferner lassen die Ergebnisse Osborns (1990) zum modifizierten HEGY-Test für britische Zeitreihen keine substantiellen Diskrepanzen zu den obigen Resultaten erkennen. Vor dem Hintergrund dieser Resultate fallen die hier produzierten empirischen Ergebnisse nicht aus dem Rahmen und sind als plausibel zu betrachten.

5.2. Evidenzen zum Kointegrationsverfahren und zu Fehlerkorrekturmodellen

Im Anschluß an die Integrationsanalyse kann die Durchführung der Kointegrationstests, die Schätzung der Kointegrationsvektoren und die Spezifikation der Fehlerkorrekturmodelle erfolgen. Für das weitere Vorgehen ist die Feststellung von Bedeutung, daß das zweistufige Engle-Granger-Verfahren identische Integrationsgrade für die einbezogenen Zeitreihen verlangt und saisonale Einheitswurzeln ignoriert. Wie bereits in Abschnitt 3.2 erläutert, wird saisonaler Instationarität durch die Aufnahme von Saisonindikatorvariablen begegnet. Bei Abstraktion von saisonalen Einheitswurzeln kann für die Zeitreihen auf der Basis der HEGY-Tests mit Ausnahme der erweiterten ausländischen Zinssätze die Existenz zumindest einer einzigen Einheitswurzel zur langfristigen Frequenz angenommen werden. Die Zeitreihen der beiden erweiterten Auslandszinssätze sind somit für die Kointegrationsanalyse nicht verwendbar. Da ferner entsprechend den Resultaten der modifizierten HEGY-Tests zwei nicht-saisonale Einheitswurzeln für die realen Geldmengenaggregate mr1 und mr2 ausscheiden, aber für den Konsumentenpreisindex und auch das nominale Geldmengenaggregat m2 nicht ausschließbar sind, beschränkt sich die Kointegrationsuntersuchung auf die realen Geldmengenaggregate als abhängige Variablen. Die Evidenz zweier nicht-saisonaler Einheitswurzeln für $mr3_t$ verhindert die weitere Untersuchung dieses Aggregats im Rahmen der Kointegrationsanalyse und der Spezifikation geeigneter Fehlerkorrekturmodelle.

Somit werden die Kointegrationsregressionen für zwei reale Geldmengenaggregate ($mr1_t$, $mr2_t$) in Kombination mit zwei Skalenvariablen ($y_t = y_t^B, y_t^K$), einem lang- und/oder kurzfristigen Zinssatz als Opportunitätskostenvariablen ($i_t^I = i_t^F, i_t^T, i_t^D$), dem Termineinlagenzins als Eigenzinssatz für die Realkassenhaltung von M2 ($i_t^{E,T}$), der Inflationsrate (π_t) sowie dem Swapsatz (sw_t) durchgeführt. Neben diesen unabhängigen Variablen enthalten die Kointegrationsregressionen einen konstanten Term und drei Saisonindikatorvariablen, so daß im allgemeinsten Fall gemäß (32) für die Realkassenhaltung von M1 die Schätzgleichung:

$$mr1_t = \beta_0 + \sum_{i=1}^{3} \alpha_i Q_i + \beta_1 y_t + \beta_2 i_t^I + \beta_3 \pi_t + \beta_4 sw_t + u_t \qquad (32a)$$

und für die Realkassenhaltung von M2 die Gleichung:

$$mr2_t = \beta_0 + \sum_{i=1}^{3} \alpha_i Q_i + \beta_1 y_t + \beta_2 i_t^I + \beta_3 i_t^{E,T} + \beta_4 \pi_t + \beta_5 sw_t + u_t \qquad (32b)$$

zugrundeliegt. Aus Platzgründen sind in den beiden folgenden Tabellen der konstante Term und drei Saisonindikatorvariablen nicht aufgeführt.

Die Tabellen 11 und 12 enthalten die Resultate zu den Kointegrationstests für die Gleichungen der Realkassenhaltung von M1 und M2. Als Kointegrationstests dienen der Cointegration-Regression-Durbin-Watson- (CRDW-), der Cointegration-Regression-Dickey-Fuller- (CRDF-), der Cointegration-Regression-Augmented-Dickey-Fuller- (CRADF-) Test sowie die Cointegration-Regression-Phillips-Z_α- (CRPZ1-, CRPZ3-, CRPZ5-) Tests. Hinsichtlich der Spezifikation der lag-Länge für die CRADF-Tests fällt auf, daß das Informationskriterium ($BIC^{(1)}$) nur mit einer Ausnahme die lag-Anzahl auf $l = 4$ festlegt und jeweils der vierte lag im Vergleich zu den anderen verzögerten ersten Differenzen der geschätzten Residuen einen hohen t-Wert (hier nicht aufgeführt) besitzt. Die empirische Evidenz wird daher um einen CRADF-Test, der als verzögerte Variable lediglich den vierten lag unter Ausschluß der verbleibenden lags enthält, ergänzt und die Teststatistik mit CRADF4 bezeichnet.

Die Resultate der Kointegrationsuntersuchung für die Gleichungen der Realkassenhaltung von M1 und M2 zeigen zwei Gemeinsamkeiten. Zum ersten sind die korrigierten Bestimmtheitsmaße $\bar{R}^2$ in allen Regressionen mit einem Wert um 0,980 sehr hoch und weisen den Gleichungen einen hohen Erklärungsgehalt zu. Nach den Ergebnissen von Banerjee et al. (1986) deutet dies auf eine geringe Verzerrung der geschätzten Parameter des Kointegrationsvektors hin. Zum zweiten liefern die implementierten Kointegrationstests keine eindeutige Evidenz hinsichtlich der Existenz einer Kointegrationsbeziehung für die einzelnen Variablenkombinationen. Beide Tabellen enthalten keine Variablenkombination, für welche die Kointegrationstests übereinstimmend die Nullhypothese der Nicht-Kointegration ablehnen.

Tabelle 11: Ergebnisse der Kointegrationstests für die Realkassenhaltung von M1

	(77)	(78)	(79)	(80)	(81)	(82)
y_t^B	1,272	1,305			1,285	
y_t^K			1,118	1,145		1,124
i_t^F	–0,031		–0,033		–0,023	–0,029
i_t^T		–0,019		–0,019	–0,006	–0,003
π_t						
sw_t						
$\overline{R}^2$	0,984	0,982	0,980	0,977	0,984	0,980
CRDW	0,555***	0,508**	0,385*	0,358*	0,555***	0,383*
CRDF	–4,113**	-3,858*	-2,694	-2,520	–4,093*	-2,657
CRADF	-2,625	–1,472	–1,330	–0,577	-2,182	–1,188
BIC(l)	-7,194(4)	-7,430(4)	-7,303(4)	-7,475(4)	-7,319(4)	-7,362(4)
CRADF4	–4,114**	-3,354*	-2,844	-2,520	-3,895*	-2,778
CRPZ1	-34,144***	-29,853**	-14,141	-10,471	-33,765**	-13,447
CRPZ3	-29,741**	-23,737*	-14,720	-10,535	-28,586*	-13,990
CRPZ5	-36,125***	-31,625**	-17,126	-14,066	-36,053**	-16,722

Tabelle 11: Fortsetztung

	(83)	(84)	(85)	(86)	(87)	(88)
y_t^B	1,271	1,296			1,288	
y_t^K			1,110	1,119		1,113
i_t^F	–0,031		–0,020		–0,024	–0,019
i_t^T		–0,015		–0,008	–0,006	–0,001
π_t	–0,0004	–0,005	–0,011	–0,016	0,001	–0,011
sw_t						
$\overline{R}^2$	0,982	0,980	0,980	0,978	0,982	0,980
CRDW	0,537***	0,485**	0,358*	0,366*	0,543***	0,358*
CRDF	–3,727	–3,448	–2,329	–2,385	–3,710	–2,316
CRADF	–2,444	–1,710	–1,545	–1,325	–2,044	–1,479
BIC(l)	–7,203(4)	–7,506(4)	–7,581(4)	–7,700(4)	–7,305(4)	–7,608(4)
CRADF4	–3,948*	–3,471	–3,009	–3,110	–3,771	–2,983
CRPZ1	–29,518**	–25,154	–9,850	–8,925	–29,353	–9,608
CRPZ3	–23,749	–18,028	–10,146	–9,344	–22,788	–9,861
CRPZ5	–29,717**	–25,374	–13,221	–13,141	–29,682	–13,046

Tabelle 11: Fortsetzung

	(89)	(90)	(91)	(92)	(93)	(94)
y_t^B	1,272	1,309	1,287	1,271	1,297	1,289
y_t^K						
i_t^F	–0,031		–0,023	–0,031		–0,024
i_t^T		–0,019	–0,006		–0,015	–0,006
π_t				–0,0004	–0,005	0,001
sw_t	0,00009	0,001	0,0003	–0,00001	0,0003	0,0003
$\overline{R}^2$	0,984	0,982	0,984	0,982	0,980	0,982
CRDW	0,556***	0,510***	0,558***	0,536***	0,486**	0,545***
CRDF	–4,120*	–3,895*	–4,117	–3,727	–3,464	–3,733
CRADF	–2,630	–1,528	–2,197	–2,443	–1,745	–2,059
BIC(l)	–7,191(4)	–7,416(4)	–7,309(4)	–7,203(4)	–7,499(4)	–7,294(4)
CRADF4	–4,122**	–3,425	–3,925	–3,947	–3,505	–3,804
CRPZ1	–34,226**	–30,184**	–34,015**	–29,508	–25,309	–29,601
CRPZ3	–29,822**	–24,039	–28,825	–23,739	–18,169	–23,033
CRPZ5	–36,205**	–31,956**	–36,303**	–29,707	–25,523	–29,937

Tabelle 11: Fortsetzung

	(95)	(96)	(97)	(98)	(99)	(100)
y_t^B						
y_t^K	1,128	1,158	1,136	1,119	1,130	1,124
i_t^F	–0,033		–0,029	–0,020		–0,019
i_t^T		–0,019	–0,004		–0,009	–0,002
π_t				–0,011	–0,016	–0,011
sw_t	0,003	0,003	0,003	0,002	0,002	0,002
$\bar{R}^2$	0,980	0,977	0,980	0,980	0,978	0,980
CRDW	$0,408^{**}$	$0,367^{*}$	$0,406^{**}$	$0,371^{*}$	$0,369^{*}$	$0,371^{*}$
CRDF	–2,951	–2,710	–2,913	–2,517	–2,515	–2,503
CRADF	–1,476	–0,948	–1,429	–1,863	–1,800	–1,797
$BIC^{(l)}$	$-7,215^{(1)}$	$-7,415^{(4)}$	$-7,261^{(4)}$	$-7,476^{(4)}$	$-7,646^{(4)}$	$-7,507^{(4)}$
CRADF4	–3,081	–2,822	–3,032	–3,250	–3,379	–3,232
CRPZ1	–16,566	–11,974	–15,778	–11,688	–10,184	–11,939
CRPZ3	–17,189	–12,127	–16,364	–12,021	–10,657	–11,673
CRPZ5	–19,682	–15,779	–19,225	–15,076	–14,454	–14,870

Zur Bedeutung der Zeitreihenkürzel siehe Tabelle 5, die Kointegrationstests sind in Abschnitt 3.2 erläutert. *, **, *** bezeichnen signifikante Teststatistiken zum 10-, 5- respektive 1-prozentigen Niveau. Die Kointegrationsregressionen enthalten neben den angegebenen Variablen einen konstanten Term und drei Saisonindikatorvariablen. Den Regressionen liegt die Periode von 1960:1 bis 1989:4 zugrunde; für Regressionen mit der Inflationsrate verkürzt sich der historische Rand auf 1961:1.

Tabelle 12: Ergebnisse der Kointegrationstests für die Realkassenhaltung von M2

	(101)	(102)	(103)	(104)	(105)	(106)
y_t^B	1,529	1,524			1,496	1,493
y_t^K			1,342	1,333		
i_t^F	–0,003		–0,005		–0,022	
i_t^D		0,001		0,001		–0,013
$i_t^{E,T}$					0,015	0,019
π_t						
sw_t						
$\overline{R}^2$	0,984	0,984	0,977	0,977	0,985	0,984
CRDW	0,521***	0,519***	0,276	0,274	0,571***	0,499**
CRDF	–4,489***	–4,477***	–2,707	–2,694	–4,726**	–4,412**
CRADF	–2,721	–2,736	–2,319	–2,075	–2,853	–2,394
BIC(l)	–7,276(4)	–7,277(4)	–7,265(4)	–7,300(4)	–7,072(4)	–7,242(4)
CRADF4	–4,066**	–4,057**	–3,066	–2,985	–4,394**	–3,823*
CRPZ1	–35,519***	–35,401***	–12,454	–11,990	–39,036***	–34,609**
CRPZ3	–27,874**	–27,718**	–11,898	–11,201	–32,251**	–27,122*
CRPZ5	–36,403***	–36,131***	–15,062	–14,263	–40,070***	–34,414**

Tabelle 12: Fortsetzung

	(107)	(108)	(109)	(110)	(111)	(112)
y_t^B			1,539	1,531	1,498	1,476
y_t^K	1,307	1,321				
i_t^F	–0,029		0,001		–0,016	
i_t^D		–0,004		0,003		–0,016
$i_t^{E,T}$	0,019	0,007			0,016	0,029
π_t			–0,003	–0,005	–0,006	–0,011
sw_t						
$\overline{R}^2$	0,980	0,977	0,983	0,983	0,984	0,985
CRDW	0,294	0,247	$0{,}520^{***}$	$0{,}533^{***}$	$0{,}561^{***}$	$0{,}559^{***}$
CRDF	–2,847	–2,518	$-4{,}111^{*}$	$-4{,}174^{*}$	–4,258	–4,220
CRADF	–2,048	–1,965	–3,296	–3,492	–3,389	–3,108
BIC(l)	$-7{,}076^{(4)}$	$-7{,}341^{(4)}$	$-7{,}330^{(4)}$	$-7{,}310^{(4)}$	$-7{,}152^{(4)}$	$-7{,}128^{(4)}$
CRADF4	–2,933	–2,789	$-4{,}561^{**}$	$-4{,}753^{***}$	$-4{,}778^{**}$	$-4{,}580^{**}$
CRPZ1	–14,428	–10,813	$-31{,}682^{**}$	$-32{,}466^{**}$	$-34{,}193^{**}$	$-33{,}973^{**}$
CRPZ3	–13,777	–10,109	–22,949	–23,809	–26,055	–25,808
CRPZ5	–15,863	–12,696	$-31{,}219^{**}$	$-32{,}136^{**}$	$-33{,}682^{*}$	$-32{,}745^{*}$

Tabelle 12: Fortsetzung

	(113)	(114)	(115)	(116)	(117)	(118)
y_t^B						
y_t^K	1,343	1,331	1,295	1,285	1,345	1,335
i_t^F	0,014		–0,010		–0,005	
i_t^D		0,010		–0,008		0,001
$i_t^{E,T}$			0,021	0,028		
π_t	–0,016	–0,018	–0,020	–0,023		
sw_t					0,001	0,001
$\overline{R}^2$	0,978	0,979	0,981	0,981	0,977	0,977
CRDW	0,310	0,362*	0,323*	0,311	0,277	0,275
CRDF	–2,746	–3,060	–2,791	–2,704	–2,733	–2,713
CRADF	–3,178	–3,212	–3,003	–2,895	–2,364	–2,120
BIC(l)	–7,388(4)	–7,303(4)	–7,254(4)	–7,221(4)	–7,254(4)	–7,291(4)
CRADF4	–3,925*	–4,153**	–3,771	–3,620	–3,108	–3,021
CRPZ1	–12,335	–14,941	–13,539	–12,896	–12,648	–12,139
CRPZ3	–12,051	–14,574	–13,471	–13,101	–12,078	–11,349
CRPZ5	–15,821	–18,673	–16,335	–15,575	–15,267	–14,430

Tabelle 12: Fortsetzung

	(119)	(120)	(121)	(122)	(123)	(124)	(125)
y_t^B	1,484	1,486	1,530	1,519	1,484	1,465	1,520
y_t^K							
i_t^F	–0,023		0,001		–0,016		–0,003
i_t^D		–0,013		0,003		–0,015	
$i_t^{E,T}$	0,015	0,018			0,016	0,029	
π_t			–0,003	–0,006	–0,006	–0,011	
sw_t	–0,003	–0,002	–0,002	–0,002	–0,003	–0,002	–0,002
$\overline{R}^2$	0,985	0,984	0,983	0,983	0,985	0,985	0,984
CRDW	0,561***	0,500**	0,521***	0,534***	0,553***	0,565***	0,519***
CRDF	–4,636**	–4,384*	–4,062	–4,115	–4,155	–4,193	–4,447**
CRADF	–2,695	–2,224	–3,156	–3,322	–3,167	–2,796	–2,604
BIC(l)	–7,112(4)	–7,228(4)	–7,341(4)	–7,334(4)	–7,194(4)	–7,095(4)	–7,290(4)
CRADF4	–4,228*	–3,747	–4,428**	–4,584**	–4,582**	–4,487**	–3,943*
CRPZ1	–37,994**	–34,265**	–31,262*	–31,941*	–33,017	–33,491	–35,133**
CRPZ3	–31,302*	–26,933	–22,589	–23,320	–24,926	–25,604	–27,588*
CRPZ5	–39,094**	–34,226**	–30,821*	–31,633*	–32,563	–32,630	–36,071**

Tabelle 12: Fortsetzung

	(126)	(127)	(128)	(129)	(130)	(131)	(132)
y_t^B	1,514						
y_t^K		1,307	1,324	1,344	1,329	1,292	1,283
i_t^F		–0,029		0,014		–0,010	
i_t^D	0,001		–0,004		0,010		–0,008
$i_t^{E,T}$		0,019	0,007			0,022	0,028
π_t				–0,016	–0,018	–0,020	–0,023
sw_t	–0,002	0,000	0,001	0,0004	–0,001	–0,001	–0,0004
$\overline{R}^2$	0,984	0,979	0,977	0,977	0,979	0,981	0,981
CRDW	$0,517^{***}$	0,294	0,247	0,309	$0,361^{*}$	$0,322^{*}$	0,312
CRDF	$-4,433^{**}$	-2,847	-2,538	-2,754	-3,042	-2,762	-2,693
CRADF	-2,590	-2,048	-2,026	-3,226	-3,156	-2,915	-2,832
BIC(l)	-7,293(4)	-7,076(4)	-7,334(4)	-7,392(4)	-7,313(4)	-7,264(4)	-7,222(4)
CRADF4	$-3,917^{*}$	-2,933	-2,831	-3,954	$-4,112^{*}$	-3,721	-3,592
CRPZ1	$-34,987^{**}$	-14,428	-10,983	-12,401	-14,774	-13,225	-12,743
CRPZ3	$-27,385^{*}$	-13,777	-10,276	-12,118	-14,390	-13,158	-12,956
CRPZ5	$-35,754^{**}$	-15,864	-12,882	-15,896	-18,484	-16,010	-15,429

Siehe die Erläuterungen zu Tabelle 11.

Tabelle 13: Zusammenfassung der Kointegrationsergebnisse

	y_t^B	i_t^F	i_t^T	i_t^D	$i_t^{E,T}$	sw_t	
$mr1_t$	1,272	-0,031					(77)
	1,305		-0,019				(78)
	1,285	-0,023	-0,006				(81)
$mr2_t$	1,529	-0,003					(101)
	1,496	-0,022			0,015		(105)
	1,493			-0,013	0,019		(106)
	1,484	-0,023			0,015	-0,003	(119)
	1,520	-0,003				-0,002	(125)

Zur Bedeutung der Zeitreihenkürzel siehe Tabelle 5. Die Koeffizienten repräsentieren die langfristigen Geldnachfrageparameter für die korrespondierenden Argumente aus der Kointegrationsregressionen. Für die aufgeführten Variablenkombinationen lehnen die drei CRPZ-Tests die Nullhypothese der Nicht-Kointegration zumindest auf 10-prozentigem Niveau ab.

Da die Aussagekraft des CRDW-Tests als gering einzuschätzen ist und Phillips/Ouliaris (1990) dem CRPZ-Test gegenüber dem CRADF-Test eine höhere Macht zuweisen, stützt sich im folgenden die Entscheidung über das Vorliegen einer Kointegrationsbeziehung ausschließlich auf die drei CRPZ-Statistiken. In Tabelle 13 sind die Ergebnisse der Kointegrationsanalyse zusammengefaßt. Sie enthält nur diejenigen Variablenkombinationen, für welche die drei CRPZ-Statistiken übereinstimmend die Nullhypothese der Nicht-Kointegration zumindest auf 10-prozentigem Niveau ablehnen. Darüber hinaus müssen die geschätzten langfristigen Parameter aus der Kointegrationsregression vorzeichenkorrekt sein.

Wie aus Tabelle 13 hervorgeht, liegen Kointegrationsbeziehungen zwischen dem realen Geldmengenaggregat $mr1_t$, dem realen Bruttosozialprodukt y_t^B, dem Zinssatz festverzinslicher Wertpapiere i_t^F und/oder dem Termineinlagenzins i_t^T

vor. Die Punktschätzungen der Parameter für die langfristigen Einkommenselastizitäten sind größer als Eins, und die langfristigen Semi-Zinselastizitäten liegen zwischen −0,006 und −0,031. Für die Realkassenhaltung $mr2_t$ bestehen Kointegrationsrelationen zum realen Bruttosozialprodukt y_t^B, dem langfristigen Wertpapierzinssatz i_t^F, dem kurzfristigen Dreimonatsgeldmarktsatz i_t^D, dem Eigenzins $i_t^{E,T}$ und/oder dem Swapsatz sw_t. Analog zu den Geldnachfragefunktionen für $mr1_t$ sind die langfristigen Semi-Zinselastizitäten für i_t^F, i_t^T und i_t^D sehr gering. Die Parameter des Swapsatzes und des Termineinlagenzins als Eigenzinssatz sind ebenfalls von geringer Größenordnung. Die langfristigen Einkommenselastizitäten liegen um den Wert 1,500.

Die Resultate für $mr1_t$ stimmen in bemerkenswerter Weise mit den Ergebnissen von Gaab/Seitz (1988) und Rüdel (1989) überein. Gaab und Seitz führen für die reale Geldmenge von M1, das reale Bruttosozialprodukt und den Geldmarktsatz im Stützbereich von 1963:1 bis 1985:4 den CRDW- und den CRADF-Test durch und erhalten Evidenz für die Existenz einer Kointegrationsbeziehung. Rüdel verwendet die genannten Zeitreihen im Stützbereich von 1961:4 bis 1987:4 und findet ebenfalls Evidenz zugunsten einer Kointegrationsbeziehung, obwohl auch die Kointegrationstests Rüdels keine eindeutige Evidenz erkennen lassen. Die Ergebnisse aus den beiden Arbeiten zeigen nicht nur auffällige Parallelen hinsichtlich des Bestehens und Nicht-Bestehens einer Kointegrationsrelation, sondern auch im Hinblick auf die Größenordnung der geschätzten langfristigen Parameter. Die Koeffizienten der Skalenvariablen sind systematisch größer als Eins und diejenigen der inländischen Zinssätze als Opportunitätskostenvariablen liegen in der Region von −0,010 bis −0,030. Solche Parameterwerte sind auch ein aus traditionellen Arbeiten zur deutschen Geldnachfragefunktionen bekanntes Ergebnis. Kointegrationsanalysen für die Realkassenhaltung von M2 auf Basis eines vergleichbar langen Stützbereichs liegen bisher nicht vor.

Der zweite Schritt des Engle-Granger-Verfahrens verlangt die Spezifikation eines Fehlerkorrekturmodells für die Variablenkombinationen, die eine Kointegrationsbeziehung aufweisen. Mit Rückgriff auf das in Abschnitt 3.2 vorgestellte Fehlerkorrekturmodell (33) hat das Modell für die Realkassenhaltung von M1 das allgemeine Aussehen:

$$\Delta mr1_t = \alpha_0 + \sum_{i=1}^{4} \alpha_i Q_i + \sum_{i=1}^{6} \alpha 1_i \Delta mr1_{t-i} + \sum_{i=0}^{6} \alpha 2_i \Delta y_{t-i} + \sum_{i=0}^{6} \alpha 3_i \Delta i^F_{t-i}$$

$$+ \sum_{i=0}^{6} \alpha 4_i \Delta i^T_{t-i} - \gamma \hat{u}1_{t-1} + \varepsilon_t \qquad (33a)$$

und dasjenige von M2:

$$\Delta mr2_t = \alpha_0 + \sum_{i=1}^{4} \alpha_i Q_i + \sum_{i=1}^{6} \alpha 1_i \Delta mr2_{t-i} + \sum_{i=0}^{6} \alpha 2_i \Delta y_{t-i} + \sum_{i=0}^{6} \alpha 3_i \Delta i^F_{t-i}$$

$$+ \sum_{i=0}^{6} \alpha 4_i \Delta i^D_{t-i} + \sum_{i=0}^{6} \alpha 5_i \Delta i^{E,T}_{t-i} + \sum_{i=0}^{6} \alpha 7_i \Delta sw_{t-i}$$

$$- \gamma \hat{u}2_{t-1} + \varepsilon_t \quad , \qquad (33b)$$

wobei $\hat{u}1_{t-1}$ und $\hat{u}2_{t-1}$ die Störgrößen aus den Kointegrationsregressionen der Realkassenhaltung von M1 respektive M2 bezeichnen. Die lag-Struktur der Fehlerkorrekturmodelle wird entsprechend der in Abschnitt 3.2 beschriebenen Spezifikationsprozedur durch die Elimination insignifikant von Null verschiedener Parameter für die verzögerten sowie unverzögerten erklärenden Variablen sukzessive vereinfacht. Ausgangspunkt sind hierzu die langfristigen Geldnachfragefunktionen aus Tabelle 13, die zur besseren Übersicht zusammen mit dem dazugehörigen Fehlerkorrekturmodell in Tabelle 14 nochmals aufgeführt sind.

Die Fehlerkorrekturmodelle für die Realkassenhaltung von M1 ((133), (134), (135)) weisen als gemeinsames Charakteristikum hohe korrigierte Bestimmtheitsmaße $\overline{R}^2$ und einen identischen Standardfehler SE auf. Die geschätzten Koeffizienten tragen ausnahmslos korrekte Vorzeichen und sind konstruktionsbedingt zumindest auf 5-prozentigem Niveau signifikant von Null verschieden. Darüber hinaus ist der Parameter des Fehlerkorrekturterms in allen Gleichungen signifikant negativ, so daß das Ergebnis der Kointegrationstests bestätigt wird. Die Werte dieser Koeffizienten sind betragsmäßig sehr gering, was eine geringe Anpassungsgeschwindigkeit der aktuellen an die langfristige

Geldnachfrage impliziert. Als weitere Eigenschaft ist hervorzuheben, daß die DW- und AR6-Statistiken die Autokorrelationsfreiheit der Residuen anzeigen und die White- sowie die ARCH-Tests keine Indizien auf unbedingte sowie autoregressiv bedingte Heteroskedastizität liefern. Auch die RESET-Tests geben keinen Hinweis auf funktionelle Fehlspezifikation. Lediglich in einem einzigen Fall (Gleichung (133)) sind Abweichungen von der Normalverteilungseigenschaft für die Residuen durch eine signifikante JB2-Statistik festzustellen. Die Lagrange-Multiplikator-Statistiken LM1 und LM6 lassen keinen Rückschluß auf ein träges Preisniveau zu, so daß von der Identifizierbarkeit der kurzfristigen Geldnachfragefunktionen auszugehen ist.

Solch gute Ergebnisse liegen für die Fehlerkorrekturmodelle der Realkassenhaltung von M2 ((136), (137), (138), (139), (140)) nicht vor. In den Fehlerkorrekturmodellen (136) und (140) entfallen im Zuge der Spezifikationsprozedur der langfristige Wertpapierzinssatz als Opportunitätskostenvariable, und in (140) ist darüber hinaus der Koeffizient des Swapsatzes inkorrekterweise signifikant positiv. Zwar entsprechen die Vorzeichen der Koeffizienten in den übrigen Modellen den a priori Vorstellungen, die Diagnosetests können aber für keines der Fehlerkorrekturmodelle übereinstimmend die wünschenswerten Eigenschaften ausweisen. Des weiteren sind die geschätzten Parameter des Fehlerkorrekturterms in den Gleichungen (136) und (139) zum 10-prozentigen Niveau insignifikant von Null verschieden, wodurch ein Widerspruch zu den Kointegrationsresultaten entsteht. Den verbleibenden Fehlerkorrekturmodellen ((137), (138), (140)) haftet dieser Mangel nicht an. Allerdings ergeben sich Indizien auf nicht-normalverteilte Residuen, funktionelle Fehlspezifikation sowie auf unbedingte und autoregressiv bedingte Heteroskedastizität. Analog zu den kurzfristigen Geldnachfragefunktionen für die Realkasse M1 liefern die Lagrange-Multiplikator-Tests für die Modelle von mr2 keine Evidenzen für die Nicht-Identifizierbarkeit der Geldnachfragefunktionen. Damit ist davon auszugehen, daß durch sämtliche Fehlerkorrekturmodelle das Geldnachfrageverhalten erfaßt wird.

Tabelle 14: Fehlerkorrekturmodelle für die Realkassenhaltung von M1 und M2 (Engle-Granger-Verfahren)

$$mr1_t = -1{,}776 + 1{,}272y_t^B - 0{,}031i_t^F - 0{,}013Q_2 - 0{,}062Q_3 - 0{,}027Q_4 + \hat{u}1_t \quad (77)$$

$$\Delta mr1_t = \underset{(4,65)}{-0{,}035} + \underset{(4,13)}{0{,}289}\Delta y_t^B - \underset{(2,76)}{0{,}009}\Delta i_t^F - \underset{(3,60)}{0{,}012}\Delta i_{t-1}^F + \underset{(2,91)}{0{,}236}\Delta mr1_{t-4} - \underset{(2,25)}{0{,}097}\hat{u}1_{t-1} + \underset{(4,70)}{0{,}055}Q_2 + \underset{(2,71)}{0{,}027}Q_3 + \underset{(6,46)}{0{,}081}Q_4 + \hat{\varepsilon}_t \quad (133)$$

$\overline{R}^2 = 0{,}923$	SE = 0,016	DW = 2,020	AR6 = 4,187
WH10 = 15,503	ARCH6 = 5,853	JB2 = 6,726**	RESET3 = 0,199
LM1 = 0,026	LM6 = 7,490	Periode: 1961:2-1989:4	

$$mr1_t = -2{,}113 + 1{,}305y_t^B - 0{,}019i_t^T - 0{,}020Q_2 - 0{,}066Q_3 - 0{,}027Q_4 + \hat{u}1_t \quad (78)$$

$$\Delta mr1_t = \underset{(4,92)}{-0{,}027} + \underset{(6,50)}{0{,}351}\Delta y_t^B - \underset{(2,95)}{0{,}008}\Delta i_t^T - \underset{(3,27)}{0{,}008}\Delta i_{t-1}^T + \underset{(2,48)}{0{,}194}\Delta mr1_{t-3} + \underset{(4,63)}{0{,}351}\Delta mr1_{t-4} - \underset{(2,16)}{0{,}086}\hat{u}1_{t-1} + \underset{(4,83)}{0{,}036}Q_2 + \underset{(6,27)}{0{,}081}Q_4 + \hat{\varepsilon}_t \quad (134)$$

$\overline{R}^2 = 0{,}923$	SE = 0,016	DW = 2,203	AR6 = 8,546
WH12 = 18,532	ARCH6 = 4,330	JB2 = 1,969	RESET3 = 2,792
LM1 = 0,041	LM6 = 5,984	Periode: 1961:2-1989:4	

Tabelle 14: Fortsetzung

$$mr1_t = -1{,}888 + 1{,}285y_t^B - 0{,}023i_t^F - 0{,}006i_t^T - 0{,}015Q_2 - 0{,}063Q_3 - 0{,}028Q_4 + \hat{u}1_t \qquad (81)$$

$$\Delta mr1_t = \underset{(4,89)}{-0{,}026} + \underset{(6,94)}{0{,}363}\Delta y_t^B - \underset{(2,87)}{0{,}009}\Delta i_t^F - \underset{(4,77)}{0{,}011}\Delta i_{t-1}^T + \underset{(2,19)}{0{,}163}\Delta mr1_{t-3} + \underset{(4,42)}{0{,}322}\Delta mr1_{t-4} - \underset{(3,13)}{0{,}129}\hat{u}1_{t-1} + \underset{(5,07)}{0{,}036}Q_2 + \underset{(6,23)}{0{,}078}Q_4 + \hat{\varepsilon}_t \qquad (135)$$

$\overline{R}^2 = 0{,}927$	SE = 0,016	DW = 2,138	AR6 = 3,031
WH12 = 15,245	ARCH6 = 4,821	JB2 = 2,284	RESET3 = 1,221
LM1 = 0,006	LM6 = 8,323	Periode: 1961:2-1989:4	

$$mr2_t = -3{,}001 + 1{,}529y_t^B - 0{,}003i_t^F - 0{,}042Q_2 - 0{,}092Q_3 - 0{,}069Q_4 + \hat{u}2_t \qquad (101)$$

$$\Delta mr2_t = \underset{(5,22)}{-0{,}034} + \underset{(3,77)}{0{,}269}\Delta y_t^B - \underset{(1,49)}{0{,}053}\hat{u}2_{t-1} + \underset{(5,01)}{0{,}051}Q_2 + \underset{(3,51)}{0{,}034}Q_3 + \underset{(10,3)}{0{,}091}Q_4 + \hat{\varepsilon}_t \qquad (136)$$

$\overline{R}^2 = 0{,}863$	SE = 0,017	DW = 1,967	AR6 = 22,336***
WH4 = 2,889	ARCH6 = 15,664**	JB2 = 8,405**	RESET3 = 23,643***
LM1 = 0,597	LM6 = 8,582	Periode: 1960:2-1989:4	

Tabelle 14: Fortsetzung

$$mr2_t = -2{,}735 + 1{,}496y^B_t - 0{,}022i^F_t + 0{,}015i^{E,T}_t - 0{,}037Q_2 - 0{,}089Q_3 - 0{,}069Q_4 + \hat{u}2_t \quad (105)$$

$$\Delta mr2_t = \underset{(3,35)}{-0{,}023} + \underset{(3,65)}{0{,}228}\Delta y^B_t - \underset{(3,30)}{0{,}011}\Delta i^F_{t-4} - \underset{(2,66)}{0{,}009}\Delta i^F_{t-5} + \underset{(2,16)}{0{,}004}\Delta i^{E,T}_t + \underset{(3,02)}{0{,}008}\Delta i^{E,T}_{t-4} + \underset{(3,19)}{0{,}268}\Delta mr2_{t-4} - \underset{(1,72)}{0{,}058}\hat{u}2_{t-1} + \underset{(3,33)}{0{,}035}Q_2 + \underset{(2,20)}{0{,}021}Q_3 + \underset{(5,32)}{0{,}061}Q_4 + \hat{\varepsilon}_t \quad (137)$$

$\overline{R}^2 = 0{,}907$ SE = 0,015 DW = 2,083 AR6 = 5,310
WH14 = 22,345* ARCH6 = 19,037*** JB2 = 2,059 RESET3 = 5,488
LM1 = 0,727 LM6 = 5,369 Periode: 1961:3-1989:4

$$mr2_t = -2{,}816 + 1{,}493y^B_t - 0{,}013i^D_t + 0{,}019i^{E,T}_t - 0{,}038Q_2 - 0{,}089Q_3 - 0{,}063Q_4 + \hat{u}2_t \quad (106)$$

$$\Delta mr2_t = \underset{(5,26)}{-0{,}024} + \underset{(7,10)}{0{,}310}\Delta y^B_t - \underset{(3,85)}{0{,}008}\Delta i^D_t - \underset{(2,93)}{0{,}007}\Delta i^D_{t-2} - \underset{(2,47)}{0{,}005}\Delta i^D_{t-3} + \underset{(4,70)}{0{,}015}\Delta i^{E,T}_t + \underset{(2,16)}{0{,}009}\Delta i^{E,T}_{t-2} + \underset{(3,64)}{0{,}262}\Delta mr2_{t-3} + \underset{(4,54)}{0{,}322}\Delta mr2_{t-4} - \underset{(2,24)}{0{,}066}\hat{u}2_{t-1} + \underset{(5,10)}{0{,}030}Q_2 + \underset{(6,79)}{0{,}073}Q_4 + \hat{\varepsilon}_t \quad (138)$$

$\overline{R}^2 = 0{,}913$ SE = 0,014 DW = 1,844 AR6 = 3,097
WH18 = 11,815 ARCH6 = 8,594 JB2 = 7,355** RESET3 = 10,259**
LM1 = 0,001 LM6 = 4,041 Periode: 1961:2-1989:4

Tabelle 14: Fortsetzung

$$mr2_t = -2{,}671 + 1{,}484y_t^B - 0{,}023i_t^F + 0{,}015i_t^{E,T} - 0{,}003sw_t - 0{,}036Q_2 - 0{,}087Q_3 - 0{,}067Q_4 + \hat{u}2_t \qquad (119)$$

$$\Delta mr2_t = \underset{(3,74)}{-0{,}025} + \underset{(3,36)}{0{,}204}\Delta y_t^B - \underset{(2,84)}{0{,}009}\Delta i_{t-4}^F - \underset{(2,84)}{0{,}009}\Delta i_{t-5}^F + \underset{(2,92)}{0{,}006}\Delta i_t^{E,T}$$

$$+ \underset{(3,07)}{0{,}008}\Delta i_{t-4}^{E,T} - \underset{(3,07)}{0{,}002}\Delta sw_t + \underset{(3,31)}{0{,}268}\Delta mr2_{t-4} - \underset{(1,32)}{0{,}044}\hat{u}2_{t-1}$$

$$+ \underset{(3,74)}{0{,}038}Q_2 + \underset{(2,58)}{0{,}023}Q_3 + \underset{(5,73)}{0{,}063}Q_4 + \hat{\varepsilon}_t \qquad (139)$$

$\overline{R}^2$ = 0,913	SE = 0,014	DW = 2,059	AR6 = 5,006
WH16 = 27,408**	ARCH6 = 13,049**	JB2 = 1,689	RESET3 = 3,988
LM1 = 0,034	LM6 = 3,418	Periode: 1961:3-1989:4	

$$mr2_t = -2{,}955 + 1{,}520y_t^B - 0{,}003i_t^F - 0{,}002sw_t - 0{,}041Q_2 - 0{,}091Q_3 - 0{,}068Q_4 + \hat{u}2_t \qquad (125)$$

$$\Delta mr2_t = \underset{(4,45)}{-0{,}020} + \underset{(6,67)}{0{,}298}\Delta y_t^B + \underset{(2,03)}{0{,}002}\Delta sw_{t-4} + \underset{(3,29)}{0{,}241}\Delta mr2_{t-3}$$

$$+ \underset{(4,87)}{0{,}365}\Delta mr2_{t-4} - \underset{(2,73)}{0{,}082}\hat{u}2_{t-1} + \underset{(3,88)}{0{,}023}Q_2 + \underset{(6,11)}{0{,}067}Q_4 + \hat{\varepsilon}_t \qquad (140)$$

$\overline{R}^2$ = 0,900	SE = 0,015	DW = 2,019	AR6 = 2,271
WH10 = 9,995	ARCH6 = 12,963**	JB2 = 0,940	RESET3 = 3,916
LM1 = 0,009	LM6 = 7,893	Periode: 1961:2-1989:4	

Zur Bedeutung der Zeitreihenkürzel siehe Tabelle 5, die Abkürzungen der Diagnosestatistiken sind in Abschnitt 3.4 erläutert und in Tabelle 3 zusammengefaßt. Δ bezeichnet den Differenzenoperator für die erste nicht-saisonale Differenz. t-Werte stehen in Klammern unter den Koeffizienten; ihre kritischen Werte für das 1-, 5- und 10-prozentige Niveau lauten 2,62, 1,98 respektive 1,66. *, **, *** bezeichnen signifikante Statistiken zum 10-, 5- und 1-prozentigen Niveau.

Im Anschluß an die Analyse der Fehlerkorrekturmodelle auf Basis des Engle-Granger-Verfahrens sollen nun Fehlerkorrekturmodelle mit Hilfe des einstufigen Stock-Ansatzes spezifiziert werden. Dazu erfolgt die Beschränkung auf jeweils eine einzige Gleichung für die Realkassenhaltung von M1 und M2. Im Fall der Gleichungen für mr1 wird auf das Modell mit dem Realeinkommen und zwei Opportunitätskostenvariablen zurückgegriffen ((81), (135)), da es im Vergleich zu den beiden anderen Modelle einen betragsmäßig höheren Koeffizienten des Fehlerkorrekturterms aufweist und damit eine ökonomisch plausiblere Anpassungsgeschwindigkeit der aktuellen an die langfristige Geldhaltung besitzt. Aus den Gleichungen für mr2 wird das Geldnachfragemodell mit dem Realeinkommen, dem Dreimonatsgeldmarktsatz und dem Eigenzins gewählt ((106), (138)). Diese Geldnachfragefunktion ist trotz signifikanter JB2- und RESET3-Statistiken den anderen Modellen beurteilt nach den übrigen Statistiken überlegen.

Die beiden Fehlerkorrekturmodelle des Stock-Ansatzes sind in Tabelle 15 wiedergegeben. Das Fehlerkorrekturmodell für mr1 (141) weist als Defizit ein inkorrektes Vorzeichen für den Parameter des Termineinlagenzinssatzes im langfristigen Bestandteil der Funktion auf. Ebenso deutet die RESET3-Statistik funktionelle Fehlspezifikation an. Demgegenüber besitzt das Fehlerkorrekturmodell für mr2 (142) ausnahmslos wünschenswerte Eigenschaften. Die geschätzten langfristigen Parameter – kursiv gedruckt – sind vorzeichenkorrekt und von plausibler Größenordnung, was auch für die Koeffizienten der erklärenden Variablen in der ersten nicht-saisonalen Differenz zutrifft. Die Regressionsgleichung besitzt einen hohen Erklärungsgehalt, autokorrelationsfreie und normalverteilte Residuen, weist keine Anzeichen für unbedingte und autoregressiv bedingte Heteroskedastizität sowie funktionelle Fehlspezifikation auf. Darüber hinaus ist wiederum von der Identifizierbarkeit der kurzfristigen Geldnachfragefunktionen auszugehen.

Tabelle 15: Fehlerkorrekturmodelle für die Realkassenhaltung von M1 und M2 (Stocks einstufiger Ansatz)

$$\Delta mr1_t = -\underset{(0{,}78)}{0{,}067} + \underset{\substack{(2{,}20)\\ \mathit{1{,}174}}}{0{,}108}y^B_{t-1} - \underset{\substack{(5{,}87)\\ \mathit{-0{,}141}}}{0{,}013}i^F_{t-1} + \underset{\substack{(2{,}79)\\ \mathit{0{,}043}}}{0{,}004}i^T_{t-1} - \underset{(2{,}43)}{0{,}092}mr1_{t-1}$$

$$+ \underset{(5{,}44)}{0{,}312}\Delta y^B_t - \underset{(3{,}06)}{0{,}009}\Delta i^F_t - \underset{(6{,}52)}{0{,}013}\Delta i^T_{t-1} - \underset{(2{,}36)}{0{,}005}\Delta i^T_{t-3}$$

$$- \underset{(6{,}29)}{0{,}336}\Delta mr1_{t-1} + \underset{(3{,}47)}{0{,}241}\Delta mr1_{t-4} + \underset{(2{,}12)}{0{,}012}Q_3 + \underset{(7{,}64)}{0{,}051}Q_4 + \hat{\varepsilon}_t \quad (141)$$

$\bar{R}^2$ = 0,942	SE = 0,014	DW = 1,967	AR6 = 4,708
WH18 = 24,034	ARCH6 = 3,687	JB2 = 0,091	RESET3 = 6,261*
LM1 = 0,002	LM6 = 7,953	Periode: 1961:2-1989:4	

$$\Delta mr2_t = -\underset{(2{,}61)}{0{,}259} + \underset{\substack{(2{,}75)\\ \mathit{1{,}512}}}{0{,}127}y^B_{t-1} - \underset{\substack{(2{,}58)\\ \mathit{-0{,}071}}}{0{,}006}i^D_{t-1} + \underset{\substack{(1{,}94)\\ \mathit{0{,}060}}}{0{,}005}i^{E,T}_{t-1} - \underset{(2{,}79)}{0{,}084}mr2_{t-1}$$

$$+ \underset{(7{,}08)}{0{,}310}\Delta y^B_t - \underset{(4{,}27)}{0{,}010}\Delta i^D_t + \underset{(4{,}23)}{0{,}017}\Delta i^{E,T}_t + \underset{(3{,}26)}{0{,}229}\Delta mr2_{t-3}$$

$$+ \underset{(4{,}74)}{0{,}338}\Delta mr2_{t-4} + \underset{(5{,}39)}{0{,}030}Q_2 + \underset{(6{,}32)}{0{,}066}Q_4 + \hat{\varepsilon}_t \quad (142)$$

$\bar{R}^2$ = 0,911	SE = 0,014	DW = 1,909	AR6 = 8,512
WH18 = 17,643	ARCH6 = 8,143	JB2 = 4,602	RESET3 = 3,264
LM1 = 0,001	LM6 = 4,718	Periode: 1961:2-1989:4	

Siehe die Erläuterungen zu Tabelle 14. Die kursiv gedruckten Zahlen repräsentieren die langfristigen Parameter, die sich nach Formel (35) berechnen.

Die Ergebnisse aus der Kointegrationsanalyse und der Untersuchung der Fehlerkorrekturmodelle lassen sich in folgenden Punkten zusammenfassen:

(1) Kointegrationsbeziehungen mit ökonomisch plausibel interpretierbaren langfristigen Geldnachfrageparametern liegen zwischen der Realkassenhaltung von M1, dem realen Bruttosozialprodukt, dem langfristigen Wertpa-

pierzins und/oder dem Termineinlagenzinssatz als Opportunitätskostenvariablen vor.

(2) Die Analyse der Variablenkombinationen für die weitgefaßte Geldmenge M2 liefert Kointegrationsbeziehungen zwischen der Zeitreihe der Realkassenhaltung von M2, dem realen Bruttosozialprodukt, dem langfristigen Wertpapierzins, dem kurzfristigen Dreimonatsgeldmarktsatz, dem Termineinlagenzins als Eigenzins und/oder dem Swapsatz.

(3) Auf Basis der analysierten Kointegrationsrelationen besitzt unter den Fehlerkorrekturmodellen für die Realkassenhaltung von M1 das Modell:

$$\begin{aligned}\Delta mr1_t = & -\underset{(4,89)}{0,026} + \underset{(6,94)}{0,363}\Delta y^B_t - \underset{(2,87)}{0,009}\Delta i^F_t - \underset{(4,77)}{0,011}\Delta i^T_{t-1} + \underset{(2,19)}{0,163}\Delta mr1_{t-3} \\ & + \underset{(4,42)}{0,322}\Delta mr1_{t-4} - \underset{(3,13)}{0,129}\hat{u}1_{t-1} + \underset{(5,07)}{0,036}Q_2 + \underset{(6,23)}{0,078}Q_4 + \hat{\varepsilon}_t\end{aligned}$$

mit der langfristigen Geldnachfragefunktion:

$$\begin{aligned}mr1_t = & - 1,888 + 1,285y^B_t - 0,023i^F_t - 0,006i^T_t - 0,015Q_2 \\ & - 0,063Q_3 - 0,028Q_4 + \hat{u}1_t\end{aligned}$$

ausnahmslos zufriedenstellende Eigenschaften. Die Konstruktion der kurz- und langfristigen Geldnachfragefunktion beruht auf dem Engle-Granger-Verfahren.

(4) Für die Realkassenhaltung von M2 genügt das Fehlerkorrekturmodell:

$$\begin{aligned}\Delta mr2_t = & -\underset{(2,61)}{0,259} + \underset{\substack{(2,75)\\ \mathit{1,512}}}{0,127}y^B_{t-1} - \underset{\substack{(2,58)\\ \mathit{-0,071}}}{0,006}i^D_{t-1} + \underset{\substack{(1,94)\\ \mathit{0,060}}}{0,005}i^{E,T}_{t-1} - \underset{(2,79)}{0,084}mr2_{t-1} \\ & + \underset{(7,08)}{0,310}\Delta y^B_t - \underset{(4,27)}{0,010}\Delta i^D_t + \underset{(4,23)}{0,017}\Delta i^{E,T}_t + \underset{(3,26)}{0,229}\Delta mr2_{t-3} \\ & + \underset{(4,74)}{0,338}\Delta mr2_{t-4} + \underset{(5,39)}{0,030}Q_2 + \underset{(6,32)}{0,066}Q_4 + \hat{\varepsilon}_t\end{aligned}$$

sämtlichen Diagnosetests und weist ökonomisch plausible Parameter auf. Stocks einstufiger Ansatz und die empirische Evidenz einer Kointegrationsbeziehung zwischen der Zeitreihe der Realkassenhaltung von M2, des realen Bruttosozialprodukts, des Dreimonatsgeldmarktsatzes und des Termineinlagenzinses liegt der Spezifikation dieses Geldnachfragemodells zugrunde.

(5) Die beiden kurzfristigen Geldnachfragefunktionen können als identifizierbar betrachtet werden, wodurch die ausschließliche Erfassung des Geldnachfrageverhaltens sichergestellt ist.

(6) In Analogie zu den auf der Basis konventioneller Geldnachfragefunktionen ermittelten Koeffizienten sind in beiden Funktionen die langfristigen Einkommenselastizitäten größer als Eins und die langfristigen Semi-Zinselastizitäten von geringer Größenordnung.

(7) Die Evidenz einer Kointegrationsbeziehung zwischen der Realkassenhaltung von M1, dem realen Bruttosozialprodukt, dem langfristigen Wertpapierzins und dem Termineinlagenzinsatz ist als Existenz einer stabilen langfristigen Geldnachfragefunktion interpretierbar. In einer analogen Interpretation liegt eine stabile langfristige Geldnachfragefunktion für die Realkassenhaltung von M2 mit dem realen Bruttosozialprodukt, dem Dreimonatsgeldmarktsatz und dem Termineinlagenzinssatz vor.

Fehlerkorrekturmodelle für die Bundesrepublik schätzten auch Boughton (1991), Boughton/Tavlas (1990), Domowitz/Hakkio (1990), Gaab/Seitz (1988), Neumann/von Hagen (1987), Rüdel (1989), Taylor (1986), Trehan (1988), von Hagen (1993) und von Hagen/Neumann (1988). Mit Ausnahme der Arbeiten von Rüdel, Trehan, Gabb und Seitz weichen die erhaltenen Gleichungen teilweise erheblich bezüglich ihrer lag-Struktur und Argumente für die langfristige Geldnachfragefunktion von den oben dargestellten Funktionen ab. Ursächlich ist dafür insbesondere eine alternative Modellierungstechnik. Anstelle mittels des Kointegrationsansatzes, zuerst auf die Existenz einer Kointegrationsbeziehung zu testen sowie die langfristigen Parameter zu schätzen und daraufhin ein Fehlerkorrekturmodell zu spezifizieren, legen die Studien von Boughton, Tavlas, Neumann, Taylor und von Hagen die bereits oben erwähnte general-to-specific Modellbildungsstrategie zugrunde. Diese Arbeiten modellieren die langfristige Beziehung und die kurzfristige Dynamik gemeinsam und sollen daher von einem Vergleich mit den erhaltenen Ergebnissen der vorliegenden Arbeit ausgeschlossen werden. Auf die Analysen von Domowitz, Hakkio und Trehan wird weiter unten im Rahmen des Subperiodenvergleichs nochmals eingegangen. Die geschätzten Koeffizienten aus den Arbeiten von Gaab/Seitz (1988) und Rüdel (1989) für die Realkassenhaltung von M1 weichen zwar von den oben ermittelten Werte ab, jedoch nicht in erheblichem Ausmaß. Ebenso ist die spezifizierte lag-Struktur ähnlich, und die ermittelten Bestimmtheitsmaße, DW-Statistiken sowie Standardfehler der Regression sind vergleichbar.

5.3. Stabilitätseigenschaften der Feedback-Geldnachfragefunktionen

Die spezifizierten Fehlerkorrekturmodelle (135) und (142) werden im vorliegenden Abschnitt mit Hilfe eines Subperiodenvergleichs, des Verfahrens rekursiver Koeffizienten und des rekursiven Chow-Tests einer Stabilitätsanalyse unterzogen. Interpretiert man ferner Kointegrationstests als Stabilitätstests für die langfristige Geldnachfragefunktion, so liegen gemäß der CRPZ-Tests von Phillips und Ouliaris stabile langfristige Geldnachfragefunktionen für alle in Tabelle 13 des vorangegangenen Abschnitts wiedergegebenen Variablenkombinationen vor. Somit können die den Fehlerkorrekturmodellen (135) und (142) zugrundeliegenden langfristigen Geldnachfragefunktionen (81) respektive (106) als stabil betrachtet werden.

Im Rahmen des Subperiodenvergleichs ist für die Zweiteilung der gesamten Stützperiode in die Teilstützbereiche von 1960:1 bis 1974:4 und von 1975:1 bis 1989:4 der geldpolitische Regimewechsel der Bundesbank am Ende des Jahres 1974 maßgebend. Tabelle 16 enthält die Ergebnisse sowohl der Kointegrationsregressionen als auch der Fehlerkorrekturmodelle für die Realkassenhaltung von M1 in beiden Subperioden. Die Kointegrationsregressionen (143) und (145) ergeben in beiden Unterperioden vorzeichenkorrekte langfristige Semi-Zins- und Einkommenselastizitäten, deren Werte im Periodenvergleich jedoch differieren. Substantielle Unterschiede offenbaren die Kointegrationstests. Während die Teststatistiken für die Regression des ersten Stützbereichs übereinstimmend zumindest auf 10-prozentigem Niveau signifikant sind, kann die Nullhypothese der Nicht-Kointegration für die Funktion des zweiten

Stützbereichs durch keine der Teststatistiken verworfen werden. Damit deuten die Kointegrationstests auf eine stabile langfristige Geldnachfragefunktion in der ersten Teilperiode hin, während für den zweiten Teilstützbereich keine stabile langfristige Geldnachfragefunktion feststellbar ist.

Dieses Resultat bekräftigen auch die Ergebnisse zu den Fehlerkorrekturmodellen (144) und (146). Die geschätzten Parameter der Fehlerkorrekturterme sind zwar beide negativ, aber lediglich derjenige des Modells für die erste Stützperiode ist auf 10-prozentigem Niveau signifikant von Null verschieden. Darüber hinaus ist der Parameter des Fehlerkorrekturterms für die erste Teilperiode betragsmäßig deutlich größer. Während die kurzfristigen Semi-Zins- und Einkommenselastizitäten im Periodenvergleich nur geringfügige Unterschiede zeigen, unterliegen die Koeffizienten der verzögerten Geldmengenterme deutlichen Veränderungen. Beurteilt nach den t-Statistiken und den Diagnosetests schneidet das Fehlerkorrekturmodell der zweiten Periode besser ab. Die LM6-Teststatistiken zeigen die Nicht-Identifizierbarkeit beider Geldnachfragefunktionen an, während die LM1-Statistiken auf die Identifizierbarkeit schließen lassen.

Tabelle 16: Ergebnisse zum Subperiodenvergleich für die Realkassenhaltung von M1 (Engle-Granger-Verfahren)

Teilstützbereich 1960-1974

$$mr1_t = -1{,}466 + 1{,}197y_t^B - 0{,}007i_t^F - 0{,}012i_t^T - 0{,}038Q_2 - 0{,}095Q_3 - 0{,}044Q_4 + \hat{u}1_t \qquad (143)$$

$\overline{R}^2 = 0{,}987$	$CRDW = 1{,}008^{***}$	$CRDF = -4{,}415^{**}$
$CRADF = -3{,}966^{*}$	$BIC^{(1)} = -7{,}867^{(1)}$	$CRADF4 = -4{,}403^{**}$
$CRPZ1 = -31{,}832^{**}$	$CRPZ3 = -31{,}407^{**}$	$CRPZ5 = -32{,}184^{**}$

Periode: 1960:1-1974:4

Tabelle 16: Fortsetzung

$$\Delta mr1_t = \underset{(3{,}29)}{-0{,}023} + \underset{(6{,}53)}{0{,}465}\Delta y^B_t - \underset{(1{,}92)}{0{,}011}\Delta i^F_t - \underset{(2{,}97)}{0{,}009}\Delta i^T_{t-1} - \underset{(0{,}87)}{0{,}089}\Delta mr1_{t-3}$$

$$+ \underset{(0{,}77)}{0{,}107}\Delta mr1_{t-4} - \underset{(1{,}99)}{0{,}222}\hat{u}1_{t-1} + \underset{(3{,}78)}{0{,}032}Q_2 + \underset{(4{,}95)}{0{,}082}Q_4 + \hat{\varepsilon}_t \qquad (144)$$

$\bar{R}^2 = 0{,}927$ SE = 0,015 DW = 2,251 AR6 = 12,283*

WH12 = 32,507*** ARCH6 = 9,508 JB2 = 0,913 RESET3 = 3,277

LM1 = 1,241 LM6 = 13,338** Periode: 1961:2-1974:4

Teilstützbereich 1975-1989

$$mr1_t = -3{,}553 + 1{,}546y^B_t - 0{,}012i^F_t - 0{,}009i^T_t + 0{,}001Q_2 - 0{,}035Q_3$$

$$- 0{,}022Q_4 + \hat{u}1_t \qquad (145)$$

$\bar{R}^2 = 0{,}920$ CRDW = 0,284 CRDF = − 1,997

CRADF = − 1,555 $BIC^{(1)} = -7{,}531^{(1)}$ CRADF4 = − 1,764

CRPZ1 = − 7,536 CRPZ3 = − 7,375 CRPZ5 = − 8,269

Periode: 1975:1-1989:4

$$\Delta mr1_t = \underset{(3{,}11)}{-0{,}032} + \underset{(2{,}66)}{0{,}349}\Delta y^B_t - \underset{(2{,}13)}{0{,}010}\Delta i^F_t - \underset{(3{,}19)}{0{,}013}\Delta i^T_{t-1} + \underset{(1{,}84)}{0{,}236}\Delta mr1_{t-3}$$

$$- \underset{(2{,}91)}{0{,}341}\Delta mr1_{t-4} - \underset{(1{,}11)}{0{,}079}\hat{u}1_{t-1} + \underset{(3{,}35)}{0{,}049}Q_2 + \underset{(3{,}57)}{0{,}088}Q_4 + \hat{\varepsilon}_t \qquad (146)$$

$\bar{R}^2 = 0{,}924$ SE = 0,017 DW = 2,046 AR6 = 5,216

WH12 = 16,828 ARCH6 = 5,513 JB2 = 0,384 RESET3 = 2,676

LM1 = 0,014 LM6 = 34,983*** Periode: 1976:2-1989:4

Siehe die Erläuterungen zu Tabelle 14. Den Kointegrationsteststatistiken liegen die kritischen Werte für T = 50 zugrunde. Die kritischen Werte der t-Statistiken für die Stützbereichslänge T = 60 zum 1-, 5- und 10-prozentigen Signifikanzniveau lauten 2,66, 2,00 und 1,67.

Tabelle 17: Ergebnisse zum Subperiodenvergleich für die Realkassenhaltung von M2 (Stocks einstufiger Ansatz)

Teilstützbereich 1960-1974

$$mr2_t = -\,1{,}820 + 1{,}313y^B_t - 0{,}018i^D_t + 0{,}033i^T_t - 0{,}045Q_2 - 0{,}116Q_3 - 0{,}071Q_4 + \hat{u}2_t \qquad (147)$$

$\overline{R}^2 = 0{,}981$	CRDW = 0,533	CRDF = – 3,165
CRADF = – 3,359	$BIC^{(1)} = -7{,}318^{(1)}$	CRADF4 = – 2,907
CRPZ1 = – 18,514	CRPZ3 = – 18,014	CRPZ5 = – 18,416

Periode: 1960:1-1974:4

$$\Delta mr2_t = \underset{(2,50)}{-\,0{,}357} + \underset{\substack{(1,97)\\ \mathit{1,778}}}{0{,}144y^B_{t-1}} - \underset{\substack{(2,87)\\ \mathit{-0,086}}}{0{,}007i^D_{t-1}} + \underset{\substack{(1,55)\\ \mathit{0,074}}}{0{,}006i^T_{t-1}} - \underset{(1,44)}{0{,}081mr2_{t-1}}$$

$$+ \underset{(7,20)}{0{,}377\Delta y^B_t} - \underset{(3,57)}{0{,}008\Delta i^D_t} + \underset{(3,26)}{0{,}016\Delta i^{E,T}_t} + \underset{(0,13)}{0{,}017\Delta mr2_{t-3}}$$

$$+ \underset{(0,71)}{0{,}084\Delta mr2_{t-4}} + \underset{(4,25)}{0{,}031Q_2} + \underset{(4,47)}{0{,}056Q_4} + \hat{\varepsilon}_t \qquad (148)$$

$\overline{R}^2 = 0{,}921$	SE = 0,012	DW = 2,180	AR6 = 3,516
WH18 = 20,974	ARCH6 = 5,500	JB2 = 0,513	RESET3 = 3,387
LM1 = 5,075**	LM6 = 16,792**	Periode: 1961:2-1974:4	

Teilstützbereich 1975-1989

$$mr2_t = -\,5{,}354 + 1{,}908y^B_t - 0{,}023i^D_t + 0{,}032i^T_t - 0{,}027Q_2 - 0{,}060Q_3 - 0{,}069Q_4 + \hat{u}2_t \qquad (149)$$

$\overline{R}^2 = 0{,}957$	CRDW = 0,606	CRDF = – 4,749**
CRADF = – 3,801*	$BIC^{(1)} = -7{,}445^{(1)}$	CRADF4 = – 3,403
CRPZ1 = – 25,465*	CRPZ3 = – 26,453*	CRPZ5 = – 28,239**

Periode: 1975:1-1989:4

Tabelle 17: Fortsetzung

$$\Delta mr2_t = -\underset{(1,45)}{0{,}770} + \underset{\substack{(1,52)\\ \mathit{2{,}000}}}{0{,}256y^B_{t-1}} - \underset{\substack{(0,99)\\ \mathit{-0{,}078}}}{0{,}010i^D_{t-1}} + \underset{\substack{(0,96)\\ \mathit{0{,}094}}}{0{,}012i^T_{t-1}} - \underset{(1,56)}{0{,}128mr2_{t-1}}$$

$$+ \underset{(4,30)}{0{,}602\Delta y^B_t} - \underset{(1,89)}{0{,}014\Delta i^D_t} + \underset{(1,71)}{0{,}022\Delta i^{E,T}_t} + \underset{(0,54)}{0{,}069\Delta mr2_{t-3}}$$

$$+ \underset{(2,00)}{0{,}217\Delta mr2_{t-4}} + \underset{(2,05)}{0{,}021Q_2} + \underset{(1,96)}{0{,}042Q_4} + \hat{\varepsilon}_t \qquad (150)$$

$\overline{R}^2 = 0{,}919$	SE = 0,014	DW = 1,883	AR6 = 10,454
WH18 = 14,605	ARCH6 = 3,099	JB2 = 2,205	RESET3 = $14{,}681^{***}$
LM1 = $5{,}126^{**}$	LM6 = $11{,}678^{*}$	Periode: 1976:2-1989:4	

Siehe die Erläuterungen zur Tabelle 15. Die kursiven Werte repräsentieren langfristige Parameter gemäß Formel (35).

Die Ergebnisse zum Subperiodenvergleich für die Fehlerkorrekturmodelle auf der Basis des einstufigen Stock-Ansatzes enthält Tabelle 17. Um auch für die Funktion der Realkassenhaltung von M2 in den Teilperioden eine Aussage zur Stabilität der langfristigen Geldnachfragefunktion zu bekommen, sind die Kointegrationsregressionen - obwohl diese für die Konstruktion der Stockschen Fehlerkorrekturmodelle nicht erforderlich sind - inclusive der Kointegrationsteststatistiken in Tabelle 17 aufgeführt. Im Unterschied zur Geldnachfragefunktion für M1 nehmen die Phillips-Ouliaris-Tests für die erste Teilperiode übereinstimmend die Nullhypothese der Nicht-Kointegration an und lehnen sie in der zweiten Unterperiode übereinstimmend ab. Somit ist lediglich in der zweiten Unterperiode von einer stabilen langfristigen Geldnachfragefunktion auszugehen.

Die langfristigen Parameter aus den Schätzgleichungen der Fehlerkorrekturmodelle (148) und (150) - wiederum kursiv gedruckt - sind vorzeichenkorrekt und zeigen keine großen Diskrepanzen im Subperiodenvergleich. Allerdings ist im langfristigen Bestandteil der Schätzgleichung der ersten Teilperiode der Koeffizient des Termineinlagenzinssatzes zum 10-prozentigen Niveau insignifikant von Null verschieden, und in der zweiten Unterperiode sind sämtliche

Parameter des langfristigen Bestandteils insignifikant von Null verschieden. Ebenso fallen sehr hohe Werte für die langfristige Einkommenselastizität auf. Die kurzfristigen (Semi-) Elastizitäten weisen gegenüber den langfristigen Parametern deutlichere Unterschiede auf. Während die Diagnosetests nur mit einer einzigen Ausnahme den Residuen die wünschenswerten Eigenschaften zuweisen, ist aufgrund signifikanter LM1- und LM6-Statistiken von der Nicht-Identifizierbarkeit der kurzfristigen Geldnachfragefunktionen in beiden Teilperioden auszugehen.

Zusammenfassend läßt der Subperiodenvergleich folgendes Fazit zu:

(1) Für die Geldnachfragefunktion der Realkassenhaltung von M1 zeigt sich überwältigende Evidenz zugunsten der Existenz einer Kointegrationsbeziehung ausschließlich in der ersten Teilperiode. Demgegenüber lehnen die Phillips-Ouliaris-Kointegrationstests die Nullhypothese der Nicht-Kointegration für die Gleichung der Realkassenhaltung von M2 im zweiten Teilstützbereich übereinstimmend ab. Für die Realkassenhaltung von M1 liegt somit eine stabile langfristige Geldnachfragefunktion nur in der ersten Teilstützperiode und für die Realkassenhaltung von M2 lediglich in der zweiten Teilstützperiode vor.

(2) Für die Funktion der Realkassenhaltung von M1 und M2 ist in den Teilperioden von Nicht-Identifizierbarkeit auszugehen.

(3) Durch zum Teil sehr unterschiedliche Parameterwerte sowie Signifikanzniveaus in den Fehlerkorrekturmodellen ergeben sich erste Indizien für die funktionelle Instabilität der untersuchten Geldnachfragefunktionen.

Schätzungen von Fehlerkorrekturmodellen in Unterperioden für die deutsche Realkassenhaltung von M1 legen auch Domowitz/Hakkio (1990) vor. Wenngleich sich die Fehlerkorrekturmodelle hinsichtlich der lag-Struktur und der verwendeten Argumente von denen aus Tabelle 16 deutlich unterscheiden, stellen die Autoren für die beiden Unterperioden von 1961:3 bis 1972:4 und von 1977:1 bis 1985:1 unterschiedliche kurz- und langfristige Einkommens- sowie Semi-Zinselastizitäten fest. Domowitz und Hakkio führen keine Kointegrationstests durch, die einen Vergleich zu den obigen Ergebnissen ermöglichen würden.

Gaab/Seitz (1988) schätzen für vier nicht-überlappende Teilperioden im Stützbereich von 1962:1 bis 1985:4 Fehlerkorrekturmodelle für die Realkassenhaltung von M1, die zwar nicht explizit auf Stocks einstufigem Ansatz basieren, aber der Struktur dieser Modelle sehr ähneln. In Übereinstimmung mit den Resultaten aus Tabelle 16 entsprechen die Vorzeichen in sämtlichen Modellen den a priori Vorstellungen. Ferner sind für die Schätzwerte der Parameter Schwankungen festzustellen. Im Unterschied zu den obigen Resultaten stellen die Autoren zusätzlich für diese Teilstützbereiche einen insignifikanten Einfluß der Zinsvariablen in der ersten nicht-saisonalen Differenz fest. Darüber hinaus ist der Koeffizient des realen Bruttosozialprodukts in Stützbereichen beginnend im Jahr 1974 nicht signifikant von Null verschieden. Die Kointegrationsresultate von Trehan (1988) für den Stützbereich von 1975:1 bis 1986:4 in Form der Annahme der Nullhypothese der Nicht-Kointegration für die Geldnachfragefunktion von M1 bekräftigen ebenso die vorliegenden Ergebnisse.

Weitere Informationen über die Entwicklung der Geldnachfrageparameter im Zeitablauf sollen nun die Zeitpfade der Parameter aus den rekursiv geschätzten Kointegrations- sowie Fehlerkorrekturmodellen geben. Der erste Stützbereich zur Ermittlung der Zeitpfade beträgt für die Kointegrationsregression (81) 1960:1 bis 1965:4 und für die Fehlerkorrekturmodelle (135) sowie (142) 1961:2 bis 1965:4. Die Resultate sind in den Abbildungen 1 und 2 aufgeführt. Aus der Entwicklung der rekursiv geschätzten Parameter geht hervor, daß anfänglich relativ stark schwankende und/oder vorzeicheninkorrekte Parameter in der Mitte und am Ende der siebziger Jahre von relativ stabil verlaufenden Zeitpfaden abgelöst werden. Dies trifft sowohl für die lang- als auch kurzfristigen Semi-Zinselastizitäten und die Einkommenselastizität der Realkassenhaltung von M2 zu. Für die langfristige Einkommenselastizität der Realkassenhaltung von M1 ist ein tendenzieller Anstieg feststellbar.

Im Anschluß an die rekursive Schätzung der Kointegrations- und Fehlerkorrekturmodelle werden abschließend die rekursiven Chow-Tests implementiert. Der erste Stützbereich für die Fehlerkorrekturmodelle (135) und (142) umfaßt 1961:2 bis 1965:1. Ausgehend von dieser Periode wird der aktuelle Rand mit jeder Rekursion um eine einzige Beobachtung unter Beibehaltung des historischen Randes erweitert.

Abbildung 1: Zeitpfade der geschätzten Parameter für die Realkassenhaltung von M1 (Engle-Granger-Verfahren)

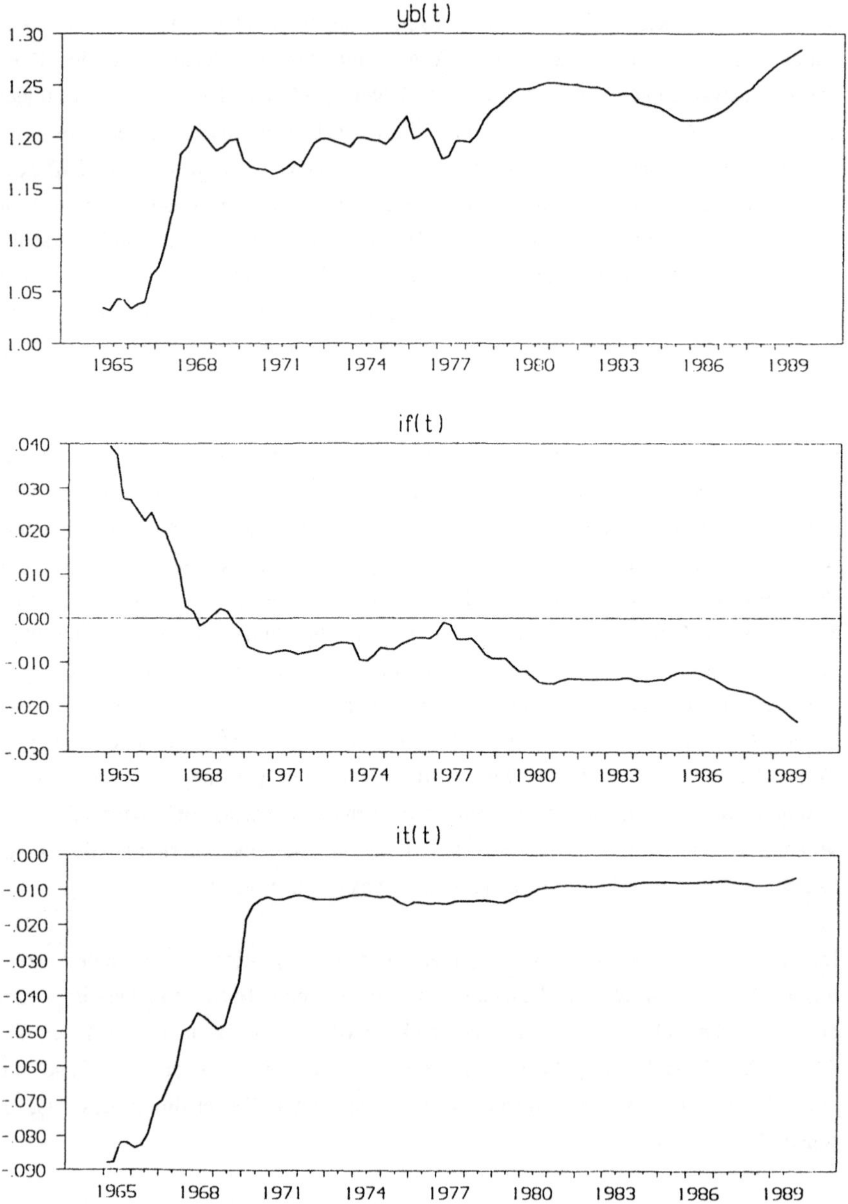

Abbildung 1: Fortsetzung

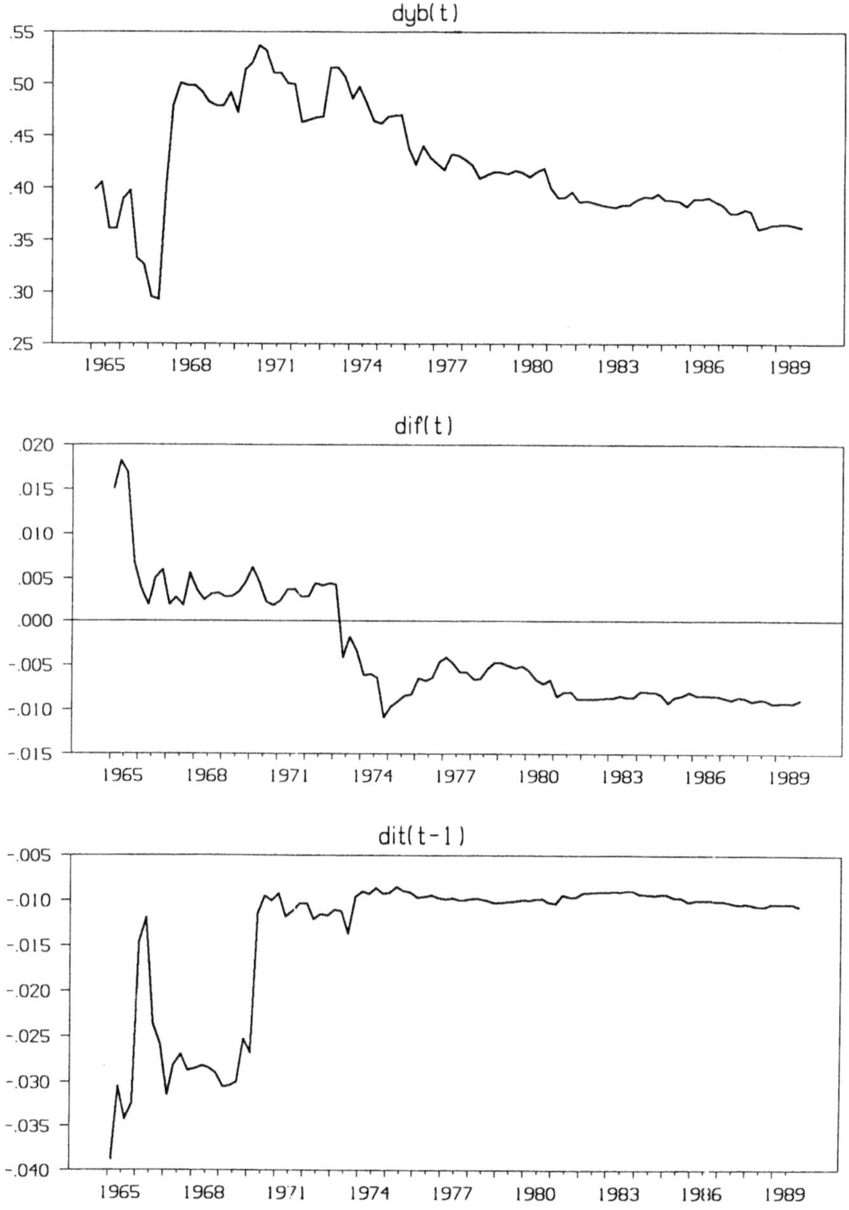

Abbildung 1: Fortsetzung

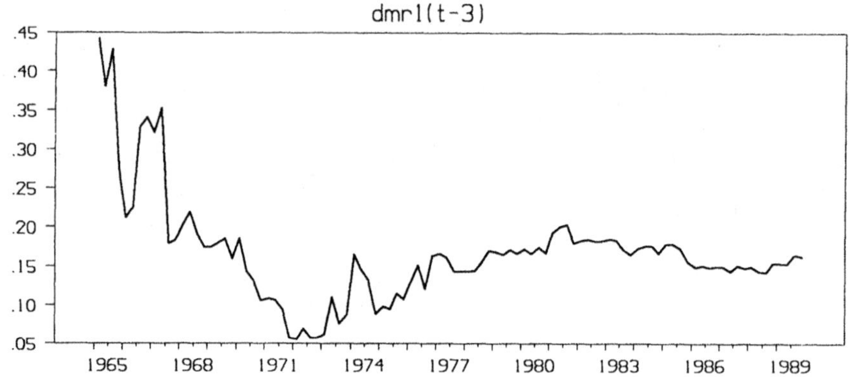

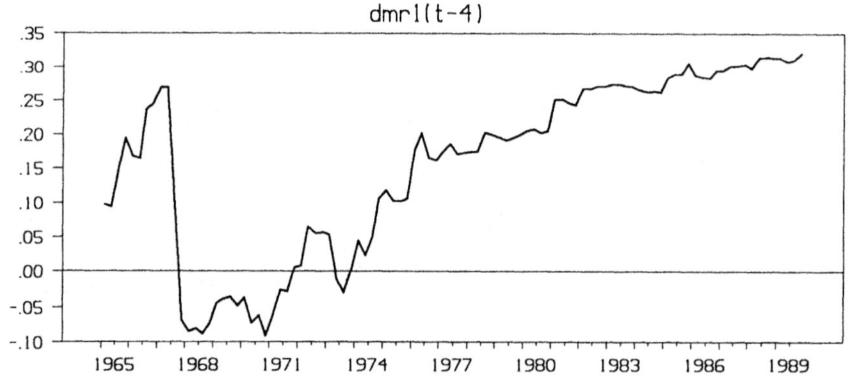

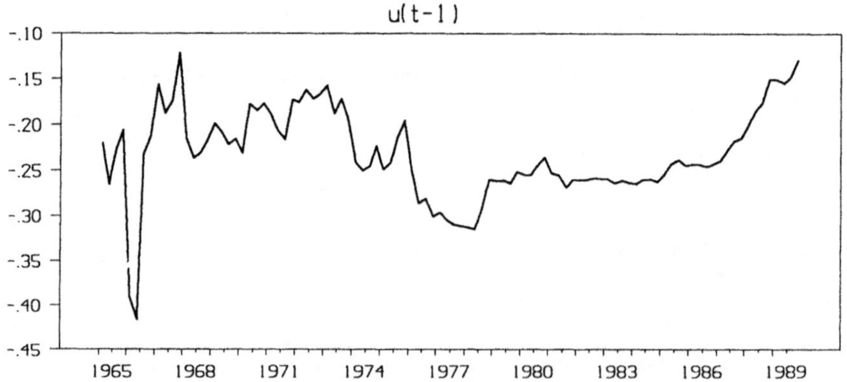

Abbildung 2: Zeitpfade der geschätzten Parameter für die Realkassenhaltung von M2 (Stocks einstufiger Ansatz)

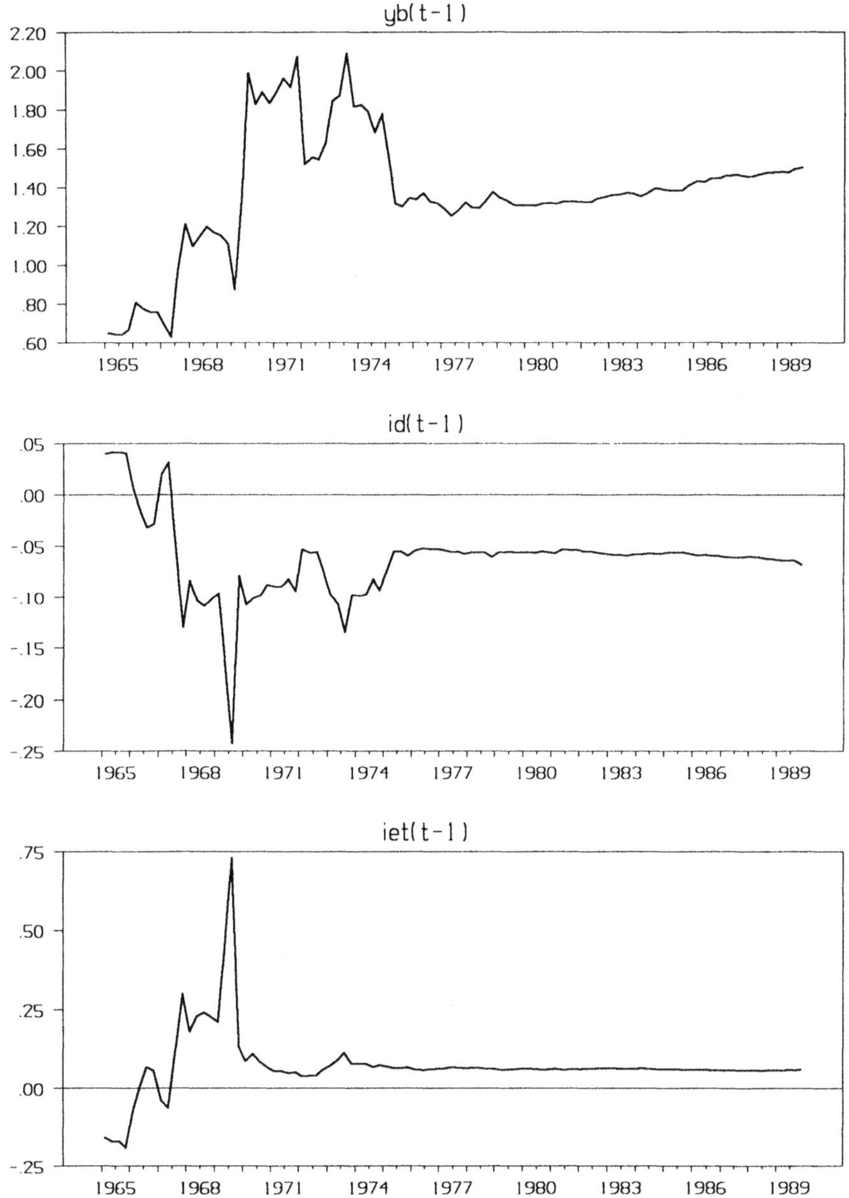

Abbildung 2: Fortsetzung

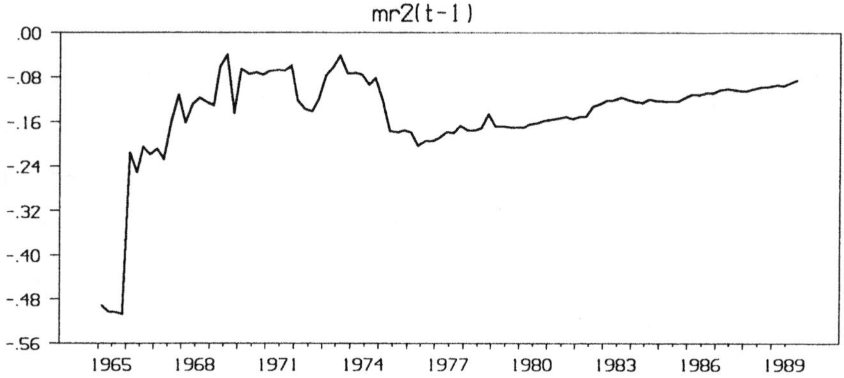

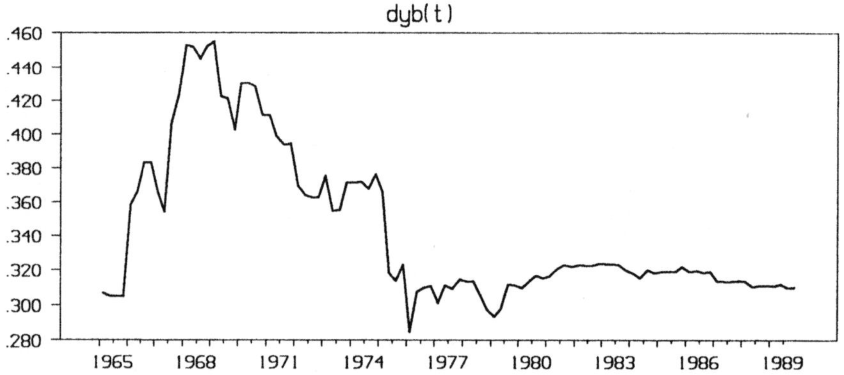

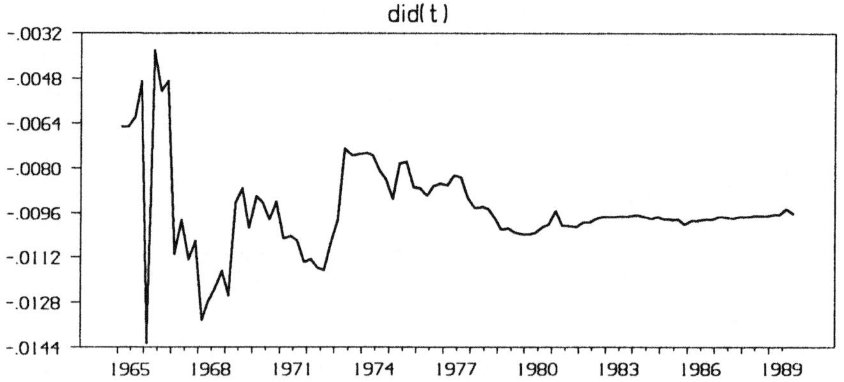

Abbildung 2: Fortsetzung

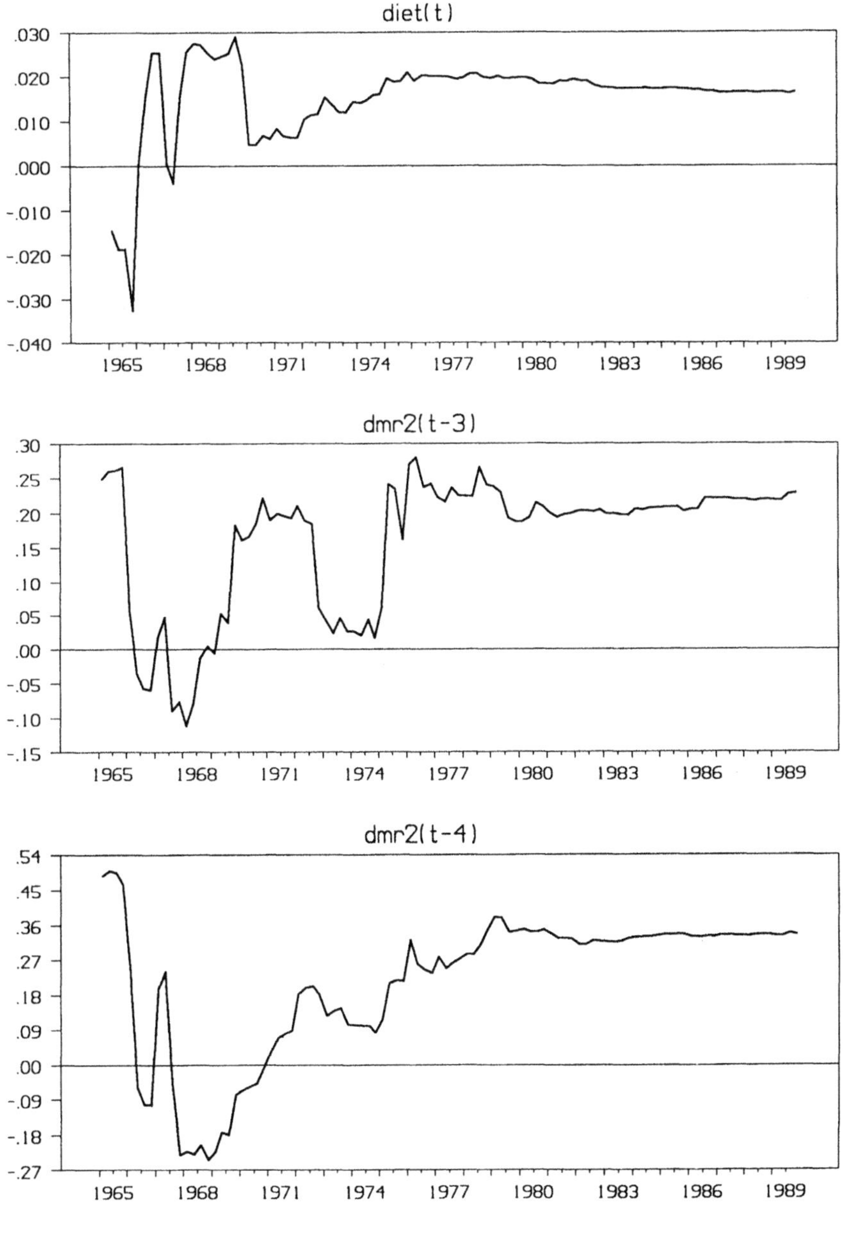

Die Stabilitätsanalyse mit Hilfe rekursiver Chow-Tests bekräftigt die Vermutung der Instabilität für die kurzfristigen Geldnachfragefunktionen von M1 und M2. Wie aus Tabelle 18 hervorgeht, treten signifikante F-Statistiken zum 5- und 1-prozentigen Niveau für das Fehlerkorrekturmodell der Realkassenhaltung von M1 (135) in den sechziger, siebziger und achtziger Jahren auf. Für das Fehlerkorrekturmodell der Geldnachfrage von M2 (142) finden sich im Vergleich weniger Strukturbrüche. Läßt man die Strukturbrüche in der Mitte der sechziger Jahre aufgrund der geringen Beobachtungsanzahl außer Acht, ist eine Kumulation funktioneller Instabilitäten Mitte der siebziger Jahre für das Modell der Realkassenhaltung von M1 feststellbar. Zwar besitzt auch das Modell für M2 einen Strukturbruch zur Zeit des geldpolitischen Regimewechsels der Bundesbank im Jahre 1975, die überwiegende Anzahl signifikanter F-Statistiken finden sich aber am Ende der sechziger und am Anfang der siebziger Jahre. Für keines der analysierten Fehlerkorrekturmodelle treten Strukturbrüche zum Zeitpunkt des Eintritts in das Europäische Währungssystem auf.

Um auch für die Resultate der rekursiven Chow-Tests zu einem Resümee zu gelangen, seien drei Punkte festgehalten:

(1) Für die Geldnachfragefunktion der Realkassenahltung von M1 und M2 zeigen sich durch die Analyse mit Hilfe des rekursiven Chow-Tests statistisch belegbare Abweichungen von der Hypothese der Strukturkonstanz.

(2) Das Fehlerkorrekturmodell für die Realkassenhaltung von M1 weist Strukturbrüche in den sechziger, siebziger und achtziger Jahren, überwiegend aber in der Mitte der siebziger Jahre auf.

(3) Für das Modell der Realkassenhaltung von M2 lassen sich Instabilitäten vermehrt am Ende der sechziger und am Anfang der siebziger Jahre feststellen.

Tabelle 18: Ergebnisse der rekursiven Chow-Tests für die Fehlerkorrekturmodelle der Realkassenhaltung von M1 und M2

Fehlerkorrekturmodell	Strukturbruch-zeitpunkt	Chow-Statistik
Δmr1, Engle-Granger-Verfahren, (135)	1965:4	$F(1,\ 10) = 16{,}48^{***}$
	1967:3	$F(1,\ 17) = 4{,}60^{**}$
	1970:2	$F(1,\ 28) = 6{,}87^{**}$
	1973:2	$F(1,\ 40) = 10{,}94^{***}$
	1973:4	$F(1,\ 42) = 6{,}40^{**}$
	1974:4	$F(1,\ 46) = 5{,}21^{**}$
	1976:1	$F(1,\ 51) = 5{,}46^{**}$
	1984:1	$F(1,\ 83) = 7{,}61^{**}$
	1985:1	$F(1,\ 87) = 4{,}16^{**}$
	1988:4	$F(1,\ 102) = 4{,}34^{**}$
Δmr2, Stocks einstufiger Ansatz, (142)	1966:1	$F(1,\ 8) = 20{,}46^{***}$
	1967:1	$F(1,\ 12) = 6{,}33^{**}$
	1969:2	$F(1,\ 21) = 6{,}77^{**}$
	1969:4	$F(1,\ 23) = 11{,}03^{***}$
	1972:1	$F(1,\ 32) = 8{,}67^{***}$
	1972:4	$F(1,\ 35) = 4{,}68^{**}$
	1975:2	$F(1,\ 45) = 18{,}03^{***}$

, * bezeichnen signifikante Statistiken zum 5- respektive 1-prozentigen Niveau und F(1, x) die Werte der Chow-Statistik mit einem einzigen Freiheitsgrad im Nenner und x Freiheitsgraden im Zähler.

Die Stabilitätsanalyse ist mit den Resultaten zu den rekursiven Chow-Tests abgeschlossen. Resümierend betrachtet, bestätigen die vorliegenden Ergebnisse zu den Stabilitätseigenschaften eher die Resultate von Gaab/Seitz (1988) als diejenigen von Neumann/von Hagen (1987). In Übereinstimmung mit den aus Abschnitt 2.3 bekannten Ergebnissen zu konventionellen Geldnachfragefunktionen zeigen auch die im vorliegenden Kapitel spezifizierten Fehlerkorrekturmodellen Abweichungen von der Hypothese der Strukturkonstanz. Instabilitäten treten in beiden Geldnachfragemodellen vermehrt am Anfang und in der Mitte der siebziger Jahre auf.

Die Evidenz instabiler Feedback-Geldnachfragemodelle für die Realkassenhaltung von M1 und M2 wirft die Frage auf, ob durch Forward-Looking-Modelle Geldnachfragefunktionen mit überlegeneren Stabilitätseigenschaften ableitbar sind. Die im weiteren untersuchten Forward-Looking-Modelle sind aus der Debatte um die Buffer-Stock-Modelle der Geldnachfrage entstanden, so daß es sich anbietet, im nächsten Kapitel diese Modelle und die verfügbare empirische Evidenz darzustellen. Im Anschluß daran werden Forward-Looking-Funktionen abgeleitet, Verfahren zu ihrer Schätzung präsentiert und schließlich für die Bundesrepublik empirisch evaluiert.

6. Shock-Absorber-Modelle als Vorläufer des Forward-Looking-Ansatzes

Neben der Arbeit Laidlers (1984) geht der maßgebliche Impuls zur Diskussion über die Bedeutung von Shock-Absorber-Argumenten in Geldnachfragefunktionen auf die Studie von Carr/Darby (1981) zurück. Zusätzlich zu einigen Verästelungen hat sich die Buffer-Stock-Literatur insbesondere mit dem Carr-Darby-Geldnachfragemodell intensiv und kontrovers auseinandergesetzt, was durch eine Anzahl von Folgearbeiten dokumentiert wird. Diese Studien ergänzen die empirische Evidenz von Carr und Darby durch die Analyse weiterer Staaten und experimentieren mit alternativen Zeitreihen sowie Verfahren. Darüber hinaus ist im nachhinein eine konsequente modelltheoretische Fundierung der Carr-Darby-Gleichung gelungen, und das ursprüngliche Geldnachfragemodell wurde einer weitreichenden Kritik unterzogen.

Das vorliegende Kapitel faßt die Diskussion zum Carr-Darby-Modell als Vorläufer des Forward-Looking-Ansatzes zusammen. Es bietet sich hierzu an, in Abschnitt 6.1 zunächst die von Shock-Absorber-Modellen unterstellte Eigenschaft des Geldes als Buffer-Stock zu erläutern. Abschnitt 6.2 stellt die originären Shock-Absorber-Ansätze und Abschnitt 6.3 die Geldnachfragefunktion von Carr und Darby dar. Nachdem sich Abschnitt 6.4 der theoretischen Fundierung des Carr-Darby-Modells durch Preisrigiditäten widmet, präsentieren die Abschnitte 6.5 sowie 6.6 die Kritik an den Verfahren zur Schätzung des Geldnachfragemodells. Ferner enthält Abschnitt 6.6 die aktuellsten Entwicklungen in der Diskussion über das Carr-Darby-Modell. Die von den einzelnen Studien hervorgebrachte empirische Evidenz wird in den jeweiligen Abschnitten zusammenfassend dargestellt.

6.1. Die Buffer-Stock-Eigenschaft des Geldes

Grundlegend für das Buffer-Stock-Konzept ist das Postulat der Existenz von Transaktions- und Informationskosten sowie die Annahme, daß das Aktivum Geld unter den Portfoliobestandteilen der Absorption von Schocks dient. Schocks können die Gestalt von unerwarteten Einnahmen oder Ausgaben sowie nicht-antizipierten Geldangebotsänderungen haben. Aufgrund der Liquiditätseigenschaft sind Anpassungen der Kassenhaltung im Vergleich zu Veränderungen der

Bestände nicht-finanzieller und illiquider finanzieller Aktiva mit niedrigeren Kosten verbunden. Daher führen unerwartete, als transitorisch erachtete Zahlungsein- oder -ausgänge zumindest partiell zu einem temporären Auf- respektive Abbau der Kassenhaltung.

Eine sofortige Anpassung illiquider finanzieller und nicht-finanzieller Portfoliobestandteile und deren Revision in der folgenden Periode zieht demgegenüber höhere Kosten nach sich und wird sinnvollerweise unterlassen. Stattdessen nehmen Transakteure unerwartete, transitorische Einzahlungen freiwillig in ihrer Kassenhaltung auf, um sie in den folgenden Perioden auf ein weites Spektrum alternativer Aktiva verteilen zu können. Geld fungiert als Puffer und ermöglicht Transakteuren, auf kurzfristige und vergleichsweise kostspielige Anpassungen anderer Portfolioposten zu verzichten. Damit dulden Transakteure temporäre Abweichungen der gewünschten von der tatsächlichen Kassenhaltung. Entsprechend unterstellen Buffer-Stock-Modelle, daß sich die tatsächliche Kassenhaltung aus einer gewünschten bzw. geplanten Komponente sowie einem ungeplanten Bestandteil, der Buffer-Stock- oder Shock-Absorber-Komponente, zusammensetzt (Goodhart (1984), S. 255 f., Laidler (1984), S. 18 f.).

Judd (1983) greift zur Darstellung der Buffer-Stock-Eigenschaft des Geldes auf das Modell von Miller/Orr (1966) zurück. Miller und Orr entwickeln ein Lagerhaltungsmodell für die Kassenhaltung vom Baumol-Tobin-Typ (Baumol (1952), Tobin (1956)), in dem die Zahlungsströme keinen deterministischen, sondern stochastischen Charakter besitzen. Analog zum Baumol-Tobin-Modell unterstellen die Autoren zur Ableitung der optimalen Kassenhaltung eine Kostenfunktion, die bezüglich der Gesamtkosten bestehend aus den Opportunitätskosten der Geldhaltung und den Transaktionskosten des Umtauschs von Geld in zinstragende Aktiva et vice versa minimiert wird. Im Unterschied zum Modell von Baumol und Tobin resultiert aus dem Optimierungskalkül jedoch kein exakter Ausdruck für das optimale Kassenhaltungsniveau vergleichbar dem bekannten Square-Root-Law, sondern ein durch eine Ober- und Untergrenze markierter Bereich der Geldhaltung. Die beiden Grenzen hängen positiv von der Höhe der Transaktionskosten und der Varianz der Zahlungseingänge sowie negativ von der Höhe der Opportunitätskosten der Geldhaltung ab.[69]

---

[69] Siehe hierzu auch die Modifikationen des Miller-Orr-Modells von Akerlof

Abbildung 3: Kassenhaltung im Miller-Orr-Modell

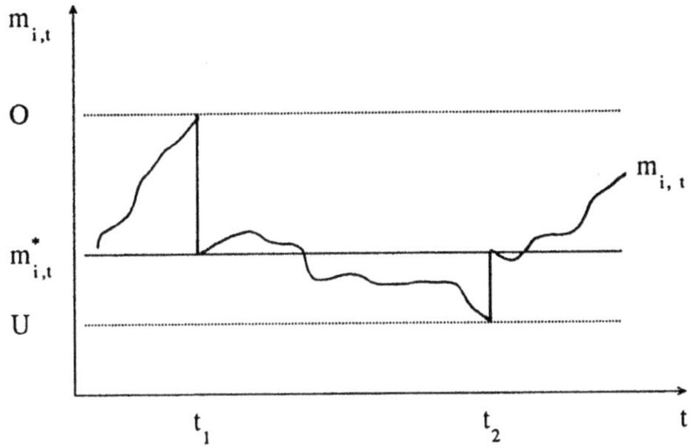

Die Implikationen des Miller-Orr-Modells für die Entwicklung der Kassenhaltung können anhand der Abbildung 3 verdeutlicht werden. In Abbildung 3 sind die obere und untere Grenze des Geldhaltungsbereichs durch die Linien O und U gekennzeichnet; $m^*_{i,t}$ repräsentiert die langfristig gewünschte individuelle Kassenhaltung und $m_{i,t}$ die tatsächliche Kassenhaltung des Transakteurs i.[70] Das herausragende Charakteristikum des Modells besteht darin, daß die aktuelle Geldhaltung zu jedem Zeitpunkt von der gewünschten Kassenhaltung abweichen kann, ohne daß der Transakteur auf diese Diskrepanz reagiert. Infolge der Existenz von Anpassungskosten verzichtet der Geldhalter auf Portfolioanpassungen und duldet Fluktuationen der Kassenhaltung in den Grenzen O sowie U. Erreicht die aktuelle Kassenhaltung allerdings die obere Grenze O zum Zeitpunkt t_1, kauft der Transakteur finanzielle und/oder nicht-finanzielle Aktiva und reduziert dadurch die aktuelle auf die gewünschte Geldhaltung. Fällt hingegen die Kassenhaltung zum Zeitpunkt t_2 auf das durch die untere Grenze U markierte Minimum, werden Portfoliobestandteile liquidiert, um den Kassenbestand aufzustocken und auf die gewünschte Höhe $m^*_{i,t}$ zurückzufahren

---

(1979), Gray/Parkin (1973), Milbourne (1983a), Milbourne et al. (1983) und Weinrobe (1972).

[70] Aus dem Optimierungsansatz von Miller und Orr läßt sich ableiten, daß das Niveau der langfristig gewünschten Kassenhaltung ein Drittel der Obergrenze beträgt (Miller/Orr (1966), S. 424).

(Heri (1986), S. 152 f., Judd (1983), S. 39 ff., Milbourne (1987), S. 131 f.).

Aufgrund möglicher Assoziationen zum Konstrukt der Vorsichtskasse aus der keynesianischen Analyse ist darauf hinzuweisen, daß die Buffer-Stock-Sicht des Geldes nicht als eine Neuauflage der Kassenhaltung aus dem Vorsichtsmotiv interpretiert werden kann. Nach Keynes (1936) halten Transakteure zusätzlich zur Kasse aufgrund des Transaktions- und Spekulationsmotivs einen Bestand an Vorsichtskasse, um unvorhersehbare Ausgaben zu bestreiten und Kosten der Illiquidität zu vermeiden. Im Unterschied dazu betrachtet die Buffer-Stock-Literatur unerwartete Geldangebotsänderungen und/oder Einkommensschocks, die in die Kassenhaltung zunächst aufgenommen und daraufhin verausgabt werden. Die Transakteure halten keinen Anteil des Einkommens als Kasse aus Vorsichtserwägungen (Caramazza et al. (1990), S. 395).

Ebenso ist eine Abgrenzung zu den Ungleichgewichtsansätzen der Geldnachfrage vom Artis-Lewis-Typ (Andersen (1985), Artis/Lewis (1976), Kohli (1987)) angebracht, da sich in der Literatur auch der Begriff "disequilibrium money approach" als Synonym für Buffer-Stock-Ansatz findet. Beide Ansätze sind konzeptionell sehr unterschiedlich. Ungleichgewichtsansätze unterstellen explizit eine Diskrepanz zwischen der kurzfristig gewünschten Kassenhaltung m_t^D und dem aktuellen Geldangebot m_t, so daß die in Abschnitt 2.1 für konventionelle Geldnachfragefunktionen postulierte Gleichgewichtsbedingung (17) nicht gilt: $m_t^D \neq m_t$. Demgegenüber zerlegen die Buffer-Stock-Ansätze die aktuelle Geldhaltung in einen geplanten bzw. gewünschten Bestandteil und eine transitorische Komponente m_t^T: $m_t = m_t^D + m_t^T$. Dabei wird keine Ungleichgewichtssituation auf dem Geldmarkt unterstellt (Cuthbertson (1989), S. 122 f.).

Zur Beschreibung des Buffer-Stock-Prinzips auf makroökonomischer Ebene benutzt Laidler (1984) Friedmans (1969) Hubschrauber Beispiel. Durch eine unerwartete Erhöhung der nominalen Geldmenge übersteigt die tatsächliche reale Geldnachfrage die gewünschte Realkassenhaltung, was zu einer erhöhten Nachfrage nach Gütern und Dienstleistungen sowie im Zuge dessen zu Preissteigerungen führt. In einer durch langfristige Neutralität gekennzeichneten Volkswirtschaft enden die Nachfrage- und damit verbundenen Preiserhöhungen, wenn die Realkassenhaltung auf das anfängliche Niveau gesunken ist und die tatsächliche mit der gewünschten Geldnachfrage übereinstimmt (Laidler

(1984), S. 19 f.). Während die unerwartete exogene Erhöhung der Geldmenge langfristig keinerlei Wirkung auf die Realkassenhaltung hat, besteht kurzfristig eine Diskrepanz zwischen tatsächlicher und gewünschter Realkasse, da sich Preise nicht sofort anpassen. Verfechter des Buffer-Stock-Ansatzes unterstellen, daß die Periode des Pufferabbaus hinreichend lang ist, um empirisch relevant zu sein (Milbourne (1988), S. 188).

Die durch Veränderungen der Kassenhaltung bedingten Anpassungskosten sind aufgrund der Liquiditätseigenschaft des Geldes geringer als die durch Änderungen anderer illiquider finanzieller und nicht-finanzieller Aktiva entstehenden Anpassungskosten. Transakteure halten daher freiwillig transitorische Geldbestände bei unverändertem Niveau von Einkommen, Zinssätzen und weiteren Determinanten der Geldnachfrage. Für die Diskussion um die Eigenschaften traditioneller Geldnachfragefunktionen hat das Buffer-Charakteristikum des Geldes zwei Implikationen.[71] Erstens, falls Buffer-Stock-Kassenbestände ein substantieller und volatiler Bestandteil der gesamten Geldhaltung des Publikums sind, kann ihre Nichtberücksichtigung in traditionellen Geldnachfragefunktionen ursächlich für Parameterinstabilitäten sein. Die aktuelle Kassenhaltung besteht aus einer geplanten und ungeplanten Komponente, die beide einer adäquaten Modellierung bedürfen (Boughton/Tavlas (1990), S. 435).

Zweitens, hält das Publikum zumindest partiell unerwartete Änderungen des Geldangebots als Kasse, muß ein Überschießen des Zinses über den langfristigen Wert nicht resultieren. Die Eigenschaft kurzfristig überschießender Zinsen ergibt sich aus der spezifischen Konstruktion traditioneller Geldnachfragefunktionen auf der Basis des partiellen Anpassungsmodells. Unerwartete Variationen des Geldangebots erfordern zur Sicherstellung eines permanenten Gleichgewichts zwischen gewünschter Geldhaltung und dem Geldangebot eine kompensatorische Veränderung der erklärenden Argumente der Geldnachfragefunktion. Aufgrund der im Vergleich zum Realeinkommen und dem Preisniveau hohen kurzfristigen Flexibilität der Preise für Finanzaktiva fällt dem Zinssatz in diesem Zusammenhang eine besondere Rolle zu. Um sicherzustellen, daß

[71] Neben den Implikationen für die Geldnachfragefunktion ergeben sich durch die Interpretation des Geldes als Buffer-Stock auch Implikationen für die Bestimmung des Zinses (Bain/McGregor (1985), S. 390 ff., Laidler (1984), S. 22 ff.) und die Eigenschaften des Transmissionsmechanismuses geldpolitischer Maßnahmen (Judd (1983), S. 40, Laidler (1987), S. 14 ff.)

die Geldmengenänderung in die gewünschte Kassenhaltung aufgenommen wird, muß kurzfristig ceteris paribus der Zinssatz von seinem langfristigen Gleichgewichtswert abweichen. Nicht die Abweichung per se ist problematisch, sondern ihre unplausible Größenordnung. Liegt ein Wert der Anpassungselastizität in Höhe von 0,10 vor - ein Wert, der sehr häufig in empirischen Studien zur Goldfeld-Gleichung ermittelt wird -, haftet der traditionellen Geldnachfragefunktion ein kurzfristiges Zinssatz-Overshooting an, das die langfristige Reaktion um den Faktor 10 übersteigt.[72] Ein Zins-Overshooting wird jedoch nicht als spezifisches Charakteristikum von Finanzmärkten angesehen (Cuthbertson (1989), S. 125, Cuthbertson/Taylor (1987a), S. 103, Goodhart (1984), S. 258 f., Judd/Scadding (1982a), S. 22).[73]

6.2. Originäre Shock-Absorber-Modelle

Die American Economic Review Artikel von Darby (1972) und Santomero/Seater (1981) sind die ersten Studien, die sich explizit auf die Buffer-Stock-Eigenschaft des Geldes stützen und auf dieser Basis eine Geldnachfragefunktion ableiten. Sie zählen zu den originären Shock-Absorber-Modellen und repräsentieren die Vorgänger des Carr-Darby-Ansatzes. Darby untersucht die Allokation des transitorischen bzw. unerwarteten Einkommens auf alternative finanzielle und nicht-finanzielle Aktiva, wobei von transitorischem Konsum nicht-langlebiger Güter abstrahiert wird. Für die Analyse der Geldnachfrage ist die Hypothese von zentraler Bedeutung, daß die Realkassenhaltung einen Teil des unerwarteten Einkommens absorbiert, der daraufhin mit einer konstanten Rate für langlebige Konsumgüter und finanzielle Aktiva allmählich verausgabt wird. Die Shock-Absorber-Hypothese formalisiert Darby durch die Gleichung:

$$mr_t^T - mr_{t-1}^T = \beta_1 s_t^T + \beta_2 mr_{t-1}^T \;, \quad 0 < \beta_1 < 1 \;, \quad -1 < \beta_2 < 0 \quad , \qquad (150)$$

---

[72] Dieses Ergebnis ergibt sich durch Reformulierung einer traditionellen Goldfeld-Gleichung zu einer Funktion mit dem Zinssatz als endogener Variable und durch die partielle Ableitung nach der Realkassenhaltung unter der Annahme der Konstanz der sonstigen erklärenden Argumente.

[73] Auf die Overshooting-Problematik haben bereits Starleaf (1970), Tucker (1966) und Walters (1967) hingewiesen. Siehe hierzu auch die Diskussion von Poole (1988), S. 82 ff. und White (1981), S. 551 ff.

wobei mr^T_t und mr^T_{t-1} die transitorische Realkassenhaltung am Ende und Anfang der Periode t bezeichnen. s^T_t stellt transitorisches Sparen dar, das durch die Diskrepanz zwischen transitorischem Einkommen y^T_t und transitorischem Konsum c^T_t:

$$s^T_t = y^T_t - c^T_t \tag{151}$$

definiert ist. Da der aktuelle Konsum nicht-langlebiger Konsumgüter c_t aus einer permanenten c^P_t und einer transitorischen Komponente c^T_t besteht $c_t = c^P_t + c^T_t$, und Darby die Gleichheit von aktuellem und permanentem Konsum postuliert $c_t = c^P_t$, ist der transitorische Konsum gleich Null $c^T_t = 0$, so daß das transitorische Einkommen mit dem transitorischen Sparen übereinstimmt $y^T_t = s^T_t$. Entsprechend der Shock-Absorber-Hypothese (150) setzt sich die Veränderung der transitorischen realen Geldhaltung aus der gewichteten Summe des transitorischen Einkommens und der transitorischen Realkassenhaltung am Beginn der Periode zusammen. Der Parameter β_1 repräsentiert denjenigen Anteil des transitorischen Einkommens, der in die Realkassenhaltung fließt, und der Parameter β_2 stellt die Rate dar, mit welcher die transitorische Realkasse abgebaut wird. Als Begründung für den Aufbau transitorischer Kassenhaltung und deren allmähliche Verausgabung verweist Darby auf die Existenz von Anpassungskosten (Darby (1972), S. 928 ff.).

Um zu einer schätzbaren Geldnachfragefunktion zu gelangen, spaltet der Autor die aktuelle Realkassenhaltung in eine permanente und eine transitorische Komponente auf:

$$mr_t = mr^P_t + mr^T_t \tag{152}$$

und modelliert die permanente Realkassenhaltung in Anlehnung an die Friedmansche Geldnachfragefunktion (Friedman (1956)) durch:

$$mr^P_t = \beta_3 + \beta_4 y^P_t + \beta_5 i^L_t + \beta_6 i^S_t + \beta_7 i^E_t \ . \tag{153}$$

Die Argumente der permanenten Geldnachfrage sind das permanente Einkommen y^P_t, ein lang- i^L_t sowie kurzfristiger Zinssatz i^S_t und der Ertrag auf Geld i^E_t. Die Substitution von (153) und (150) in (152) und die Ergänzung um den Störterm ε_t liefert nach einigen Umformungen die nicht-lineare Gleichung:

$$mr_t = \beta_3(1 - \beta_8) + \beta_1 y_t^T + \beta_8 mr_{t-1} + \beta_4 y_t^{P*} + \beta_5 i_t^{L*}$$

$$+ \beta_6 i_t^{S*} + \beta_7 i_t^{E*} + \varepsilon_t \ , \qquad (154)$$

wobei für den Parameter $\beta_8 = (1 + \beta_2)$ und für die Variablen die Transformationen $y_t^{P*} = y_t^P - \beta_8 y_{t-1}^P$, $i_t^{L*} = i_t^L - \beta_8 i_{t-1}^L$, etc. sowie $y_t^T = y_t - y_t^P$ gelten.

Darby schätzt die Geldnachfragefunktion (154) auf der Grundlage US-amerikanischer saisonbereinigter Quartalsdaten von 1947:1 bis 1966:4 und der Unterperiode von 1953:1 bis 1966:4. Die Schätzungen liefern hohe Bestimmtheitsmaße und für sämtliche Determinanten der Realkassenhaltung vorzeichenkorrekte Koeffizienten. Mit Ausnahme des langfristigen Zinssatzes sind die Parameter zumindest auf 1-prozentigem Niveau signifikant von Null verschieden. Obwohl die Werte der geschätzten Parameter des transitorischen Einkommens und der verzögerten endogenen Variable in Abhängigkeit des Stützbereichs etwas schwanken, bestätigen die empirischen Ergebnisse den Shock-Absorber-Ansatz. Der Parameter des transitorischen Einkommens ist signifikant positiv mit einem Wert von 0,40 oder 0,50 und ebenso derjenige der verzögerten Variable mit einem Wert von ca. 0,80. Somit fließen 40 bis 50 Prozent des transitorischen Einkommens in die Realkassenhaltung, und transitorische Kassenbestände werden mit einer Rate von etwa 20 Prozent pro Quartal abgebaut (Darby (1972), S. 933).

Während Darbys Studie primär empirisch ausgerichtet ist und eine eher intuitive Diskussion der Bedeutung des Geldes als Buffer-Stock enthält, liefern Santomero/Seater (1981) ein theoretisch präzise formuliertes Shock-Absorber-Geldnachfragemodell. Infolge seiner Komplexität und seines Umfangs wird in der vorliegenden Arbeit auf eine detaillierte Darstellung verzichtet. Analog zu Darby unterstellen Santomero und Seater die Zweiteilung der Realkassenhaltung in eine langfristige und transitorische Kassenhaltung. Schocks führen zu Abweichungen der aktuellen von der langfristig gewünschten Geldnachfrage und damit zur Haltung überschüssiger Kasse, die nicht sofort, sondern allmählich in ertragbringende Aktiva mit längerfristiger Laufzeit und langlebige Konsumgüter aufgrund unvollkommener Informationen über solche Aktiva verausgabt wird (Santomero/Seater (1981), S. 571).

Ergebnis der Überlegungen von Santomero und Seater ist eine im Vergleich zur theoretisch abgeleiteten Funktion stark simplifizierte Schätzgleichung, die zusätzlich zum permanenten Einkommen und zwei Zinssätzen alternativer Aktiva einen relativ aufwendigen Schockterm enthält:

$$mr_t = \beta_1 + \beta_2 y_t^P + \beta_3 i_t^L + \beta_4 i_t^S$$

$$+ \beta_5 \ln\left[1 + \sum_{j=0}^{N} Z^j \cdot \left[\frac{(y_{t-j} - y_{t-j}^P) + (mr_{t-j}^S - mr_{t-j-1}^S)}{y_{t-j}^P}\right]\right] + \varepsilon_t\,, \quad (155)$$

wobei $0 < Z < 1$. Für den Parameter des Schockterms ist wiederum ein positives Vorzeichen $0 < \beta_5 < 1$ zu erwarten. Schocks können die Gestalt von Einkommensschocks und unerwarteten Geldangebotsänderungen haben. Der Schockterm in Gleichung (155) besteht aus der gewichteten Summe des transitorischen Realeinkommens zuzüglich der Veränderung des realen Geldangebots in Relation zum permanenten Einkommen aus N Perioden.

Einkommensschocks werden durch Abweichungen des aktuellen Realeinkommens vom permanenten Einkommen $y_{t-j} - y_{t-j}^P$ gemessen und unerwartete Geldangebotsänderungen durch Veränderungen des realen Geldangebots $mr_{t-j}^S - mr_{t-j-1}^S$ operationalisiert. Die tatsächlichen Veränderungen der realen Geldmenge als Maß für unerwartete Geldangebotsänderungen rechtfertigen die Autoren mit dem Argument, daß antizipierte nominale Geldangebotsänderungen gleichgerichtete Preisänderungen induzieren, so daß die aktuelle Realkassenhaltung auf dem langfristig gewünschten Niveau verbleibt. Demgegenüber führen nichtantizipierte nominale Geldmengenänderungen zu keinen sofortigen Preisreaktionen, wodurch Diskrepanzen zwischen realem Geldangebot und langfristig gewünschter Kassenhaltung entstehen (Santomero/Seater (1981), S. 572).

Für eine eng definierte Geldmenge stützen sich die Schätzungen auf US-amerikanische Quartalsdaten von 1952:2 bis 1972:4. Sowohl die Parameter der traditionellen Argumente der Geldnachfragefunktion als auch der Koeffizient des Schockterms sind vorzeichenkorrekt und auf hohem Niveau signifikant von Null verschieden. Insofern können analog zu Darby (1972) auch Santomero und Seater das Shock-Absorber-Modell bestätigen. Im Vergleich zu Darby weisen die Ergebnisse für den Shock-Absorber-Effekt eine geringere Größenordnung und eine kürzere Dauer aus. Demzufolge fließt ein geringerer Anteil des transitorischen Einkommens und monetärer Schocks in die Realkassenhaltung, und Buffer-Kassenbestände werden schneller abgebaut. Die Aussagefähigkeit der Ergebnisse ist allerdings durch autokorrelierte Residuen eingeschränkt, da selbst nach Korrektur seriell korrelierter Residuen erster sowie zweiter Ordnung die Durbin-Watson-Statistik um den Wert Eins liegt. Ferner endet der Stützbereich im vierten Quartal 1972, da Stützbereiche, die die Periode des Missing Money Puzzle der Jahre 1973/74 (Enzler et al. (1976), Goldfeld (1976)) enthalten, zu problematischen Schätzresultaten für die enge Geldmengendefinition führen.

Ergänzende Ergebnisse liefert die Untersuchung eines weit gefaßten Geldmengenaggregates im Zeitraum von 1952:2 bis 1976:3. Das Shock-Absorber-Modell wird erneut durch einen signifikant positiven Koeffizienten für den Schockterm bestätigt; dieser Parameter ist in seiner Größenordnung mit demjenigen aus der Untersuchung der eng definierten Geldmenge vergleichbar. Des weiteren ist wiederum der Shock-Absorber-Effekt im Vergleich zu Darbys Analyse geringer und von kürzerer Dauer. Die Resultate müssen aber infolge autokorrelierter Residuen vorsichtig interpretiert werden (Santomero/Seater (1981), S. 573 ff.).

6.3. Das Carr-Darby-Modell

Da in der Literatur der Geldnachfragefunktion von Carr/Darby (1981) sehr große Beachtung geschenkt wird und somit eine entsprechende Fülle empirischer Arbeiten vorliegt, empfiehlt sich zunächst eine Darstellung des Modells in Abschnitt 6.3.1, um getrennt davon in Abschnitt 6.3.2 die dazu korrespondierende empirische Evidenz zu präsentieren.

6.3.1. Darstellung des Modells

Das Shock-Absorber-Modell von Carr und Darby baut unmittelbar auf den Überlegungen von Darby (1972) auf. Während in Darbys Modell jedoch ausschließlich das transitorische Einkommen als Buffer-Stock-Argument im Mittelpunkt steht, analysieren Carr und Darby zusätzlich und primär die unterschiedlichen Effekte erwarteter und unerwarteter Geldangebotsänderungen auf die Realkassenhaltung, so daß auch eine Parallele zum Santomero-Seater-Ansatz existiert. Entsprechend der Shock-Absorber-Hypothese von Carr und Darby resultieren unerwartete Veränderungen des nominalen Geldangebots in einer gleichgerichteten Änderung der kurzfristigen Geldnachfrage, erwartete Geldangebotsvariationen schlagen sich hingegen sofort im Preisniveau nieder und lassen bei flexiblen Preisen die reale Kassenhaltung unverändert. Die festgestellten Instabilitäten traditioneller Geldnachfragefunktionen können somit durch die Ignoranz nominaler Geldangebotsschocks als wichtige erklärende Variable begründet sein und durch die Erweiterung um einen Geldangebotsschockterm behoben werden.

Die Autoren stützen die Shock-Absorber-Hypothese auf die frühen Arbeiten zur Bedeutung rationaler Erwartungsbildung in makroökonomischen Modellen, die erwarteten Geldmengenänderungen einen proportionalen Effekt auf das Preisniveau und andere nominalen Größen zuweisen, während reale Größen unberührt bleiben.[74] Aufgrund identischer Veränderungen des logarithmierten nominalen Geldangebots m_t und des Preisniveaus p_t bleibt die reale Kassenhaltung bei antizipierten Geldangebotsvariationen:

$$mr_t = m_t - p_t \tag{156}$$

unverändert, so daß traditionelle Geldnachfragefunktionen auf Basis des realen Anpassungsmechanismus im Fall erwarteter Geldmengenänderungen eine adäquate Modellspezifikation darstellen.

Demgegenüber zeigen traditionelle Geldnachfragefunktionen unbefriedigende Eigenschaften bei der Existenz nominaler Geldangebotsschocks, die durch die Differenz des logarithmierten aktuellen Geldangebots und des für Periode t erwarteten Geldangebots $E_{t-1}m_t$ definiert sind:

$$m_t^U = m_t - E_{t-1}m_t \tag{157}$$

und im Unterschied zu erwarteten Geldmengenänderungen nicht die Neutralitätseigenschaft gegenüber der Realkassenhaltung besitzen. Carr und Darby verweisen auf die empirische Evidenz des im Vergleich zu Änderungen des Re-

---

[74] Barro (1977, 1978), Lucas (1972, 1973), Sargent/Wallace (1975).

aleinkommens und Zinses quantitativ geringfügigen kontemporären Effekts von Geldangebotsschocks auf das Preisniveau. Zur weiteren Argumentation wird auf folgendes Zahlenbeispiel zurückgegriffen: Löst eine unerwartete Veränderung des nominalen Geldangebots um 1 Prozent eine 0,10-prozentige Veränderung des Preisniveaus aus,[75] muß sich die reale kurzfristige Kassenhaltung um 0,90 Prozent ändern. Unterstellt man weiterhin eine Anpassungselastizität der Höhe $\gamma = 0,10$, muß die langfristig gewünschte Realkassenhaltung um 0,90/0,10 = 9 Prozent steigen. Eine 9-prozentige Veränderung der langfristigen Geldnachfrage erfordert jedoch unplausibel große Veränderungen des Realeinkommens und des Zinssatzes (Carr/Darby (1981), S. 184 ff.).

Zur Ableitung eines schätzbaren Geldnachfragemodells stützen sich Carr und Darby auf die Analyse von Darby (1972) mit dem Unterschied, daß die Kassenhaltung nicht nur einen Teil des unerwarteten, transitorischen Einkommens temporär absorbiert, sondern auch zumindest partiell Geldangebotsschocks auffängt. Eine unerwartete Erhöhung des nominalen Geldangebots durch eine Offenmarktoperation der Zentralbank wirkt unmittelbar auf die Kurse von Staatstiteln und im Zuge dessen auf die Kurse anderer Wertpapiere und Aktien. Transakteure sind mit einer Störung ihres Portfolios in der Ausgangssituation konfrontiert und streben ein neues Portfolio an. Die Anpassung des Portfolios erfordert eine gewisse Zeit und ist daher zwischenzeitlich mit einer erhöhten Kassenhaltung verbunden. Der Geldangebotsschock beeinflußt die Synchronisation der Käufe und Verkäufe von Wertpapieren und erzeugt eine temporäre Erhöhung der Geldnachfrage. Analoge Ausführungen gelten für den Fall einer unerwarteten Reduktion des Geldangebots. Nicht-antizipierte Geldangebotsänderungen nimmt das Publikum zumindest partiell in die Kassenhaltung auf, so daß eine Diskrepanz zwischen aktueller und langfristig gewünschter Geldnachfrage entsteht. Dieser Unterschied führt zu einer allmählichen, von Carr und Darby nicht näher spezifizierten Anpassung des Preisniveaus und damit der Realkasse an den langfristigen Gleichgewichtswert (Carr/Darby (1981), S. 187, Goodhart (1984), S. 256 f., Laidler (1980), S. 251).

---

[75] Die Autoren beziehen sich hierbei auf die Schätzung von Barro (1978), der den Effekt eines Geldangebotsschocks auf das Preisniveau mit einem Wert von 0,26 beziffert. Da der Carr-Darby-Analyse Quartalsdaten zugrundeliegen, Barro aber Jahresdaten verwendet, dürfte der Wert für das erste Quartal erheblich niedriger sein.

Die Diskussion führt zu zwei Modifikationen für die kurzfristige traditionelle Geldnachfragefunktion. Die kurzfristige Geldnachfragefunktion gemäß des realen Bestandsanpassungsmodells vom Typ Goldfelds (11) wird zum einen um das transitorische Einkommen y_t^T und zum zweiten um einen Geldangebotsschockterm m_t^U erweitert:

$$mr_t = \gamma mr_t^* + (1 - \gamma)mr_{t-1} + \xi y_t^T + \phi m_t^U + u_t \quad . \tag{158}$$

Die verwendete langfristige Geldnachfragefunktion enthält neben dem permanenten Einkommen einen inländischen Nominalzins einer alternativen Anlage zur Geldnachfrage:

$$mr_t^* = \gamma_0 + \gamma_1 y_t^P + \gamma_2 i_t^L \; . \tag{159}$$

Die Substitution von (159) in (158) ergibt die Shock-Absorber-Version der traditionellen Geldnachfragefunktion:

$$mr_t = \gamma\gamma_0 + \gamma\gamma_1 y_t^P + \gamma\gamma_2 i_t^I + \xi y_t^T + \phi m_t^U + (1 - \gamma)mr_{t-1} + u_t \quad . \tag{160}$$

Veränderungen der realen Geldnachfrage können nicht nur Ergebnis von Veränderungen der Argumente traditioneller Geldnachfragefunktionen sein, sondern können auch durch Einkommens- und/oder Geldangebotsschocks resultieren. Da positive Geldangebotsschocks zu einem temporären Aufbau der Realkassenhaltung und negative Geldangebotsschocks zu einem Abbau des Kassenbestandes führen, ist für den Parameter ϕ ein positives Vorzeichen zu erwarten: $0 < \phi < 1$. Ebenso ist das a priori zu erwartende Vorzeichen des Parameters für das transitorische Einkommen positiv: $0 < \xi < 1$ (Carr/Darby (1981), S. 187 f.).

Aus der Reformulierung von (160) zu einer Preisgleichung und deren Erweiterung um $(-E_{t-1}m_t + E_{t-1}m_t)$:

$$\begin{aligned} p_t = {} & E_{t-1}m_t - \gamma\gamma_0 - \gamma\gamma_1 y_t^P - \gamma\gamma_2 i_t^I - \xi y_t^T - (1 - \gamma)mr_{t-1} \\ & + (1 - \phi)(m_t - E_{t-1}m_t) - u_t \end{aligned} \tag{161}$$

geht die vollständige und sofortige Wirkung erwarteter Geldmengenimpulse und die partielle Wirkung unerwarteter Geldmengenänderungen für $0 < \phi < 1$ auf das Preisniveau hervor. Repräsentiert der Carr-Darby-Ansatz (160) das wahre, richtige Modell der Geldnachfrage, so führt die Nicht-Berücksichtigung eines Geldangebotsschocks in der traditionellen Geldnachfragefunktion zu verzerrt geschätzten Koeffizienten der erklärenden Variablen in dem Ausmaß, in welchem die einbezogenen Variablen nicht orthogonal zu der ausgelassenen Variablen sind. Dieser Spezifikationsbias liefert eine mögliche Erklärung für die in traditionellen Geldnachfragemodellen auftauchenden Parameterinstabilitäten (Boughton/Tavlas (1990), S. 435). Durch die Aufnahme des Geldangebotsschocks in die Geldnachfragegleichung produzieren unerwartete Geldangebotsänderungen kein Überschießen des Zinses in dem Umfang, in welchem es traditionellen Geldnachfragefunktionen anhaftet.

Die Schätzung der Carr-Darby-Geldnachfragefunktion (160) erfordert die Modellierung des erwarteten Geldangebots. Die Autoren unterstellen, daß die Transakteure Strukturinformationen über den Geldangebotsprozeß besitzen und die Beziehung:

$$m_t = \varphi Z_{t-1} + \upsilon_t \tag{162}$$

zur Prognose nutzen. Z_{t-1} ist ein Vektor beobachtbarer Variablen, die das Publikum zum Zeitpunkt $t-1$ über das Geldangebot besitzt und die eine systematische Rolle im Geldangebotsprozeß spielen. υ_t repräsentiert die unsystematische Komponente des Geldangebotsprozesses. Für die Erwartungen über das Geldangebot gilt:

$$E_{t-1}m_t = \hat{\varphi} Z_{t-1}\,, \tag{163}$$

wobei $\hat{\varphi}$ den geschätzten Koeffizientenvektor bezeichnet, so daß nicht-antizipierte Geldangebotsänderungen der Zeitreihe der Residuen:

$$\hat{\upsilon}_t = m_t - E_{t-1}m_t \tag{164}$$

entsprechen. Die Geldnachfragefunktion (160) schätzen Carr und Darby mit einem zweistufigen Verfahren. Im ersten Schritt erfolgt die Spezifikation, Schätzung und Evaluierung eines univariaten ARIMA-Modells für das erwartete Geldangebot; auf dieser Grundlage wird der Geldangebotsschock (164) berechnet. Damit sind in Z_{t-1} nur verzögerte Werte von m_t enthalten. Der zweite

Schritt umfaßt die Schätzung der kurzfristigen Geldnachfragefunktion (160) mit der gewöhnlichen KQ-Methode und einem Instrumentvariablenverfahren. Die Anwendung eines Instrumentvariablenverfahrens ist sinnvoll, da die Möglichkeit einer positiven Korrelation zwischen $(m_t - E_{t-1}m_t)$ sowie u_t und damit eines Simultanitätsbias, der eine positive Verzerrung des Koeffizienten für den Geldangebotsschockterm bedeutet, nicht ausgeschlossen werden kann.

6.3.2. Empirische Evidenzen

Carr und Darby präsentieren Regressionsergebnisse für acht Industrienationen [76] auf Basis des Stützbereichs von 1957:1 bis 1976:4 und erhalten in allen Schätzgleichungen signifikant positive Schätzungen für den Parameter des Geldangebotsschocks. Die empirische Evidenz bestätigt somit die Shock-Absorber-Hypothese. Der Vergleich der Resultate beider Schätzverfahren deutet für den KQ-geschätzten Koeffizienten des Geldangebotsschockterms auf die vermutete, nach oben gerichtete Verzerrung hin. Die mit dem Instrumentvariablenverfahren geschätzten Parameter variieren zwischen 0,60 und 1,20; einige Schätzungen liegen somit außerhalb des a priori erwarteten offenen Intervals (0,1). Die Schätzungen für den Koeffizienten des transitorischen Einkommens sind nur in zwei Fällen (USA und Großbritannien) signifikant von Null verschieden. Ferner ist der Parameter der verzögerten endogenen Variable für die Funktion der USA größer als Eins, und die Semi-Zinselastizitäten für Deutschland, Italien und die Niederlande sind insignifikant von Null verschieden sowie teilweise vorzeicheninkorrekt. Schließlich ist als gravierende Unzulänglichkeit der Parameter des permanenten Einkommens in fünf Fällen insignifikant von Null verschieden.

In Folgeuntersuchungen ist der Carr-Darby-Ansatz in verschiedenen Modifikationen sowohl für die USA als auch für andere Staaten getestet worden, wobei das transitorische Einkommen als Bestandteil des Shock-Absorber-Modells eine untergeordnete Rolle gespielt hat. Neben schätztechnischen Problemen steht immer auch die Frage nach der Konstruktion des Geldangebotsschocks zur Diskussion. Laidler (1980) verwendet US-amerikanische Jahresdaten im Stützbe-

[76] Es handelt sich hierbei um Deutschland, Frankreich, Großbritannien, Italien, Japan, Kanada, die Niederlande und die USA.

reich von 1953 bis 1976 und für den Geldangebotsschock die von Barro (1978) konstruierte Variable. Die Barro-Variable basiert auf einer Schätzgleichung für die Wachstumsrate der Geldmenge, die als erklärende Variablen neben zwei autoregressiven Termen ein Maß der Staatsausgaben und die Unterbeschäftigungsquote enthält. Die Ergebnisse Laidlers bestätigen die Shock-Absorber-Hypothese. In verschiedenen Spezifikationen ist der Parameter des Schockterms mit dem korrekten positiven Vorzeichen signifikant von Null verschieden. Des weiteren reagiert der Wert des geschätzten Parameters für den Geldangebotsschock nur in einer einzigen Spezifikation sensitiv auf die Erweiterung des Stützbereichs über das Jahr 1972 hinaus, und es verbessert sich durch die Aufnahme des Geldangebotsschocks die Prognosefähigkeit der Geldnachfragefunktion nach dem Jahr 1972.

Heri (1986) liefert Resultate für die Schweiz auf der Basis von Monatsdaten für zwei Stützbereiche von 1966:2 bis 1972:12 und von 1973:1 bis 1984:12, wobei die Konstruktion des Geldangebotsschockterms auf zwei Arten erfolgt. Zum einen benutzt Heri die Residuen einer Gleichung, in der die Veränderungen des Geldangebots auf Saisonindikatorvariablen regressiert werden, und zum anderen die Residuen einer Vektorautoregression, die das Geldangebot, einen kurz- sowie langfristigen Zinssatz, das Preisniveau und das Bruttosozialprodukt enthält. Sämtliche Koeffizienten der Schockvariablen sind mit dem richtigen positiven Vorzeichen auf hohem Niveau signifikant von Null verschieden. Allerdings gelingt es nicht, durch die Einführung der Schockvariablen die für konventionelle Geldnachfragefunktionen festgestellten Instabilitäten zu beheben. Darüber hinaus weisen die Ergebnisse auf die Bedeutung des jeweils verwendeten Geldangebotsschocks hin, da die beiden konstruierten Schockterme zu sehr unterschiedlichen Schätzungen für die Koeffizienten und die Standardfehler der übrigen Argumente der Geldnachfragefunktion führen.

Cuthbertson (1986a) liefert empirische Evidenz zum Shock-Absorber-Ansatz für Großbritannien auf Basis von Quartalsdaten, die den Stützbereich von 1964:2 bis 1981:4 umfassen, und setzt dazu sowohl das gewöhnliche KQ-Verfahren als auch einen Instrumentvariablenansatz ein. Die Modellierung des Geldangebotsschocks erfolgt auf der Grundlage eines autoregressiven Prozesses vierter Ordnung. Die Ergebnisse zum KQ-Verfahren bestätigen den Carr-Darby-Ansatz durch einen positiven, signifikant von Null verschiedenen Parameter für den Geldangebotsschock. Die Schätzgleichung liefert jedoch autokorrelierte Residuen, so daß auf Fehlspezifikation geschlossen werden kann. Demgegenüber bestätigen die Ergebnisse zum Instrumentvariablenansatz das Modell nicht, da der Parameter des Geldangebotsschocks zwar positiv, aber nicht signifikant von Null verschieden ist.

Erste Schätzungen von Shock-Absorber-Modellen des Carr-Darby-Typs isoliert für die Bundesrepublik nehmen Buscher (1984b) und Buscher/Schröder (1983b) vor. Während Buscher auf problematische Schätzergebnisse verweist und diese Resultate nicht veröffentlicht, ist für die Funktionen der Realkassenhaltung von M1 der Parameter des Geldangebotsschocks in der Arbeit von Buscher und Schröder im Zeitraum von 1965:1 bis 1980:4 signifikant positiv, derjenige des transitorischen Einkommens hingegen insignifikant von Null verschieden. Die Autoren modellieren den Geldangebotsschock auf der Grundlage eines saisonalen autoregressiven Prozesses zweiter Ordnung und führen die Regressionsanalyse sowohl mit dem gewöhnlichen KQ-Verfahren als auch mit einem Instrumentvariablenverfahren durch. Auch die Studie von Thornton (1990) setzt sich mit deutschen Quartalsdaten auseinander und testet den Carr-Darby-Ansatz für die reale Geldmenge M1 im Zeitraum von 1974:1 bis 1988:4. Der Autor modelliert das erwartete Geldangebot durch einen autoregressiven Prozeß vierter Ordnung und schätzt die Funktion mit dem gewöhnlichen KQ-Verfahren und einem Instrumentvariablenansatz. Die Resultate bestätigen durch einen signifikant positiven Wert für den Parameter des Geldangebotsschocks den Shock-Absorber-Ansatz. Allerdings liegen für die Instrumentvariablenschätzung autokorrelierte Residuen vor.

Für Quartalsdaten von 1977:4 bis 1987:3 aus Südafrika legt Tavlas (1989) empirische Ergebnisse zum Carr-Darby-Modell vor. Die Variable des monetären Schocks ergibt sich als Differenz zwischen aktuellem Geldangebot und dem durch ein lag-Polynom zweiten Grades modellierten erwarteten Geldangebot. Tavlas erhält signifikant von Null verschiedene, positive Parameter für den monetären Schockterm auf Basis einer KQ- und einer Instrumentvariablenschätzung. Chow-Tests für sämtliche konventionellen Geldnachfragefunktionen vom Goldfeld-Typ ohne Schockvariable weisen auf Instabilität hin, während sich stabile Funktionen für die Gleichungen durch Einbezug des Schockterms ergeben. Die Berücksichtigung des Geldangebotsschocks hat damit einen Beitrag zur Behebung von Instabilitäten traditioneller Geldnachfragefunktionen geleistet. Khan/Knight (1982) modellieren den Geldangebotsschock durch einen adaptiven Erwartungsbildungsmechanismus und testen den Buffer-Stock-Ansatz für 29 Entwicklungsländer mit Jahresdaten im Stützbereich von 1968 bis 1975. Auf der Grundlage einer Querschnittsanalyse erhalten die Autoren einen signifikant positiv geschätzten monetären Schockterm, und durch die Einführung des Geldangebotsschocks verbessert sich der Erklärungsgehalt der Gleichung gegenüber dem konventionellen Geldnachfragemodell.

Boughton/Tavlas (1990) legen eine umfangreiche Studie vor, in der für fünf Industrienationen [77] im Stützbereich von 1973:1 bis 1988:4 die empirischen Eigenschaften von Goldfeld-Geldnachfragefunktionen, Shock-Absorber-Funktionen und Fehlerkorrekturmodellen miteinander verglichen werden. Die Resultate beziehen sich auf ein eng sowie ein weit definiertes Geldmengenaggregat und sind das Produkt von Instrumentvariablenschätzungen in Kombination mit einem lag-Polynom zweiten Grades für den Geldangebotsschock. Zunächst vergleichen Boughton und Tavlas die Schätzergebnisse der Goldfeld-Funktionen mit denen der Carr-Darby-Geldnachfragegleichung. In den zehn geschätzten Geldnachfragefunktionen ist der Schockterm nur in zwei Fällen insignifikant, sonst aber signifikant positiv von Null verschieden. Die Einbeziehung des monetären Schocks führt in fast allen Regressionen zu einer substantiellen Reduktion der seriellen Korrelation in den Residuen, zu einem geringeren Standardfehler der Regression und zu einer überlegeneren Prognoseleistung gemessen an out-of-sample Prognosen. Der Vergleich der Ergebnisse zu den Shock-Absorber-Ansätzen und zu den Fehlerkorrekturmodellen fällt nicht mit dieser Eindeutigkeit aus. Zwar sind die Standardfehler der Regression in sämtlichen Fehlerkorrekturmodellen geringer als diejenigen der Buffer-Stock-Ansätze, die bei weitem überwiegende Anzahl der Shock-Absorber-Funktionen zeigt aber eine bessere out-of-sample Prognoseleistung.

Abschließend sei noch auf die Arbeit von Kanniainen/Tarkka (1986) eingegangen, da sich diese Analyse durch die Spezifikation des monetären Schocks von den oben zitierten Studien abhebt. Kanniainen und Tarkka konstruieren eine Schockvariable, die die Summe aus inländischer Kreditexpansion, dem Saldo der Handelsbilanz und der Nettoneuverschuldung des Staates im Ausland repräsentiert, um den Bestimmungsgründen monetärer Injektionen Rechnung zu tra-

---

[77] Die Länder sind die USA, Großbritannien, Deutschland, Frankreich und Japan.

gen. Die empirische Untersuchung umfaßt fünf Staaten[78] und die Stützbereiche von 1960:2 bis 1982:4 sowie 1972:1 bis 1982:4. Neben signifikant positiv geschätzten Parametern für die monetäre Injektionsvariable in sämtlichen Regressionen erhöht sich für die Geldnachfragefunktionen einiger Länder die Signifikanz der konventionellen Variablen. Die Einführung der Schockvariablen beseitigt des weiteren autokorrelierte Residuen und reduziert den Standardfehler der Regression im Vergleich zu den konventionellen Goldfeld-Gleichungen.

Die vorliegende empirische Evidenz zum Carr-Darby-Modell kann dahingehend zusammengefaßt werden, daß ein Geldangebotsschock als zusätzliches Argument einer konventionellen Geldnachfragefunktion in der bei weitem überwiegenden Anzahl von Studien signifikant positiv ist. Darüber hinaus liegen vereinzelt Indizien für vergleichsweise bessere Eigenschaften solcher Funktionen gegenüber konventionellen Geldnachfragemodellen vor.

6.4. Theoretische Fundierung des Carr-Darby-Modells durch Preisrigiditäten

Bevor die überwältigende empirische Evidenz zugunsten des Carr-Darby-Modells kritisch hinterfragt wird, erfolgt im vorliegenden Abschnitt die theoretische Fundierung der Existenz eines Geldangebotsschocks in einer Geldnachfragefunktion. Die modelltheoretische Ableitung des Shock-Absorber-Ansatzes ist erst mit einer beträchtlichen zeitlichen Verzögerung nach dem Erscheinen der Carr-Darby-Studie durch Laidler (1988) erfolgt. Laidler verwendet hierzu ein um Preisrigiditäten erweitertes Modell neoklassischer Prägung im Sinne von Lucas (1972, 1973) und Sargent/Wallace (1975).[79]

Die hypothetische Volkswirtschaft besteht aus Unternehmen und Haushalten, die ein nicht-langlebiges Gut produzieren respektive konsumieren. Das Geldangebot m_t^S ist durch die Zentralbank exogen gegeben, und seine Höhe wird zu Beginn jeder Periode determiniert. Für den einzelnen Transakteur repräsen-

---

[78] Es handelt sich um die USA, Deutschland, Australien, Finnland und Schweden.

[79] Die folgenden Ausführungen beziehen sich auf Laidler (1988), S. 37 - 46.

tiert das allgemeine Preisniveau p_t eine exogene Größe, so daß er Realkassenänderungen durch Anpassungen der nominalen Kasse mit Hilfe von Substitutionen gegen Güter und andere Aktiva vornimmt. Weicht die aktuelle Geldnachfrage von der langfristig gewünschten Realkassenhaltung ab, erfolgt die Anpassung an das langfristig gewünschte Kassenhaltungsniveau durch Veränderung geplanter Ausgaben. Die langfristige reale Geldnachfrage $m_t^D - p_t$ ist eine Funktion des permanenten Einkommens y_t^P, so daß die makroökonomische Geldnachfragefunktion unter Berücksichtigung des Geldmarktgleichgewichts:

$$m_t^S = m_t^D = \delta_0 + \delta_1 y_t^P + p_t \tag{165}$$

lautet.

Laidler arbeitet mit zwei alternativen Preisbildungsmechanismen. Zunächst wird postuliert, daß Transakteure keine vollständigen Informationen über die Preise aller Güter besitzen und somit eine Schätzung des allgemeinen Preisniveaus der laufenden Periode erforderlich ist. Transakteure verwenden sämtliche bis zum Ende der Vorperiode verfügbaren Informationen, um rationale Erwartungen über das allgemeine Preisniveau der laufenden Periode zu bilden. Da die Transakteure Strukturinformationen über die Volkswirtschaft besitzen und wissen, daß die Interaktion zwischen nominalem Geldangebot und der Nachfrage nach realer Kasse das allgemeine Preisniveau bestimmt, basiert die Erwartung über das Preisniveau auf einer Erwartung über beide Größen. Dieses Postulat formalisiert Laidler durch:

$$E(p_t \mid \Omega_{t-1}) = E(m_t^S \mid \Omega_{t-1}) - (\delta_0 + \delta_1 y_t^P) = E(m_t^S \mid \Omega_{t-1}) - m_{t-1}^S + p_{t-1} \ , \tag{166}$$

wobei E den Erwartungsoperator und Ω_{t-1} das Informationsset am Ende der Periode $t-1$ repräsentiert. $E(m_t^S \mid \Omega_{t-1})$ bezeichnet die am Ende der Periode $t-1$ vom Publikum erwartete Höhe des nominalen Geldangebots für die laufende Periode. Darüber hinaus erfolgen Modifikationen der Preiserwartung durch aktuell verfügbare Informationen aus der laufenden Periode, so daß die Erwartungsbildung auf Basis des Informationssets Ω_t erfolgt:

$$E(p_t \mid \Omega_t) = (1 - \Theta)p_t + \Theta E(p_t \mid \Omega_{t-1}) \ , \quad 0 \leq \Theta \leq 1 \ . \tag{167}$$

Im Extremfall $\Theta = 0$ liegt ein Walrasianisches System vor, in dem Transakteure vollständige Informationen über Preise besitzen. Schließlich enthält das neoklassische Modell die Gleichung:

$$y_t = \nu(p_t - E(p_t | \Omega_t)) \quad , \tag{168}$$

in welcher der zyklische Output y_t entsprechend des Strukturparameters ν vom Prognosefehler für das allgemeine Preisniveau abhängt.

Die Substitution von Gleichung (167) in (168) liefert die in der Literatur gebräuchlichere Formulierung einer neoklassischen aggregierten Angebotsfunktion:

$$y_t = \mu(p_t - E(p_t | \Omega_{t-1})) \quad , \tag{169}$$

wobei $\mu \equiv \nu\Theta$ gilt. Der Output läßt sich durch die reduzierte Form:

$$y_t = \mu(m_t^S - E(m_t^S | \Omega_{t-1})) \tag{170}$$

und die Realkassenhaltung durch:

$$m_t^S - p_t = \delta_0 + \delta_1 y_t^P \tag{171}$$

beschreiben. Wie aus Gleichung (170) hervorgeht, erzeugen im neoklassischen Modell nicht-antizipierte Geldmengenänderungen Fluktuationen des Output. Systematische Abweichungen der aktuellen Kassenhaltung von dem langfristig gewünschten Niveau lassen sich gemäß (171) auf Basis des Modells nicht erklären.

Laidler führt nun eine alternative Annahme über den Preisbildungsmechanismus ein, um Preisrigiditäten in das neoklassische Modell zu integrieren.[80] Der Unternehmenssektor besteht durch die Unterscheidung in Fixpreis- und Flexpreis-Unternehmen aus zwei Firmentypen. Fixpreis-Unternehmen setzen ihre Preise für die laufende Periode am Ende der vorherigen Periode auf Basis der bis dahin verfügbaren Informationen und reagieren auf Nachfrageänderungen in

[80] Die beiden grundlegenden Arbeiten zu Preisstarrheiten in Modellen mit rationalen Erwartungen sind Fischer (1977) und Taylor (1979).

der laufenden Periode durch Outputvariationen, nicht aber durch Preisanpassungen. Die Existenz von Fixpreis-Firmen läßt sich damit rechtfertigen, daß für einige Unternehmen durch bestehende Kontrakte die Kosten von Preisänderungen diejenigen von Outputänderungen übersteigen. Flexpreis-Firmen können im Unterschied zu Fixpreis-Unternehmen Preise und Output in der laufenden Periode als Reaktion auf Nachfrageveränderungen anpassen. Beide Firmentypen produzieren Güter, die perfekte Substitute sind.

Um die Eigenschaften des Modells näher zu erläutern, sei eine unerwartete Erhöhung der nominalen Geldmenge unterstellt. In der Ausgangssituation entsteht ein Überschuß an Realkasse, aus dem eine Erhöhung geplanter Ausgaben durch das Publikum resultiert. Die zusätzlichen Ausgaben verteilen sich auf Fixpreis- und Flexpreis-Unternehmen und führen annahmegemäß bei erstgenannten Firmen zu einer Outputerhöhung. Demgegenüber erhöhen Flexpreis-Unternehmen die Preise als Reaktion auf die zusätzliche Nachfrage nach ihrem Output. Die Preiserhöhung führt zu einer Senkung der Realkassenhaltung und dies zu einer Dämpfung der Güternachfrage. Darüber hinaus resultiert aus der Preiserhöhung durch Flexpreis-Unternehmen eine Konzentration der Nachfrage nach dem Output von Fixpreis-Firmen.

Besteht der Unternehmenssektor ausschließlich aus Flexpreis-Firmen, erhöht sich das allgemeine Preisniveau solange, bis das überschüssige Geldangebot vollständig abgebaut und das Preisniveau proportional zum Geldangebot gestiegen ist. Demgegenüber führt die Existenz einiger Fixpreis-Unternehmen lediglich zu einem unterproportionalen Anstieg des Preisniveaus in der laufenden Periode im Vergleich zur nominalen Geldmengenerhöhung. Dadurch besteht ein persistenter Überschuß an realem Geldangebot und ein damit einhergehender Ausgabenstrom. Der Bestand überschüssigen Geldangebots korrespondiert mit einem Buffer-Stock in der Geldhaltung des Publikums. Im neoklassischen Modell mit Preisstarrheiten können zwar die Transakteure die formulierten Pläne auch durchführen, die ex ante Planung des einzelnen Transakteurs stimmt allerdings nicht mit dem ex post Ergebnis im Aggregat überein. Ex ante plant der individuelle Transakteur die Reduktion seiner Kassenhaltung durch Erhöhung der Ausgaben, ex post aber ist dies im Aggregat nur zu dem Umfang erfolgreich, in welchem das allgemeine Preisniveau ansteigt. Die Diskrepanz zwischen ex ante Plänen und ex post Ergebnis läßt einen Buffer-Stock in der Geldhaltung entstehen.

Auf Basis der bereits oben beschriebenen Geldnachfragefunktion (165):

$$m_t^D = \delta_0 + \delta_1 y_t^P + p_t \quad , \tag{172}$$

der modifizierten Outputgleichung:

$$y_t = \alpha(m_t^S - m_t^D) \tag{173}$$

und der Gleichung für das allgemeine Preisniveau:

$$p_t = \beta y_t + E(p_t \mid \Omega_{t-1}) \tag{174}$$

ergibt sich in Verbindung mit:

$$E(p_t \mid \Omega_{t-1}) = E(m_t^S \mid \Omega_{t-1}) - m_{t-1}^S + p_{t-1} \tag{175}$$

nach einigen Substitutionen sowie Umformungen die reduzierte Form des Output:

$$y_t = \frac{\alpha}{1 + \alpha\beta} (m_t^S - E(m_t^S \mid \Omega_{t-1})) + \frac{1}{1 + \alpha\beta} y_{t-1} \tag{176}$$

und diejenige der Realkassenhaltung:

$$m_t^S - p_t = \frac{\alpha\beta}{1 + \alpha\beta} (\delta_0 + \delta_1 y_t^P) + \frac{1}{1 + \alpha\beta} (m_{t-1}^S - p_{t-1}) + \frac{1}{1 + \alpha\beta} (m_t^S - E(m_t^S \mid \Omega_{t-1})) \quad . \tag{177}$$

Von den obigen Modellgleichungen ist die Gleichung (175) von zentraler Bedeutung, da (175) Preisstarrheiten nicht nur innerhalb jeder Periode, sondern auch zwischen einzelnen Perioden garantiert. Die Höhe der Preise aus der Vorperiode hat einen Effekt auf das Preisniveau in der laufenden Periode, da Fixpreis-Unternehmen auf Basis des Preisniveaus der Vorperiode Preiserwartungen für die laufende Periode bilden und darauf aufbauend ihre aktuellen Preise setzen.

Aus der reduzierten Form (176) geht hervor, daß der zyklische Realoutput von unerwarteten Geldangebotsänderungen beeinflußt wird und ferner Abweichungen des zyklischen vom permanenten Output positiv seriell korreliert sind. Die letztgenannte Eigenschaft ist mit Blick auf Gleichung (170) aus dem neoklassischen Modell ohne Preisrigiditäten nicht ableitbar. Für die vorliegende Betrachtung von weit größerem Interesse ist jedoch die reduzierte Form der Realkassenhaltung (177). Diese Gleichung enthält neben dem permanenten Einkommen die verzögerte abhängige Variable als Argument, deren Koeffizient die Identifikation der Parameter der langfristigen Geldnachfragefunktion sicherstellt. Darüber hinaus besitzt die Gleichung in Analogie zur Geldnachfragefunktion von Carr/Darby (1981) einen Geldangebotsschock, so daß Laidler die analytische Fundierung eines monetären Schocks als Argument in einer reduzierten Form der Realkassenhaltung eines vollständigen makroökonomischen Modells gelingt. Der Parameter des Geldangebotsschocks liegt im offenen Intervall zwischen Null und Eins $0 < 1/(1 + \alpha\beta) < 1$, da das Modell Preisreaktionen innerhalb der laufenden Periode im Zuge der unerwarteten Geldmengenerhöhung am Beginn der Periode zuläßt.

Zur Unterstreichung seiner Resultate modifiziert der Autor das oben dargestellte Modell durch Erweiterung der Argumente der Geldnachfragefunktion um das transitorische Einkommen sowie einen Nominalzinssatz und spezifiziert den Nominalzinssatz nach der Fisherschen Zinsgleichung als Summe aus Realzins und erwarteter Inflationsrate. Das aufwendigere Modell liefert qualitativ die gleichen Aussagen hinsichtlich der Beschreibung des Output und der Realkassenhaltung wie das oben präsentierte Modell, so daß auf eine Diskussion verzichtet werden kann (Laidler (1988), S. 45 ff.).

Abschließend läßt sich festhalten, daß Laidler durch die Unterstellung von Preisrigiditäten die Aufnahme eines Geldangebotsschocks in eine reduzierte Form der Realkassenhaltung auf Basis eines neoklassischen Modells fundiert. Diese Gleichung ist mit der von Carr/Darby (1981) vorgeschlagenen kurzfristigen Geldnachfragefunktion kompatibel. Der Autor untermauert die eher intuitive Begründung des Shock-Absorber-Ansatzes durch Carr und Darby und liefert eine theoretische Erklärung für die im vorherigen Abschnitt präsentierte empirische Evidenz eines signifikant positiven Parameter für den Schockterm in traditionellen Geldnachfragegleichungen.

6.5. Simultanitätsproblem, Endogenität und Exogenität des Geldangebots

Welche Kritikpunkte sind dem Buffer-Stock-Modell von Carr und Darby in der Literatur entgegengebracht worden? Die erste Auseinandersetzung mit dem Shock-Absorber-Modell präsentieren MacKinnon/Milbourne (1984), wobei sich deren Kritik an der verwendeten ökonometrischen Methodik entzündet. Die Autoren zeigen formal, daß in der Geldnachfragefunktion von Carr und Darby eine positive Korrelation zwischen $(m_t - E_{t-1}m_t)$ und dem Störterm u_t zwangsläufig bestehen muß. Da u_t in Gleichung (160) die nominale Geldmenge m_t beeinflußt, die erwartete Geldmenge $E_{t-1}m_t$ eine Funktion vorherbestimmter Variablen Z_{t-1} und unabhängig von u_t ist, kann für $0 < \phi < 1$ von einer positiven Korrelation zwischen m_t und u_t auf eine positive Korrelation zwischen $(m_t - E_{t-1}m_t)$ und u_t geschlossen werden. Aufgrund dieser Korrelation unterliegt die KQ-Schätzung für den Parameter des Geldangebotsschocks ϕ einer Verzerrung in Richtung Eins. Die Anwendung eines zweistufigen KQ-Verfahrens ist nach den Ergebnissen von Klein (1969) in kleinen Stützbereichen nicht zwingend mit der Beseitigung der Verzerrung verbunden.

Zur Vermeidung des Simultanitätsproblems schlagen MacKinnon/Milbourne (1984) eine modifizierte Schätzgleichung vor, die durch Reparametrisierung aus der ursprünglichen Carr-Darby-Geldnachfragefunktion hervorgeht. Die Funktion (160) wird unter Berücksichtigung von $mr_t = m_t - p_t$ und $m_t^U = m_t - E_{t-1}m_t$ zu:

$$(1 - \phi)m_t = \gamma\gamma_0 + \gamma\gamma_1 y_t^P + \gamma\gamma_2 i_t^I + \xi y_t^T + (1 - \gamma)mr_{t-1} + p_t - \phi E_{t-1}m_t + u_t \qquad (178)$$

umgeformt. Nach Division beider Seiten durch $(1 - \phi)$ unter der Annahme $\phi \neq 1$ und Verwendung von $\gamma\gamma_0^* = \gamma\gamma_0/(1 - \phi)$, $\gamma\gamma_1^* = \gamma\gamma_1/(1 - \phi)$, etc., $\varphi^* = -\phi/(1 - \phi)$ und $u_t^* = u_t/(1 - \phi)$ resultiert die Gleichung:

$$mr_t = \gamma\gamma_0^* + \gamma\gamma_1^* y_t^P + \gamma\gamma_2^* i_t^I + \xi^* y_t^T + (1 - \gamma)^* mr_{t-1} + \varphi^*(E_{t-1}m_t - p_t) + u_t^* \, . \qquad (179)$$

Die MacKinnon-Milbourne-Gleichung (179) beinhaltet zusätzlich zu den Argumenten der traditionellen Geldnachfragefunktion das mit dem aktuellen Preisniveau deflationierte erwartete Geldangebot. Im Unterschied zur Carr-Darby-

Funktion (160) weist die reparametrisierte Gleichung (179) die attraktive Eigenschaft auf, daß die endogene Variable m_t lediglich auf der linken Seite auftaucht sowie keine Korrelation zwischen $(m_t - E_{t-1}m_t)$ und u_t besteht, so daß die KQ-Methode prinzipiell anwendbar ist. Neben der Umgehung der ökonometrischen Probleme ist (179) einer einfachen ökonomischen Interpretation zugänglich. Da der Schockterm in der Carr-Darby-Funktion (160) in Gleichung (179) mit $(E_{t-1}m_t - p_t)$ korrespondiert, kann von einem signifikant von Null verschiedenen Parameter $\hat{\varphi}^*$ in (179) auf die Signifikanz von $\hat{\phi}$ in (160) geschlossen werden. Aus der Schätzung $\hat{\varphi}^*$ ist der Parameter $\hat{\phi}$ durch $\hat{\varphi}^*/(\hat{\varphi}^* - 1)$ berechenbar. Ein signifikant negativer Parameter $\hat{\varphi}^*$ kann damit als Bestätigung des Carr-Darby-Modells interpretiert werden.

MacKinnon und Milbourne betonen neben dem Simultanitätsaspekt, daß sich die Shock-Absorber-Hypothese aus zwei Bestandteilen zusammensetzt. Den ersten Bestandteil – Transakteure absorbieren unerwartete Geldangebotsänderungen zumindest partiell in ihrer kurzfristigen Kassenhaltung – testet die oben abgeleitete Gleichung (179). Durch diese Schätzgleichung ist jedoch der zweite Bestandteil der Carr-Darby-Hypothese – die Neutralität der Realkassenhaltung gegenüber erwarteten Geldangebotsänderungen – nicht überprüfbar. Zur Überprüfung der Neutralitätshypothese schlagen die Autoren die Erweiterung von Gleichung (160) um die erwartete Geldmenge $E_{t-1}m_t$:

$$mr_t = \gamma\gamma_0 + \gamma\gamma_1 y_t^P + \gamma\gamma_2 i_t^I + \xi y_t^T + \phi m_t^U + \nu E_{t-1}m_t + (1 - \gamma)mr_{t-1} + u_t \quad (180)$$

und deren Transformation zu:

$$mr_t = \gamma\gamma_0^* + \gamma\gamma_1^* y_t^P + \gamma\gamma_2^* i_t^I + \xi^* y_t^T + (1 - \gamma)^* mr_{t-1} + \varphi^*(E_{t-1}m_t - p_t) + \nu^* E_{t-1}m_t + u_t^* \quad (181)$$

vor, wobei die Symbolik von (181) mit derjenigen von (179) identisch ist und $\nu^* = \nu/(1 - \phi)$ gilt. Während sich in Gleichung (180) der erste Bestandteil der Shock-Absorber-Hypothese in der Parameterkonstellation $0 < \phi < 1$ widerspiegelt, verlangt die Gültigkeit des Neutralitätspostulats einen Parameterwert für ν von Null. Ist in Gleichung (181) der geschätzte Parameter $\hat{\nu}^*$ nicht signifikant von Null verschieden, so ist auch $\hat{\nu}$ in (180) insignifikant von Null verschieden und damit die Hypothese annehmbar, daß antizipierte Geldangebotsänderungen die Realkassenhaltung nicht beeinflussen. Die Carr-Darby-Hypothese kann daher als bestätigt gelten, falls $\hat{\nu}$ insignifikant von Null verschieden und $\hat{\phi}$ signifikant positiv ist (MacKinnon/Milbourne (1984), S. 266 ff.).

MacKinnon und Milbourne schätzen Gleichung (181) mittels gewöhnlicher und zweistufiger KQ-Methode ausschließlich für die USA auf Basis von Quartalsdaten im Stützbereich von 1953:1 bis 1978:4. Abweichend von Carr/Darby (1981) benutzen sie das aktuelle anstelle des permanenten Einkommens und verzichten auf das transitorische Einkommen als erklärendes Argument der Geldnachfragefunktion. Zur Modellierung der Geldangebotsprognose wird ein univariater autoregressiver Prozeß dritter Ordnung herangezogen. Die empirischen Resultate zeigen einen statistisch signifikanten, aber negativen Wert für den Parameter des Geldangebotsschocks. Darüber hinaus ist der Parameter des erwarteten Geldmengenterms signifikant von Null verschieden, so daß sich das Neutralitätspostulat nicht bestätigt und beide dem Shock-Absorber-Modell zugrundeliegenden Annahmen durch die Resultate von MacKinnon und Milbourne abgelehnt werden können.

Vergleichbare Resultate liefert die bereits in Abschnitt 6.3.2 erwähnte Arbeit von Cuthbertson (1986a) für Großbritannien. Der auf Basis der MacKinnon-Milbourne-Gleichung geschätzte Parameter der unerwarteten Geldangebotsänderung ist in sämtlichen Regressionen signifikant von Null verschieden, trägt aber das falsche negative Vorzeichen. Der Parameter des erwarteten Geldangebotsterms erweist sich in der KQ-Schätzung als signifikant und in der Instrumentvariablenschätzung als insignifikant von Null verschieden. Die oben zitierte Studie Thorntons (1990) für Deutschland liefert einen signifikant negativen Geldangebotsschockparameter im Rahmen der KQ-Schätzung und einen insignifikant von Null verschiedenen Koeffizienten, sofern die Instrumentvariablenschätzung herangezogen wird. Die geschätzten Parameter des erwarteten Geldmengenterms sind unter beiden Schätzverfahren insignifikant von Null verschieden.

Cuthbertson/Taylor (1987d) legen analog zur Cuthbertson-Studie Quartalsdaten im Stützbereich von 1964:2 bis 1981:4 für Großbritannien zugrunde, verwenden aber ein in zweifacher Hinsicht unterschiedliches methodisches Handwerkszeug. Zum einen wird anstelle des realen partiellen Anpassungsmodells vom Typ Goldfelds die Geldnachfragefunktion durch die general-to-specific Strategie spezifiziert. Zum zweiten erfolgt die Konstruktion der Zeitreihe des Geldangebotsschocks auf Basis des Zeitreihenmodells von Harvey/Todd (1983) durch Anwendung des Kalman-Filters.[81] Die empirischen Ergebnisse bestätigen die beiden Hypothesen des Shock-Absorber-Ansatzes. Nicht-antizipierte Geldmengenänderungen führen zu einer partiellen, gleichgerichteten Veränderung der Realkassenhaltung, und antizipierte Variationen der nominalen Geldmenge haben einen insignifikant von Null verschiedenen Einfluß auf die reale Geldnachfrage.

In der Replik auf die MacKinnon-Milbourne-Kritik rechtfertigen Carr et al. (1985) die Verwendung der originären Carr-Darby-Funktion (160) durch das Postulat eines im Aggregat exogenen Geldangebots. Die tatsächlich endogene Variable in der Geldnachfragefunktion ist daher das allgemeine Preisniveau, so daß die Funktion (160) eine reparametrisierte Preisgleichung darstellt. In dieser Funktion besteht eine positive Korrelation zwischen $(m_t - E_{t-1}m_t)$ und u_t ex definitione nicht. Das Vorgehen von Carr/Darby (1981) ist somit gerechtfertigt, die Parameter der Geldnachfragegleichung können mittels gewöhnlicher KQ-Methode - bei Unterstellung der Exogenität der anderen Regressoren - konsistent geschätzt werden, und die MacKinnon-Milbourne-Kritik ist nicht stichhaltig.

Ausschlaggebend für die Argumentation von Carr et al. (1985) ist die Unterscheidung zwischen mikro- und makroökonomischer Betrachtung.[82] Die individuelle nominale Kassenhaltung ist für den einzelnen Transakteur eine beeinflußbare Größe, das allgemeine Preisniveau hingegen steht nicht unter dem direkten Einfluß des einzelnen Transakteurs und stellt eine gegebene Größe dar. Würde die Geldnachfragefunktion (160) auf der Grundlage individueller Querschnittsdaten geschätzt, wäre die MacKinnon-Milbourne-Kritik stichhal-

---

[81] Zur dynamischen Spezifikation siehe die Literaturverweise des Abschnitts 3; die Verwendung des Harvey-Todd-Modells im Zusammenhang mit dem Kalman-Filter läßt sich durch die Argumente von Friedman (1979) und Cuthbertson (1988b) rechtfertigen.

[82] Auf die Probleme des Übergangs von der mikro- zur makroökonomischen Ebene für die Schätzung traditioneller Geldnachfragefunktionen hat bereits Walters (1967) hingewiesen. Die Aggregationsproblematik diskutieren Laidler (1980), S. 233 ff., Laidler (1982), S. 42 ff. und Heri (1986), S. 145 ff. sehr anschaulich.

tig, da Änderungen von u_t mit Änderungen von m_t verbunden sind und daher eine positive Korrelation zwischen $(m_t - E_{t-1}m_t)$ und u_t besteht. Der Geldnachfrageanalyse liegt jedoch ein makroökonomischer Datensatz zugrunde. Gestützt auf die empirische Evidenz von Darby et al. (1983) für die oben genannten acht Industrienationen zur kurzfristigen Steuerbarkeit des Geldangebots durch die Zentralbank postulieren Carr et al. (1985) die Exogenität der aggregierten nominalen Geldmenge. Verändert sich im Fall eines zentralbankdeterminierten Geldangebots die Größe u_t, ist eine Anpassung von m_t durch das Publikum nicht möglich. Stattdessen wird sich das Preisniveau ändern, so daß mit Gleichung (160) realiter ein Preisanpassungsmodell vorliegt. Die Preisgleichung ergibt sich nach Umformung von (160) zu:

$$p_t = m_t - \gamma\gamma_0 - \gamma\gamma_1 y_t^P - \gamma\gamma_2 i_t^I - \xi y_t^T - (1 - \gamma)mr_{t-1}$$

$$- \phi(m_t - E_{t-1}m_t) - u_t \quad . \tag{182}$$

Durch die Annahme eines exogenen Geldangebots und der Interpretation von (160) als Preisgleichung besteht keine positive Korrelation zwischen m_t und u_t, so daß für diesen Fall die Kritik von MacKinnon/Milbourne (1984) nicht zutrifft. Falls die Exogenität des Geldangebots vorliegt, ist das Vorgehen von Carr/Darby (1981) korrekt. Im Fall eines endogenen Geldangebots besitzt die Kritik von MacKinnon und Milbourne Gültigkeit.

Carr et al. schätzen ausschließlich für die USA die Geldnachfragefunktion (160) ergänzt um einen erwarteten Geldangebotsterm. Dazu wird das Datenmaterial der Carr-Darby-Studie und auch der darin untersuchte Stützbereich von 1957:1 bis 1976:4 zugrundegelegt. Während die Schätzfunktion mit dem aktuellen Realeinkommen als Skalenvariable – die von MacKinnon/Milbourne (1984) bevorzugte Spezifikation – einen signifikant negativen Koeffizienten für den erwarteten Geldmengenterm liefert, ist dieser Parameter in der Gleichung mit dem permanenten sowie transitorischen Einkommen insignifikant von Null verschieden. In beiden Gleichungen ist der Geldangebotsschock signifikant positiv. Im Stützbereich von 1960:2 bis 1983:2 schätzen Cuthbertson/Taylor (1988) für die USA eine mit der Funktion von Carr et al. vergleichbare Geldnachfragegleichung und ziehen dazu drei unterschiedliche Prognosemodelle für die erwartete Geldmenge heran. In allen Fällen ist der Parameter des erwarteten Geldangebotsterms insignifikant und derjenige des Geldangebotsschocks mit dem korrekten positiven Vorzeichen signifikant von Null verschieden. Allerdings weist das permanente Einkommen in zwei Funktionen ein negatives Vorzeichen auf.

Auf der Grundlage von Buffer-Stock-Geldnachfragefunktionen abgeleitete Preisgleichungen des Typs (182) schätzen Darby/Stockman (1983a, 1983b) und Gandolfi/Lothian (1983) für die oben genannten acht Industrienationen aus der Carr-Darby-Studie im Stützbereich von 1957:1 bis 1976:4. Abweichend von Gleichung (182) erweitern Darby und Stockman die Preisgleichung um die Geldangebotsschocks der vergangenen drei Quartale. Ohne auf die empirischen Ergebnisse im Detail einzugehen, sind überwiegend signifikant negative Parameterschätzungen für die laufenden und die drei verzögerten Geldangebotschocks feststellbar.

Dem verzerrt geschätzten Parameter der um eine Periode verzögerten Realkassenhaltung im Fall positiv autokorrelierter Residuen in den Gleichungen von Darby und Stockman begegnen Gandolfi/Lothian (1983) durch Aufnahme des transitorischen Einkommens als Argument der langfristigen Geldnachfragefunktion. Die Modellierung des transitorischen Einkommens durch eine Angebotsfunktion vom Lucas-Typ (Lucas (1973)) liefert eine Schätzgleichung, die im Unterschied zur Funktion (182) eine unendliche Anzahl von Geldangebotsschocks, aber keine verzögerte Realkassenhaltung als erklärendes Argument enthält. Die Residuen werden durch einen autoregressiven Prozeß zweiter Ordnung modelliert, und das transitorische Einkommen taucht nicht als Regressor in der Schätzgleichung auf. Analog zur Darby-Stockman-Studie sind in der überwiegenden Anzahl der Regressionen die Parameter der auf die vergangenen sechs Quartale restringierten monetären Schockterme signifikant negativ, so daß das Buffer-Stock-Modell bestätigt werden kann.

Lothian et al. (1990) erweitern den in beiden Studien zugrundeliegenden Stützbereich 1957:1 bis 1976:4 um 12 Jahre auf die Periode von 1957:1 bis 1988:4 und vergleichen die Eigenschaften der Preisgleichungen miteinander. Ihre empirischen Resultate beziehen sich ausschließlich auf die USA. Gegenüber dem Darby-Stockman-Ansatzes weist die Preisgleichung von Gandolfi und Lothian überlegenere Eigenschaften auf.

MacKinnon/Milbourne (1988) schätzen Preisgleichungen für die USA auf Basis des von Carr et al. (1985) verwendeten Datenmaterials und widmen sich den in der Funktion (182) implizit enthaltenen Restriktionen. Zum einen unterstellt die Preisgleichung, daß der Koeffizient des nominalen Geldangebots den Wert Eins besitzt und sich somit die Koeffizienten des aktuellen unverzögerten Geldmengenterms sowie des erwarteten Geldmengenterms zu Eins ergänzen. Zum anderen enthält die Gleichung implizit die Restriktion, daß die Parameter des verzögerten Geldmengenterms und des Preisniveaus in mr_{t-1} von gleicher Größenordnung sind und unterschiedliche Vorzeichen tragen. Die Restriktionen sind auf sehr hohem Signifikanzniveau ablehnbar, wodurch an der Interpretation von Geldnachfragefunktionen als Preisgleichungen Zweifel aufkommen.

6.6. Probleme des zweistufigen Schätzverfahrens und neuere Entwicklungen

Die überwiegende Anzahl der oben zitierten Studien verwenden ein zweistufiges Verfahren zur Schätzung der Shock-Absorber-Modelle, dessen erste Stufe durch die zeitreihenanalytische Modellierung des erwarteten Geldangebots und zweite Stufe durch die Schätzung der Shock-Absorber-Regressionsgleichung gekennzeichnet ist. Diesem spezifischen Vorgehen haften drei Defizite an.

Zum ersten weist u.a. Sargent (1981) darauf hin, daß Prognosefunktionen sämtliche Variablen enthalten sollten, die zur abhängigen Variable Granger-kausal (Granger (1969)) sind, um die Beschreibung rationalen Verhaltens der Transakteure zu garantieren. Zum zweiten zeigt Pagan (1984), daß die Verwendung zeitreihenanalytisch modellierter Erwartungsgrößen in einem Regressionsansatz eine modifizierte Schätzung der Varianz-Kovarianzmatrix erfordern kann, um zuverlässige Inferenzaussagen zu erhalten. Inkonsistente Standardfehler für die Parameter der Erwartungsgrößen lassen sich durch die Korrektur Pagans in konsistente Schätzungen überführen. Die geschätzten Parameter selbst behalten ihre Konsistenzeigenschaft, falls die Störgrößen die white-noise-Eigenschaft besitzen.[83]

---

[83] Zu dieser Problematik siehe den Übersichtsartikel von Oxley/McAleer (1993).

Empirische Evidenzen liegen zu beiden Aspekten durch die Arbeiten von Cuthbertson/Taylor (1986, 1988) vor. In der Studie aus dem Jahr 1986 untersuchen die Autoren britische Quartalsdaten von 1964:2 bis 1981:4 und verwenden vier Zeitreihenmodelle: ein univariates autoregressives Modell, ein saisonales ARIMA-Modell, das Modell von Harvey/Todd (1983) und ein stationäres schwach-rationales Modell nach dem Vorbild Mishkins (1982, 1983). Das schwach-rationale Zeitreihenmodell enthält neben verzögerten Termen des nominalen Geldangebots verzögerte Zinssätze und trägt dadurch der Sargent-Kritik Rechnung. Die Standardfehler der Shock-Absorber-Gleichungen werden um die Pagan-Korrektur modifiziert. Die Schätzung der Carr-Darby-Funktion vom Typ (160) liefert signifikant positive Parameter für den Geldangebotsschock, wobei in Abhängigkeit des verwendeten Zeitreihenmodells die Parameterschätzungen etwas variieren. Der Koeffizient des erwarteten Geldangebotsterms in den Gleichungen des Typs (180) erweist sich nur für das autoregressive Modell als signifikant positiv und liefert für die drei anderen Zeitreihenmodelle einen insignifikant von Null verschiedenen Parameter.

Die Arbeit aus dem Jahr 1988 testet Shock-Absorber-Gleichungen auf Basis US-amerikanische Quartalsdaten von 1960:2 bis 1983:2. Cuthbertson und Taylor benutzen ein autoregressives Modell, einen ARIMA-Ansatz und ein schwach-rationales Modell vom Mishkin-Typ, das zusätzlich zu Geldmengenvariablen verzögerte Zinsterme und Variablen des staatlichen Budgetüberschusses enthält. Zwar schwankt der Wert des Parameters für den Schockterm in Abhängigkeit des verwendeten Verfahrens zur Ermittlung des erwarteten Geldangebots, der Koeffizient ist aber in allen Fällen signifikant positiv. Ebenso ist für alle drei Zeitreihenmodelle der Koeffizient der erwarteten Geldmenge insignifikant von Null verschieden. Obwohl die Regressionsresultate nicht in allen Belangen zufriedenstellen, kann die Evidenz beider Cuthbertson-Taylor-Analysen als Bestätigung des Shock-Absorber-Ansatzes gewertet werden.

Schließlich betonen Cuthbertson und Taylor zum dritten, daß die zweistufige Schätzung des Carr-Darby-Modells eine Kreuzgleichungsrestriktion, die sogenannte Rationalitätsrestriktion, zwischen der Prognosegleichung für das erwartete Geldangebot und der Geldnachfragefunktion impliziert. Um diesem Charakteristikum Rechnung zu tragen, schlagen die Autoren eine simultane Schätzung der Geldangebotsprognose- und der Geldnachfragegleichung nach dem Verfahren von Mishkin (1982, 1983) vor.

Die Anwendung der Methode Mishkins ist mit zwei Vorteilen verbunden. Zum einen liefert das einstufige Verfahren im Vergleich zum zweistufigen Vorgehen effizientere Parameterschätzungen. Zum zweiten ist die Kreuzgleichungsrestriktion zusammen mit der Neutralitätshypothese – lediglich nicht-antizipierte Geldmengenänderungen wirken auf die Realkassenhaltung – einem Test zugänglich. Das zugrundeliegende Gleichungssystem besteht aus der Gleichung der Geldangebotsprognose (162) und der sich nach Substitution dieser Funktion für $E_{t-1}m_t$ in die erweiterte Carr-Darby-Funktion (180) ergebenden Gleichung:

$$m_t = \varphi Z_{t-1} + \upsilon_t \tag{162}$$

$$mr_t = \gamma\gamma_0 + \gamma\gamma_1 y_t^P + \gamma\gamma_2 i_t^I + \xi y_t^T + \phi(m_t - \varphi^* Z_{t-1}) + \nu\varphi^* Z_{t-1}$$
$$+ (1 - \gamma)mr_{t-1} + u_t \;. \tag{183}$$

Durch die Substitution von (162) in (180) unterstellt das zweistufige Verfahren implizit die Gültigkeit der Rationalitätsrestriktion $\varphi = \varphi^*$ in Gleichung (183). Das Shock-Absorber-Modell wird darüber hinaus durch die Gültigkeit des Neutralitätspostulats $\nu = 0$ und durch einen signifikant positiven Parameter ϕ bestätigt. Konkret ließe sich die verbundene Nullhypothese der Rationalität und Neutralität H_0: $(\varphi = \varphi^*, \nu = 0)$ gegen das unrestringierte Modell $\varphi \neq \varphi^*$, $\nu \neq 0$ testen. Ferner ist durch die Nullhypothese H_0: $(\varphi = \varphi^* \mid \nu \neq 0)$ die Rationalitätshypothese ohne Aufrechterhaltung des Neutralitätspostulats testbar, und schließlich kann die Neutralitätshypothese bei Aufrechterhaltung der Rationalitätshypothese H_0: $(\nu = 0 \mid \varphi = \varphi^*)$ getestet werden.

Zur simultanen Schätzung des Gleichungssystems schlägt Mishkin (1983) eine nicht-lineare Methode vor, die asymptotisch mit dem Full Information Maximum Likelihood Verfahren äquivalent ist und Diagonalrestriktionen für die Varianz-Kovarianzmatrix zuläßt. Mit diesem Verfahren wird das System (162) und (183) unter der Annahme der Exogenität des Geldangebots und damit der Interpretation von (183) als Preisgleichung geschätzt. Die oben beschriebenen Hypothesen werden mit der Likelihood-Ratio-Statistik:

$$LR = T \cdot \ln(\det\tilde{\Sigma}/\det\hat{\Sigma}) \tag{184}$$

getestet, wobei $\tilde{\Sigma}$ und $\hat{\Sigma}$ die geschätzte Varianz-Kovarianzmatrix des restringierten respektive unrestringierten Systems bezeichnen (Cuthbertson/Taylor (1988), S. 329, Mishkin (1983), S. 30 f.).

Cuthbertson/Taylor (1986, 1988) erhalten bei Verwendung schwach-rationaler Zeitreihenmodelle sowohl für den britischen als auch den US-amerikanischen Datensatz einen signifikant positiven Parameter für den Geldangebotsschock, sofern die Rationalitäts- und Neutralitätsrestriktion auferlegt wird. Allerdings lehnen die Autoren die verbundene Nullhypothese der Rationalität und Neutralität sehr deutlich ab. Darüber hinaus ist für beide Staaten die Rationalitätshypothese auch verwerfbar, wenn das Neutralitätspostulat nicht als Restriktion aufrechterhalten wird. Die Neutralitätshypothese bei Unterstellung von Rationalität ist für Großbritannien ebenso ablehnbar, kann aber für die USA bestätigt werden. Goldfeld/Sichel (1990) bekräftigen diese Resultate für die USA durch die Analyse von Quartalsdaten in den Stützbereichen von 1952:3 bis 1974:1 und 1952:3 bis 1980:4. Zum Zeitpunkt 1974:1 zeigt ein Stabilitätstest die Instabilität des Geldnachfragemodells an.

Frenkel/Taylor (1993) benutzen für Jugoslawien Monatsdaten im Stützbereich von 1980:1 bis 1989:12. Durch die im Analysezeitraum vorliegende Inflationsentwicklung hebt sich die Studie von allen bisher zitierten Arbeiten deutlich ab. Die Tendenz steigender Inflationsraten erreicht im Jahr 1989 ihren Höhepunkt. Da in einigen Monaten des Jahres 1989 die monatliche Inflationsrate die 50 Prozent Marke übersteigt, ist nach Caganscher Definition (Cagan (1956)) das Ende des Stützbereichs durch eine Hyperinflation charakterisierbar. Aufgrund der enorm hohen Inflationsraten arbeiten Frenkel und Taylor mit einer Geldnachfragefunktion vom Cagan-Typ, die die Abhängigkeit der Realkassenhaltung ausschließlich von der erwarteten Inflationsrate der folgenden Periode postuliert, und erweitern diese um einen Geldangebotsschock. Damit liegt eine Buffer-Stock-Version der Caganschen Geldnachfragefunktion vor.

Unter Verwendung des Kointegrationskonzepts[84] und eines autoregressiven Prozesses zweiter Ordnung zur Modellierung des erwarteten Geldangebots können die Autoren auf Basis der gemeinsamen Maximum Likelihood Schätzung bei vollständiger Information die Gültigkeit der Kreuzgleichungsrestriktion auf 10-prozentigem Niveau nicht ablehnen, so daß die Rationalitätshypothese bestätigt wird. Darüber hinaus sind die geschätzten Koeffizienten auf hohem Niveau signifikant von Null verschieden. Allerdings trägt der geschätzte Parameter des Buffer-Stock-Terms ein negatives Vorzeichen, so daß die Shock-Absorber-Version des Cagan-Modells keine überzeugende Beschreibung der Daten in der untersuchten Periode liefert.

Die Diskussion über das Carr-Darby-Modell erfährt derzeit durch zwei Entwicklungen neuen Auftrieb. Zum ersten bietet das Verfahren von Engle et al. (1983) die Möglichkeit, Exogenitätsannahmen für Variablen in Einzelgleichungen empirisch zu testen, so daß das dem Carr-Darby-Modell zugrundeliegende Exogenitätspostulat für die nominale Geldmenge überprüfbar ist.[85] Für die Bundesrepublik führen Willms/Clausen (1995) eine Exogenitätsanalyse auf Quartalsdatenbasis im Stützbereich von 1960:1 bis 1989:4 durch und lehnen die Exogenitätshypothese für die Geldmenge M1 ab. Durch dieses Ergebnis muß die Geldmenge M1 im statistischen Sinne als endogene Größe angesehen werden. Fischer (1993) gelangt für die Geldbasis der Schweiz im Stützbereich von 1973:1 bis 1987:4 ebenso zur Ablehnung der Exogenitätshypothese. Durch die Analyse verschiedener schweizerischer Geldmengenaggregate in der Periode von 1961:2 bis 1991:1 bekräftigen Fischer/Nicoletti (1993) dieses Resultat. Gemäß den Ergebnissen aus den Exogenitätsuntersuchungen ist Skepsis gegenüber

---

[84] Die Anwendung des Kointegrationskonzepts zur empirischen Evaluierung des Cagan-Modells weist die attraktive Eigenschaft auf, daß keine restriktiven Annahmen über die Form der Bildung von Inflationserwartungen postuliert werden müssen, wodurch sich die Verwendung der aktuellen Inflationsrate anstelle der erwarteten Inflationsrate rechtfertigen läßt. Die direkte Beziehung zwischen Cagans Geldnachfragefunktion, dem Kointegrationsansatz und der Form der Erwartungsbildung zeigt erstmals Taylor (1991) auf. Empirische Ergebnisse liefern neben Taylor (1991) und Frenkel/Taylor (1993), Bohl (1995a), Engsted (1993), Michael et al. (1994), Phylaktis/Taylor (1993) sowie Siklos (1991); einen Überblick zu diesen Arbeiten gibt Bohl (1995b).

[85] Siehe hierzu die vorangegangene Diskussion des Abschnitts 6.5. Eine Darstellung des Exogenitätskonzepts und der Exogenitätstests liefern neben Engle et al. (1983), Engle/Hendry (1993), Ericsson (1992), Fischer (1989, 1993), Fischer/Nicoletti (1993) und Hansen (1991).

der Interpretation einer Geldnachfragefunktion als Preisgleichung angebracht.

Zum zweiten analysieren Lastrapes/Selgin (1994) Buffer-Stock-Effekte mit Hilfe einer vektorautoregressiven Darstellung der realen und nominalen Geldmenge. Das Verfahren von Lastrapes und Selgin zeichnet sich dadurch aus, daß dem Zeitreihenmodell a priori keine strengen Restriktionen auferlegt werden. Somit vermeidet der Ansatz die Festlegung möglicherweise inkorrekter Exogenitätsannahmen und umgeht das Simultanitätsproblem, das anderen Teststrategien anhaftet. Als Restriktion wird lediglich die langfristige Neutralität exogener Geldangebotsschocks auf die Realkassenhaltung postuliert; implizit unterliegen dieser Restriktion alle Shock-Absorber-Modelle. US-amerikanische Monatsdaten von 1957:1/59:1 bis 1991:1 für zwei Geldmengenaggregate bilden die Grundlage der empirischen Analyse. Die Buffer-Stock-Hypothese, daß kürzerfristig nominale Geldangebotsschocks einen Effekt auf die Realkassenhaltung haben, bestätigen die Verläufe der Impuls-Antwort-Folgen für beide Geldmengenaggregate. Nach einem temporären Anstieg der Realkasse nimmt die Geldhaltung allmählich ab und erreicht langfristig das ursprüngliche Niveau. Ferner ermöglicht die Prognosefehler-Varianz-Zerlegung Aussagen über den durchschnittlichen relativen Beitrag jedes Schocks zur Erklärung der bedingten Prognosefehlervarianz für einen gegebenen Prognosehorizont. Für die eng definierte Geldmenge erklären zum einmonatigen Prognosehorizont Buffer-Stock-Effekte durchschnittlich etwa 85 Prozent der Variationen der realen Kassenhaltung. Nach zwölf Monaten beziffert sich der relative Beitrag auf circa 45 Prozent. Für das weit abgegrenzte Geldmengenaggregat fallen die Buffer-Stock-Effekte geringer aus. Als generelles Resultat halten Lastrapes und Selgin fest, daß nominale Geldangebotsschocks kurzfristig eine bedeutende Rolle zur Bestimmung der Realkassenhaltung spielen. Dieses Ergebnis ist mit der Existenz signifikanter Buffer-Stock-Effekte konsistent.

Die Darstellung der empirischen Ergebnisse zu den neueren Entwicklungen in der Debatte über die Carr-Darby-Funktion erlaubt eine abschließende Beurteilung der Evidenzen für die Shock-Absorber-Modelle:

(1) Die Studien zu den originären Shock-Absorber-Modellen und dem Carr-Darby-Ansatz weisen überwiegend signifikant positive Parameter für die verwendeten Shock-Variablen auf. Dies trifft insbesondere für die alter-

nativen Approximationsgrößen unerwarteter Geldmengenänderungen zu. Anzeichen auf eine Behebung der für traditionelle Geldnachfragefunktionen festgestellten Instabilitäten durch die Aufnahme der Shock-Absorber-Argumente sind allerdings selten.

(2) Erste empirisch gestützte Zweifel am Carr-Darby-Modell liefern einige Studien, die einer möglichen Simultanität zwischen Geldangebotsschock und Störterm durch die Anwendung einer modifizierten Schätzgleichung Rechnung tragen.

(3) Die geschätzten Parameter der Geldangebotsschocks in reparametrisierten Preisgleichungen erweisen sich meist als signifikant negativ, was als Bestätigung des Buffer-Stock-Modells anzusehen ist. Gegen die Interpretation einer Geldnachfragefunktion als Preisgleichung sprechen sowohl die empirische Evidenz in Form der Ablehnung der in ihr implizit enthaltenen Restriktionen als auch die Ergebnisse aus den neueren Exogenitätsanalysen.

(4) Durch die Ergebnisse zur einstufigen Schätzung der Carr-Darby-Funktion lassen sich die dem Geldnachfragemodell zugrundeliegende Kreuzgleichungs- und Neutralitätsrestriktion meist nicht bestätigen. Die ursprünglich überwältigende empirische Evidenz zugunsten des Carr-Darby-Modells wird dadurch zusätzlich relativiert.

(5) Die Untersuchung von Buffer-Stock-Effekten auf Basis eines vektorautoregressiven Systems für die USA läßt auf eine bedeutende Rolle nominaler Geldangebotsschocks für die Realkassenhaltung in kurzfristigem Kontext schließen.

Die Darstellung der Diskussion um das Shock-Absorber-Modell von Carr und Darby ist mit der Zusammenfassung der empirischen Evidenz abgeschlossen. Aus dieser Debatte geht das Forward-Looking-Modell von Cuthbertson und Taylor als vorläufig letzte Neuerung der Geldnachfragemodelle aus der Kategorie der Buffer-Stock-Modelle hervor.

7. Spezifikation der Forward-Looking-Geldnachfragefunktion

Analog zu den Shock-Absorber-Modellen liegt dem Forward-Looking-Ansatz von Cuthbertson und Taylor [86] die Interpretation des Geldes als Buffer-Stock zugrunde. Während die Aufnahme eines Geldangebotsschocks in die Geldnachfragegleichung das Novum des Carr-Darby-Ansatzes repräsentiert, stellt die Berücksichtigung erwarteter und unerwarteter Variablen in der kurzfristigen Geldnachfragefunktion für jede Determinante der langfristigen Geldhaltung das wesentliche Charakteristikum des Cuthbertson-Taylor-Modells dar. Transakteure reagieren mit ihrer Kassenhaltung differenziert auf antizipierte und nicht-antizipierte künftige Entwicklungen der Geldnachfragedeterminanten. Der Forward-Looking-Ansatz weist darüber hinaus durch den Rückgriff auf einen intertemporalen Optimierungsansatz (Sargent (1979)) eine theoretische Fundierung auf.

Durch die explizite Berücksichtigung rationaler Erwartungsbildung fällt dem Cuthbertson-Taylor-Modell eine besondere Rolle in der Diskussion über die Instabilität der Geldnachfragefunktion zu, da für instabile Feedback-Geldnachfragemodelle die Ignoranz von Erwartungen bezüglich der künftigen Entwicklung aller Argumente der Kassenhaltung verantwortlich sein könnte. Diesem Aspekt begegnet das Forward-Looking-Modell und beansprucht daher die Überlegenheit gegenüber Feedback-Modellen.

Das vorliegende Kapitel stellt die Forward-Looking-Geldnachfragefunktion von Cuthbertson und Taylor dar und präsentiert das methodische Instrumentarium zur empirischen Implementierung dieses Modells. Zunächst widmet sich Abschnitt 7.1 der potentiellen Bedeutung rationaler Erwartungsbildung für Feedback-Geldnachfragefunktionen. Abschnitt 7.2 erläutert die Ableitung und die Eigenschaften der Forward-Looking-Geldnachfragefunktion, und Abschnitt 7.3 widmet sich der Technik zur Schätzung des Forward-Looking-Modells. Abschnitt 7.4 stellt univariate autoregressive Zeitreihenmodelle und vektorautoregressive Systeme zur Konstruktion der Erwartungsgrößen dar.

---

[86] Cuthbertson (1988a), Cuthbertson/Taylor (1987b, 1989, 1990a, 1990b, 1990c, 1992).

7.1. Feedback-Modelle und rationale Erwartungsbildung

Ein möglicher Grund für Instabilitäten der Feedback-Geldnachfragefunktionen könnte die Ignoranz der Erwartungsbildung als bedeutendes Charakteristikum des Verhaltens von Transakteuren sein. Treffen Transakteure ihre Geldnachfrageentscheidung auf der Basis rational gebildeter Erwartungen bezüglich der künftigen Entwicklung des Realeinkommens, der Zinssätze, der Inflationsrate etc., sind möglicherweise für die in Feedback-Modellen auftretenden Instabilitäten Verschiebungen des erwartungsgenerierenden Prozesses verantwortlich. Als Gründe für solche Veränderungen kommen geldpolitische Regimewechsel, sonstige institutionelle Veränderungen sowie markante Veränderungen im Zeitreihenverhalten der relevanten Variablen in Frage (Bagliano/Favero (1992), S. 337 f.).

Geldpolitische Regimewechsel können in Anlehnung an Lucas (1976) durch die differenzierte Reaktion einer Zentralbank auf ökonomische Schocks definiert werden. Entsprechend diesem Kriterium sind für die Bundesrepublik nach dem zweiten Weltkrieg drei monetäre Regimewechsel identifizierbar: Zum ersten läßt sich der Zusammenbruch des Fixkurssystems von Bretton Woods im März 1973 und zum zweiten der Eintritt in das Europäische Währungssystem im März 1979 nennen. Zum dritten handelt es sich um die Ankündigung eines Geldmengenziels seit dem 5. Dezember 1974. Die Bundesbank hat an dem Verfahren, im Dezember für das jeweils folgende Jahr ein Geldmengenziel vorzugeben mit geringfügigen Modifikationen und wenigen Ausnahmen bisher festgehalten (Bonser-Neal (1990), S. 332 ff.). Da die Bundesrepublik in den siebziger Jahren in die Währungsschlange eingebunden war, repräsentiert der Eintritt in das Europäische Währungssystem keinen fundamentalen Regimewechsel (Weber (1991), S. 189).

Die Konsequenzen geldpolitischer Regimewechsel für die Eigenschaften von Feedback-Modellen für den Fall, daß Transakteure ihre Entscheidungen auf Basis rationaler Erwartungen treffen, lassen sich mit Hilfe der Analyse von Kelly (1985) veranschaulichen.[87] Kelly kritisiert das in Hendry/Mizon (1978) und Davidson et al. (1978) praktizierte methodische Vorgehen, auf Basis geschätzter autoregressiver distributed-lag-Modelle Aussagen über die lang-

---

[87] Siehe hierzu auch die Darstellung in Cuthbertson (1986b), S. 344 ff. und (1989), S. 80 ff.

fristigen Parameter der Verhaltensgleichung zu machen, ohne dabei Erwartungsbildungsprozesse zu berücksichtigen. Unter dem Postulat rationaler Erwartungsbildung kann sich eine solche Vorgehensweise zur Schätzung der wahren langfristigen Parameter als untauglich erweisen. Kelly legt zur Begründung seines Arguments das autoregressive distributed-lag-Modell:

$$\phi(B)y_t = \alpha + \beta(B)x_t + \varepsilon_t \tag{185}$$

zugrunde, in welchem y_t und x_t die Logarithmen der abhängigen und unabhängigen Variablen, ε_t einen white-noise-Störterm, B den lag-Operator und:

$$\phi(B) = 1 - \sum_{i=1}^{I} \phi_i B^i \quad , \tag{186a}$$

$$\beta(B) = \sum_{j=0}^{J} \beta_j B^j \tag{186b}$$

lag-Polynome bezeichnen. Für die lag-Polynome gilt weiterhin:

$$\phi(1) = 1 - \sum_{i=1}^{I} \phi_i \quad , \tag{187a}$$

$$\beta(1) = \sum_{j=0}^{J} \beta_j \quad . \tag{187b}$$

Das langfristige statische Gleichgewicht des Modells (185) wird durch die Festlegung auf B = 1 ermittelt, so daß:

$$y = a + bx \tag{188}$$

mit:

$$a = \alpha \left[1 - \sum_{i=1}^{I} \phi_i \right]^{-1} \quad , \tag{189a}$$

$$b = \left[\sum_{i=0}^{J} \beta_i \right] \left[1 - \sum_{i=1}^{I} \phi_i \right]^{-1} \tag{189b}$$

resultiert. Im Zusammenhang mit der statischen Gleichgewichtslösung ist nun die Frage von Bedeutung, ob der geschätzte langfristige Parameter b für stichhaltige Aussagen im Hinblick auf die von der ökonomischen Theorie postulierte Größenordnung heranziehbar ist. Sofern für das erklärende Argument x_t rationale Erwartungsbildung unterstellt wird, ist dies nicht zwangsläufig möglich. Das statische Gleichgewicht sei wiederum durch (188) und die dynamische Beziehung durch das wahre Modell:

$$\phi(B)y_t = \alpha + \beta(B)E_{t-1}x_t + \varepsilon_t \tag{190}$$

beschrieben, wobei im Unterschied zu (185) die Gleichung (190) nicht die aktuelle erklärende Variable, sondern die zum Zeitpunkt $t-1$ für t erwartete Variable $E_{t-1}x_t$ enthält. Im statischen Gleichgewicht ist die erwartete Größe gleich der aktuellen Größe $E_{t-1}x_t = x_t$, so daß der theoretische und der erwartete Wert übereinstimmen und die Beziehung der Koeffizienten von (188) sowie (190) durch (189a, 189b) beschrieben wird. Die Unterstellung einer erwarteten Variable anstelle einer aktuellen erklärenden Variable hat jedoch gravierende Implikationen für die Interpretation der geschätzten Parameter, falls das Zahlenmaterial aus der Stützperiode nicht durch das langfristige Gleichgewicht adäquat beschreibbar ist. Um dies zu verdeutlichen, sei die Exogenität und Stationarität der Zeitreihe x_t postuliert. Ferner soll x_t durch einen autoregressiven Prozeß:

$$x_t = \delta_0 + \delta(B)x_t + \nu_t \tag{191}$$

mit:

$$\delta(B) = \sum_{k=1}^{K} \delta_k B^k , \tag{192a}$$

$$\sum_{k=1}^{K} \delta_k < 1 \tag{192b}$$

und ν_t als white-noise-Prozeß beschrieben werden. Darüber hinaus ist der datengenerierende Prozeß der Zeitreihe x_t bekannt, und es sei rationale Erwartungsbildung:

$$E_{t-1}x_t = E(x_t \mid \Omega_{t-1}) \tag{193}$$

unterstellt. Das Informationsset zum Zeitpunkt t – 1 hat das Aussehen:

$$x_{t-1}, x_{t-2}, \ldots \subset \Omega_{t-1} \quad , \tag{194}$$

so daß:

$$E_{t-1}x_t = \delta_0 + \delta(B)x_t \tag{195}$$

folgt. Die Substitution der Gleichung (195) in (190) liefert:

$$\phi(B)y_t = \left[\alpha + \delta_0 \sum_{i=0}^{J} \beta_i \right] + \beta(B)\delta(B)x_t + \varepsilon_t \, . \tag{196}$$

Die Schätzung der Gleichung (196) und die Ableitung der langfristigen statischen Lösung durch Festsetzung von B = 1 ergibt:

$$y = (a + \delta_0 b) + b \left[\sum_{k=1}^{K} \delta_k \right] x_t \quad , \tag{197}$$

wobei infolge der Stationaritätsannahme für (191) $\sum_{k=1}^{K} \delta_k < 1$ gilt. Aus Gleichung (197) geht hervor, daß sich die geschätzte langfristige Elastizität $b(\sum_{k=1}^{K} \delta_k)$ aus dem Strukturparameter des Modells und den Koeffizienten des erwartungsgenerierenden Prozesses zusammensetzt. Die Schätzung des Parameters $b(\sum_{k=1}^{K} \delta_k)$ als langfristige Elastizität von y gegenüber x unterschätzt den langfristigen, wahren Parameter *b*. Das Ausmaß der Fehleinschätzung wird durch die Struktur des datengenerierenden Prozesses der Zeitreihe x_t beeinflußt. Da die endogene Variable y_t entsprechend (190) von der rational gebildeten Größe $E_{t-1}x_t$ abhängt und diese wiederum von den Parametern δ des stochastischen Prozesses für x_t determiniert wird, hängt die geschätzte Beziehung zwischen y_t und x_t ebenso von diesen Parametern ab. Enthält das wahre Modell die erwartete Größe als erklärende Variable und tritt im Rahmen der empirischen Spezifikation des Modells die aktuelle Variable anstelle der erwarteten Variable, kann die Ignoranz des erwartungsbildenden Prozesses zu inkorrekten Aussagen für den langfristigen Parameter des autoregressiven distributed-lag-Modells führen (Kelly (1985), S. 1079 f.).[88]

Taylor (1987) ergänzt die Analyse Kellys um Modelle, in denen Transakteure Entscheidungen auf der Grundlage künftiger erwarteter Variablen mit geometrisch abnehmender Gewichtung treffen:

$$y_t = \kappa y_{t-1} + (1 - \lambda) \sum_{i=0}^{\infty} \lambda^i \mu E_t x_{t+i} \quad . \tag{198}$$

Es läßt sich zeigen, daß Modelle des Typs (198) auf Basis einer mehrperiodigen Kostenfunktion ableitbar und auf Fehlerkorrekturrepräsentationen zurückführbar sind.[89] Bedeutsamer ist für den vorliegenden Kontext, daß die Implikationen aus der Analyse Taylors mit denjenigen der Kelly-Untersuchung qualitativ übereinstimmen (Taylor (1987), S. 215 ff.).

Im Hinblick auf die weitere Argumentation kann als zentrale Aussage der Arbeiten von Kelly, Cuthbertson und Taylor festgehalten werden: Falls das geschätzte Feedback-Modell als reduzierte Form eines Forward-Looking-Modells interpretierbar ist und damit das Forward-Looking-Modell das wahre Geldnachfragemodell darstellt, repräsentieren die geschätzten Regressionsparameter des Feedback-Modells eine Zusammensetzung aus Strukturparametern sowie Parametern des erwartungsgenerierenden Prozesses. Für das Feedback-Modell besitzt die Lucas-Kritik (Lucas (1976)) Gültigkeit.[90] Führen Politikregimewech-

---

[88] Die Schlußfolgerung ist nicht möglich, falls der datengenerierende Prozeß der unabhängigen Variable durch einen Markov-Prozeß mit Parametern, die sich zum Wert Eins summieren, charakterisierbar ist. Diesen Spezialfall schließt jedoch die Annahme (192b) aus.

[89] Beide Aspekte sind für die jetzige Betrachtung von untergeordnetem Interesse und werden in Abschnitt 7.2 behandelt.

[90] Die Lucas-Kritik ist in einer Vielzahl von Studien ausführlich dargestellt und ihre Bedeutung für makroökonomische Modelle diskutiert worden, so daß die vorliegenden Arbeit auf eine detaillierte Erläuterung verzichtet. Siehe neben der Arbeit von Lucas (1976) beispielsweise Attfield et al. (1985), S. 123 ff., Cuthbertson/Taylor (1987c), S. 109 ff. und Stevenson et al. (1988), S. 94 ff.

sel zu Änderungen der Parameter für die erwartungsgenerierenden Prozesse, sind entsprechende Änderungen auch für die Koeffizienten des Feedback-Modells möglich. Somit können Instabilitäten der geschätzten Funktion fälschlicherweise Veränderungen der Strukturparameter der langfristigen Geldnachfragefunktionen zugeordnet werden, obwohl de facto Instabilitäten im erwartungsgenerierenden Prozeß aufgrund von Regimewechseln und sonstigen institutionellen Änderungen verantwortlich sind (Bagliano/Favero (1992), S. 338, Favero (1993), S. 453). Die Einbeziehung erwarteter Größen in eine Geldnachfragefunktion bietet nach Ansicht von Cuthbertson und Taylor eine Möglichkeit, diesem Aspekt zu begegnen.

7.2. Ableitung und Eigenschaften der Forward-Looking-Geldnachfragefunktion

In den folgenden beiden Abschnitten wird das Geldnachfragemodell von Cuthbertson und Taylor vorgestellt. Es bietet sich hierzu an, in Abschnitt 7.2.1 zunächst die Bestandteile des Ansatzes sowie die etwas aufwendige, wenn auch mathematisch einfache Lösung des dynamischen Optimierungsproblems zu präsentieren. Abschnitt 7.2.2 widmet sich der Formulierung der kurzfristigen Geldnachfragefunktion und beschreibt ihre Charakteristika.

7.2.1. Komponenten des Geldnachfragemodells und die Lösung des Optimierungsproblems

Das Forward-Looking-Modell basiert auf einer langfristigen Geldnachfragefunktion, einem mehrperiodigen Kostenminimierungsansatz und der Buffer-Stock-Interpretation des Geldes. Die geplante Komponente der Kassenhaltung wird durch den mehrperiodigen Kostenminimierungsansatz modelliert, wodurch die direkte Einbeziehung der Forward-Looking-Variablen in die Geldnachfragefunktion gelingt. Die Buffer-Stock-Komponente der Geldhaltung ist für die Aufnahme der Schockvariablen verantwortlich.

Als langfristige Geldnachfragefunktion postulieren die Autoren eine Gleichung konventionellen Typs in nomineller Spezifikation mit dem Preisniveau

p_t, dem Realeinkommen y_t und dem inländischen Nominalzinssatz i_t^I als Determinanten der langfristig gewünschten Kassenhaltung:

$$m_t^* = \alpha_1 p_t + \alpha_2 y_t - \alpha_3 i_t^I \quad , \qquad \alpha_1, \alpha_2, \alpha_3 > 0 \quad . \tag{199}$$

Die mehrperiodige, quadratische Verlustfunktion als zweiten Baustein des Modells:

$$\min \quad C = E_{t-1} \sum_{i=0}^{\infty} D^i(\xi_0(m_{t+i} - m_{t+i}^*)^2 + \xi_1(m_{t+i} - m_{t+i-1})^2) \tag{200}$$

stellt eine Verallgemeinerung des einperiodigen Kostenminimierungsansatzes zur Fundierung des nominalen partiellen Anpassungsmodells aus Abschnitt 2.1 dar.[91] m_{t+i} und m_{t+i}^*, $i = 0,1,2,\ldots,\infty$, bezeichnen die tatsächliche und langfristig gewünschte nominale Kassenhaltung, D einen subjektiven Diskontfaktor im offenen Intervall (0,1), ξ_0, $\xi_1 \geq 0$ konstante Gewichte und E_{t-1} den bedingten Erwartungsoperator:

$$E_{t-1} Z_t = E(Z_t \mid \Omega_{t-1}) \tag{201}$$

mit Ω_{t-1} als Informationsset $\Omega_{t-1} \subset \Omega_{t-2} \ldots$ und Z_t als Variable. Analog zum einperiodigen Kostenminimierungsansatz ist der Transakteur mit Kosten konfrontiert, die durch die Diskrepanz zwischen kurz- und langfristiger Kassenhaltung per se entstehen $(m_{t+i} - m_{t+i}^*)$ und die infolge der Anpassung der Kassenhaltung $(m_{t+i} - m_{t+i-1})$ resultieren. Im Rahmen eines zweistufigen Entscheidungsprozesses legt der Transakteur zunächst den gewünschten Pfad seiner langfristigen Kassenhaltung $\{m_{t+i}^*\}_{i=0}^{\infty}$ fest und entscheidet daraufhin über die Anpassungsgeschwindigkeit an diesen Pfad. Die Kostenfunktion ist quadratisch formuliert, da dadurch lineare Optimalitätsbedingungen resultieren. Das Kostenminimierungsproblem läßt sich lösen, als ob der Transakteur die künftigen Werte der Kassenhaltung kennt und somit perfekte Voraussicht

---

[91] Kostenfunktionen dieses Typs sind aus einer Vielzahl anderer Anwendungen bekannt. Hall (1978) und Sargent (1978a) benutzen einen solchen Ansatz zur Modellierung des Konsumverhaltens, Hansen/Sargent (1980), Kennan (1979, 1988), Meese (1980) und Sargent (1978b) zur Analyse von Arbeitsnachfrage- und Arbeitsangebotsentscheidungen unter rationalen Erwartungen und Sargent (1977) zur Analyse der Caganschen Geldnachfragefunktion für Hyperinflationen, um lediglich drei Anwendungsbereiche zu nennen.

besitzt. Nachdem die Lösung vorliegt, können für die künftigen Größen erwartete Werte substituiert werden. Diese Eigenschaft wird in der Literatur als Sicherheitsäquivalenz oder Separationsprinzip bezeichnet (Cuthbertson/Taylor (1987c), S. 131); sie vereinfacht die Problemlösung erheblich.

Die Aufgabe des Transakteurs besteht gemäß (200) darin, den erwarteten, diskontierten Gegenwartswert der quadratischen Kostenfunktion auf Basis der Informationen am Ende der Periode $t-1$ über den infiniten Zeithorizont hinweg zu minimieren. Die mehrperiodige Formulierung des Optimierungskalküls begegnet dem durch den einperiodigen Kostenminimierungsansatz postulierten myoptischen Verhalten von Transakteuren: Entsprechend des einperiodigen Kostenkalküls bestimmen Transakteure ihre optimale Kassenhaltung in der laufenden Periode, ohne die Auswirkungen dieser Portfolioentscheidung für das Minimierungsproblem der nächstfolgenden Perioden zu beachten. Die Generalisierung zu einem mehrperiodigen Ansatz vermeidet dieses Defizit und ist darüber hinaus für den direkten Einbezug der Erwartungsvariablen in die Geldnachfragegleichung verantwortlich.

Die Zerlegung der tatsächlichen Kassenhaltung in eine geplante und ungeplante Komponente:

$$m_t = m_t^P + m_t^U \tag{202}$$

repräsentiert den dritten Baustein des Forward-Looking-Ansatzes. Die geplante Komponente der Kassenhaltung m_t^P dient der Minimierung der Kostenfunktion (200). Der ungeplante Bestandteil der Geldhaltung m_t^U korrespondiert mit der Buffer-Komponente, die der Transakteur kurzfristig, freiwillig hält und repräsentiert unsystematische, stochastische Abweichungen von dem geplanten Bestandteil der Kassenhaltung. In m_t^U schlagen sich nicht-antizipierte Entwicklungen während der Periode t nieder, und zwar nachdem die Sequenz der geplanten Kassenhaltung $\{m_{t+i}^P\}_{i=0}^{\infty}$ gewählt wurde. Somit erfolgt die Minimierung von (200) mit Hilfe der Variablen m_{t+i}^P, $i = 0,1,2,\ldots$ (Cuthbertson (1988a), S. 114 ff., Cuthbertson/Taylor (1989), S. 324 f.).

Auf Basis der drei Gleichungen (199), (200) und (202) leiten Cuthbertson und Taylor eine kurzfristige Geldnachfragefunktion ab, wobei der mehrperiodige Kostenminierungsansatz (200) zweifelsohne das Kernstück des Forward-Looking-

Modells darstellt; seine Lösung ist die Grundlage für die Konstruktion der Geldnachfragefunktion. Die Lösung des Kostenminimierungsproblems (200) gestaltet sich etwas aufwendig, basiert aber auf einfachen, elementaren mathematischen Operationen. Zunächst erfolgt die Nullsetzung der partiellen Ableitung von (200) nach m_t, wodurch die Bedingung erster Ordnung:

$$\frac{\partial C}{\partial m_t} = 2\xi_0(m_t - m_t^*) + 2\xi_1(m_t - m_{t-1}) - 2\xi_1 D(m_{t+1} - m_t) = 0 \tag{203}$$

und daraus nach einigen Umformungen die Gleichung:

$$m_t = \frac{\xi_0}{\xi_0 + \xi_1 + \xi_1 D} m_t^* + \frac{\xi_1}{\xi_0 + \xi_1 + \xi_1 D} m_{t-1} + \frac{\xi_1 D}{\xi_0 + \xi_1 + \xi_1 D} m_{t+1} \tag{204}$$

resultiert. Die Multiplikation der Gleichung (204) mit $(\xi_0 + \xi_1 + \xi_1 D)$ und die Isolierung des Terms $\xi_0 m_t^*$ auf die rechte Seite liefert:

$$m_t(\xi_0 + \xi_1 + \xi_1 D) - \xi_1 m_{t-1} - \xi_1 D m_{t+1} = \xi_0 m_t^* \ . \tag{205}$$

Unter Verwendung des lag- respektive forward-shift-Operators:

$$B^n x_t = x_{t-n} \quad , \quad n = \ldots -2, -1, 0, 1, 2, \ldots \tag{206}$$

kann (205) als:

$$((\xi_0 + \xi_1 + \xi_1 D) - \xi_1 B - \xi_1 D B^{-1}) m_t = \xi_0 m_t^* \tag{207}$$

geschrieben werden. Die Anwendung des lag-Operators B^1 auf (207) ergibt unter Beachtung der Eigenschaft $B^0 = 1$:

$$((\xi_0 + \xi_1 + \xi_1 D)B - \xi_1 B^2 - \xi_1 D) m_t = \xi_0 m_{t-1}^* \ , \tag{208}$$

und die Multiplikation der Gleichung (208) mit $-(1/\xi_1 D)$ liefert:

$$\left[-\frac{(\xi_0 + \xi_1 + \xi_1 D)\mathrm{B}}{\xi_1 D} + \frac{\mathrm{B}^2}{D} + 1 \right] \mathrm{m}_t = -\frac{\xi_0}{\xi_1 D} \mathrm{m}^*_{t-1} \quad . \tag{209}$$

Durch Substitution von $\xi = \xi_0/\xi_1$ in (209) resultiert schließlich die sogenannte Euler-Gleichung:

$$\left[1 + \frac{\mathrm{B}^2}{D} - \frac{(1 + D + \xi)\mathrm{B}}{D} \right] \mathrm{m}_t = -\frac{\xi}{D} \mathrm{m}^*_{t-1} \quad . \tag{210}$$

Die Euler-Gleichung (210) ist mit Hilfe des Polynomoperators $\Xi(\mathrm{B})$ in:

$$\Xi(\mathrm{B})\mathrm{m}_t = -\frac{\xi}{D} \mathrm{m}^*_{t-1} \tag{211}$$

formulierbar. Die Faktorisierung des Polynoms $\Xi(\mathrm{B})$ mittels $\lambda_1\lambda_2 = D^{-1}$ und $(\lambda_1 + \lambda_2) = (1 + D + \xi)/D$ ergibt:

$$\Xi(\mathrm{B}) = 1 + \lambda_1\lambda_2\mathrm{B}^2 - (\lambda_1 + \lambda_2)\mathrm{B} \tag{212a}$$

$$= (1 - \lambda_1\mathrm{B})(1 - \lambda_2\mathrm{B}) \quad , \tag{212b}$$

so daß sich unter Verwendung von (212b) die Euler-Gleichung (210) als:

$$((1 - \lambda_1\mathrm{B})(1 - \lambda_2\mathrm{B}))\mathrm{m}_t = -\frac{\xi}{D} \mathrm{m}^*_{t-1} \tag{213}$$

schreiben läßt. Ohne Verlust der Allgemeingültigkeit kann $\lambda_1 < 1$ und $\lambda_2 > 1$ postuliert werden. Aufgrund von $\lambda_1\lambda_2 = D^{-1}$ weichen die Wurzeln von λ_1 und λ_2 für $0 < D < 1$ von Eins ab. Die Multiplikation der Gleichung (213) mit $(1 - \lambda_2\mathrm{B})^{-1}$ liefert unter Beachtung von $(1-\lambda_1)(1-\lambda_2) = -\xi/D$ und $\lambda_2 = (\lambda_1 \cdot D)^{-1}$:

$$(1 - \lambda_1\mathrm{B})\mathrm{m}_t = -\frac{\xi}{D} (1 - \lambda_2\mathrm{B})^{-1}\mathrm{m}^*_{t-1} \tag{214a}$$

$$= \frac{(1 - \lambda_1)(1 - (\lambda_1 D)^{-1})}{(1 - \lambda_2 B)} m^*_{t-1} \quad . \tag{214b}$$

Nach Sargent (1979), S. 173 gilt im Fall $| \lambda_2 | > 1$ für das rationale Polynom:

$$\frac{1}{1 - \lambda_2 B} = \frac{- 1/\lambda_2 B}{(1 - \lambda_2 B)(- 1/\lambda_2 B)} = \frac{1}{(- \lambda_2 B)(1 - (\lambda_2 B)^{-1})} \tag{215a}$$

$$= (- \lambda_2 B)^{-1}(1 + (\lambda_2 B)^{-1} + (\lambda_2 B)^{-2} + \dots) \tag{215b}$$

$$= - \lambda_2^{-1} B^{-1} - \lambda_2^{-2} B^{-2} - \lambda_2^{-3} B^{-3} - \dots \tag{215c}$$

$$= - (\lambda_1 D) B^{-1} - (\lambda_1 D)^2 B^{-2} - (\lambda_1 D)^3 B^{-3} - \dots \quad , \tag{215d}$$

wobei die Beziehung $(1 - x)^{-1} = 1 + x + x^2 + \dots$, $| x | < 1$ mit $x = (\lambda_2 B)^{-1}$ und $| 1/\lambda_2 | < 1$ herangezogen wird. Das Einsetzen der Gleichung (215d) in (214b) liefert:

$$(1 - \lambda_1 B) m_t = (1 - \lambda_1)(1 - (\lambda_1 D)^{-1})(- (\lambda_1 D) B^{-1}$$

$$- (\lambda_1 D)^2 B^{-2} - (\lambda_1 D)^3 B^{-3} - \dots) m^*_{t-1} \tag{216a}$$

$$= (1 - \lambda_1)(m^*_t - (\lambda_1 D) m^*_t + (\lambda_1 D) m^*_{t+1} - (\lambda_1 D)^2 m^*_{t+1}$$

$$+ (\lambda_1 D)^2 m^*_{t+2} - (\lambda_1 D)^3 m^*_{t+2} + \dots \tag{216b}$$

$$= (1 - \lambda_1)(1 - (\lambda_1 D)) \sum_{i=0}^{\infty} (\lambda_1 D)^i m^*_{t+i} \tag{216c}$$

und schließlich die Lösung des dynamischen Optimierungsproblems:

$$m_t = \lambda_1 m_{t-1} + (1 - \lambda_1)(1 - (\lambda_1 D)) \sum_{i=0}^{\infty} (\lambda_1 D)^i m^*_{t+i} \quad . \tag{217}$$

Auf dieser Basis läßt sich nun die kurzfristige Geldnachfragefunktion konstruieren (Cuthbertson (1989), S. 137 f., Cuthbertson/Taylor (1987c), S. 130 ff., Sargent (1979), S. 196 ff.).

7.2.2. Die kurzfristige Geldnachfragefunktion

Neben der Verwendung der Lösungsgleichung (217) für das Optimierungsproblem (200) erfolgt die Konstruktion der kurzfristigen Geldnachfragefunktion durch Zusammensetzung der im vorherigen Abschnitt dargestellten Bestandteile des Geldnachfragemodells. Dabei ist zunächst zu beachten, daß die geplante Komponente der Minimierung der Kostenfunktion dient und daher m_t in (217) durch m^P_t zu ersetzen ist. Ferner muß entsprechend des Separationsprinzips die Substitution der künftigen Werte der langfristigen Kassenhaltung m^*_{t+i} durch die auf Basis des Informationssets in $t-1$ erwarteten Werte der langfristigen Kassenhaltung erfolgen. Die Berücksichtigung beider Aspekte führt zur Gleichung:

$$m^P_t = \lambda_1 m_{t-1} + (1 - \lambda_1)(1 - (\lambda_1 D)) \sum_{i=0}^{\infty} (\lambda_1 D)^i E_{t-1} m^*_{t+i} \tag{218}$$

mit:

$$E_{t-1} m^*_{t+i} = E(m^*_{t+i} \mid \Omega_{t-1}) \quad . \tag{219}$$

Die Verwendung der langfristigen Geldnachfragefunktion (199), die Modellierung der Buffer-Stock-Komponente durch Preis-, Realeinkommens- und Zinsschocks:

$$m^U_t = \gamma(p_t - E_{t-1}p_t) + \beta(y_t - E_{t-1}y_t) + \delta(i^I_t - E_{t-1}i^I_t) \tag{220}$$

sowie die Zerlegung der tatsächlichen Kassenhaltung in eine geplante und ungeplante Komponente nach Gleichung (202) liefert die kurzfristige Geldnachfragefunktion:

$$m_t = \lambda_1 m_{t-1} + \gamma(p_t - E_{t-1}p_t) + \beta(y_t - E_{t-1}y_t) + \delta(i_t^I - E_{t-1}i_t^I)$$

$$+ (1 - \lambda_1)(1 - (\lambda_1 D)) \sum_{i=0}^{\infty} (\lambda_1 D)^i(\alpha_1 E_{t-1}p_{t+i} + \alpha_2 E_{t-1}y_{t+i}$$

$$- \alpha_3 E_{t-1}i_{t+i}^I) \quad . \tag{221}$$

Entsprechend der kurzfristigen Geldnachfragefunktion (221) wird die nominale Geldhaltung durch eine Backward-Looking-Komponente, Buffer-Stock-Terme und Forward-Looking-Variablen bestimmt.[92] Der Cuthbertson-Taylor-Ansatz hat mit dem Carr-Darby-Modell die Interpretation des Geldes als Buffer-Stock und auch das Forward-Looking-Verhalten der Transakteure gemeinsam. Während sich allerdings das Forward-Looking-Verhalten im Carr-Darby-Modell ausschließlich auf das Geldangebot der Folgeperiode bezieht, enthält der Ansatz von Cuthbertson und Taylor sämtliche Determinanten der langfristigen Geldnachfragefunktion als erwartete Größen unendlich vieler Folgeperioden. Darüber hinaus bleiben unerwartete Variablen nicht auf Geldangebots- und Einkommensschocks beschränkt, sondern werden durch jedes Argument der langfristigen Geldnachfragefunktion modelliert. Die Verwendung eines mehrperiodigen anstelle eines einperiodigen Kostenminimierungsansatzes repräsentiert einen weiteren Unterschied und eine wesentliche Weiterentwicklung.

Das Geldnachfragemodell (221) besitzt die wünschenswerte Eigenschaft, daß das von traditionellen Goldfeld-Geldnachfragefunktionen bekannte Problem überschießender Zinsen im Forward-Looking-Modell nicht auftreten muß. Falls eine unerwartete Geldangebotsänderung zu einer nicht-antizipierten Veränderung des Preisniveaus und des Realeinkommens führt, schlägt sich dies durch die Buffer-Stock-Komponenten in einer temporären Veränderung der nominalen Geldnachfrage nieder, ohne daß ein Zins-Overshooting zur Sicherstellung ei-

[92] Zur Ableitung der Geldnachfragefunktion siehe die Ausführungen in Cuthbertson (1988a), S. 114 ff., Cuthbertson/Taylor (1987b), S. 66 ff., Cuthbertson/Taylor (1989), S. 324 ff.

nes Geldmarktgleichgewichts erforderlich ist. Ferner steigt die Geldhaltung in der laufenden Periode in dem Ausmaß, in welchem die unerwartete Erhöhung des Geldangebots zu einer Revision der Erwartungen für das künftige Realeinkommen und das Preisniveau führt (Cuthbertson/Taylor (1989), S. 328).

Darüber hinaus zeichnen sich antizipierte und nicht-antizipierte Veränderungen der Determinanten der nominalen Geldhaltung infolge der Parameterkonstellationen durch eine differenzierte Reaktion auf die Kassenhaltung aus. Eine unerwartete Einkommens-, Preisniveauerhöhung oder Zinssenkung führt zu einer Erhöhung der Nominalkassenhaltung in der laufenden Periode und in den Folgeperioden zu einer allmähliche Abnahme auf das ursprüngliche Niveau. Eine antizipierte permanente Erhöhung des Einkommens, des Preisniveaus oder eine erwartete permanente Reduktion des Zinses resultiert in der laufenden Periode in einer vergleichsweise geringfügigen Erhöhung der nominalen Kasse und daraufhin in einem allmählichen Anstieg bis zum langfristigen Gleichgewichtsniveau. Eine sofortige Anpassung erfolgt aufgrund der Existenz von Anpassungskosten nicht (Cuthbertson/Taylor (1987b), S. 68 f.).

Als weitere Eigenschaft des Geldnachfragemodells (221) ist eine Parameterrestriktionen zu nennen. Aufgrund des Terms $(\lambda_1 D)^i$ nehmen die Parameter für die erwarteten Variablen in der Zukunft geometrisch ab, so daß sich die Gewichtung der erwarteten Größen reduziert, je weiter die Variablen in die Zukunft reichen. Diese Gewichte stehen in Beziehung zum Koeffizienten der verzögerten endogenen Variable λ_1 und bilden die sogenannte Backward-Forward-Restriktion (Cuthbertson/Taylor (1987a), S. 116). Außerdem ist auf die enge Beziehung zu Fehlerkorrekturmodellen zu verweisen, die sich durch die mehrperiodige, quadratische Kostenfunktion ergibt. Nickell (1985) zeigt, daß aus der Minimierung einer intertemporalen Kostenfunktion des Typs (200) eine Fehlerkorrekturrepräsentation resultiert, falls die Determinanten der Geldhaltung bestimmte stochastische Eigenschaften besitzen.[93] Es besteht somit eine beobachtungsmäßige Äquivalenz zwischen Backward- und Forward-Looking-Modellen. Im Unterschied zu dem auf der Grundlage des Granger-Repräsentationstheorems abgeleiteten Fehlerkorrekturmodells kann aus dem intertemporalen Optimierungsansatz Nickells eine Fehlerkorrekturdarstellung resultieren,

---

[93] Diesen Zusammenhang veranschaulichen auch Bagliano/Favero (1988), S. 578 f., Domowitz/Hakkio (1990), S. 31 ff., Gregory (1994), S. 347 f. und Rüdel (1989), S. 38 ff.

die anstelle eines negativen Parameters für den Fehlerkorrekturterm einen positiven Koeffizienten enthält. Die mehrperiodige Kostenfunktion erlaubt daher die ökonomische Begründung für die Existenz eines Fehlerkorrekturmodells. Ferner haben die Ausführungen in Abschnitt 7.1 gezeigt, daß ein Forward-Looking-Modell zu einer Gleichung mit ausschließlich beobachtbaren aktuellen und verzögerten Variablen reformulierbar ist. Ein wesentlicher Unterschied zwischen Forward-Looking-Funktionen und Fehlerkorrekturmodellen besteht in der bedeutend großzügigeren lag-Struktur von letztgenannten, die entsprechend der Eigenschaften der Zeitreihen festgelegt wird. Die Forward-Looking-Funktion restringiert demgegenüber die lag-Struktur a priori auf die um eine Periode verzögerte endogene Variable.

Schließlich betonen Cuthbertson und Taylor, daß ihr Geldnachfragemodell eine Möglichkeit bietet, der Lucas-Kritik zu begegnen. Unterliegt den Geldnachfrageentscheidungen der Transakteure ein Forward-Looking-Verhalten, hängen die Geldnachfrageparameter zum Teil von den Parametern der erwartungsgenerierenden Prozesse für die Determinanten der Kassenhaltung ab. In Backward-Looking-Geldnachfragefunktionen können daher Politikregimewechsel, welche die Parameter dieser Prozesse verändern, zu entsprechenden Veränderungen der Geldnachfrageparameter führen. Der spezifische Vorteil des Forward-Looking-Modells besteht nach Cuthbertson und Taylor in der expliziten Berücksichtigung der erwartungsbildenden Prozesse für die erklärenden Variablen der Kassenhaltung. Das Geldnachfragemodell ist gegenüber der Lucas-Kritik weniger anfällig, da Erwartungen über künftige Regimewechsel und institutionelle Änderungen in die kontemporäre Geldnachfrageentscheidung eingehen (Cuthbertson/Taylor (1989), S. 328).

Im Hinblick auf die empirische Implementierung des Forward-Looking-Geldnachfragemodells für die Bundesrepublik sind zwei Aspekte von Bedeutung. Zum ersten bietet die Kointegrationstechnik die Möglichkeit zur Bestimmung der langfristigen Geldnachfragefunktion nach dem Kriterium kointegrierter Zeitreihen. Eine a priori Auswahl der erklärenden Variablen gemäß der langfristigen Geldnachfragefunktion (199) ist somit nicht erforderlich. Stattdessen kann die Spezifikation der langfristigen Geldnachfragefunktion nach Maßgabe des Ausgangs der Kointegrationstests aus Abschnitt 5.2 erfolgen.

Zum zweiten haben die saisonalen Einheitswurzeltests sowohl für das nominale Geldmengenaggregat M2 als auch für den Konsumentenpreisindex die Existenz zweier nicht-saisonaler Einheitswurzeln ausgewiesen. Für die beiden realen Geldmengenaggregate M1 und M2 liegt hingegen Evidenz für die Existenz einer einzigen langfristigen Einheitswurzel vor. Zusammen mit dem Resultat, daß die Determinanten der Geldnachfragefunktionen von mr1 und mr2 nach den Testergebnissen ebenso eine einzige nicht-saisonale Einheitswurzel besitzen, kann das Geldnachfragemodell (221) nicht in nominalen Größen für die Geldmengen, sondern muß – damit das Kointegrationskonzept anwendbar ist – in realen Geldmengenaggregaten spezifiziert werden.

Um den beiden Aspekten Rechnung zu tragen, wird die Kostenfunktion in realen Geldmengen formuliert und für die langfristige Geldnachfragefunktion die allgemeine Formulierung:

$$(m - p)^*_t = \alpha' x_t \tag{222}$$

gewählt, wobei x_t der Vektor der erklärenden Variablen und α' ein adäquat dimensionierter Koeffizientenvektor darstellt. Damit ergibt sich statt (200) die Kostenfunktion:

$$\min \quad C = E_{t-1} \sum_{i=0}^{\infty} D^i(\xi_0((m - p)_{t+i} - (\alpha' x)_{t+i})^2$$

$$+ \xi_1((m - p)_{t+i} - (m - p)_{t+i-1})^2) \quad , \tag{223}$$

wobei (223) im Unterschied zu (200) den Ausdruck $\alpha' x_{t+i}$ für die langfristig gewünschte Realkassenhaltung enthält. Anstelle der Gleichung (221) tritt die kurzfristige Geldnachfragefunktion:

$$mr_t = \lambda_1 mr_{t-1} + \psi'(x_t - E_{t-1} x_t)$$

$$+ (1 - \lambda_1)(1 - (\lambda_1 D)) \sum_{i=0}^{\infty} (\lambda_1 D)^i (\alpha' E_{t-1} x_{t+i}) \tag{224}$$

mit $mr_t = (m - p)_t$. Um einer einzigen nicht-saisonalen Einheitswurzel Rechnung zu tragen, bietet sich die Reparametrisierung von (224) zu:

$$\Delta mr_t = (\lambda_1 - 1)(mr_{t-1} - \alpha' x_{t-1}) + \psi'(x_t - E_{t-1} x_t)$$

$$+ (1 - \lambda_1) \sum_{i=0}^{\infty} (\lambda_1 D)^i (\alpha' E_{t-1} \Delta x_{t+i}) \qquad (225)$$

an. Da annahmegemäß die erste nicht-saisonale Differenz der Realkassenhaltung, die unerwarteten Terme und auch die erste nicht-saisonale Differenz der Determinanten der Realkassenhaltung stationäre Zeitreihen darstellen, muß die Linearkombination der individuell instationären Zeitreihen der Realkassenhaltung und ihrer Determinanten ebenso stationär sein. Dies setzt eine Kointegrationsbeziehung zwischen der Zeitreihe der Realkassenhaltung und ihrer erklärenden Argumente voraus (Cuthbertson/Taylor (1990a), S. 441, Cuthbertson/Taylor (1990b), S. 303, Cuthbertson/Taylor (1992), S. 17). Die Ergänzung der Gleichung (225) um einen konstanten Term, drei Saisonindikatorvariablen und einen white-noise-Störterm liefert schließlich den Ausgangspunkt zur Schätzung der Forward-Looking-Funktion für die Bundesrepublik:

$$\Delta mr_t = \alpha_0 + \sum_{i=1}^{3} \alpha_i Q_i + (\lambda_1 - 1)(mr_{t-1} - \alpha' x_{t-1}) + \psi'(x_t - E_{t-1} x_t)$$

$$+ (1 - \lambda_1) \sum_{i=0}^{\infty} (\lambda_1 D)^i (\alpha' E_{t-1} \Delta x_{t+i}) + \varepsilon_t \quad . \qquad (226)$$

Die Gleichung (226) enthält ausschließlich zur langfristigen Frequenz stationäre Zeitreihen. Relative Änderungen der Realkassenhaltung werden neben den deterministischen Komponenten durch den um eine Periode verzögerten Fehlerkorrekturterm, durch Schockterme und relative Veränderungen der erwarteten Variablen für die Argumente der realen Kassenhaltung erklärt.

7.3. Schätzung des Forward-Looking-Modells

Die Schätzung der Forward-Looking-Funktion ist durch die Existenz erwarteter und unerwarteter Argumente der Realkassenhaltung ungleich aufwendiger als die Schätzung der Fehlerkorrekturmodelle. Meist greifen die Studien auf ein zweistufiges Verfahren, den Error-in-Variables-Ansatz oder eine Modifikation der Campbell-Shiller-Technik zurück.[94]

Analog zur Vorgehensweise im Rahmen der empirischen Implementierung der Shock-Absorber-Modelle werden bei Anwendung des zweistufigen Verfahrens zunächst die erwarteten sowie unerwarteten Variablen konstruiert, und darauf aufbauend erfolgt die Schätzung der Geldnachfragegleichung. Eine Alternative dazu bietet der Error-in-Variables-Ansatz von McCallum (1976) und Wickens (1982), welcher auf der Annahme basiert, daß Transakteure keine systematischen Prognosefehler begehen.[95] Durch dieses Postutat ist eine explizite Modellierung der Erwartungsgrößen nicht erforderlich, und an die Stelle der erwarteten künftigen Variablen treten aktuelle Größen. Allerdings weist das Verfahren den Nachteil auf, daß die Schockterme der Geldnachfragegleichung in einem zusammengesetzten Störterm subsummiert werden und dadurch Aussagen über die Effekte der Buffer-Stock-Argumente auf die Realkassenhaltung nicht möglich sind.[96]

Eine weitere Alternative zur Evaluierung des Forward-Looking-Modells bietet eine Modifikation der Technik von Campbell/Shiller (1987, 1988).[97] Das Campbell-Shiller-Verfahren ermöglicht, Present-Value-Modelle durch einen vektorautoregressiven Ansatz empirisch zu testen. Für die vorliegende Fragestellung weist dieses Verfahren den Nachteil auf, daß die für die Fehlerkorrekturmodelle implementierten Stabilitätsuntersuchungen nicht anwendbar sind und damit ein direkter Vergleich der Stabilitätseigenschaften der Forward- und Feedback-Looking-Modelle nicht möglich ist. Aus den genannten Einwänden gegen den Error-in-Variables-Ansatz und die modifizierte Campbell-Shiller-

---

[94] Zu weiteren, allerdings selten verwandten Alternativen siehe Cuthbertson/ Taylor (1987b, 1990a) und Kennan (1979).

[95] Den Error-in-Variables-Ansatz verwenden Bagliano/Favero (1992) und Cuthbertson/Taylor (1992).

[96] Darüber hinaus induziert das Verfahren seriell korrelierte Residuen in die Schätzgleichung, wodurch ineffiziente KQ- und Instrumentvariablenschätzungen resultieren; die Parameterschätzungen behalten aber die Konsistenzeigenschaft. Siehe zu diesem Aspekt die Ausführungen in Cuthbertson/Taylor (1992), S. 5 f.

[97] Cuthbertson/Taylor (1990b) und Mizen (1992, 1994) arbeiten mit der Campbell-Shiller-Technik. In anderem Zusammenhang verwenden Chow (1989), Engsted (1993, 1994) und Timmermann (1995) dieses Verfahren.

Technik ist es sinnvoll, die empirische Implementierung der Forward-Looking-Modelle auf das zweistufige Verfahren zu konzentrieren.

Das zweistufige Verfahren erfordert in einem ersten Schritt die Modellierung der erwarteten Größen $E_{t-1}\Delta x_{t+i}$, $i = 0,1,2,\ldots$, und unerwarteten Größen $(x_t - E_{t-1}x_t)$, wobei den Prognosen das Informationsset $\Omega_{t-1} \subset \Omega_{t-2} \ldots$ zugrundeliegt. Die Lösung des Prognoseproblems erfolgt auf der Basis eines zeitreihenanalytischen Modells in Kombination mit Wolds Kettenregel der Prognose (Sargent (1979)). Zur Darstellung der Vorgehensweise sei ein autoregressives Modell zweiter Ordnung für die stationäre Zeitreihe x_t:

$$x_t = \alpha_1 x_{t-1} + \alpha_2 x_{t-2} + \varepsilon_t \tag{227}$$

unterstellt. Mit Hilfe der Modellparameter und bei ausschließlicher Kenntnis der Zeitreihenwerte x_1 und x_2 berechnen sich die unbekannten Werte für $t = 3,4,5,6$ gemäß:

$$x_3 = \alpha_1 x_2 + \alpha_2 x_1 \quad , \tag{228}$$

$$x_4 = (\alpha_1^2 + \alpha_2)x_2 + \alpha_1\alpha_2 x_1 \quad , \tag{229}$$

$$x_5 = (\alpha_1^3 + \alpha_1^2\alpha_2^2)x_2 + (\alpha_2^2 + \alpha_1^2\alpha_2)x_1 \quad , \tag{230}$$

$$x_6 = (\alpha_1^4 + \alpha_1^5\alpha_2^3 + \alpha_2^2)x_2 + \alpha_1^5\alpha_2^5 x_1 \quad , \tag{231}$$

so daß das Zeitreihenmodell (227) und die Beobachtungen x_1 sowie x_2 Prognosen beliebig weit in die Zukunft erlauben. Verallgemeinernd können aus der Schätzung des Zeitreihenmodells (227) die Ein-Schritt-Prognosen:

$$\hat{x}_t = \hat{\alpha}_1 x_{t-1} + \hat{\alpha}_2 x_{t-2} \quad , \tag{232}$$

die Zwei-Schritt-Prognosen:

$$\hat{x}_{t+1} = (\hat{\alpha}_1^2 + \hat{\alpha}_2)x_{t-1} + \hat{\alpha}_1\hat{\alpha}_2 x_{t-2} \quad , \tag{233}$$

die Drei-Schritt-Prognosen:

$$\hat{x}_{t+2} = (\hat{\alpha}_1^3 + \hat{\alpha}_1^2\hat{\alpha}_2^2)x_{t-1} + (\hat{\alpha}_2^2 + \hat{\alpha}_1^2\hat{\alpha}_2)x_{t-2} \quad , \tag{234}$$

die Vier-Schritt-Prognosen:

$$\hat{x}_{t+3} = (\hat{\alpha}_1^4 + \hat{\alpha}_1^5\hat{\alpha}_2^3 + \hat{\alpha}_2^2)x_{t-1} + \hat{\alpha}_1^5\hat{\alpha}_2^5 x_{t-2} \quad , \tag{235}$$

etc. auf Basis des Kenntnisstands des Informationssets Ω_{t-1} gewonnen werden, wobei $\hat{\alpha}_1$, $\hat{\alpha}_2$, $\hat{x}_{t+i}$, i = 1,2,3, geschätzte Werte bezeichnen (Cuthbertson (1989), S. 139, Sargent (1979), S. 268).

Des weiteren ist zur Implementierung des Geldnachfragemodells die Beschränkung des unendlichen Prognosehorizonts in der Gleichung (226) erforderlich. Cuthbertson (1988a) sowie Muscatelli (1988, 1989) verwenden als Prognosehorizont vier Quartale. Aus der Untersuchung Cuthbertsons geht hervor, daß die Verwendung eines Prognosehorizonts von acht Quartalen zu vergleichbaren Punktschätzungen für die Geldnachfrageparameter führt und darüber hinaus beide Modelle vergleichbare Stabilitätseigenschaften aufweisen. Bagliano/Favero (1992) benutzen einen Prognosehorizont von zwei Quartalen. Um Informationen über die Sensitivität der Resultate gegenüber der Auswahl des Prognosehorizonts zu bekommen, werden auch in der vorliegende Arbeit die Forward-Looking-Modelle für unterschiedliche Prognosehorizonte geschätzt. Ausgehend von Ein-Schritt-Prognosen erfolgt eine sukzessive Erhöhung des Prognosehorizonts um jeweils eine einzige Periode.

Der zweite Schritt umfaßt die Schätzung der Geldnachfragefunktion (226). Dabei tritt als Problem die Ermittlung der geometrisch abnehmenden Gewichte für die erwarteten Größen auf, wodurch die Festlegung des Diskontfaktors D und des Parameters λ_1 erforderlich ist. Cuthbertson (1988a), Cuthbertson/Taylor (1987a, 1989, 1990a) und Muscatelli (1989) wählen den Diskontfaktor $D = 0{,}99$, der einer jährlichen Zeitpräferenzrate von etwa vier Prozent entspricht. Muscatelli (1988) experimentiert mit unterschiedlichen Werten und stellt vernachlässigbare Unterschiede für die Schätzergebnisse fest, so daß auch im folgenden die Fixierung auf $D = 0{,}99$ erfolgt.

Um den Parameter λ_1 festzulegen, schätzt Muscatelli (1988, 1989) ein unrestringiertes Modell für die kurzfristige Geldnachfragefunktion. Übertragen auf die im vorangegangenen Abschnitt hergeleitete Gleichung (226), würde die Schätzfunktion bei Beschränkung auf i = 0,1,...,4:

$$\Delta mr_t = \alpha_0 + \sum_{i=1}^{3} \alpha_i Q_i + (\lambda_1 - 1)(mr_{t-1} - \alpha' x_{t-1}) + \psi'(x_t - E_{t-1} x_t)$$

$$+ \sum_{i=0}^{4} \zeta' E_{t-1} \Delta x_{t+i} + \varepsilon_t \qquad (236)$$

lauten. Daraufhin ist die Schätzung eines restringierten Modells mit $D = 0{,}99$ und dem Schätzwert $\hat{\lambda}_1$ möglich.

Zur Festlegung des Koeffizienten λ_1 schlägt Cuthbertson (1988a) in Anlehnung an die Vorgehensweise Kennans (1979) die Schätzung einer unrestringierten Version des Geldnachfragemodells mit beobachtbaren Variablen anstellen der erwarteten Variablen vor. Die beobachtbaren Variablen sind autoregressive Terme der Argumente aus der langfristigen Geldnachfragefunktion. Ebenso entfallen die Schockterme, so daß im vorliegenden Fall die Schätzgleichung die Gestalt:

$$\Delta mr_t = \alpha_0 + \sum_{i=1}^{3} \alpha_i Q_i + (\lambda_1 - 1)(mr_{t-1} - \alpha' x_{t-1})$$

$$+ \beta(B) \Delta x_{t-1} + \varepsilon_t \qquad (237)$$

hätte, wobei $\beta(B)$ ein lag-Polynom bezeichnet. Der geschätzte Parameter des Terms $(mr_{t-1} - \alpha' x_{t-1})$ liefert nach Addition mit Eins die Schätzung $\hat{\lambda}_1$. Gleichung (237) ist ein Spezialfall eines Fehlerkorrekturmodells, in welchem keine verzögerten endogenen Variablen und keine aktuellen erklärenden Größen enthalten sind. Da die Ermittlung von λ_1 auf der Schätzung des Koeffizienten für den Fehlerkorrekturterm beruht, ist es prinzipiell auch möglich, die bereits vorliegenden Resultate zu nutzen und diesen Parameter mit Hilfe der in Abschnitt 5.2 geschätzten Fehlerkorrekturmodelle zu ermitteln, wie es Cuthbertson/Taylor (1990b), S. 305 vorschlagen. Für die Realkassenhaltung von M1 bildet dazu das Fehlerkorrekturmodell (135) die Basis, so daß ${}_{mr1}\hat{\lambda}_1 = 0{,}871$ beträgt. Für die Funktion der Realkassenhaltung von M2 liegt das Modell (138) zugrunde, woraus ${}_{mr2}\hat{\lambda}_1 = 0{,}934$ folgt.

Das zweistufige Verfahren weist einige Schwächen auf. Eine Fehlspezifikation der Zeitreihenmodelle zur Konstruktion der erwarteten Variablen kann in einer inkorrekten Ablehnung des Geldnachfragemodells resultieren. Wie bereits in Anschnitt 6.6 erläutert, können bei Anwendung der zweistufigen Technik inkonsistente Standardfehler und damit unzuverlässige Inferenzaussagen für die Parameterschätzungen resultieren. Pagan (1984) schlägt hierzu eine Korrektur der Standardfehler vor, die sich allerdings lediglich auf die Erwartungsvariablen der Ein-Schritt-Prognosen bezieht und die nicht unmittelbar auf Mehr-Schritt-Prognosen übertragen werden kann. Analog zu den Shock-Absorber-Modellen unterstellt das Forward-Looking-Modell (226) die Gültigkeit von Kreuzgleichungsrestriktionen, denen aber sehr schwer Rechnung zu tragen ist (Cuthbertson et al. (1992), S. 187 ff.).

Darüber hinaus ist zu erwähnen, daß die Anwendung der Kettenregel der Prognose implizit die Konstanz der Parameter für die benutzten Zeitreihenmodelle unterstellt. Einerseits erfolgt die Schätzung der Koeffizienten des Zeitreihenmodells auf Basis des gesamten Stützbereichs und damit unter Verwendung aller verfügbaren Stützbereichsinformationen. Andererseits werden mit Hilfe der geschätzten Parameter Prognosen für Werte am Beginn des Stützbereichs erstellt, so daß sich ein Teil der prognostizierten Zeitreihenwerte auf Informationen stützt, die dem Transakteur zum Zeitpunkt der Prognosebildung nicht zur Verfügung stehen. Der Einwand ist von untergeordneter Bedeutung, falls die Konstanz der Koeffizienten des Zeitreihenmodells vorliegt, hingegen bei Nicht-Konstanz der Parameter stichhaltig (Cuthbertson/Taylor (1992), S. 4, Friedman (1979), S. 31). Um Informationen über die Relevanz dieses Einwands zu bekommen, werden die zur Konstruktion der Prognosewerte verwandten Zeitreihenmodelle mit Hilfe rekursiver Chow-Tests auf die Eigenschaft der Strukturkonstanz geprüft.

Eine Stabilitätsanalyse für die Modelle der erwartungsgenerienden Prozesse ist nicht nur vom Standpunkt der Beurteilung der Prognosegüte bedeutend, sondern liefert auch Hinweise zur Diskriminierung zwischen strukturellen Forward- und Backward-Looking-Modellen. Um zwischen beiden Modellkategorien unterscheiden zu können, schlägt Hendry (1988) neben Varianz-Encompassing-Tests einen Vergleich der Stabilitätseigenschaften der Feedback-Modelle und der Zeitreihenmodelle für die erwartungsgenerierenden Prozesse vor. Zeigen die erwartungsgenerierenden Prozesse Instabilitäten und repräsentiert das

Forward-Looking-Modell das wahre Geldnachfragemodell, können die Parameter eines Feedback-Looking-Modells, das die reduzierte Form eines Forward-Looking-Modells darstellt, entsprechende Instabilitäten aufweisen. Da in diesem Fall die geschätzten Parameter eines Backward-Looking-Modells eine Zusammensetzung aus Strukturparametern und Koeffizienten des erwartungsgenerierenden Prozesses repräsentieren, werden Strukturbrüche in den Zeitreihenmodellen für die erwartungsgenerierende Prozesse auf die Parameter des Backward-Looking-Modells transferiert. Das Auftreten struktureller Instabilitäten in Backward-Looking-Modellen und in den Zeitreihenmodellen liefert ein Indiz für die Stichhaltigkeit des Forward-Looking-Modells als relevantes Geldnachfragemodell. Besitzt demgegenüber das Feedback-Modell keine strukturellen Instabilitäten, während in den Zeitreihenmodellen für die erwartungsgenerierenden Prozesse Instabilitäten auftauchen, spricht dies gegen die Stichhaltigkeit eines Forward-Looking-Modells als Strukturmodell (Cuthbertson (1991), S. 344 ff., Hendry (1988), S. 133 ff.).

Abschließend sei die Frage gestellt, welcher Erklärungsgehalt von Forward-Looking-Funktionen im Vergleich zu Fehlerkorrekturmodellen zu erwarten ist. Cuthbertson und Taylor weisen auf den um eine Periode verzögerten Fehlerkorrekturterm als Gemeinsamkeit der Geldnachfragegleichungen (226) und (33) hin. Leistet der Fehlerkorrekturterm einen Großteil des Erklärungsgehalts der Geldnachfragegleichung, dürften die Unterschiede, die auf die Aufnahme der verzögerten Argumente der Fehlerkorrekturmodelle Δx_{t-i} gegenüber den erwarteten künftigen Variablen $E_{t-1}\Delta x_{t+i}$ sowie den Schocktermen $(x_t - E_{t-1}x_t)$ beruhen, eher gering ausfallen. Beide Modelltypen könnten daher zu Geldnachfragefunktionen mit vergleichbaren Charakteristika führen (Cuthbertson/Taylor (1992), S. 17).

7.4. Konstruktion erwarteter Größen mit autoregressiven und vektorautoregressiven Modellen

Um die erwarteten Variablen und auf dieser Grundlage auch die unerwarteten Größen des Forward-Looking-Modells zu konstruieren, werden univariate autoregressive Modelle und Vektorautoregressionen herangezogen. Autoregressive Zeitreihenmodelle haben in allgemeiner Formulierung das Aussehen:

$$\Phi(B)x_t = \varepsilon_t \ , \tag{238}$$

wobei $\Phi(B) = (1 - \Phi_1 B - \Phi_2 B^2 - \ldots - \Phi_n B^n)$ ein lag-Polynom, x_t die stationäre Zeitreihe und ε_t white-noise-Störgrößen bezeichnen (Box/Jenkins (1976), S. 53). Die Reduktion der lag-Anzahl im KQ-geschätzten Zeitreihenmodell (238) erfolgt auf Basis des bereits in Abschnitt 3.2 vorgestellten Vorgehens durch die schrittweise Elimination insignifikanter lags ausgehend von einem maximalen lag Zwölf. Hieran anschließend werden die in Abschnitt 3.4 dargestellten Diagnosetests implementiert.

Vektorautoregressive Modelle gehen auf die Arbeit von Sims (1980) zurück und bieten die Möglichkeit zur Schätzung dynamischer Beziehungen zwischen gemeinsam endogenen Variablen, ohne dem System strenge a priori Restriktionen aufzuerlegen. Eine Entscheidung über exogene und endogene Variablen ist nicht erforderlich. Das vektorautoregressive Modell p-ter Ordnung läßt sich in der kompakten Matrixnotation durch:

$$x_t = A_0 + A_1 x_{t-1} + \ldots + A_p x_{t-p} + \varepsilon_t \tag{239a}$$

und mittels lag-Operatoren durch:

$$(I_n - A_1 B - \ldots - A_p B^p)x_t = A_0 + \varepsilon_t \tag{239b}$$

oder:

$$A(B)x_t = A_0 + \varepsilon_t \tag{239c}$$

darstellen. Im Unterschied zur Gleichung (238) bezeichnen in (239a, 239b, 239c) x_t den $(n \times 1)$ Vektor einer Auswahl von Variablen, A_0 den $(n \times 1)$ Vektor konstanter Terme, $A_1, \ldots, A_p$ $(n \times n)$ Koeffizientenmatrizen, ε_t $(n \times 1)$ den Vektor mit white-noise-Störtermen, p die Anzahl der lags der Regressoren $x_{t-1}, \ldots, x_{t-p}$, I_n eine Einheitsmatrix der Ordnung n und A(B) ein $(n \times n)$ Matrixpolynom im lag-Operator B. Vektorautoregressionen sind Systeme, in denen jede Variable auf einen konstanten Term, ihre eigenen p verzögerten Werte und auf die p verzögerten Werte der anderen Variablen regressiert wird. Diese Zeitreihenmodelle enthalten somit keine aktuellen Variablen als Regressoren und besitzen in jeder Regressionsgleichung eine identische Anzahl erklärender Variablen (Hamilton (1994), S. 257 f.).

Die Gleichungen des vektorautoregressiven Systems können mittels gewöhnlicher KQ-Methode einzeln geschätzt werden. Da (239a, 239b, 239c) keine unverzögerten Regressoren enthalten und jede Gleichung auf der rechten Seite eine identische Anzahl an Regressoren besitzt, liefert die KQ-Methode konsistente und effiziente Schätzungen. Dem Vorteil der einfachen schätztechnischen Handhabung vektorautoregressiver Systeme steht als Nachteil die hohe Anzahl zu schätzender Parameter gegenüber. Darüber hinaus resultieren oft sehr ungenaue Parameterschätzungen und Koeffizienten, die schwer interpretierbar sind (Davidson/MacKinnon (1993), S. 684 f.).

Die Spezifikation der Vektorautoregression erfordert die Festlegung der lag-Anzahl p. Dabei ist einerseits auf eine hinreichend große lag-Anzahl zu achten, um die dynamischen Eigenschaften des Systems vollständig zu erfassen. Andererseits steigt mit steigender lag-Anzahl die Zahl zu schätzender Parameter, was zu einer Reduktion der Anzahl der Freiheitsgrade führt. Die Festlegung der lag-Anzahl kann auf Basis der Likelihood-Ratio-Statistik:

$$LR = (T - c)(\ln \det\hat{\Sigma}_p - \ln \det\hat{\Sigma}_{p+1}) \tag{240}$$

erfolgen, wobei $\hat{\Sigma}_p$ und $\hat{\Sigma}_{p+1}$ die geschätzten Varianz-Kovarianzmatrizen der Residuen des restringierten respektive unrestringierten Modells, T die Anzahl der Beobachtungen und c einen Korrekturfaktor bezeichnen.[98] Der Korrekturterm ist mit der Anzahl der Variablen in einer unrestringierten Gleichung des Systems $(1 + n(p + 1))$ identisch und dient der Verbesserung der Eigenschaften des Tests in kurzen Stützbereichen. Im Vergleich zur Teststatistik ohne Korrekturfaktor ist bei Verwendung der korrigierten Statistik (240) die Wahrscheinlichkeit der Ablehnung der Nullhypothese in kleinen Stützbereichen geringer. Die Teststatistik testet als Nullhypothese das auf p Verzögerungen restringierte Modell gegen die Alternativhypothese eines unrestringierten Modells mit $p + 1$ lags. Die Statistik (240) ist entsprechend der Anzahl der Restriktionen mit n^2 Freiheitsgraden asymptotisch χ^2-verteilt. Die Verteilung der Teststatistik für finite Stützbereiche kann allerdings erheblich von der asymptotischen Verteilung abweichen, falls die Stützbereichslänge T relativ zur Anzahl der geschätzten Parameter gering ist (Davidson/MacKinnon (1993), S. 686, Sims (1980), S. 17). Ausgehend von der Nullhypothese mit p =

[98] Alternativ oder ergänzend ließen sich hierzu auch Informationskriterien heranziehen, die Lütkepohl (1991b), S. 128 ff. ausführlich darstellt.

6 Verzögerungen wird im empirischen Teil der Arbeit bis zur Nullhypothese $p = 1$ getestet.

Auch für die Konstruktion vektorautoregressiver Modelle ist die Stationaritäts- und Kointegrationseigenschaft der zugrundeliegenden Zeitreihen zu beachten. In der folgenden Darstellung soll von der Existenz saisonaler Einheitswurzeln abstrahiert und für die Zeitreihen die Existenz einer einzigen nicht-saisonalen Einheitswurzel:

$$x_t \sim I(1) \tag{241}$$

unterstellt werden. Der n-dimensionale vektorautoregressive Prozeß (239a, 239b, 239c) heißt kointegriert mit dem Rang r, falls:

$$\Pi = I_n - A_1 - \dots - A_p \tag{242}$$

den Rang r ($r < n$) besitzt und somit die Matrix Π in das Produkt der beiden Matrizen H und C' mit der Dimension ($n \times r$) und dem Rang r zerlegbar ist. Die Eigenschaften der Matrix Π determinieren, ob Kointegrationsbeziehungen vorliegen oder nicht und welchen Kointegrationsrang das System (239a, 239b, 239c) besitzt. In der Literatur wird C als Kointegrationsmatrix und H als Ladungsmatrix bezeichnet; C enthält die Kointegrationsvektoren. Das vektorautoregressive System (239a, 239b, 239c) ist zur Fehlerkorrekturdarstellung:

$$\Delta x_t = A_0 + D_1 \Delta x_{t-1} + \dots + D_{p-1} \Delta x_{t-p+1} - \Pi x_{t-p} + \varepsilon_t \tag{243}$$

mit:

$$D_i = -(I_n - A_1 - \dots - A_i) \quad , \quad i = 1, \dots, p-1 \tag{244}$$

oder bei Plazierung des Fehlerkorrekturterms für den lag Eins zur Fehlerkorrekturdarstellung :

$$\Delta x_t = A_0 - HCx_{t-1} + \Gamma_1 \Delta x_{t-1} + \dots + \Gamma_{p-1} \Delta x_{t-p+1} + \varepsilon_t \tag{245}$$

mit:

$$\Gamma_i = -(A_{i+1} + \ldots + A_p) \quad , \quad i = 1, \ldots, p-1 \quad . \tag{246}$$

reparametrisierbar. Gleichung (245) stellt ein vektorautoregressives System in der ersten Differenz dar, das um den Term HCx_{t-1} erweitert ist. Aufgrund der Kointegrationseigenschaft zwischen den Variablen und des Integrationsgrades Eins für die Zeitreihen sind in (245) lediglich stationäre Zeitreihen enthalten.

Zur Schätzung von Vektorautoregressionen bieten sich mehrere Techniken an. Johansen (1988, 1991) und Johansen/Juselius (1990, 1992) schlagen eine Maximum-Likelihood-Schätzung des Systems (239a, 239b, 239c) vor. Die Johansen-Juselius-Prozedur ist ein alternatives Verfahren zum Engle-Granger-Ansatz, um potentielle Kointegrationsbeziehungen zwischen Zeitreihen durch Bestimmung des Rangs der Matrix Π aufzudecken. Die Schätzung des Systems (239a, 239b, 239c) erfolgt unter der Restriktion, daß die Matrix Π den Rang r besitzt und sich in die Matrizen H sowie C' mit dem Rang r zerlegen läßt. Des weiteren ist eine unrestringierte Schätzung der Einzelgleichungen möglich, ohne daß eine Kointegrationsbeziehung berücksichtigt wird. Es erfolgt dabei eine KQ-Schätzung des Systems ausschließlich für die Niveaugrößen. Ferner bietet sich unter der Voraussetzung der Existenz eines einzigen Kointegrationsvektors die Verwendung des zweistufigen Vorgehens von Engle/Granger (1987) an. Analog zu dem in Abschnitt 3.2 beschriebenen Verfahren, erfolgt auf der ersten Stufe die KQ-Schätzung des Kointegrationsvektors und auf der zweiten Stufe die Verwendung der Residuen aus der Kointegrationsregression in der Fehlerkorrekturdarstellung, die ebenfalls mit Hilfe der gewöhnlichen KQ-Methode geschätzt wird (Engle/Granger (1987), S. 148 f., Hamilton (1994), S. 579 ff., Lütkepohl (1991a), S. 110 f., Lütkepohl (1991b), S. 355).

Da zu dem zweistufigen Verfahren bereits Ergebnisse vorliegen, wird diese Technik auch im Rahmen der Modellierung der Vektorautoregressionen verwendet. Für die reale Geldnachfrage nach M1 bildet die Kointegrationsregression (81) und für diejenige nach M2 die Kointegrationsregression (106) die Grundlage. Darauf aufbauend werden mittels gewöhnlicher KQ-Methode die Einzelgleichungen der in (81) respektive (106) enthaltenen Variablen unter Berücksichtigung dreier Saisonindikatorvariablen geschätzt und anschließend die aus Abschnitt 3.4 bekannten Diagnosetests angewendet. Ein unrestringiertes System mit sieben Verzögerungen bildet den Ausgangspunkt der Spezifikationsprozedur mit Hilfe des Likelihood-Ratio-Tests (240).

8. Empirische Ergebnisse zu Forward-Looking-Geldnachfragefunktionen und Vergleich mit den Feedback-Modellen

Die empirische Untersuchung der Forward-Looking-Geldnachfragefunktionen besteht aus drei Schritten. Zunächst stellt Abschnitt 8.1 die Eigenschaften der geschätzten Zeitreihenmodelle zur Konstruktion der Erwartungsgrößen dar. In Abschnitt 8.2 werden die Schätzergebnisse der Forward-Looking-Geldnachfragefunktionen für die Realkassenhaltung von M1 und M2 auf Basis des zweistufigen Verfahrens dargestellt und mit den Resultaten der Feedback-Modelle aus Abschnitt 5.2 verglichen. Abschnitt 8.3 erläutert die Resultate zur Stabilitätsanalyse, die ebenfalls den Ergebnissen der Stabilitätsanalyse für die Fehlerkorrekturmodelle aus Abschnitt 5.3 gegenübergestellt werden.

8.1. Empirische Resultate zu den Zeitreihenmodellen für die Geldnachfragedeterminanten

Die zeitreihenanalytische Behandlung der Determinanten der Realkassenhaltung von M1 und M2 erfolgt mit Hilfe autoregressiver und vektorautoregressiver Modelle. Die Spezifikation der autoregressiven Modelle beruht auf der Stationaritätseigenschaft der zugrundeliegenden Zeitreihen, so daß entsprechend den Resultaten zu den saisonalen Einheitswurzeltests aus Abschnitt 5.1 die Anwendung der ersten nicht-saisonalen Differenz für die drei Zinssätze i_t^F, i_t^D und i_t^T erfolgt. Das reale Bruttosozialprodukt y_t^B weist neben einer Einheitswurzel zur langfristigen Frequenz auch komplexe Einheitswurzeln auf, so daß zur Erzielung der Stationaritätseigenschaft die Anwendung des Filters $(1 - B)(1 + B^2)$ erforderlich wäre. Da die Zeitreihenmodelle der Konstruktion der erwarteten Variablen dienen und die Forward-Looking-Modelle lediglich nicht-saisonale Einheitswurzeln berücksichtigen, wird für das reale Bruttosozialprodukt ein Modell in der ersten nicht-saisonalen Differenz mit drei Saisonindikatorvariablen geschätzt und auf die Anwendung des Filters $(1 - B)\cdot(1 + B^2)$ verzichtet. Die Analyse der Eigenschaften der geschätzten

Zeitreihenmodelle erfolgt auf Basis der in Abschnitt 3.4 dargestellten Diagnosetests.

Die Schätzergebnisse für die autoregressiven Prozesse enthält Tabelle 19. Die Zeitreihenmodelle für das reale Bruttosozialprodukt (247), den langfristigen Wertpapierzinssatz (248) und den Termineinlagenzins (250) besitzen einen lag oder zwei lags. Lediglich für das Modell des Dreimonatsgeldmarktsatzes (249) führt die Spezifikationsprozedur zu fünf lags mit signifikant von Null verschiedenen Koeffizienten. Vor dem Hintergrund der Erfahrung, daß sich makroökonomische Zeitreihen häufig durch autoregressive Prozesse niedriger Ordnung modellieren lassen und für Zinszeitreihen oft ein random-walk unterstellt wird (Muscatelli (1988, 1989), Pesando (1979)), ist dieses Ergebnis sehr auffallend.

Beurteilt nach den Diagnosestatistiken liefern weder das Modell des realen Bruttosozialprodukts noch die Modelle für die nicht-logarithmierten Zinszeitreihen befriedigende Resultate. Die Residuen des Modells für das reale Bruttosozialprodukt, für den langfristigen Wertpapierzins und für den Termineinlagenzinssatz weisen als Mangel unbedingte und autoregressiv bedingte Heteroskedastizität auf. Die JB2-Statistik zeigt für die Zeitreihenmodelle der Zinssätze nicht-normalverteilte Residuen, und die RESET3-Statistik weist für die Schätzgleichung des langfristigen Wertpapierzinses funktionelle Fehlspezifikation aus. Während der Erklärungsbeitrag der Schätzgleichung für das reale Bruttosozialprodukt sehr hoch ist, fallen die korrigierten Bestimmtheitsmaße für die Gleichungen der Zinssätze sehr niedrig aus. Als positive Eigenschaft aller Schätzgleichungen ist hervorzuheben, daß keine Anzeichen auf autokorrelierte Residuen erster und sechster Ordnung vorliegen.

Da die drei Schätzgleichungen für die Zinssätze überwiegend unbefriedigende Diagnoseteststatistiken liefern, sind die Gleichungen zusätzlich in logarithmischer Formulierung einer Schätzung unterzogen worden. Die Zeitreihenmodelle für die logarithmierten Zinssätze ((251), (252), (253)) sind hinsichtlich der lag-Struktur den Modellen für die nicht-logarithmierten Zeitreihen sehr ähnlich. Die Diagnosestatistiken weisen den Modellen für die logarithmierten Zinszeitreihen etwas bessere, aber keine deutlich überlegenen Eigenschaften zu. Um die direkte Vergleichbarkeit der Feedback- mit den Forward-Looking-Modellen zu gewährleisten, werden daher die Modelle für die nicht-logarithmierten Zinszeitreihen verwendet.

Tabelle 19: Autoregressive Modelle für die Determinanten der Realkassenhaltung von M1 und M2

$$\Delta y^B_t = -\underset{(4,92)}{0{,}019} - \underset{(5,19)}{0{,}409}\Delta y^B_{t-2} + \underset{(7,00)}{0{,}540}\Delta y^B_{t-4} + \underset{(5,20)}{0{,}049}Q_2 + \underset{(5,38)}{0{,}050}Q_4 + \hat{\varepsilon}_t \quad (247)$$

$\overline{R}^2 = 0{,}928$ SE $= 0{,}015$ DW $= 2{,}066$ AR6 $= 10{,}600$
WH5 $= 15{,}163^{***}$ ARCH6 $= 12{,}345^{*}$ JB2 $= 1{,}418$ RESET3 $= 5{,}579$
Periode: 1961:2-1989:4

$$\Delta i^F_t = \underset{(0,16)}{0{,}007} + \underset{(1,93)}{0{,}177}\Delta i^F_{t-1} + \hat{\varepsilon}_t \quad (248)$$

$\overline{R}^2 = 0{,}023$ SE $= 0{,}490$ DW $= 1{,}984$ AR6 $= 5{,}194$
WH2 $= 6{,}879^{**}$ ARCH6 $= 24{,}980^{***}$ JB2 $= 5{,}800^{*}$ RESET3 $= 6{,}547^{*}$
Periode: 1960:3-1989:4

$$\Delta i^D_t = \underset{(0,36)}{0{,}034} + \underset{(3,18)}{0{,}285}\Delta i^D_{t-1} - \underset{(2,94)}{0{,}273}\Delta i^D_{t-3} + \underset{(1,99)}{0{,}185}\Delta i^D_{t-4} - \underset{(2,46)}{0{,}221}\Delta i^D_{t-6} - \underset{(3,42)}{0{,}301}\Delta i^D_{t-9} + \hat{\varepsilon}_t \quad (249)$$

$\overline{R}^2 = 0{,}197$ SE $= 1{,}000$ DW $= 2{,}067$ AR6 $= 4{,}290$
WH10 $= 2{,}746$ ARCH6 $= 5{,}896$ JB2 $= 124{,}11^{***}$ RESET3 $= 2{,}478$
Periode: 1962:3-1989:4

$$\Delta i^T_t = \underset{(0,43)}{0{,}025} + \underset{(5,71)}{0{,}468}\Delta i^T_{t-1} - \underset{(2,55)}{0{,}210}\Delta i^T_{t-6} + \hat{\varepsilon}_t \quad (250)$$

$\overline{R}^2 = 0{,}264$ SE $= 0{,}619$ DW $= 1{,}936$ AR6 $= 2{,}946$
WH5 $= 25{,}872^{***}$ ARCH6 $= 14{,}401^{**}$ JB2 $= 17{,}894^{***}$ RESET3 $= 3{,}744$
Periode: 1961:4-1989:4

Tabelle 19: Fortsetzung

$$\Delta lni^F_t = \underset{(0{,}26)}{0{,}002} + \underset{(1{,}80)}{0{,}164}\Delta lni^F_{t-1} + \underset{(1{,}99)}{0{,}182}\Delta lni^F_{t-3} + \hat{\varepsilon}_t \qquad (251)$$

$\overline{R}^2$ = 0,045	SE = 0,061	DW = 1,995	AR6 = 4,961
WH5 = 14,316**	ARCH6 = 19,060***	JB2 = 0,007	RESET3 = 1,228

Periode: 1961:1-1989:4

$$\Delta lni^D_t = \underset{(0{,}41)}{0{,}005} + \underset{(2{,}79)}{0{,}248}\Delta lni^D_{t-1} + \underset{(2{,}08)}{0{,}184}\Delta lni^D_{t-2} - \underset{(2{,}44)}{0{,}223}\Delta lni^D_{t-3}$$
$$+ \underset{(2{,}30)}{0{,}201}\Delta lni^D_{t-4} - \underset{(1{,}98)}{0{,}179}\Delta lni^D_{t-6} - \underset{(3{,}24)}{0{,}277}\Delta lni^D_{t-9}$$
$$+ \underset{(2{,}32)}{0{,}206}\Delta lni^D_{t-12} + \hat{\varepsilon}_t \qquad (252)$$

$\overline{R}^2$ = 0,306	SE = 0,136	DW = 1,929	AR6 = 2,524
WH14 = 6,719	ARCH6 = 5,502	JB2 = 2,251	RESET3 = 9,012**

Periode: 1963:2-1989:4

$$\Delta lni^T_t = \underset{(0{,}59)}{0{,}006} + \underset{(4{,}72)}{0{,}405}\Delta lni^T_{t-1} - \underset{(2{,}08)}{0{,}179}\Delta lni^T_{t-6} + \hat{\varepsilon}_t \qquad (253)$$

$\overline{R}^2$ = 0,197	SE = 0,113	DW = 2,057	AR6 = 2,368
WH5 = 7,298	ARCH6 = 5,774	JB2 = 7,510**	RESET3 = 0,795

Periode: 1961:4-1989:4

Zur Bedeutung der Zeitreihenkürzel siehe Tabelle 5, die Abkürzungen der Diagnosestatistiken sind in Abschnitt 3.4 erläutert und in Tabelle 3 zusammengefaßt. Δ bezeichnet den Differenzenoperator für die erste nicht-saisonale Differenz. t-Werte stehen in Klammern unter den Koeffizienten; ihre kritischen Werte für das 10-, 5- und 1-prozentige Niveau lauten 1,66, 1,98 respektive 2,62. *, **, *** bezeichnen signifikante Statistiken zum 10-, 5- und 1-prozentigen Niveau.

In den beiden folgenden Tabellen 20 und 21 sind die Eigenschaften der Vektorautoregressionen für die Realkassenhaltung von M1 und M2 festgehalten. Zunächst erfolgt die Bestimmung der lag-Ordnung des Systems nach dem Likelihood-Ratio-Test, wobei die Nullhypothesen p = 6,5,4,3,2,1 gegen die korrespondierenden Alternativhypothesen (p + 1) = 7,6,5,4,3,2 getestet werden. Für die beiden Vektorautoregressionen ergibt sich zum 5-prozentigen Signifikanzniveau die Bestätigung der Nullhypothese für die lag-Ordnung p = 6,5,4,2 und eine Verwerfung für die Verzögerungen p = 3,1, so daß sich auf ein vektorautoregressives System der lag-Ordnung zwei oder vier in beiden Fällen schließen läßt.

Die Tabellen enthalten ausschließlich die Diagnosestatistiken zu jeder Gleichung, da die Wiedergabe der geschätzten Parameter und t-Werte für die einzelnen Gleichungen keine zusätzlichen Erkenntnisse bringt. Analog zu den Ergebnissen der autoregressiven Zeitreihenmodelle zeigt keine Einzelgleichung der vektorautoregressiven Systeme für die Residuen ausnahmslos die wünschenswerten Eigenschaften. Den Residuen der Gleichungen des realen Bruttosozialprodukts ((254), (255), (260), (261)) haften serielle Korrelation sechster Ordnung an. Darüber hinaus ergeben sich in einigen dieser Gleichungen zusätzlich nicht-normalverteilte Residuen, funktionelle Fehlspezifikation, unbedingte und autoregressiv bedingte Heteroskedastizität. Analoge Feststellungen treffen auf die Schätzgleichungen der Zinssätze ((256), (257), (258), (259), (262), (263), (264), (265)) zu.

Vergleicht man die Resultate zu den autoregressiven und vektorautoregressiven Modellen miteinander, schneiden die univariaten Zeitreihenansätze etwas besser ab. Sie werden daher zur Konstruktion der Erwartungsvariablen und der Analyse der Forward-Looking-Modelle herangezogen. Um eine Antwort auf die Frage nach den Stabilitätseigenschaften der autoregressiven Zeitreihenmodelle zu erhalten, erfolgt die Untersuchung der Modelle mit Hilfe des rekursiven Chow-Tests. Die Ergebnisse enthält Tabelle 22. Während für das reale Bruttosozialprodukt lediglich ein einziger Strukturbruch feststellbar ist, liegen für die drei Zinszeitreihen eine Vielzahl von Strukturbrüchen vor. Dies trifft sowohl für die nicht-logarithmierten als auch für die logarithmierten Zeitreihen zu. Bis auf wenige Ausnahmen besitzen die Zeitreihenmodelle der Zinssätze übereinstimmend in der Mitte und am Ende der siebziger

Jahre sowie am Anfang der achtziger Jahre Strukturbrüche.[99] Im Hinblick auf die Interpretation der Ergebnisse zu den Forward-Looking-Modellen ist dieses Resultat zu beachten, da die Prognoseprozedur implizit die Annahme der Strukturkonstanz für die Zeitreihen der Determinanten der Geldnachfrage unterstellt.

Nach dem Vorschlag Hendrys (1988) zur Diskriminierung zwischen strukturellen Feedback- und Forward-Looking-Modellen liefern Stabilitätsanalysen für die Zeitreihenmodelle der Argumente der Kassenhaltung Hinweise auf die potentielle Bedeutung eines Forward-Looking-Modells. Die Evidenz instabiler Fehlerkorrekturmodelle aus Abschnitt 5.3 zusammen mit dem Resultat strukturell instabiler Zeitreihenmodelle ist ein Indiz für die Stichhaltigkeit eines Forward-Looking-Modells als relevantes Geldnachfragemodell.

Zusammenfassend läßt sich aus der Untersuchung autoregressiver und vektorautoregressiver Modelle für die Argumente der Realkassenhaltung von M1 und M2 für das weitere Vorgehen festhalten:

(1) Zur Konstruktion der Erwartungsgrößen werden die autoregressiven Modelle für das reale Bruttosozialprodukt (247), den langfristigen Wertpapierzins (248), den Dreimonatsgeldmarktzins (249) und den Termineinlagenzins (250) verwendet. Beurteilt nach den Diagnosestatistiken, stellen diese Zeitreihenmodelle nicht ausnahmslos zufrieden, weisen aber autokorrelationsfreie Residuen auf. Durch die Schätzung vektorautoregressiver Systeme gelingt es nicht, Prognosemodelle mit überlegenen Eigenschaften zu konstruieren.

(2) Während das Modell des realen Bruttosozialprodukts nur einen einzigen Strukturbruchzeitpunkt zeigt, besitzen die Zeitreihenmodelle für die Zinssätze eine Vielzahl signifikanter Chow-Statistiken. Die Annahme der Strukturkonstanz ist somit für die autoregressiven Modelle der Geldnachfragedeterminanten verletzt.

---

[99] Ergänzend wurden für die in den Tabellen 20 und 21 spezifizierten Vektorautoregressionen rekursive Chow-Tests implementiert. Diese Modelle weisen ebenso eine Vielzahl von Strukturbrüchen auf, deren Zeitpunkte mit denen der autoregressiven Modelle korrespondieren. Somit besitzen auch hinsichtlich der Stabilitätseigenschaften die Vektorautoregressionen gegenüber den autoregressiven Zeitreihenmodellen keine überlegenen Charakteristika.

(3) Die Evidenz instabiler Fehlerkorrekturmodelle und instabiler autoregressiver Zeitreihenmodelle für die Determinanten der Geldnachfragefunktionen deutet auf die Stichhaltigkeit eines Forward-Looking-Modells hin.

Auf der Grundlage der Zeitreihenmodelle für die Argumente der realen Geldhaltung von M1 und M2 sind nun entsprechend der Kettenregel der Prognose die erwarteten und unerwarteten Variablen konstruierbar, so daß im nächsten Abschnitt die Schätzergebnisse für die Forward-Looking-Modelle dargestellt werden können.

Tabelle 20: Eigenschaften der vektorautoregressiven Systeme für die Realkassenhaltung von M1

Bestimmung der lag-Ordnung für die Vektorautoregression

H_0: L = 6, $\chi^2(16)$ = 14,769	H_0: L = 3, $\chi^2(16)$ = 50,740***
H_0: L = 5, $\chi^2(16)$ = 14,623	H_0: L = 2, $\chi^2(16)$ = 25,298*
H_0: L = 4, $\chi^2(16)$ = 10,550	H_0: L = 1, $\chi^2(16)$ = 83,068***

Diagnosestatistiken der Einzelgleichungen

Δy_t^B, L = 2 (254)

$\overline{R}^2$ = 0,911	SE = 0,017	DW = 2,199	AR6 = 21,902***
WH18 = 19,591	ARCH6 = 10,176	JB2 = 0,974	RESET3 = 5,468

Periode: 1960:4-1989:4

Δy_t^B, L = 4 (255)

$\overline{R}^2$ = 0,934	SE = 0,014	DW = 2,093	AR6 = 10,929*
WH34 = 33,272	ARCH6 = 8,858	JB2 = 10,322***	RESET3 = 16,330***

Periode: 1961:2-1989:4

Tabelle 20: Fortsetzung

Δi_t^F, L = 2 (256)

$\overline{R}^2$ = 0,086 SE = 0,476 DW = 2,006 AR6 = 7,058
WH18 = 38,424*** ARCH6 = 24,496*** JB2 = 8,123** RESET3 = 1,068
Periode: 1960:4-1989:4

Δi_t^F, L = 4 (257)

$\overline{R}^2$ = 0,061 SE = 0,485 DW = 2,020 AR6 = 6,621
WH34 = 65,495*** ARCH6 = 32,127*** JB2 = 14,820*** RESET3 = 4,190
Periode: 1961:2-1989:4

Δi_t^T, L = 2 (258)

$\overline{R}^2$ = 0,302 SE = 0,596 DW = 2,012 AR6 = 12,290*
WH18 = 17,770 ARCH6 = 12,384* JB2 = 28,299*** RESET3 = 7,459*
Periode: 1960:4-1989:4

Δi_t^T, L = 4 (259)

$\overline{R}^2$ = 0,322 SE = 0,591 DW = 2,027 AR6 = 6,301
WH34 = 38,451 ARCH6 = 5,168 JB2 = 14,499*** RESET3 = 12,252***
Periode: 1961:2-1989:4

$\chi^2(16)$ bezeichnet die mit 16 Freiheitsgraden χ^2-verteilte Teststatistik und L die Anzahl der lags. Siehe ferner die Erläuterungen zu Tabelle 19.

Tabelle 21: Eigenschaften der vektorautoregressiven Systeme für die Realkassenhaltung von M2

Bestimmung der lag-Ordnung für die Vektorautoregression

H_0: L = 6, $\chi^2(16)$ = 12,582	H_0: L = 3, $\chi^2(16)$ = 42,042***
H_0: L = 5, $\chi^2(16)$ = 19,669	H_0: L = 2, $\chi^2(16)$ = 23,028
H_0: L = 4, $\chi^2(16)$ = 15,653	H_0: L = 1, $\chi^2(16)$ = 87,842***

Diagnosetests der Einzelgleichungen

Δy_t^B, L = 2 (260)

$\overline{R}^2$ = 0,912	SE = 0,017	DW = 2,120	AR6 = 27,591***
WH18 = 28,203*	ARCH6 = 4,698	JB2 = 0,916	RESET3 = 8,072**

Periode: 1960:4-1989:4

Δy_t^B, L = 4 (261)

$\overline{R}^2$ = 0,929	SE = 0,015	DW = 2,075	AR6 = 13,052**
WH34 = 37,201	ARCH6 = 16,362**	JB2 = 4,075	RESET3 = 14,429***

Periode: 1961:2-1989:4

Δi_t^D, L = 2 (262)

$\overline{R}^2$ = 0,308	SE = 0,913	DW = 1,950	AR6 = 5,365
WH18 = 29,987	ARCH6 = 11,885*	JB2 = 61,810***	RESET3 = 6,356*

Periode: 1960:4-1989:4

Tabelle 21: Fortsetzung

Δi_t^D, L = 4 (263)

$\overline{R}^2$ = 0,289	SE = 0,926	DW = 2,025	AR6 = 9,737
WH34 = 35,749	ARCH6 = 7,731	JB2 = 102,6***	RESET3 = 3,230

Periode: 1961:2-1989:4

$\Delta i_t^{E,T}$, L = 2 (264)

$\overline{R}^2$ = 0,488	SE = 0,511	DW = 1,935	AR6 = 7,793
WH18 = 10,452	ARCH6 = 3,684	JB2 = 17,124***	RESET3 = 0,740

Periode: 1960:4-1989:4

$\Delta i_t^{E,T}$, L = 4 (265)

$\overline{R}^2$ = 0,469	SE = 0,523	DW = 1,995	AR6 = 14,702**
WH34 = 28,289	ARCH6 = 3,292	JB2 = 14,002***	RESET3 = 0,303

Periode: 1961:2-1989:4

Siehe die Erläuterungen zu den Tabellen 19 und 20.

Tabelle 22: Ergebnisse der rekursiven Chow-Tests für die autoregressiven Zeitreihenmodelle der Geldnachfragedeterminanten

Autoregressives Modell, Gleichung	Strukturbruch-zeitpunkt	Chow-Statistik
Δy_t^B, (247)	1976:1	$F(1, 55) = 4{,}36^{**}$
Δi_t^F, (248)	1965:2	$F(1, 18) = 7{,}30^{**}$
	1966:2	$F(1, 22) = 7{,}21^{**}$
	1966:4	$F(1, 24) = 10{,}42^{***}$
	1972:2	$F(1, 46) = 5{,}22^{**}$
	1972:4	$F(1, 48) = 4{,}90^{**}$
	1973:2	$F(1, 50) = 19{,}02^{***}$
	1974:1	$F(1, 53) = 4{,}02^{**}$
	1974:4	$F(1, 56) = 6{,}47^{**}$
	1975:1	$F(1, 57) = 6{,}10^{**}$
	1980:1	$F(1, 77) = 10{,}61^{***}$
	1980:2	$F(1, 78) = 12{,}23^{***}$
	1981:1	$F(1, 82) = 6{,}67^{**}$
	1981:4	$F(1, 84) = 9{,}10^{***}$
Δi_t^D, (249)	1967:1	$F(1, 13) = 10{,}99^{***}$
	1967:2	$F(1, 14) = 17{,}07^{***}$
	1970:1	$F(1, 25) = 5{,}27^{**}$
	1971:3	$F(1, 31) = 6{,}85^{**}$
	1972:4	$F(1, 36) = 5{,}24^{**}$
	1973:2	$F(1, 38) = 31{,}61^{***}$
	1981:1	$F(1, 69) = 14{,}06^{***}$
Δi_t^T, (250)	1966:3	$F(1, 17) = 10{,}97^{***}$
	1967:1	$F(1, 19) = 12{,}74^{***}$
	1969:3	$F(1, 29) = 20{,}65^{***}$
	1970:1	$F(1, 31) = 37{,}82^{***}$
	1970:3	$F(1, 33) = 5{,}51^{**}$
	1971:3	$F(1, 37) = 9{,}30^{***}$
	1972:4	$F(1, 42) = 11{,}36^{***}$
	1973:2	$F(1, 44) = 6{,}54^{**}$

Tabelle 22: Fortsetzung

	1973:3	$F(1, 45) = 5{,}20^{**}$
	1974:1	$F(1, 47) = 10{,}37^{***}$
	1975:1	$F(1, 51) = 9{,}19^{***}$
	1979:2	$F(1, 68) = 4{,}92^{**}$
	1980:4	$F(1, 74) = 4{,}83^{**}$
	1981:1	$F(1, 75) = 4{,}53^{**}$
Δlni^F_t, (251)	1965:2	$F(1, 15) = 4{,}55^{**}$
	1966:4	$F(1, 21) = 7{,}14^{**}$
	1972:2	$F(1, 43) = 4{,}09^{**}$
	1973:2	$F(1, 47) = 11{,}31^{***}$
	1975:1	$F(1, 54) = 4{,}54^{**}$
	1980:1	$F(1, 74) = 6{,}68^{**}$
	1980:2	$F(1, 75) = 8{,}94^{***}$
	1981:1	$F(1, 78) = 6{,}50^{**}$
	1981:4	$F(1, 81) = 6{,}88^{**}$
Δlni^D_t, (252)	1967:2	$F(1, 9) = 11{,}30^{***}$
	1970:1	$F(1, 20) = 4{,}67^{**}$
	1971:3	$F(1, 26) = 4{,}70^{**}$
	1972:1	$F(1, 28) = 4{,}22^{**}$
	1973:2	$F(1, 33) = 4{,}83^{**}$
	1981:1	$F(1, 64) = 9{,}14^{***}$
	1982:4	$F(1, 71) = 3{,}98^{**}$
Δlni^T_t, (253)	1966:3	$F(1, 17) = 6{,}67^{**}$
	1967:1	$F(1, 19) = 10{,}54^{***}$
	1969:3	$F(1, 29) = 13{,}35^{***}$
	1970:1	$F(1, 31) = 13{,}20^{***}$
	1971:3	$F(1, 37) = 4{,}47^{**}$
	1972:4	$F(1, 42) = 8{,}57^{***}$
	1975:1	$F(1, 51) = 13{,}64^{***}$
	1979:2	$F(1, 68) = 9{,}02^{***}$
	1987:1	$F(1, 99) = 4{,}00^{**}$
	1988:3	$F(1,105) = 4{,}77^{**}$

**, *** bezeichnen signifikante Statistiken zum 5- respektive 1-prozentigen Niveau und F(1, x) die Werte der Chow-Statistik mit einem einzigen Freiheitsgrad im Nenner und x Freiheitsgraden im Zähler.

8.2. Empirische Ergebnisse zum zweistufigen Verfahren

Um die direkte Vergleichbarkeit mit den in Abschnitt 5.2 spezifizierten Fehlerkorrekturmodellen sicherzustellen, liegen der Schätzung der Forward-Looking-Ansätze für die Realkassenhaltung von M1 die langfristige Geldnachfragefunktion (81):

$$mr1_t = -1{,}888 + 1{,}285y_t^B - 0{,}023i_t^F - 0{,}006i_t^T - 0{,}015Q_2 - 0{,}063Q_3 - 0{,}028Q_4 + \hat{u}1_t \qquad (81)$$

und für die Realkassenhaltung von M2 die langfristige Geldnachfragefunktion (106):

$$mr2_t = -2{,}816 + 1{,}493y_t^B - 0{,}013i_t^D + 0{,}019i_t^{E,T} - 0{,}038Q_2 - 0{,}089Q_3 - 0{,}063Q_4 + \hat{u}2_t \qquad (106)$$

zugrunde. Wie bereits in Abschnitt 7.3 dargestellt, erfolgt die Festlegung des Diskontfaktors auf $D = 0{,}99$ und des Parameters λ_1 für die Funktion der Realkassenhaltung von M1 sowie M2 auf ${}_{mr1}\hat{\lambda}_1 = 0{,}871$ bzw. ${}_{mr2}\hat{\lambda}_1 = 0{,}934$. Aus der in Abschnitt 7.2 abgeleiteten Forward-Looking-Geldnachfragefunktion (226) resultiert unter Berücksichtigung dieser Aspekte für die Realkassenhaltung von M1 die Schätzgleichung:

$$\Delta mr1_t = \alpha_0 + \sum_{i=1}^{3} \alpha_i Q_i + \gamma \hat{u}1_{t-1} + \psi_1(y_t^B - E_{t-1}y_t^B) + \psi_2(i_t^F - E_{t-1}i_t^F)$$

$$+ \psi_3(i_t^T - E_{t-1}i_t^T) + \xi_1 \sum_{i=0}^{n} (0{,}871 \cdot 0{,}99)^i E_{t-1}\Delta y_{t+i}^B$$

$$+ \xi_2 \sum_{i=0}^{n} (0{,}871 \cdot 0{,}99)^i E_{t-1}\Delta i_{t+i}^F$$

$$+ \xi_3 \sum_{i=0}^{n} (0{,}871 \cdot 0{,}99)^i E_{t-1} \Delta i^T_{t+i} + \varepsilon_t \ . \tag{226a}$$

A priori sind für die Parameter des unerwarteten und erwarteten Realeinkommens positive Werte $\psi_1, \xi_1 > 0$ und für die Parameter der unerwarteten sowie erwarteten Zinsvariablen negative Vorzeichen $\psi_2, \psi_3, \xi_2, \xi_3 < 0$ zu vermuten. Der Koeffizient der verzögerten Störgröße aus der KQ-geschätzten langfristigen Geldnachfragefunktion sollte ein negatives Vorzeichen $\gamma < 0$ besitzen.

Die Schätzfunktion für die Realkassenhaltung von M2 hat das Aussehen:

$$\Delta mr2_t = \alpha_0 + \sum_{i=1}^{3} \alpha_i Q_i + \gamma \hat{u}2_{t-1} + \psi_1 (y^B_t - E_{t-1} y^B_t) + \psi_2 (i^D_t - E_{t-1} i^D_t)$$

$$+ \psi_3 (i^T_t - E_{t-1} i^T_t) + \xi_1 \sum_{i=0}^{n} (0{,}934 \cdot 0{,}99)^i E_{t-1} \Delta y^B_{t+i}$$

$$+ \xi_2 \sum_{i=0}^{n} (0{,}934 \cdot 0{,}99)^i E_{t-1} \Delta i^D_{t+i}$$

$$+ \xi_3 \sum_{i=0}^{n} (0{,}934 \cdot 0{,}99)^i E_{t-1} \Delta i^T_{t+i} + \varepsilon_t \ . \tag{226b}$$

Für die Parameter der Gleichung (226b) gelten hinsichtlich der zu erwarteten Vorzeichen mit zwei Ausnahmen die für die Koeffizienten der Gleichung (226a) getroffenen Aussagen. Die Ausnahmen sind die Parameter für den unerwarteten und erwarteten Termineinlagenzins als Eigenzinssatz, die im Unterschied zu (226a) positive Vorzeichen $\psi_3, \xi_3 > 0$ tragen sollten.

Beide Gleichungen werden mit der gewöhnlichen KQ-Methode sukzessive für die Prognosehorizonte $n = 0,1,\ldots,8$ geschätzt, so daß Forward-Looking-Modelle auf der Basis des Ein-Schritt-, Zwei-Schritt-, etc. Prognosehorizonts resultieren. Die Ergebnisse für die Modelle bis zum Vier-Schritt-Prognosehorizont sind in Tabelle 23 zusammengefaßt. Die weiteren Ausführungen bleiben auf diese Modelle beschränkt, da die Schätzgleichungen mit den höheren Prognosehorizonten zu keinen zusätzlichen Erkenntnissen und zu keinen überlegenen Eigenschaften für die Schätzfunktionen führen.

Sämtliche geschätzten Parameter der Forward-Looking-Modelle für die Realkassenhaltung von M1 und M2 in Tabelle 23 tragen das korrekte Vorzeichen. Jedoch sind nicht alle Koeffizienten auf 10-prozentigem Niveau signifikant von Null verschieden. Systematisch (absolut) größere Parameter für die Buffer-Stock-Argumente im Vergleich zu den korrespondierenden erwarteten Termen können nicht beobachtet werden.

Die korrigierten Bestimmtheitsmaße liegen für die Schätzgleichungen von M1 sowie M2 um den Wert 0,900 und weisen dadurch den Gleichungen einen hohen Erklärungsgehalt zu. Die Standardfehler der Regressionen haben meist den Wert 0,016 oder 0,017, und die Werte der Durbin-Watson-Statistiken zentrieren sich um Zwei. Das auffallendste Defizit der geschätzten Forward-Looking-Modelle sind zumindest auf 10-prozentigem Niveau signifikante AR6-Statistiken für sämtliche Gleichungen, was als Indiz für die Fehlspezifikation der Geldnachfragefunktionen interpretierbar ist. Neben seriell korrelierten Residuen sechster Ordnung treten für die Modelle von M2 vermehrt unbedingt heteroskedastischen Residuen und Anzeichen für funktionelle Fehlspezifikation auf. Von den Modellen für die Realkassenhaltung von M1 zeigen die Schätzgleichungen mit Ausnahme des Geldnachfragemodells auf Basis des Ein-Schritt-Prognosehorizonts die wünschenswerten Eigenschaften. Insgesamt bewertet, weisen nach Abwägung aller Ergebnisse die Fehlerkorrekturmodelle aus Abschnitt 5.2 im Vergleich zu den Forward-Looking-Modellen überlegene Charakteristika auf.

Um die wesentlichen Aspekte zusammenzufassen:

(1) In allen Forward-Looking-Modellen tragen die Parameter korrekte Vorzeichen, sind aber nicht ausnahmslos signifikant von Null verschieden. Sie erweisen sich als relativ robust gegenüber der Wahl des Prognosehorizonts.

Tabelle 23: Forward-Looking-Modelle für die Realkassenhaltung von M1 und M2

Forward-Looking-Modelle auf Basis des Ein-Schritt-Prognosehorizonts

$$\begin{aligned}\Delta mr1_t = & -\underset{(6,36)}{0,045} + \underset{(6,51)}{0,071}Q_2 + \underset{(3,30)}{0,034}Q_3 + \underset{(11,1)}{0,108}Q_4 - \underset{(1,86)}{0,085}\hat{u}1_{t-1} \\ & + \underset{(2,98)}{0,326}(y_t^B - E_{t-1}y_t^B) - \underset{(1,71)}{0,006}(i_t^F - E_{t-1}i_t^F) \\ & - \underset{(0,40)}{0,001}(i_t^T - E_{t-1}i_t^T) + \underset{(4,54)}{0,362}(S1)(E_{t-1}\Delta y^B) \\ & - \underset{(2,19)}{0,049}(S1)(E_{t-1}\Delta i^F) - \underset{(2,20)}{0,011}(S1)(E_{t-1}\Delta i^T) + \hat{\varepsilon}_t \qquad (266)\end{aligned}$$

$\overline{R}^2 = 0,920$ SE $= 0,016$ DW $= 2,163$ AR6 $= 19,536^{***}$
WH14 $= 28,107^{**}$ ARCH6 $= 5,529$ JB2 $= 5,144^{*}$ RESET3 $= 2,525$
Periode: 1961:4-1989:4

$$\begin{aligned}\Delta mr2_t = & -\underset{(5,34)}{0,038} + \underset{(5,16)}{0,056}Q_2 + \underset{(3,46)}{0,035}Q_3 + \underset{(9,91)}{0,095}Q_4 - \underset{(1,27)}{0,046}\hat{u}2_{t-1} \\ & + \underset{(3,10)}{0,338}(y_t^B - E_{t-1}y_t^B) - \underset{(3,13)}{0,007}(i_t^D - E_{t-1}i_t^D) \\ & + \underset{(3,85)}{0,015}(i_t^T - E_{t-1}i_t^T) + \underset{(3,26)}{0,261}(S1)(E_{t-1}\Delta y^B) \\ & - \underset{(2,21)}{0,009}(S1)(E_{t-1}\Delta i^D) + \underset{(2,74)}{0,014}(S1)(E_{t-1}\Delta i^T) + \hat{\varepsilon}_t \qquad (267)\end{aligned}$$

$\overline{R}^2 = 0,887$ SE $= 0,016$ DW $= 1,765$ AR6 $= 10,740^{*}$
WH14 $= 38,723^{***}$ ARCH6 $= 10,671^{*}$ JB2 $= 14,174^{***}$ RESET3 $= 9,732^{**}$
Periode: 1962:3-1989:4

Tabelle 23: Fortsetzung

Forward-Looking-Modelle auf Basis des Zwei-Schritt-Prognosehorizonts

$$\Delta mr1_t = \underset{(8,30)}{-0,051} + \underset{(4,50)}{0,061}Q_2 + \underset{(6,20)}{0,049}Q_3 + \underset{(16,9)}{0,121}Q_4 - \underset{(2,71)}{0,132}\hat{u}1_{t-1}$$

$$+ \underset{(3,00)}{0,329}(y_t^B - E_{t-1}y_t^B) - \underset{(1,46)}{0,005}(i_t^F - E_{t-1}i_t^F)$$

$$- \underset{(0,63)}{0,002}(i_t^T - E_{t-1}i_t^T) + \underset{(4,46)}{0,280}(S2)(E_{t-1}\Delta y^B)$$

$$- \underset{(1,97)}{0,038}(S2)(E_{t-1}\Delta i^F) - \underset{(2,25)}{0,007}(S2)(E_{t-1}\Delta i^T) + \hat{\varepsilon}_t \qquad (268)$$

$\overline{R}^2 = 0,920$ SE = 0,016 DW = 2,148 AR6 = 18,922***
WH14 = 14,079 ARCH6 = 1,908 JB2 = 2,147 RESET3 = 0,701
Periode: 1962:1-1989:4

$$\Delta mr2_t = \underset{(5,80)}{-0,034} + \underset{(2,17)}{0,028}Q_2 + \underset{(5,02)}{0,037}Q_3 + \underset{(14,5)}{0,096}Q_4 - \underset{(2,11)}{0,078}\hat{u}2_{t-1}$$

$$+ \underset{(3,00)}{0,320}(y_t^B - E_{t-1}y_t^B) - \underset{(1,93)}{0,004}(i_t^D - E_{t-1}i_t^D)$$

$$+ \underset{(2,82)}{0,010}(i_t^T - E_{t-1}i_t^T) + \underset{(4,79)}{0,280}(S2)(E_{t-1}\Delta y^B)$$

$$- \underset{(0,17)}{0,0004}(S2)(E_{t-1}\Delta i^D) + \underset{(1,14)}{0,004}(S2)(E_{t-1}\Delta i^T) + \hat{\varepsilon}_t \qquad (269)$$

$\overline{R}^2 = 0,892$ SE = 0,016 DW = 1,850 AR6 = 15,347**
WH14 = 18,278 ARCH6 = 12,763** JB2 = 25,175*** RESET3 = 3,906
Periode: 1962:4-1989:4

Tabelle 23: Fortsetzung

Forward-Looking-Modelle auf Basis des Drei-Schritt-Prognosehorizonts

$$\Delta mr1_t = \underset{(9,69)}{-0{,}062} + \underset{(3,36)}{0{,}072Q_2} + \underset{(13,9)}{0{,}073Q_3} + \underset{(9,48)}{0{,}120Q_4} - \underset{(1,51)}{0{,}079\hat{u}1_{t-1}}$$

$$+ \underset{(2,39)}{0{,}285(y_t^B - E_{t-1}y_t^B)} - \underset{(1,28)}{0{,}005(i_t^F - E_{t-1}i_t^F)}$$

$$- \underset{(0,72)}{0{,}002(i_t^T - E_{t-1}i_t^T)} + \underset{(2,13)}{0{,}199(S3)(E_{t-1}\Delta y^B)}$$

$$- \underset{(2,52)}{0{,}050(S3)(E_{t-1}\Delta i^F)} - \underset{(1,98)}{0{,}006(S3)(E_{t-1}\Delta i^T)} + \hat{\varepsilon}_t \qquad (270)$$

$\overline{R}^2 = 0{,}906$ SE = 0,018 DW = 2,247 AR6 = $18{,}317^{***}$
WH14 = 11,613 ARCH6 = 4,139 JB2 = 1,677 RESET3 = 2,524
Periode: 1962:2-1989:4

$$\Delta mr2_t = \underset{(7,11)}{-0{,}040} + \underset{(0,62)}{0{,}012Q_2} + \underset{(13,5)}{0{,}063Q_3} + \underset{(6,77)}{0{,}080Q_4} - \underset{(1,33)}{0{,}049\hat{u}2_{t-1}}$$

$$+ \underset{(2,38)}{0{,}271(y_t^B - E_{t-1}y_t^B)} - \underset{(1,24)}{0{,}003(i_t^D - E_{t-1}i_t^D)}$$

$$+ \underset{(2,16)}{0{,}008(i_t^T - E_{t-1}i_t^T)} + \underset{(3,75)}{0{,}313(S3)(E_{t-1}\Delta y^B)}$$

$$- \underset{(0,06)}{0{,}0001(S3)(E_{t-1}\Delta i^D)} + \underset{(0,42)}{0{,}001(S3)(E_{t-1}\Delta i^T)} + \hat{\varepsilon}_t \qquad (271)$$

$\overline{R}^2 = 0{,}883$ SE = 0,017 DW = 1,945 AR6 = $15{,}416^{**}$
WH14 = 8,785 ARCH6 = $13{,}041^{**}$ JB2 = $16{,}873^{***}$ RESET3 = $11{,}272^{**}$
Periode: 1963:1-1989:4

Tabelle 23: Fortsetzung

Forward-Looking-Modelle auf Basis des Vier-Schritt-Prognosehorizonts

$$\Delta mr1_t = \underset{(2,78)}{-0,032} - \underset{(0,47)}{0,017}Q_2 + \underset{(8,15)}{0,058}Q_3 + \underset{(0,93)}{0,029}Q_4 - \underset{(1,36)}{0,068}\hat{u}1_{t-1}$$

$$+ \underset{(2,85)}{0,337}(y_t^B - E_{t-1}y_t^B) - \underset{(2,07)}{0,008}(i_t^F - E_{t-1}i_t^F)$$

$$- \underset{(0,53)}{0,002}(i_t^T - E_{t-1}i_t^T) + \underset{(3,73)}{0,691}(S4)(E_{t-1}\Delta y^B)$$

$$- \underset{(3,18)}{0,060}(S4)(E_{t-1}\Delta i^F) - \underset{(2,14)}{0,005}(S4)(E_{t-1}\Delta i^T) + \hat{\varepsilon}_t \qquad (272)$$

$\overline{R}^2 = 0,914$ SE = 0,017 DW = 2,132 AR6 = 11,987*
WH14 = 10,904 ARCH6 = 2,214 JB2 = 1,333 RESET3 = 0,841
Periode: 1962:3-1989:4

$$\Delta mr2_t = \underset{(0,72)}{-0,009} - \underset{(2,02)}{0,084}Q_2 + \underset{(8,81)}{0,050}Q_3 - \underset{(0,92)}{0,035}Q_4 - \underset{(0,56)}{0,020}\hat{u}2_{t-1}$$

$$+ \underset{(2,73)}{0,341}(y_t^B - E_{t-1}y_t^B) - \underset{(2,30)}{0,005}(i_t^D - E_{t-1}i_t^D)$$

$$+ \underset{(2,50)}{0,009}(i_t^T - E_{t-1}i_t^T) + \underset{(4,14)}{0,862}(S4)(E_{t-1}\Delta y^B)$$

$$- \underset{(0,65)}{0,001}(S4)(E_{t-1}\Delta i^D) + \underset{(0,09)}{0,0003}(S4)(E_{t-1}\Delta i^T) + \hat{\varepsilon}_t \qquad (273)$$

$\overline{R}^2 = 0,884$ SE = 0,016 DW = 1,858 AR6 = 13,406**
WH14 = 9,960 ARCH6 = 9,393 JB2 = 7,529** RESET3 = 4,392
Periode: 1963:2-1989:4

Zur Bedeutung der Zeitreihenkürzel siehe Tabelle 5, die Abkürzungen der Diagnosestatistiken sind in Abschnitt 3.4 erläutert und in Tabelle 3 zusammengefaßt. Δ bezeichnet den Differenzenoperator für die erste nicht-saisonale Differenz. t-Werte stehen in Klammern unter den Koeffizienten; ihre kritischen Werte für das 1-, 5- und 10-prozentige Niveau lauten 2,62, 1,98 respektive 1,66. *, **, *** bezeichnen signifikante Statistiken zum 10-, 5- und 1-prozentigen Niveau. (S1),..., (S4) bezeichnen die gewichtete Summe erwarteter relativer Änderungen zu den Prognosehorizonten 1,...,4.

(2) Der Erklärungsgehalt der Forward-Looking-Modelle ist hoch, die Standardfehler der Regressionen gering und mit denen der Fehlerkorrekturmodelle vergleichar.

(3) Im Hinblick auf die Diagnosestatistiken zeigen die Forward-Looking-Modelle gegenüber den Fehlerkorrekturmodellen deutlich schlechtere Eigenschaften, wobei als Defizit insbesondere autokorrelierte Residuen höherer Ordnung auffallen.

In den bereits mehrfach erwähnten Arbeiten von Cuthbertson (1988a), Cuthbertson/Taylor (1989) und Muscatelli (1988, 1989) werden für Großbritannien Forward-Looking-Modelle auf Quartalsdatenbasis für den Zeitraum von 1964:3 bis 1979:4 respektive von 1963:1 bis 1982:4 geschätzt. In Analogie zu den obigen Resultaten stellt Cuthbertson die Invarianz der Größenordnung der geschätzten Koeffizienten und der sonstigen Eigenschaften der Forward-Looking-Modelle gegenüber der Wahl des Prognosehorizonts fest. Auch Muscatellis Teststatistiken zeigen Autokorrelationen höherer Ordnung an. Im Unterschied zu den hier erhaltenen Ergebnissen finden die drei Autoren systematisch (absolut) größere Parameter für die Buffer-Stock-Argumente im Vergleich zu den korrespondierenden erwarteten Termen in der kurzfristigen Geldnachfragefunktion. Insgesamt fallen die vorliegenden Resultate etwas besser aus als diejenigen von Bagliano/Favero (1992) für Italien in der Periode von 1964:2 bis 1986:2. Einige Koeffizienten ihres Geldnachfragemodells sind vorzeicheninkorrekt und auch insignifikant von Null verschieden.

Da in Abschnitt 5.2 auf der Grundlage des modernen ökonometrischen Vorgehens die Konstruktion kurzfristiger Geldnachfragefunktionen gelungen ist, welche vorzeichenkorrekte Koeffizienten, ausnahmslos signifikant von Null verschiedene Parameter, einen ebenso hohen Erklärungsgehalt und ausschließlich insignifikante sonstige Diagnosestatistiken besitzen, schneiden die Forward-Looking-Modelle vergleichsweise schlechter ab. Ob die Forward-Looking-Modelle überlegene Stabilitätseigenschaften gegenüber den Fehlerkorrekturmodellen aufweisen, beantwortet der nächstfolgende Abschnitt.

8.3. Stabilitätseigenschaften der Forward-Looking-Modelle

Analog zur Stabilitätsanalyse für die Fehlerkorrekturmodelle erfolgt die Untersuchung der Stabilitätseigenschaften der Forward-Looking-Modelle mit Hilfe des Subperiodenvergleichs, rollender Regressionen, des Verfahrens rekursiver Koeffizienten und des rekursiven Chow-Tests. Diese Verfahren wurden für sämtliche Modelle aus Tabelle 23 implementiert. Zugunsten einer übersichtlicheren Darstellung bleiben die weiteren Ausführungen auf jeweils eine einzige Gleichung für die Realkassenhaltung von M1 und M2 beschränkt. Die besten Eigenschaften weist das Modell (268) für die Realkassenhaltung von M1 und das Modell (273) für die Realkassenhaltung von M2 auf.

Tabelle 24: Subperiodenresultate für das Forward-Looking-Modell der Realkassenhaltung von M1

Teilstützbereich 1960-1974

$$\begin{aligned}\Delta mr1_t = & -\underset{(3,04)}{0,034} + \underset{(0,31)}{0,009}Q_2 + \underset{(2,75)}{0,039}Q_3 + \underset{(12,9)}{0,108}Q_4 - \underset{(1,89)}{0,221}\hat{u}1_{t-1} \\ & + \underset{(3,98)}{0,513}(y_t^B - E_{t-1}y_t^B) - \underset{(0,16)}{0,001}(i_t^F - E_{t-1}i_t^F) \\ & - \underset{(1,44)}{0,005}(i_t^T - E_{t-1}i_t^T) + \underset{(3,59)}{0,439}(S2)(E_{t-1}\Delta y^B) \\ & - \underset{(2,27)}{0,069}(S2)(E_{t-1}\Delta i^F) - \underset{(2,06)}{0,008}(S2)(E_{t-1}\Delta i^T) + \hat{\varepsilon}_t \end{aligned} \qquad (274)$$

$\overline{R}^2 = 0,935$	SE = 0,014	DW = 2,350	AR6 = 10,015
WH14 = 20,389	ARCH6 = 7,836	JB2 = 2,723	RESET3 = 6,154

Periode: 1962:1-1974:4

Tabelle 24: Fortsetzung

Teilstützbereich 1975-1989

$$\Delta mr1_t = \underset{(2,44)}{-0,057} + \underset{(1,67)}{0,078}Q_2 + \underset{(1,71)}{0,047}Q_3 + \underset{(3,83)}{0,127}Q_4 - \underset{(1,00)}{0,080}\hat{u}1_{t-1}$$

$$+ \underset{(0,67)}{0,144}(y_t^B - E_{t-1}y_t^B) - \underset{(0,75)}{0,005}(i_t^F - E_{t-1}i_t^F)$$

$$- \underset{(0,40)}{0,003}(i_t^T - E_{t-1}i_t^T) + \underset{(0,84)}{0,233}(S2)(E_{t-1}\Delta y^B)$$

$$- \underset{(1,83)}{0,056}(S2)(E_{t-1}\Delta i^F) - \underset{(0,64)}{0,004}(S2)(E_{t-1}\Delta i^T) + \hat{\varepsilon}_t \qquad (275)$$

$\overline{R}^2 = 0,912$	SE = 0,018	DW = 1,670	AR6 = 20,875***
WH14 = 11,821	ARCH6 = 5,975	JB2 = 0,173	RESET3 = 2,381

Periode: 1976:1-1989:4

Siehe die Erläuterungen zu Tabelle 23. Die kritischen Werte der t-Statistiken für die Stützbereichslänge T = 60 zum 1-, 5-, und 10-prozentigen Signifikanzniveau lauten 2,66, 2,00 und 1,67.

Die Ergebnisse zum Subperiodenvergleich sind in den Tabellen 24 und 25 zusammengefaßt. Die Parameter der Schätzgleichungen für die Realkassenhaltung von M1 sind allesamt vorzeichenkorrekt, sehr häufig aber insignifikant von Null verschieden. Letzteres trifft insbesondere für die Koeffizienten der Gleichung in der zweiten Teilperiode zu. Des weiteren weisen die geschätzten Parameter sehr deutliche Unterschiede im Periodenvergleich auf. Solch große Diskrepanzen lassen sich für die Fehlerkorrekturmodelle der Realkassenhaltung von M1 aus Abschnitt 5.3 nicht feststellen. Im Unterschied zu den Resultaten für den gesamten Stützbereich sind bis auf eine Ausnahme die Diagnosestatistiken insignifikant. Die Schätzgleichungen für die Realkassenhaltung von M2 zeigen neben insignifikant von Null verschiedenen Koeffizienten auch inkorrekte Vorzeichen für die erwartete relative Änderung des Termineinlagenzinses. Analog zu den Gleichungen für M1 besitzen die Funktionen für M2 im Periodenvergleich sehr unterschiedliche Werte.

Tabelle 25: Subperiodenresultate für das Forward-Looking-Modell der Realkassenhaltung von M2

Teilstützbereich 1960-1974

$$\begin{aligned}\Delta mr2_t = &- \underset{(2,60)}{0{,}048} + \underset{(1,35)}{0{,}095}Q_2 + \underset{(6,99)}{0{,}060}Q_3 + \underset{(1,76)}{0{,}106}Q_4 - \underset{(0,04)}{0{,}004}\hat{u}2_{t-1}\\ &+ \underset{(1,09)}{0{,}188}(y^B_t - E_{t-1}y^B_t) - \underset{(1,75)}{0{,}005}(i^D_t - E_{t-1}i^D_t)\\ &+ \underset{(0,74)}{0{,}004}(i^T_t - E_{t-1}i^T_t) - \underset{(0,03)}{0{,}011}(S4)(E_{t-1}\Delta y^B)\\ &+ \underset{(1,04)}{0{,}004}(S4)(E_{t-1}\Delta i^D) - \underset{(0,71)}{0{,}003}(S4)(E_{t-1}\Delta i^T) + \hat{\varepsilon}_t \end{aligned} \tag{276}$$

$\overline{R}^2 = 0{,}875$ SE = 0,015 DW = 2,156 AR6 = 8,417
WH14 = 17,571 ARCH6 = 11,845 JB2 = 2,174 RESET3 = 1,153
Periode: 1963:2-1974:4

Teilstützbereich 1975-1989

$$\begin{aligned}\Delta mr2_t = &- \underset{(0,22)}{0{,}007} - \underset{(0,84)}{0{,}084}Q_2 + \underset{(5,23)}{0{,}052}Q_3 - \underset{(0,31)}{0{,}030}Q_4 - \underset{(1,43)}{0{,}103}\hat{u}2_{t-1}\\ &+ \underset{(2,35)}{0{,}421}(y^B_t - E_{t-1}y^B_t) - \underset{(2,79)}{0{,}009}(i^D_t - E_{t-1}i^D_t)\\ &+ \underset{(3,41)}{0{,}018}(i^T_t - E_{t-1}i^T_t) + \underset{(1,64)}{0{,}855}(S4)(E_{t-1}\Delta y^B)\\ &- \underset{(1,40)}{0{,}003}(S4)(E_{t-1}\Delta i^D) - \underset{(0,68)}{0{,}002}(S4)(E_{t-1}\Delta i^T) + \hat{\varepsilon}_t \end{aligned} \tag{277}$$

$\overline{R}^2 = 0{,}938$ SE = 0,013 DW = 1,884 AR6 = 6,955
WH14 = 13,809 ARCH6 = 5,396 JB2 = 1,901 RESET3 = 4,830
Periode: 1977:2-1989:4

Siehe die Erläuterungen zu Tabelle 24.

Die Ergebnisse zum Subperiodenvergleich lassen sich dahingehend zusammenfassen, daß die Parameter der Forward-Looking-Geldnachfragefunktionen für die Realkassenhaltung von M1 und M2 im Periodenvergleich sehr deutlichen Schwankungen unterliegen und dadurch ein erstes Indiz für funktionelle Instabilität vorliegt.

Die Ermittlung rekursiv geschätzter Koeffizienten erfolgt für die Realkassenhaltung von M1 (M2) ausgehend von dem Stützbereich 1962:1-1965:1 (1963:2-1966:1). Die Resultate sind in den den Abbildungen 4 und 5 festgehalten. Die daraus ersichtlichen Ergebnisse lassen folgendes Fazit zu: Unter den rekursiv geschätzten Parametern für die Funktionen der Realkassenhaltung von M1 zeigen die Koeffizienten der unerwarteten und erwarteten Einkommensgrößen die auffallendste Entwicklung. Die geschätzten Parameter der unerwarteten und erwarteten Zinsterme verlaufen mit einigen Sprüngen seit Mitte der siebziger Jahre relativ konstant. Verglichen mit den Ergebnissen zum Forward-Looking-Modell für die Realkassenhaltung von M1 zeigen die rekursiv geschätzten Koeffizienten von M2 einen stabileren Verlauf. Sämtliche Parameter weisen seit Mitte der siebziger Jahre nahezu konstante Zeitpfade auf, obwohl sich auch hierbei Verschiebungen am Anfang der achtziger Jahre andeuten.

Die Ergebnisse zu den rekursiven Chow-Tests in Tabelle 26 bilden den Abschluß der Stabilitätsanalyse. Auch hierfür soll eine Zusammenfassung die wesentlichen Erkenntnisse herausstellen:

(1) Für die Forward-Looking-Modelle der Realkassenhaltung von M1 und M2 treten vermehrt Strukturbrüche am Anfang und in der Mitte der siebziger Jahre auf.

(2) Im Vergleich zu den Ergebnissen für die Fehlerkorrekturmodelle aus Abschnitt 5.3 finden sich für die Forward-Looking-Geldnachfragefunktionen etwas weniger Strukturbrüche.

(3) Indizien für deutlich bessere Stabilitätseigenschaften der Forward-Looking-Modelle gegenüber den Backward-Looking-Funktionen speziell für die Perioden der monetären Regimewechsel finden sich nicht.

Abbildung 4: Zeitpfade der geschätzten Parameter für das Forward-Looking-Modell der Realkassenhaltung von M1

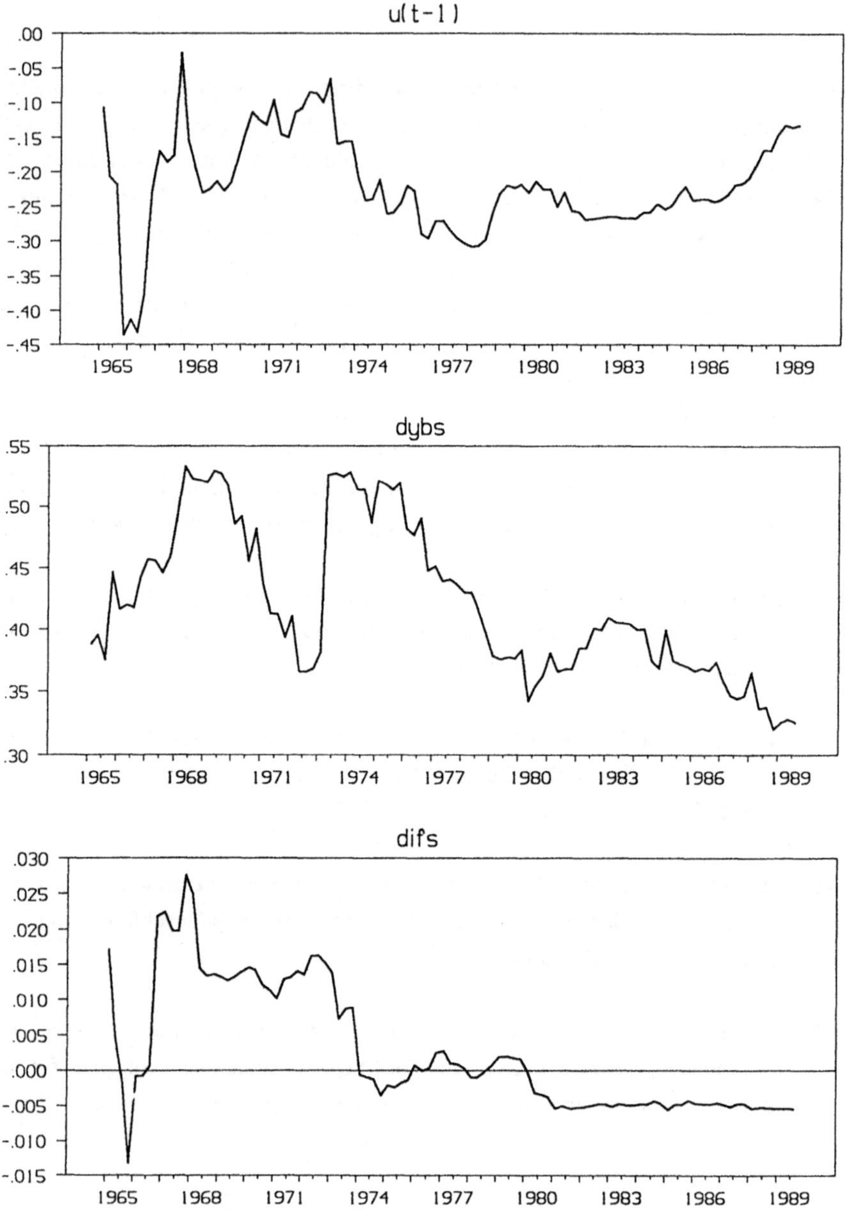

Abbildung 4: Fortsetzung

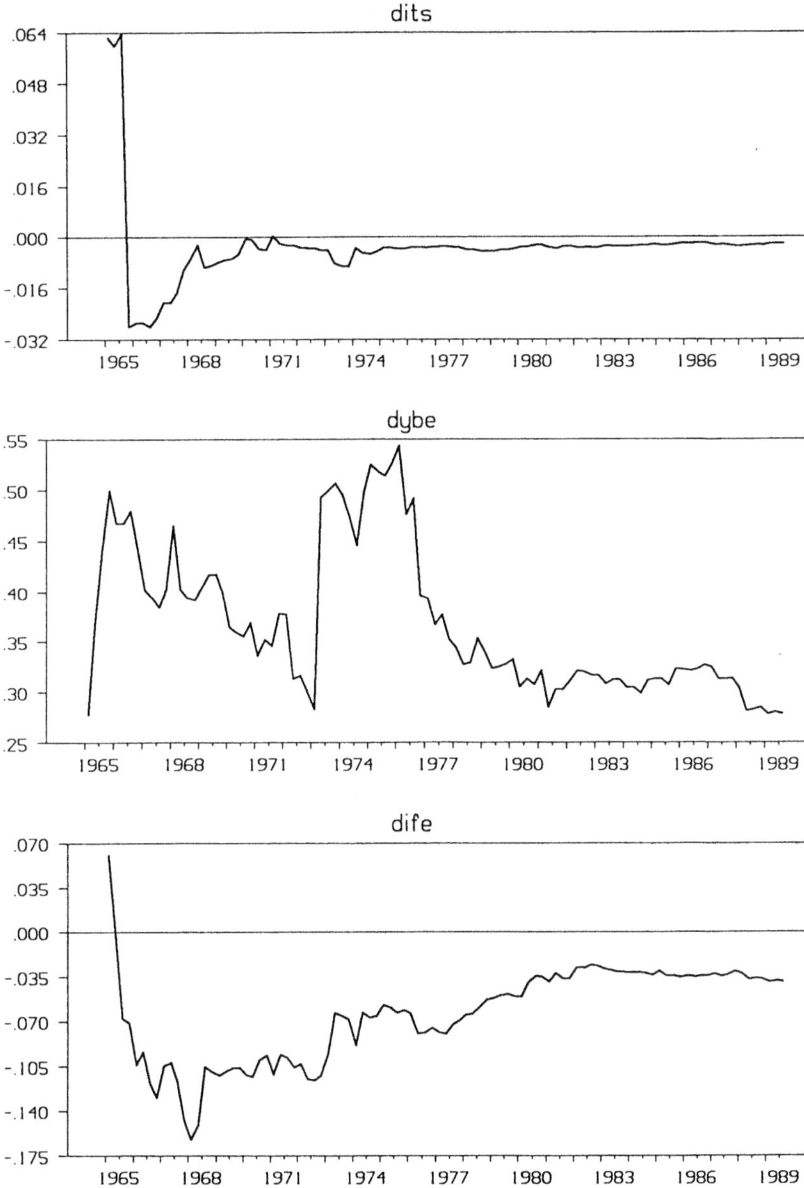

Abbildung 4: Fortsetzung

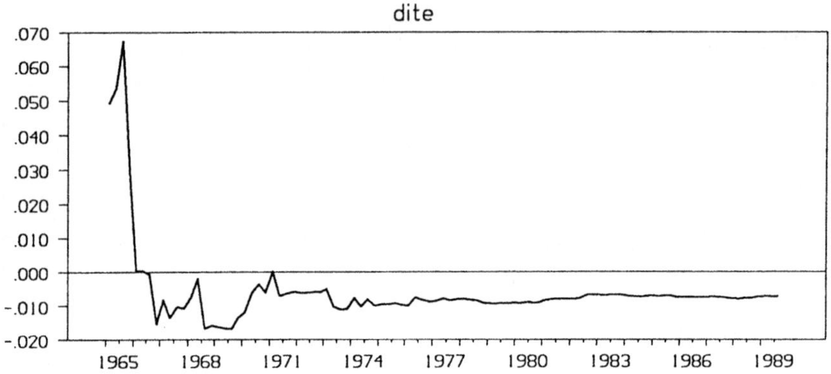

Abbildung 5: Zeitpfade der geschätzten Parameter für das Forward-Looking-Modell der Realkassenhaltung von M2

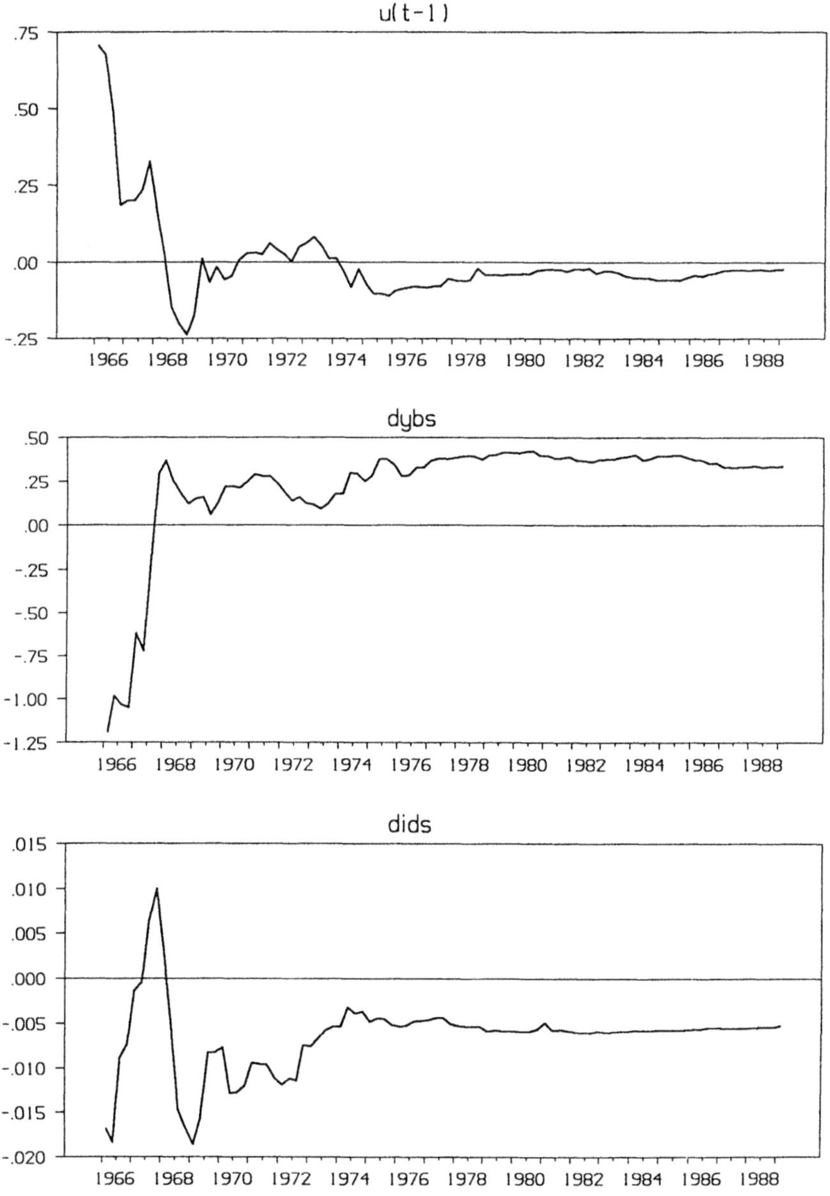

Abbildung 5: Fortsetzung

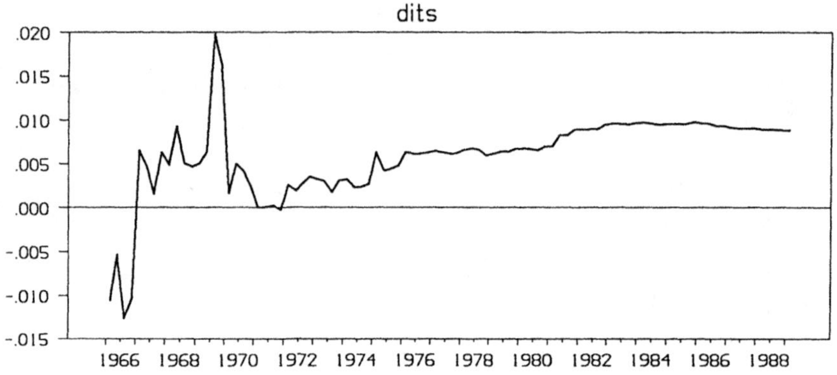

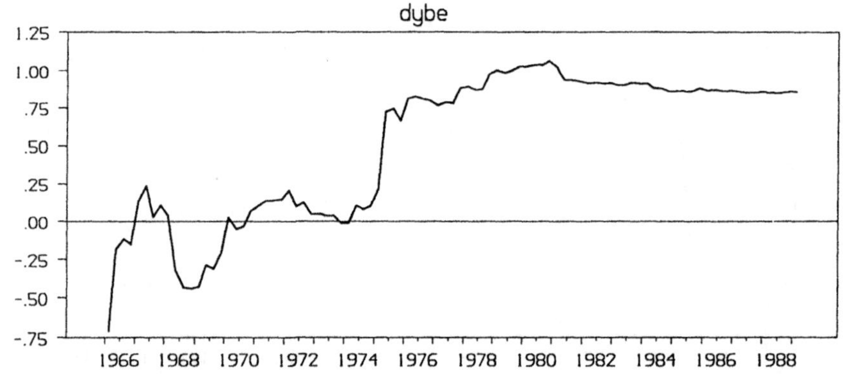

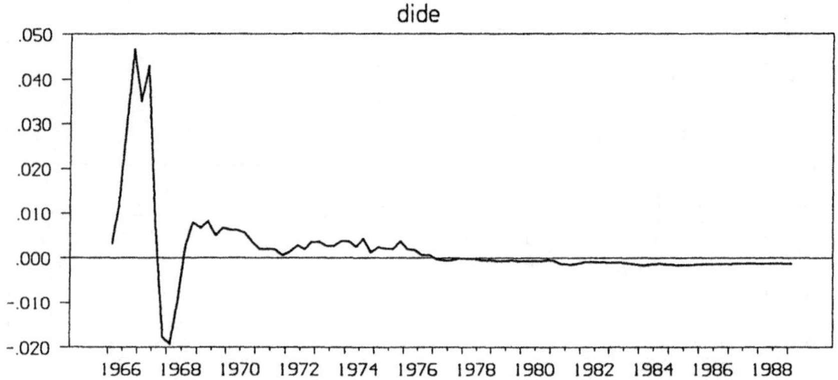

Abbildung 5: Fortsetzung

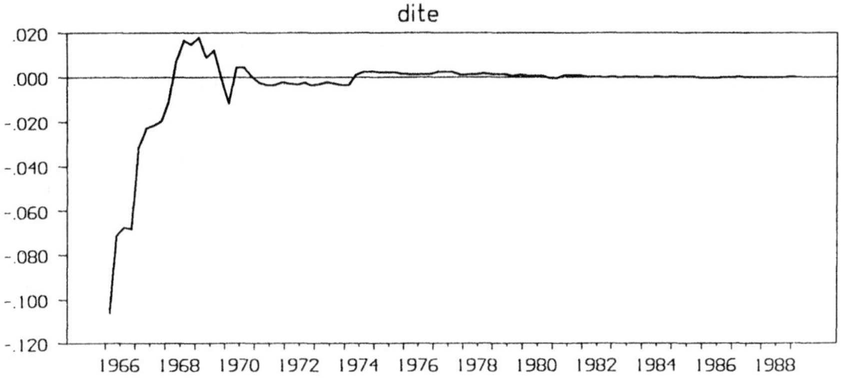

Tabelle 26: Ergebnisse der rekursiven Chow-Tests für die Forward-Looking-Modelle der Realkassenhaltung von M1 und M2

Forward-Looking-Modell	Strukturbruch-zeitpunkt	Chow-Statistik
Δmr1, (268)	1971:1	$F(1, 26) = 5{,}25^{**}$
	1973:2	$F(1, 35) = 10{,}65^{***}$
	1974:1	$F(1, 38) = 6{,}57^{**}$
	1976:2	$F(1, 47) = 5{,}16^{**}$
	1976:4	$F(1, 49) = 6{,}34^{**}$
	1978:1	$F(1, 54) = 7{,}72^{***}$
	1981:3	$F(1, 68) = 5{,}16^{**}$
	1988:2	$F(1, 95) = 4{,}39^{**}$
Δmr2, (273)	1967:3	$F(1, 7) = 12{,}06^{**}$
	1967:4	$F(1, 8) = 8{,}83^{**}$
	1972:4	$F(1, 28) = 7{,}38^{**}$
	1974:2	$F(1, 34) = 4{,}57^{**}$
	1975:2	$F(1, 38) = 12{,}59^{***}$
	1976:1	$F(1, 41) = 6{,}37^{**}$

**, *** bezeichnen signifikante Statistiken zum 5- respektive 1-prozentigen Niveau und F(1, x) die Werte der Chow-Statistik mit einem einzigen Freiheitsgrad im Nenner und x Freiheitsgraden im Zähler.

Aus der Stabilitätsanalyse für die Forward-Looking-Modelle läßt sich als generelles Fazit festhalten, daß die Forward-Looking-Geldnachfragefunktionen den Feedback-Modellen hinsichtlich des Stabilitätskriteriums nicht überlegen sind. Die Geldnachfragefunktionen beider Modellkategorien besitzen strukturelle Instabilitäten insbesondere in den Perioden monetärer Regimewechsel. Die in dieser Arbeit spezifizierten Forward-Looking-Modelle vermögen die für deutsche Geldnachfragefunktionen festgestellten Stabilitätsprobleme daher nicht zu lösen.

Cuthbertson (1988a) vergleicht für Großbritannien die Stabilitätseigenschaften eines Forward-Looking-Modells mit denen einer Feedback-Funktion anhand der Prognoseleistung. Die beiden Geldnachfragefunktionen schätzt der Autor auf der Grundlage des Stützbereichs von 1964:3 bis 1979:4; der Prognosezeitraum reicht von 1980:1 bis 1982:4. Das Forward-Looking- und das Feedback-Modell zeigen vergleichbar gute Prognoseeigenschaften, so daß sich keine der beiden Geldnachfragefunktionen als überlegen erweist. Während Cuthbertson eine arbiträre Einteilung in Regressionsstützbereich und Prognosezeitraum vornimmt, vergleichen Bagliano/Favero (1992) die Stabilitätseigenschaften eines Forward- und eines Backward-Looking-Modells mit Hilfe des rekursiven Chow-Tests speziell für die Zeitpunkte eines monetären Regimewechsels und markanter Brüche im datengenerierenden Prozeß der erklärenden Variablen. Die Autoren verwenden Quartalsdaten für Italien. Das Forward-Looking-Modell erweist sich gegenüber dem Feedback-Modell als strukturell stabil zum Zeitpunkt des Regimewechsels der italienischen Zentralbank am Ende des Jahres 1969. Allerdings besitzen beide Geldnachfragemodelle signifikante Chow-Statistiken in den Jahren markanter Brüche im datengenerierenden Prozeß der Zeitreihen für die Zinssätze und die Inflationsrate. Eine vergleichbare Überlegenheit der hier spezifizierten Forward-Looking-Modelle gegenüber den Fehlerkorrekturmodellen speziell zu den Phasen der monetären Regimewechsel in Deutschland ist nicht feststellbar.

9. Zusammenfassung der Ergebnisse

Die Eigenschaften der Geldnachfragefunktion werden seit den fünfziger Jahren in der wirtschaftswissenschaftlichen Literatur intensiv und kontrovers diskutiert. Motivierbar ist dieses Interesse sowohl durch die modelltheoretische als auch durch die geldpolitische Bedeutung der Geldnachfragefunktion. Aus geldpolitischer Sicht garantiert eine stabile Geldnachfragefunktion die zuverlässige Transmission monetärer Impulse auf das Nominaleinkommen, wodurch sie zu einem der Eckpfeiler der seit Mitte der siebziger Jahre in vielen Industrienationen praktizierten Geldmengenpolitik avanciert ist. Der Übergang zu einer monetaristisch inspirierten Geldpolitik fällt in etwa mit dem Zeitpunkt zusammen, in dem an der Stabilitätseigenschaft von Geldnachfragefunktionen erhebliche Zweifel aufkamen. Während eine Fülle empirischer Indizien für die Stabilität traditioneller Geldnachfragefunktionen in Stützbereichen bis zum Anfang der siebziger Jahre sprechen, zeigen diese Funktionen häufig Instabilitäten für Stützperioden, die hinreichend weit in die siebziger Jahre reichen oder in den siebziger Jahren beginnen.

In der Literatur werden drei Möglichkeiten diskutiert, dem Problem instabiler traditioneller Geldnachfragefunktionen zu begegnen. Zum ersten können für die Instabilität inkorrekt gewählte Variablendefinitionen und unberücksichtigte erklärende Variablen verantwortlich sein. Dementsprechend erfolgt als Reaktion die Aufnahme zusätzlicher Argumente in die Geldnachfragefunktion und eine Analyse mit alternativen Variablendefinitionen. Zum zweiten stellt sich vor dem Hintergrund der Instationarität vieler makroökonomischer Zeitreihen die Frage nach der adäquaten Behandlung des Datenmaterials in den zugrundeliegenden Schätzgleichungen. In diesem Kontext ist ebenso die restringierte Dynamik traditioneller Geldnachfragefunktionen zu erwähnen, die eine potentielle Ursache für die festgestellten Instabilitäten sein kann. Um den beiden Aspekten Rechnung zu tragen, werden der Kointegrationsansatz und Fehlerkorrekturmodelle als moderne ökonometrische Konzepte zur Modellierung von Geldnachfragefunktionen diskutiert. Zum dritten kommt die Vernachlässigung rationaler Erwartungsbildung als Ursache für Instabilitäten konventionell spezifizierter Geldnachfragefunktionen in Betracht. Vor diesem Hintergrund werden in der Literatur Geldnachfragefunktionen vorgeschlagen, die Forward-Looking-Variablen als Determinanten der Kassenhaltung sowie die Buffer-Stock-Eigenschaft des Geldes berücksichtigen.

Die vorliegende Arbeit greift die Diskussion über die Eigenschaften traditioneller Goldfeld-Geldnachfragefunktionen auf und liefert empirische Ergebnisse zu den Charakteristika von Kointegrationsbeziehungen, Fehlerkorrekturmodellen und Forward-Looking-Modellen des Cuthbertson-Taylor-Typs. Die empirische Untersuchung stützt sich auf Quartalsdaten für die Bundesrepublik in der Periode von 1960:1 bis 1989:4. Dabei steht die Frage im Mittelpunkt, ob Geldnachfragefunktionen auf Basis des Forward-Looking-Ansatzes den Fehlerkorrekturmodellen hinsichtlich der Stabilitätseigenschaft überlegen sind. In Kapitel 2 werden zunächst die Charakteristika traditioneller Geldnachfragefunktionen diskutiert und die vorhandene empirische Evidenz für Deutschland systematisiert. Die Zielsetzung dieses Kapitels besteht darin, eine Bestandsaufnahme der bisherigen Diskussion über traditionelle Geldnachfragefunktionen für Deutschland und deren Eigenschaften zu erhalten.

Kapitel 3 dient der Darstellung des Problems instationärer Zeitreihen für die Modellierung einer Geldnachfragefunktion und präsentiert moderne ökonometrische Verfahren zur Schätzung sowie Beurteilung von Kointegrationsbeziehungen und Fehlerkorrekturmodellen. Dieses Kapitel widmet sich somit dem methodischen Instrumentarium zur Spezifikation der Feedback-Geldnachfragefunktionen und Ansätzen zur Beurteilung ihrer Eigenschaften. Zu den letztgenannten Konzepten zählen ein Test auf Identifizierbarkeit, eine Vielzahl an Diagnosetests und verschiedene Stabilitätsanalyseverfahren. Darüber hinaus werden saisonale Einheitswurzeltests zur Analyse der Integrationseigenschaften unterjähriger Zeitreihen vorgestellt.

Nachdem in Kapitel 4 das Datenmaterial diskutiert und die Festlegung des aktuellen Randes auf das Jahr 1989 gerechtfertigt wird, widmet sich Kapitel 5 den empirischen Resultaten der saisonalen Einheitswurzeltests, der Kointegrationsuntersuchung und den empirischen Eigenschaften der Fehlerkorrekturmodelle. Die anschließenden Kapitel dienen der Diskussion des Forward-Looking-Geldnachfragemodells. Kapitel 6 stellt die Debatte über das Carr-Darby-Modell zusammen mit der vorhandenen empirischen Evidenz in Form eines Literaturüberblicks dar. Das Carr-Darby-Modell stützt sich als eines der ersten Geldnachfragemodelle auf die Buffer-Stock-Eigenschaft des Geldes und repräsentiert den Vorläufer des Forward-Looking-Ansatzes.

In Kapitel 7 wird das Cuthbertson-Taylor-Modell abgeleitet. Des weiteren erfolgt die Diskussion der Eigenschaften des Geldnachfragemodells und die Darstellung sämtlicher Aspekte im Zusammenhang mit der Schätzung der Forward-Looking-Funktion. Schließlich enthält Kapitel 8 die empirischen Resultate zum Forward-Looking-Ansatz.

Entsprechend der vorgenommenen Gliederung der Arbeit lassen sich die Resultate vier großen Kategorien zuordnen:

(1) die empirischen Ergebnisse zu traditionellen Goldfeld-Geldnachfragefunktionen für die Bundesrepublik,

(2) die Evidenzen zu den Integrations-, Kointegrationsuntersuchungen sowie zu den Fehlerkorrekturmodellen,

(3) die Ergebnisse zum Carr-Darby-Modell und schließlich

(4) die empirischen Resultate zum Forward-Looking-Modell.

Nach dieser Untergliederung werden die Ergebnisse der vorliegenden Arbeit systematisch zusammengefaßt. Aus dem Literaturüberblick zu den Eigenschaften traditioneller Goldfeld-Gleichungen für die Bundesrepublik können folgende Erkenntnisse festgehalten werden:

(1) Traditionelle Untersuchungen zur deutschen Geldnachfragefunktion liefern nahezu ausnahmslos signifikant positive langfristige Einkommenselastizitäten größer als Eins und niedrige signifikant negative langfristige (Semi-) Elastizitäten für inländische Nominalzinsen.

(2) Darüber hinaus liegen Indizien für einen signifikant von Null verschiedenen Einfluß der erwarteten Inflationsrate, ausländischer Zinssätze und des Swapsatzes vor. Demgegenüber zeigen Unsicherheitsmaße keinen empirisch nachweisbaren Einfluß auf die Realkassenhaltung, und für Sonderfaktoren ist keine signifikant positive Beziehung zur Geldnachfrage feststellbar.

(3) Die geschätzten Anpassungselastizitäten der Goldfeld-Geldnachfragefunktionen sind meist sehr niedrig, so daß ökonomisch unplausible Anpassungsgeschwindigkeiten der kurzfristigen an die langfristige Kassenhaltung resultieren.

(4) Während ältere Studien, deren Stützbereich am Anfang und in der Mitte der siebziger Jahre enden, überwiegend stabile Geldnachfragefunktionen feststellen, ergeben sich aus jüngeren Studien, deren Stützperioden hinreichend weit in die siebziger und achtziger Jahre reichen, meist Evidenzen für die Instabilität deutscher Geldnachfragefunktionen des Goldfeld-Typs.

(5) Indizien für Strukturbrüche finden sich vermehrt am Anfang und in der Mitte der siebziger Jahre. Dadurch kommen als potentielle Ursache die monetären Regimewechsel in Betracht. Diese Aussage wird in einigen Studien durch das schlechte Abschneiden traditioneller Geldnachfragefunk-

tionen für Perioden beginnend am Anfang und in der Mitte der siebziger Jahre gestützt.

(6) Die empirische Evidenz für Deutschland ist dahingehend interpretierbar, daß eine Erweiterung der Liste der erklärenden Variablen und die Verwendung alternativer Variablendefinitionen als Strategie zur Bekämpfung der Defizite konventioneller Goldfeld-Gleichungen keinen substantiellen Erfolg hat.

Um eine Aussage zu erhalten, ob durch die Anwendung moderner ökonometrischer Techniken die Konstruktion von Geldnachfragefunktionen mit überlegenen Eigenschaften gelingt, werden für deutsche Zeitreihen saisonale Einheitswurzeltests und eine umfangreiche Kointegrationsanalyse durchgeführt. Darauf aufbauend erfolgt die Spezifikation von Fehlerkorrekturmodellen und die Untersuchung ihrer Eigenschaften. Die empirische Analyse liefert die folgenden Ergebnisse:

(1) Neben der Existenz einer nicht-saisonalen Einheitswurzel liegen für die Zeitreihe des realen Konsums, des realen Bruttosozialprodukts und der nominalen Geldmenge M3 Evidenzen für saisonale Instationaritäten vor. Die beiden erweiterten ausländischen Zinssätze sind der Kategorie stationärer Prozesse zuzuordnen. Evidenz für die Existenz zweier nicht-saisonaler Einheitswurzeln findet sich für die nominalen Geldmengen M2 und M3, die reale Geldmenge von M3 und den Konsumentenpreisindex. Die verbleibenden Zeitreihen besitzen eine einzige nicht-saisonale Einheitswurzel. Es handelt sich um die nominale Geldmenge M1, die realen Geldmengen von M1 und M2, den Zinssatz festverzinslicher Wertpapiere, den Dreimonatsgeldmarktsatz, den Termin- sowie Spareinlagenzins, die Inflationsrate und den Swapsatz.

(2) Aufgrund der Resultate zu den saisonalen Einheitswurzeltests können Kointegrationsbeziehungen zwischen den realen Geldmengen von M1 und M2 als alternative Aggregate der Realkassenhaltung, dem realen Bruttosozialprodukt und dem realen Konsum als alternative Skalenvariablen, verschiedenen inländischen Nominalzinssätzen, der Inflationsrate und dem Swapsatz ausschließlich zur nicht-saisonalen langfristigen Frequenz bestehen. Entsprechende Kointegrationsnanalysen für die reale Geldmenge

M3 scheiden aufgrund der Evidenz zweier Einheitswurzeln zur langfristigen Frequenz aus.

(3) Kointegrationsbeziehungen mit ökonomisch plausibel interpretierbaren langfristigen Geldnachfrageparametern liegen zwischen der Realkassenhaltung von M1, dem realen Bruttosozialprodukt, dem langfristigen Wertpapierzins und/oder dem Termineinlagenzinssatz als Opportunitätskostenvariablen vor.

(4) Die Analyse der Variablenkombinationen für die weitgefaßte Geldmenge M2 liefert Kointegrationsbeziehungen zwischen der Zeitreihe der Realkassenhaltung von M2, dem realen Bruttosozialprodukt, dem langfristigen Wertpapierzins, dem kurzfristigen Dreimonatsgeldmarktsatz, dem Termineinlagenzins als Eigenzins und/oder dem Swapsatz.

(5) Auf Basis der analysierten Kointegrationsrelationen besitzt unter den Fehlerkorrekturmodellen für die Realkassenhaltung von M1 das Modell:

$$\Delta mr1_t = \underset{(4{,}89)}{-0{,}026} + \underset{(6{,}94)}{0{,}363}\Delta y^B_t - \underset{(2{,}87)}{0{,}009}\Delta i^F_t - \underset{(4{,}77)}{0{,}011}\Delta i^T_{t-1} + \underset{(2{,}19)}{0{,}163}\Delta mr1_{t-3}$$

$$+ \underset{(4{,}42)}{0{,}322}\Delta mr1_{t-4} - \underset{(3{,}13)}{0{,}129}\hat{u}1_{t-1} + \underset{(5{,}07)}{0{,}036}Q_2 + \underset{(6{,}23)}{0{,}078}Q_4 + \hat{\varepsilon}_t$$

mit der langfristigen Geldnachfragefunktion:

$$mr1_t = -1{,}888 + 1{,}285y^B_t - 0{,}023i^F_t - 0{,}006i^T_t - 0{,}015Q_2$$

$$-0{,}063Q_3 - 0{,}028Q_4 + \hat{u}1_t$$

ausnahmslos zufriedenstellende Eigenschaften; die Standardfehler stehen in Klammern. Die Konstruktion der kurz- und langfristigen Geldnachfragefunktion beruht auf dem Engle-Granger-Verfahren.

(6) Für die Realkassenhaltung von M2 genügt das Fehlerkorrekturmodell:

$$
\begin{aligned}
\Delta mr2_t = & -\underset{(2{,}61)}{0{,}259} + \underset{\substack{(2{,}75)\\ \mathit{1{,}512}}}{0{,}127y^B_{t-1}} - \underset{\substack{(2{,}58)\\ \mathit{-0{,}071}}}{0{,}006i^D_{t-1}} + \underset{\substack{(1{,}94)\\ \mathit{0{,}060}}}{0{,}005i^{E,T}_{t-1}} - \underset{(2{,}79)}{0{,}084mr2_{t-1}} \\
& + \underset{(7{,}08)}{0{,}310\Delta y^B_t} - \underset{(4{,}27)}{0{,}010\Delta i^D_t} + \underset{(4{,}23)}{0{,}017\Delta i^{E,T}_t} + \underset{(3{,}26)}{0{,}229\Delta mr2_{t-3}} \\
& + \underset{(4{,}74)}{0{,}338\Delta mr2_{t-4}} + \underset{(5{,}39)}{0{,}030Q_2} + \underset{(6{,}32)}{0{,}066Q_4} + \hat{\varepsilon}_t
\end{aligned}
$$

sämtlichen Diagnosetests und weist ökonomisch plausible Parameter auf; die kursiv gedruckten Zahlen repräsentieren die impliziten langfristigen Geldnachfrageparameter. Stocks einstufiger Ansatz und die empirische Evidenz einer Kointegrationsbeziehung zwischen der Zeitreihe der Realkassenhaltung von M2, des realen Bruttosozialprodukts, des Dreimonatsgeldmarktsatzes und des Termineinlagenzinses liegt der Spezifikation dieses Geldnachfragemodells zugrunde.

(7) Die beiden kurzfristigen Geldnachfragefunktionen können als identifizierbar betrachtet werden, wodurch die ausschließliche Erfassung des Geldnachfrageverhaltens sichergestellt ist.

(8) In Analogie zu den auf der Basis konventioneller Geldnachfragefunktionen ermittelten Koeffizienten sind die auf der Grundlage des modernen ökonometrischen Instrumentariums erhaltenen langfristigen Einkommenselastizitäten größer als Eins und die langfristigen Semi-Zinselastizitäten von geringer Größenordnung. Dies trifft für beide Geldmengenaggregate zu.

(9) Die Evidenz einer Kointegrationsbeziehung zwischen der Realkassenhaltung von M1, dem realen Bruttosozialprodukt, dem langfristigen Wertpapierzins und dem Termineinlagenzinssatz ist als Existenz einer stabilen langfristigen Geldnachfragefunktion interpretierbar. In einer analogen Interpretaion liegt eine stabile langfristige Geldnachfragefunktion für die Realkassenhaltung von M2 mit dem realen Bruttosozialprodukt, dem Dreimonatsgeldmarktsatz und dem Termineinlagenzins als erklärende Argumente vor.

(10) Der Subperiodenvergleich liefert für die Funktion von M1 überwältigende Evidenz zugunsten der Existenz einer Kointegrationsbeziehung und damit eine stabile langfristige Geldnachfragefunktion ausschließlich in der ersten Teilperiode. Demgegenüber lehnen die Kointegrationstests die Nullhypothese der Nicht-Kointegration für die Gleichung der Realkassenhaltung von M2 im zweiten Teilstützbereich übereinstimmend ab, so daß eine stabile langfristige Geldnachfragefunktion für M2 nur in der zweiten Teilperiode vorliegt. Darüber hinaus ist für die Funktion der Realkassenhaltung von M1 und M2 in den Teilperioden von Nicht-Identifizierbarkeit auszugehen, und durch zum Teil sehr unterschiedliche Parameterwerte sowie Signifikanzniveaus in den Fehlerkorrekturmodellen ergeben sich erste Indizien für die funktionelle Instabilität der untersuchten Geldnachfragefunktionen.

(11) Aus den grafischen Darstellungen der rekursiv geschätzten Parameter geht hervor, daß anfänglich relativ stark schwankende und/oder vorzeicheninkorrekte Parameter in der Mitte und am Ende der siebziger Jahre von relativ stabil verlaufenden Zeitpfaden abgelöst werden. Dies trifft sowohl für die lang- als auch kurzfristigen Semi-Zinselastizitäten und die Einkommenselastizität der Realkassenhaltung von M2 zu. Für die langfristige Einkommenselastizität der Realkassenhaltung von M1 ist ein tendenzieller Anstieg feststellbar.

(12) Für die Funktionen der Realkassenhaltung von M1 und M2 zeigen die rekursiven Chow-Tests statistisch fundierte Abweichungen von der Hypothese der Strukturkonstanz an. Das Fehlerkorrekturmodell für die Realkassenhaltung von M1 weist Strukturbrüche in den sechziger, siebziger und achtziger Jahren, überwiegend aber in der Mitte der siebziger Jahre auf. Für das Modell der Realkassenhaltung von M2 lassen sich Instabilitäten vermehrt am Ende der sechziger und am Anfang der siebziger Jahre feststellen.

(13) In Übereinstimmung mit den Ergebnissen zu konventionellen Geldnachfragefunktionen zeigen somit auch die Fehlerkorrekturmodelle Abweichungen von der Hypothese der Strukturkonstanz. Instabilitäten treten in beiden Geldnachfragemodellen vermehrt am Anfang und in der Mitte der siebziger Jahre auf.

Die Evidenz instabiler Feedback-Geldnachfragefunktionen für die Realkassenhaltung von M1 und M2 wirft die Frage auf, ob Forward-Looking-Geldnachfragefunktionen überlegene Stabilitätseigenschaften besitzen. Die Geldnachfragefunktion von Cuthbertson und Taylor ist aus der Debatte um das Carr-Darby-Buffer-Stock-Modell entstanden. Die Systematisierung der Literatur zu diesem Geldnachfragemodell ermöglicht folgendes Resümee:

(1) Die Studien zu den originären Shock-Absorber-Modellen und dem Carr-Darby-Ansatz weisen überwiegend signifikant positive Parameter für die verwendeten Shock-Variablen auf. Dies trifft insbesondere für die alternativen Approximationsgrößen unerwarteter Geldmengenänderungen zu. Anzeichen auf eine Behebung der für traditionelle Geldnachfragefunktionen festgestellten Instabilitäten durch die Aufnahme der Shock-Absorber-Argumente sind allerdings selten.

(2) Erste empirisch gestützte Zweifel am Carr-Darby-Modell liefern einige Studien, die einer möglichen Simultanität zwischen Geldangebotsschock und Störterm durch die Anwendung einer modifizierten Schätzgleichung Rechnung tragen.

(3) Die geschätzten Parameter der Geldangebotsschocks in reparametrisierten Preisgleichungen erweisen sich meist als signifikant negativ, was als Bestätigung des Buffer-Stock-Modells anzusehen ist. Gegen die Interpretation einer Geldnachfragefunktion als Preisgleichung sprechen sowohl die empirische Evidenz in Form der Ablehnung der in ihr implizit enthaltenen Restriktionen als auch die Ergebnisse aus den neueren Exogenitätsanalysen.

(4) Durch die Ergebnisse zur einstufigen Schätzung der Carr-Darby-Funktion lassen sich die dem Geldnachfragemodell zugrundeliegende Kreuzgleichungs- und Neutralitätsrestriktionen meist nicht bestätigen. Die ursprünglich überwältigende empirische Evidenz zugunsten des Carr-Darby-Modells wird dadurch zusätzlich relativiert.

(5) Die Untersuchung von Buffer-Stock-Effekten auf Basis eines vektorautoregressiven Systems für die USA läßt auf eine bedeutende Rolle nomina-

ler Geldangebotsschocks für die Realkassenhaltung in kurzfristigem Kontext schließen.

Die Untersuchung der Forward-Looking-Modelle für die Bundesrepublik und der Vergleich mit den Feedback-Modellen setzt in einem ersten Schritt die Schätzung von Zeitreihenmodellen zur Konstruktion erwarteter sowie unerwarteter Variablen voraus. Im Anschluß daran erfolgt die Schätzung der kurzfristigen Geldnachfragefunktion mit Forward-Looking-Variablen und die Analyse ihrer Stabilitätseigenschaften. Die empirischen Resultate lassen sich folgendermaßen zusammenfassen:

(1) Zur Konstruktion der Erwartungsgrößen werden autoregressive Modelle für das reale Bruttosozialprodukt, den langfristigen Wertpapierzins, den Dreimonatsgeldmarktzins und den Termineinlagenzins verwendet. Beurteilt nach den Diagnosestatistiken, stellen diese Zeitreihenmodelle nicht ausnahmslos zufrieden, weisen aber autokorrelationsfreie Residuen auf. Durch Vektorautoregressionen gelingt es nicht, Prognosemodelle mit überlegenen Eigenschaften zu konstruieren.

(2) Während das Modell des realen Bruttosozialprodukts nur einen einzigen Strukturbruchzeitpunkt aufweist, besitzen die Zeitreihenmodelle für die Zinssätze eine Vielzahl signifikanter Chow-Statistiken. Die Annahme der Strukturkonstanz ist somit für die autoregressiven Modelle der Geldnachfragedeterminanten verletzt.

(3) Die Evidenz instabiler Fehlerkorrekturmodelle und instabiler Zeitreihenmodelle für die Determinanten der Geldnachfragefunktion deutet auf die Stichhaltigkeit eines Forward-Looking-Modells als relevantes Geldnachfragemodell hin.

(4) In allen Forward-Looking-Modellen tragen die Parameter korrekte Vorzeichen, sind aber nicht ausnahmslos signifikant von Null verschieden. Sie erweisen sich als relativ robust gegenüber der Wahl des Prognosehorizonts. Ein repräsentatives Forward-Looking-Modell für die Realkassenhaltung von M1 ist:

$$\underset{}{\Delta mr1_t} = \underset{(8,30)}{-0,051} + \underset{(4,50)}{0,061}Q_2 + \underset{(6,20)}{0,049}Q_3 + \underset{(16,9)}{0,121}Q_4 - \underset{(2,71)}{0,132}\hat{u}1_{t-1}$$

$$+ \underset{(3,00)}{0,329}(y_t^B - E_{t-1}y_t^B) - \underset{(1,46)}{0,005}(i_t^F - E_{t-1}i_t^F)$$

$$- \underset{(0,63)}{0,002}(i_t^T - E_{t-1}i_t^T) + \underset{(4,46)}{0,280}(S2)(E_{t-1}\Delta y^B)$$

$$- \underset{(1,97)}{0,038}(S2)(E_{t-1}\Delta i^F) - \underset{(2,25)}{0,007}(S2)(E_{t-1}\Delta i^T) + \hat{\varepsilon}_t$$

mit der langfristigen Geldnachfragefunktion:

$$mr1_t = -1,888 + 1,285y_t^B - 0,023i_t^F - 0,006i_t^T - 0,015Q_2 - 0,063Q_3$$
$$- 0,028Q_4 + \hat{u}1_t \ .$$

Für die Realkassenhaltung von M2 stellt:

$$\Delta mr2_t = \underset{(0,72)}{-0,009} - \underset{(2,02)}{0,084}Q_2 + \underset{(8,81)}{0,050}Q_3 - \underset{(0,92)}{0,035}Q_4 - \underset{(0,56)}{0,020}\hat{u}2_{t-1}$$

$$+ \underset{(2,73)}{0,341}(y_t^B - E_{t-1}y_t^B) - \underset{(2,30)}{0,005}(i_t^D - E_{t-1}i_t^D)$$

$$+ \underset{(2,50)}{0,009}(i_t^T - E_{t-1}i_t^T) + \underset{(4,14)}{0,862}(S4)(E_{t-1}\Delta y^B)$$

$$- \underset{(0,65)}{0,001}(S4)(E_{t-1}\Delta i^D) + \underset{(0,09)}{0,0003}(S4)(E_{t-1}\Delta i^T) + \hat{\varepsilon}_t$$

mit der langfristigen Geldnachfragefunktion:

$$mr2_t = -2,816 + 1,493y_t^B - 0,013i_t^D + 0,019i_t^{E,T} - 0,038Q_2 - 0,089Q_3$$
$$- 0,063Q_4 + \hat{u}2_t$$

ein repräsentatives Modell dar.

(5) Der Erklärungsgehalt der Forward-Looking-Modelle ist hoch, der Standardfehler der Regressionen gering und mit denen der Fehlerkorrekturmodelle vergleichbar.

(6) Im Hinblick auf die Diagnosestatistiken zeigen die Forward-Looking-Modelle gegenüber den Fehlerkorrekturmodellen deutlich schlechtere Eigenschaften, wobei als Defizit insbesondere autokorrelierte Residuen höherer Ordnung auffallen.

(7) Die Parameter der Forward-Looking-Geldnachfragefunktionen für die Realkassenhaltung von M1 und M2 unterliegen im Subperiodenvergleich sehr deutlichen Schwankungen.

(8) Unter den rekursiv geschätzten Parametern für die Funktionen der Realkassenhaltung von M1 zeigen die Koeffizienten der unerwarteten und erwarteten Einkommensgrößen die auffallendste Entwicklung. Die geschätzten Parameter der unerwarteten und erwarteten Zinsterme verlaufen mit einigen Sprüngen seit Mitte der siebziger Jahre relativ konstant.

(9) Verglichen mit den Ergebnissen zum Forward-Looking-Modell für die Realkassenhaltung von M1 zeigen die rekursiv geschätzten Koeffizienten von M2 einen stabileren Verlauf. Sämtliche Parameter weisen seit Mitte der siebziger Jahre nahezu konstante Zeitpfade auf, obwohl sich auch hierbei Verschiebungen am Anfang der achtziger Jahre andeuten.

(10) Die rekursiven Chow-Tests liefern für die Forward-Looking-Modelle der Realkassenhaltung von M1 und M2 vermehrt Strukturbrüche am Anfang und in der Mitte der siebziger Jahre. Im Vergleich zu den Ergebnissen für die Fehlerkorrekturmodelle finden sich etwas weniger Strukturbrüche.

(11) Indizien für bessere Stabilitätseigenschaften der Forward-Looking-Modelle gegenüber den Backward-Looking-Modellen speziell für die Perioden der monetären Regimewechsel finden sich nicht.

Welches generelle Fazit läßt sich aus den Ergebnissen der vorliegenden Arbeit ziehen? Die empirischen Resultate zeigen, daß es mit Hilfe von Kointegrationskonzept und Fehlerkorrekturmodellen gelingt, ökonomische plausible langfristige und kurzfristige Geldnachfragefunktionen für die Realkassenhaltung von M1 und M2 mit wünschenswerten Eigenschaften für die Residuen zu modellieren. Während nach dem Kriterium der Existenz einer Kointegrationsbeziehung stabile langfristige Geldnachfragefunktionen für die Realkassenhaltung von M1 und M2 vorliegen, haften analog zu konventionellen Geldnachfragefunktionen des Goldfeld-Typs den Fehlerkorrekturmodellen strukturelle Instabilitäten primär am Anfang und in der Mitte der siebziger Jahre an. Da nicht alle Koeffizienten der Forward-Looking-Modelle signifikant von Null verschieden sind und die Residuen dieser Modelle nicht ausnahmslos die wünschenswerten Eigenschaften besitzen, schneiden die Cuthbertson-Taylor-Funktionen für die Realkassenhaltung von M1 und M2 im Vergleich zu den Feedback-Modellen schlechter ab. Für dieses Ergebnis dürfte insbesondere die größere Flexibilität der lag-Struktur der Fehlerkorrekturmodelle gegenüber den Forward-Looking-Modellen verantwortlich sein. Darüber hinaus liefern die in der vorliegenden Arbeit spezifizierten Forward-Looking-Geldnachfragefunktionen keine deutlich überlegenen Stabilitätseigenschaften und zeigen in Analogie zu den Fehlerkorrekturmodellen strukturelle Instabilitäten primär in der Periode monetärer Regimewechsel am Anfang und in der Mitte der siebziger Jahre. Abschließend sei auf zwei Aspekte hingewiesen, welche die Aktualität der vorliegenden Arbeit einschränken: zum ersten die Festlegung des aktuellen Randes auf das Jahr 1989 aufgrund der Datenqualität und zum zweiten die Nichtberücksichtigung der für die Bundesbank wichtigen Geldmenge M3 infolge statistisch-methodischer Gründe. Entsprechende empirische Analysen sollen künftigen Untersuchungen vorbehalten bleiben.

Literaturverzeichnis

Abeysinghe, T. (1994): Deterministic Seasonal Models and Spurious Regressions, Journal of Econometrics, vol. 61, S. 259 - 272.

Akaike, H. (1973): Information Theory and the Extension of the Maximum Likelihood Principle, in: Petrov, B.N./Csaki, F. (eds.): 2nd International Symposium on Information Theory, Budapest, S. 267 - 281.

Akerlof, G.A. (1979): Irving Fisher on his Head: The Consequences of Constant Threshold-Target Monitoring of Money Holdings, The Quarterly Journal of Economics, vol. 93, S. 169 - 187.

Akhtar, M.A./Putnam, B.H. (1980): Money Demand and Foreign Exchange Risk: The German Case 1972 - 1976, The Journal of Finance, vol. 35, S. 787 - 794.

Al-Khuri, S./Nsouli, S.M. (1978): The Speed of Adjustment of the Actual to the Desired Money Stock, European Economic Review, vol. 11, S. 181 - 206.

Allen, S. D./Hafer, R.W. (1983): Money Demand and the Term Structure of Interest Rates: Some Consistent Estimates, Journal of Monetary Economics, vol. 9, S. 129 - 132.

Andersen, P.S. (1985): The Stability of Money Demand Functions: An Alternative Approach, Bank for International Settlements Economic Papers, no. 14.

Arango, S./Nadiri, M.I. (1981): Demand for Money in Open Economies, Journal of Monetary Economics, vol. 7, S. 69 - 83.

Archibald, G.C./Lipsey, R.G. (1958): Monetary and Value Theory: A Critique of Lange and Patinkin, The Review of Economic Studies, vol. 26, S. 1 - 22.

Artis, M.J./Lewis, M.K. (1976): The Demand for Money in the United Kingdom: 1963-1973, The Manchester School of Economic and Social Studies, vol. 44, S. 147 - 181.

Atkinson, P./Blundell-Wignall, A./Rondoni, M./Ziegelschmidt, H. (1984): The Efficacy of Monetary Targeting: The Stability of Demand for Money in Major OECD Countries, OECD Economic Studies, no. 6, S. 145 - 176.

Attfield, C.L.F./Demery, D./Duck, N.W. (1985): Rational Expectations in Macroeconomics. An Introduction to Theory and Evidence, Oxford.

Baade, R.A./Nazmi, N. (1989): Currency Substitution and the Demand for Money in the United States, West Germany and Japan, Kredit und Kapital, 22. Jg., S. 363 - 374.

Bagliano, F.C./Favero, C.A. (1988): Structural Stability, Short-Run Dynamics and Long-Run Solutions in Feedback Models. The Case of the Money Demand Function for Italy: 1964 - 1986, Giornale degli Economisti e Annali di Economia, vol. 47, S. 575 - 599.

Bagliano, F.C./Favero, C.A. (1992): Money Demand Instability, Expectations and Policy Regimes: A Note on the Case of Italy: 1964 - 1986, Journal of Banking and Finance, vol. 16, S. 331 - 349.

Bain, A.D./McGregor, P.G. (1985): Buffer Stock Monetarism and the Theory of Financial Buffers, The Manchester School of Economic and Social Studies, vol. 53, S. 385 - 403.

Banerjee, A./Dolado, J.J./Hendry, D.F./Smith, G.W. (1986): Exploring Equilibrium Relationships in Econometrics Through Static Models: Some Monte Carlo Evidence, Oxford Bulletin of Economics and Statistics, vol. 48, S. 253 - 277.

Barnett, W.A. (1980): Economic Monetary Aggregates: An Application of Index Number and Aggregation Theory, Journal of Econometrics, vol. 14, S. 11 - 48.

Barnett, W.A. (1982): The Optimal Level of Monetary Aggregation, Journal of Money, Credit, and Banking, vol. 14, S. 687 - 710.

Barnett, W.A. (1990): Developments in Monetary Aggregation, Journal of Policy Modeling, vol. 12, S. 205 - 257.

Barnett, W.A./Fisher, D./Serletis, A. (1992): Consumer Theory and the Demand for Money, Journal of Economic Literature, vol. 30, S. 2086 - 2119.

Barro, R.J. (1977): Unanticipated Money Growth and Unemployment in the United States, The American Economic Review, vol. 67, S. 101 - 115.

Barro, R.J. (1978): Unanticipated Money, Output, and the Price Level in the United States, Journal of Political Economy, vol. 86, S. 549 - 580.

Barsky, R.B./Miron, J.A. (1989): The Seasonal Cycle and the Business Cycle, Journal of Political Economy, vol. 97, S. 503 - 534.

Batten, D.S./Hafer, R.W. (1984): Currency Substitution: A Test of its Importance, Federal Reserve Bank of St. Louis Review, vol. 66, S. 5 - 11.

Batten, D.S./Thornton, D.L. (1985): Are Weighted Monetary Aggregates Better Than Simple-Sum M1, Federal Reserve Bank of St. Louis Review, vol. 67, S. 29 - 40.

Baum, C.F./Thies, C.F. (1989): The Term Structure of Interest Rates and the Demand for Money during the Great Depression, Southern Economic Journal, vol. 56, S. 490 - 498.

Baumol, W.J. (1952): The Transactions Demand for Cash: An Inventory Theoretic Approach, The Quarterly Journal of Economics, vol. 66, S. 545 - 556.

Beaulieu, J.J./Miron, J.A. (1993): Seasonal Unit Roots in Aggregate U.S. Data, Journal of Econometrics, vol. 55, S. 305 - 328.

Belongia, M.F./Chalfant, J.A. (1989): The Changing Empirical Definition of Money: Some Estimates from a Model of the Demand for Money Substitutes, The Journal of Political Economy, vol. 97, S. 387 - 397.

Belongia, M.F./Chalfant, J.A. (1990): Alternative Measures of Money as Indicators of Inflation: A Survey and Some New Evidence, Federal Reserve Bank of St. Louis Review, vol. 72, S. 20 - 33.

Belongia, M.T./Chrystal, K.A. (1991): An Admissible Monetary Aggregate for the United Kingdom, The Review of Economics and Statistics, vol. 73, S. 497 - 503.

Bergen, V. (1969): Theoretische und empirische Untersuchungen zur längerfristigen Geldnachfrage in der Bundesrepublik Deutschland (1950 - 1967), Schriften zur angewandten Wirtschaftsforschung, Tübingen.

Biefang-Frisancho Mariscal, I./Trautwein, H.M./Howells, P./Arestis, P./Hagemann, H. (1995): Financial Innovation and the Long-Run Demand for Money in the United Kingdom and in West Germany, Weltwirtschaftliches Archiv, Bd. 131, S. 302 - 325.

Birchenhall, C.R./Bladen-Hovell, R.C./Chui, A.P.L./Osborn, D.R./Smith, J.P. (1989): A Seasonal Model of Consumption, Economic Journal, vol. 99, S. 837 - 843.

Bohl, M.T. (1995a): Cagan-Modell und Kointegrationskonzept: Empirische Ergebnisse für die Hyperinflation 1984/85 in Bolivien, Beiheft zu Kredit und Kapital, Nr. 13, S. 303 - 323.

Bohl, M.T. (1995b): Neues von Cagans Geldnachfragefunktion, WiSt, Wirtschaftswissenschaftliches Studium, 24. Jg., S. 585 - 587.

Bomberger, W.A. (1993): Income, Wealth, and Household Demand for Deposits, The American Economic Review, vol. 83, S. 1034 - 1044.

Bomberger, W.A./Makinen, G.E. (1980): Money Demand in Open Economies: Alternative Specifications, Southern Economic Journal, vol. 47, S. 30 - 39.

Bonser-Neal, C. (1990): Monetary Regime Changes and the Behavior of Ex Ante Real Interest Rates, Journal of Monetary Economics, vol. 26, S. 329 - 359.

Bossaert, P. (1988): Common Nonstationary Components of Asset Prices, Journal of Economic Dynamics and Control, vol. 12, S. 347 - 364.

Boughton, J.M. (1981): Recent Instability of the Demand for Money: An International Perspective, Southern Economic Journal, vol. 47, S. 579 - 597.

Boughton, J.M. (1991): Long-Run Money Demand in Large Industrial Countries, IMF Staff Papers, vol. 38, S. 1 - 32.

Boughton, J.M. (1992): International Comparisons of Money Demand: A Review Essay, IMF Working Paper 92/7.

Boughton, J.M./Tavlas, G.S. (1990): Modeling Money Demand in Large Industrial Countries: Buffer Stock and Error Correction Approaches, Journal of Policy Modeling, vol. 12, S. 433 - 467.

Box, G.E.P./Jenkins, G.M. (1976): Time Series Analysis: Forecasting and Control, San Fransisco.

Breusch, T.S. (1978): Testing for Autocorrelation in Dynamic Linear Models, Australian Economic Papers, vol. 17, S. 334 - 355.

Breusch, T.S./Pagan, A.R. (1979): A Simple Test for Heteroscedasticity and Random Coefficient Variation, Econometrica, vol. 28, S. 591 - 605.

Brown, R.L./Durbin, J./Evans, J.M. (1975): Techniques for Testing the Constancy of Regression Relationships over Time, Journal of the Royal Statistical Society, Series B, vol. 37, S. 149 - 192.

Brunner, K./Meltzer, A.H. (1971): The Uses of Money: Money in the Theory of an Exchange Economy, The American Economic Review, vol. 61, S. 784 - 805.

Buscher, H.S. (1983): Prognosequalität alternativer Geldnachfragefunktionen für die Bundesrepublik Deutschland, 1965 bis 1982, Diskussionsarbeit Nr. 7/1983, Freie Universität Berlin, Fachbereich Wirtschaftswissenschaft, Institut für Quantitative Ökonomik und Statistik. Fachrichtung Angewandte Statistik, Berlin.

Buscher, H.S. (1984a): The Stability of the West Germany Demand for Money 1965 - 1982, Weltwirtschaftliches Archiv, Bd. 120, S. 256 - 278.

Buscher, H.S. (1984b): Zur Stabilität der Geldnachfrage: Eine empirische Betrachtung, Kredit und Kapital, 17. Jg., S. 507 - 539.

Buscher, H.S./Schröder, W. (1983a): Instabilität der Geldhaltung stellt Geldmengenregel in Frage, Wirtschaftsdienst, 63. Jg., S. 309 - 312.

Buscher, H.S./Schröder, W. (1983b): Stabilität und Prognosequalität alternativer Geldnachfragefunktionen für die Bundesrepublik Deutschland von 1965 bis 1982, Diskussionsarbeit Nr. 3/1983, Freie Universität Berlin, Fachbereich Wirtschaftswissenschaft, Institut für Quantitative Ökonomik und Statistik. Fachrichtung Angewandte Statistik, Berlin.

Cagan, P. (1956): The Monetary Dynamics of Hyperinflation, in: Friedman, M. (ed.): Studies in the Quantity Theory of Money, Chicago, S. 25 - 117.

Campbell, J.Y./Shiller, R.J. (1987): Cointegration and Tests of Present Value Models, Journal of Political Economy, vol. 95, S. 1063 - 1088.

Campbell, J.Y./Shiller, R.J. (1988): Interpreting Cointegrated Models, Journal of Economic Dynamics and Control, vol. 12, S. 505 - 520.

Canarella, G./Roseman, R.M. (1978): The Demand for Money: Some Evidence from Western Europe, Schweizerische Zeitschrift für Volkswirtschaft und Statistik, Jg. 114, S. 9 - 17.

Caramazza, F./Hostland, D./Poloz, S. (1990): The Demand for Money and the Monetary Process in Canada, Journal of Policy Modeling, vol. 12, S. 387 - 426.

Carr, J./Darby, M.R. (1981): The Role of Money Supply Shocks in the Short-Run Demand for Money, Journal of Monetary Economics, vol. 8, S. 183 - 199.

Carr, J./Darby, M.R./Thornton, D.L. (1985): Monetary Anticipations and the Demand for Money: Reply to MacKinnon and Milbourne, Journal of Monetary Economics, vol. 16, S. 251 - 258.

Charemza, W.W./Deadman, D.F. (1992): New Directions in Econometrics, Aldershot.

Choi, S./Sosin, K. (1992): Structural Change in the Demand for Money, Journal of Money, Credit, and Banking, vol. 24, S. 226 - 236.

Chow, G.C. (1960): Tests of Equality Between Sets of Coefficients in Two Linear Regressions, Econometrica, vol. 28, S. 591 - 605.

Chow, G.C. (1966): On the Long-Run and Short-Run Demand for Money, The Journal of Political Economy, vol. 74, S. 111 - 131.

Chow, G.C. (1989): Rational versus Adaptive Expectations in Present Value Models, The Review of Economics and Statistics, vol. 71, S. 376 - 384.

Christiano, L.J./Eichenbaum, M. (1987): Temporal Aggregation and Structural Inference in Macroeconomics, Carnegie Rochester Conference Series on Public Policy, vol. 26, S. 63 - 130.

Coghlan, R. (1980): The Theory of Money and Finance, London.

Cooley, T.F./LeRoy, S.F. (1981): Identification and Estimation of Money Demand, The American Economic Review, vol. 71, S. 825 - 844.

Cooley, T.F./Prescott, E.C. (1973): Varying Parameter Regression: A Theory and Some Applications, Annals of Economic and Social Measurement, vol. 2, S. 463 - 473.

Cooley, T.F./Prescott, E.C. (1976): Estimation in the Presence of Stochastic Parameter Variation, Econometrica, vol. 44, S. 167 - 184.

Cramer, J.A. (1986): The Volume of Transactions and the Circulation of Money in the United States, 1950 - 1979, Journal of Business and Economic Statistics, vol. 4, S. 225 - 232.

Cuddington, J.T. (1983): Currency Substitution, Capital Mobility, and Money Demand, Journal of International Money and Finance, vol. 2, S. 111 - 133.

Cuthbertson, K. (1986a): Monetary Anticipations and the Demand for Money: Some UK Evidence, Bulletin of Economic Research, vol. 38, S. 257 - 270.

Cuthbertson, K. (1986b): Price Expectations and Lags in the Demand for Money, Scottish Journal of Political Economy, vol. 33, S. 334 - 354.

Cuthbertson, K. (1988a): The Demand for M1: A Forward Looking Buffer Stock Model, Oxford Economic Papers, vol. 40, S. 110 - 131.

Cuthbertson, K. (1988b): Expectations, Learning and the Kalman Filter, The Manchester School of Economic and Social Studies, vol. 56, S. 223 - 246.

Cuthbertson, K. (1989): The Supply and Demand for Money, Oxford.

Cuthbertson, K. (1991): The Encompassing Implications of Feedforward versus Feedback Mechanisms: A Reply to Hendry, Oxford Economic Papers, vol. 43, S. 344 - 350.

Cuthbertson, K./Hall, S.G./Taylor, M.P. (1992): Applied Econometric Techniques, Ann Arbor.

Cuthbertson, K./Taylor, M.P. (1986): Monetary Anticipation and the Demand for Money in the U.K.: Testing Rationality in the Shock-Absorber Hypothesis, Journal of Applied Econometrics, vol. 1, S. 355 - 365.

Cuthbertson, K./Taylor, M.P. (1987a): Buffer-Stock Money: An Appraisal, in: Goodhart, C.A.E./Currie, D./Llewellyn, D.T. (eds.): The Operation and Regulation of Financial Markets, Cambridge, S. 103 - 124.

Cuthbertson, K./Taylor, M.P. (1987b): The Demand for Money: A Dynamic Rational Expectations Model, Supplement to the Economic Journal, vol. 97, S. 65 - 76.

Cuthbertson, K./Taylor, M.P. (1987c): Macroeconomic Systems, Cambridge.

Cuthbertson, K./Taylor, M.P. (1987d): Monetary Anticipations and the Demand for Money: Some Evidence for the UK, Weltwirtschaftliches Archiv, Bd. 123, S. 509 - 519.

Cuthbertson, K./Taylor, M.P. (1988): Monetary Anticipations and the Demand for Money in the U.S.: Further Results, Southern Economic Journal, vol. 55, S. 326 - 335.

Cuthbertson, K./Taylor, M.P. (1989): Anticipated and Unanticipated Variables in the Demand for M1 in the U.K., The Manchester School of Economic and Social Studies, vol. 57, S. 319 - 339.

Cuthbertson, K./Taylor, M.P. (1990a): The Case of Missing Money and the Lucas Critique, Journal of Macroeconomics, vol. 12, S. 437 - 454.

Cuthbertson, K./Taylor, M.P. (1990b): Money Demand, Expectations, and the Forward-Looking Model, Journal of Policy Modeling, vol. 12, S. 289 - 315.

Cuthbertson, K./Taylor, M.P. (1990c): Money Demand, Expectations, and the Forward-Looking Model: Reply, Journal of Policy Modeling, vol. 12, S. 323 - 324.

Cuthbertson, K./Taylor, M.P. (1992): A Comparison of the Rational Expectations and the General-To-Specific Approaches to Modeling the Demand for M1, The Manchester School of Economic and Social Studies, vol. 60, S. 1 - 22.

Darby, M.R. (1972): The Allocation of Transitory Income Among Consumers' Assets, The American Economic Review, vol. 62, S. 928 - 941.

Darby, M.R./Lothian, J.R./Gandolfi, A.E./Schwartz, A.J./Stockman, A.C. (1983): The International Transmission of Inflation, Chicago.

Darby, M.R./Stockman, A.C. (1983a): The Mark III International Transmission Model: Specification, in: Darby, M.R. et al. (eds.): The International Transmission of Inflation, Chicago, S. 85 - 112.

Darby, M.R./Stockman, A.C. (1983b): The Mark III International Transmission Model: Estimation, in: Darby, M.R. et al. (eds.): The International Transmission of Inflation, Chicago, S. 113 - 161.

Davidson, J.E.H./Hendry, D.F./Srba, F./Yeo, S. (1978): Econometric Modeling of the Aggregate Time Series Relationship between Consumer`s Expenditure and Income in the UK, The Economic Journal, vol. 88, S. 661 - 691.

Davidson, R./MacKinnon, J.G. (1993): Estimation and Inference in Econometrics, New York.

den Butter, F.A.G./Fase, M.M.G. (1981): The Demand for Money in EEC Countries, Journal of Monetary Economics, vol. 8, S. 201 - 230.

Deutsche Bundesbank (1967): Erste Ergebnisse der Erhebung über Bankzinsen, Monatsbericht der Deutschen Bundesbank, 19. Jg., Oktober, S. 46 - 51.

Deutsche Bundesbank (1970): Saisonbereinigung mit dem Census-Verfahren, Monatsbericht der Deutschen Bundesbank, 22. Jg., März, S. 38 - 45.

Deutsche Bundesbank (1977): Geschäftsbericht für das Jahr 1977, Frankfurt/M.

Deutsche Bundesbank (1978): Geschäftsbericht für das Jahr 1978, Frankfurt/M.

Deutsche Bundesbank (1985): Zur längerfristigen Entwicklung und Kontrolle des Geldvolumens, Monatsberichte der Deutschen Bundesbank, 37. Jg., Januar, S. 14 - 28.

Deutsche Bundesbank (1987): Die Saisonbereinigung als Hilfsmittel der Wirtschaftsforschung, Monatsberichte der Deutschen Bundesbank, 39. Jg., Oktober, S. 30 - 40.

Deutsche Bundesbank (1990a): Modalitäten der Währungsumstellung in der Deutschen Demakratische Republik zum 1. Juli 1990, Monatsberichte der Deutschen Bundesbank, 42. Jg., Juni, S. 42 - 50.

Deutsche Bundesbank (1990b): Die Währungsunion mit der Deutschen Demokratischen Republik, Monatsberichte der Deutschen Bundesbank, 42. Jg., Juli, S. 14 - 29.

Deutsche Bundesbank (1995): Der DM-Bargeldumlauf im Ausland, Monatsberichte der Deutschen Bundesbank, 47. Jg., Juli, S. 67 - 73.

Dickey, D.A./Fuller, W.A. (1979): Distribution of the Estimators for Autoregressive Time Series with a Unit Root, Journal of the American Statistical Association, vol. 74, S. 427 - 431.

Dickey, D.A./Fuller, W.A. (1981): The Likelihood Ratio Statistics for Autoregressive Time Series with Unit Root, Econometrica, vol. 49, S. 1057 - 1072.

Dickey, D.A./Hasza, D.P./Fuller, W.A. (1984): Testing for Unit Roots in Seasonal Time Series, Journal of the American Statistical Association, vol. 79, S. 355 - 367.

Diebold, F.X./Nerlove, M. (1988): Unit Roots in Economic Time Series: A Selective Survey, in: Fomby, T.B./Rhodes, G.F. (eds.): Advances in Econometrics: Cointegration, Spurious Regressions and Unit Roots, Greenwich, S. 143 - 165.

Dolado, J.J./Jenkinson, T./Sosvilla-Rivero, S. (1990): Cointegration and Unit Roots, Journal of Economic Surveys, vol. 4, S. 249 - 273.

Domowitz, I./Hakkio, C.S. (1990): Interpreting an Error Correction Model: Partial Adjustment, Forward-Looking Behaviour, and Dynamic International Money Demand, Journal of Applied Econometrics, vol. 5, S. 29 - 46.

Drake, L. (1992): The Substitutability of Financial Assets in the U.K. and the Implications for Monetary Aggregation, The Manchester School of Economic and Social Studies, vol. 60, S. 221 - 248.

Durbin, J./Watson, G. (1950): Testing Serial Correlation in Least Squares Regression, Part I, Biometrica, vol. 37, S. 409 - 428.

Durbin, J./Watson, G. (1951): Testing Serial Correlation in Least Squares Regression, Part II, Biometrica, vol. 38, S. 159 - 178.

Dutkowsky, D.H./Foote, W.G. (1988): The Demand for Money: A Rational Expectations Approach, The Review of Economics and Statistics, vol. 70, S. 83 - 92.

Dutkowsky, D.H./Foote, W.G. (1991): The Demand for Money: A Rational Expectations Approach: Reply, The Review of Economics and Statistics, vol. 73, S. 752 - 754.

Elyasiani, E./Nasseh, A. (1994): The Appropriate Scale Variable in the U.S. Money Demand: An Application of Nonnested Tests of Consumption versus Income Measures, Journal of Business and Economic Statistics, vol. 12, S. 47 - 55.

Engle, R.F. (1982): Autoregressive Conditional Heteroscedasticity with Estimates of the Variance of U.K. Inflation, Econometrica, vol. 30, S. 987 - 1008.

Engle, R.F. (1983): Estimates of the Variance of U.S. Inflation Based upon the ARCH Model, Journal of Money, Credit, and Banking, vol. 15, S. 286 - 301.

Engle, R.F./Granger, C.W.J. (1987): Co-Integration and Error-Correction: Representation, Estimation and Testing, Econometrica, vol. 55, S. 251 - 276.

Engle, R.F./Granger, C.W.J./Hallman, J.J. (1989): Merging Short- and Long-Run Forecasts. An Application of Seasonal Cointegration to Monthly Electricity Sales Forecasting, Journal of Econometrics, vol. 40, S. 45 - 62.

Engle, R.F./Granger, C.W.J./Hylleberg, S./Lee, H.S. (1993): Seasonal Cointegration. The Japanese Consumption Function, Journal of Econometrics, vol. 55, S. 275 - 298.

Engle, R.F./Hendry, D.F. (1993): Testing for Super Exogeneity and Invariance, Journal of Econometrics, vol. 56, S. 119 - 139.

Engle, R.F./Hendry, D.F./Richard, J.F. (1983): Exogeneity, Econometrica, vol. 51, S. 277 - 304.

Engle, R.F./Yoo, B.S. (1987): Forecasting and Testing in Co-Integrated Systems, Journal of Econometrics, vol. 35, S. 143 - 159.

Engle, R.F./Yoo, B.S. (1991): Cointegrated Economic Time Series: An Overview with New Results, in: Engle, R.F./Granger, C.W.J (eds.): Long-Run Economic Relationships. Advanced Texts in Econometrics, Oxford, S. 237 - 266.

Engsted, T. (1993): Cointegration and Cagan's Model of Hyperinflation under Rational Expectations, Journal of Money, Credit, and Banking, vol. 25, S. 350 - 360.

Engsted, T. (1994): The Classic European Hyperinflations Revisited: Testing the Cagan Model Using a Cointegrated VAR Approach, Economica, vol. 61, S. 331 - 343.

Enzler, J./Johnson, L./Paulus, J. (1976): Some Problems of Money Demand, Brookings Papers on Economic Activity, no. 1, S. 261 - 280.

Ericsson, N.R. (1992): Cointegration, Exogeneity, and Policy Analysis: An Overview, Journal of Policy Modeling, vol. 14, S. 251 - 280.

Fackler, J.S./McMillin, W.D. (1983): Specification and Stability of the Goldfeld Money Demand Function, Journal of Macroeconomics, vol. 5, S. 437 - 459.

Faig, M. (1989): Seasonal Fluctuations and the Demand for Money, Quarterly Journal of Economics, vol. 104, S. 847 - 861.

Fair, R.C. (1987): International Evidence on the Demand for Money, The Review of Economics and Statistics, vol. 69, S. 473 - 480.

Favero, C. (1993): Error Correction and Forward Looking Models for UK Consumers' Expenditure, Oxford Bulletin of Economics and Statistics, vol. 55, S. 453 - 472.

Favero, C./Hendry, D.F. (1992): Testing the Lucas Critique: A Review, Econometric Surveys, vol. 11, S. 265 - 306.

Feige, E.L. (1967): Expectations and Adjustments in the Monetary Sector, The American Economic Review, Papers and Proceedings, vol. 57, S. 462 - 473.

Fischer, A.M. (1989): Policy Regime Changes and Monetary Expectations. Testing for Super Exogeneity, Journal of Monetary Economics, vol. 24, S. 423 - 436.

Fischer, A.M. (1993): Is Money Really Exogenous? Testing for Weak Exogeneity in Swiss Money Demand, Journal of Money, Credit, and Banking, vol. 25, S. 248 - 258.

Fischer, A.M./Nicoletti, G. (1993): Regression Direction and Weak Exogeneity. Determining the Conditioning Properties of US Money Demand Functions, Journal of Monetary Economics, vol. 32, S. 213 - 235.

Fischer, S. (1977): Long-Term Contracts, Rational Expectations and the Optimal Money Supply Rule, Journal of Political Economy, vol. 85, S. 191 - 205.

Ford, J.L./Peng, W.S./Mullineux, A.W. (1992): Financial Innovation and Divisia Monetary Aggregates, Oxford Bulletin of Economics and Statistics, vol. 54, S. 87 - 102.

Franses, P.H. (1991): Seasonality, Non-Stationarity and the Forecasting of Monthly Time Series, International Journal of Forecasting, vol. 7, S. 199 - 208.

Frenkel, J.A./Taylor, M.P. (1993): Money Demand and Inflation in Yugoslavia, 1980-1989, Journal of Macroeconomics, vol. 15, S. 455 - 481.

Friedman, B.M. (1979): Optimal Expectations and the extreme Information Assumption of Rational Expectations Macroeconomics, Journal of Monetary Economics, vol. 5, S. 23 - 41.

Friedman, M. (1956): The Quantity Theory of Money. A Restatement, in: Friedman, M. (ed.): Studies in the Quantity Theory of Money, Chicago, S. 1 - 24.

Friedman, M. (1959): The Demand for Money - Some Theoretical and Empirical Results, Journal of Political Economy, vol. 67, S. 327 - 351.

Friedman, M. (1969): The Optimal Quantity of Money, Chicago.

Friedman, M./Schwartz, A.J. (1963): A Monetary History of the United States 1867 - 1969, New York.

Friedman, M./Schwartz, A.J. (1982): Monetary Trends in the United States and the United Kingdom: Their Relationship to Income, Prices and Interest Rates 1867 - 1975, Chicago.

Frowen, S.F./Arestis, P. (1976): Some Investigations of Demand and Supply Functions for Money in the Federal Republic of Germany, Weltwirtschaftliches Archiv, Bd. 112, S. 136 - 164.

Fry, M.J./Wadhwa, W. (1991): The Demand for Money: A Rational Expectations Approach: A Comment, The Review of Economics and Statistics, vol. 73, S. 747 - 749.

Fuller, W.A. (1976): Introduction to Statistical Time Series, New York.

Gaab, W. (1987): Diskussion des Beitrags von M.J.M. Neumann und J. von Hagen. Theoretische und empirische Grundlagen von Geldmengenzielen und ihrer Realisierung, in: Gutowski, A. (Hrsg.): Geldpolitische Regelbindung: Theoretische Entwicklungen und empirische Befunde, Berlin, S. 113 - 121.

Gaab, W./Seitz, H. (1988): Zur Frage der Stabilität der Geldnachfrage M1 in der Bundesrepublik Deutschland, in: Franz, W./Gaab, W./Wolters, J. (Hrsg.): Theoretische und angewandte Wirtschaftsforschung. Heinz König zum 60. Geburtstag, Berlin, S. 93 - 121.

Gandolfi, A.E./Lothian, J.R. (1983): International Price Movements and the Demand for Money, in: Darby, M.R. et al. (eds.): The International Transmission of Inflation, Chicago, S. 421 - 461.

Ghysels, E. (1990): Unit-Root Tests and the Statistical Pitfalls of Seasonal Adjustment: The Case of U.S. Postwar Real Gross National Product, Journal of Business and Economic Statistics, vol. 8, S. 145 - 152.

Ghysels, E./Lee, H.S./Siklos, P.L. (1993): On the (Mis) Specification of Seasonality and its Consequences: An Empirical Investigation with US Data, Empirical Economics, vol. 18, S. 747 - 760.

Ghysels, S./Nerlove, M. (1988): Seasonality in Surveys: A Comparison of Belgian, French and German Business Tests, European Economic Review, vol. 32, S. 81 - 99.

Ghysels, E./Perron, P. (1993): The Effect of Seasonal Adjustment Filters on Tests for a Unit Root, Journal of Econometrics, vol. 55, S. 57 - 98.

Gilbert, C.L. (1986): Professor Hendry's Econometric Methodology, Oxford Bulletin of Economics and Statistics, vol. 48, S. 283 - 307.

Godfrey, L.G (1978): Testing for Higher Order Serial Correlation in Regression Models when the Regressors Include Lagged Endogenous Variables, Econometrica, vol. 46, S. 1303 - 1310.

Gödde, R. (1988): Stabilität der Geldnachfrage und Ausgestaltung der Geldpolitik, Köln.

Goldfeld, S.M. (1973): The Demand for Money Revisited, Brookings Papers on Economic Activity, no. 3, S. 577 - 638.

Goldfeld, S.M. (1976): The Case of the Missing Money, Brookings Papers on Economic Activity, no. 3, S. 683 - 730.

Goldfeld, S.M./Sichel, D.E. (1987): Money Demand: The Effects of Inflation and Alternative Adjustment Mechanisms, The Review of Economics and Statistics, vol. 69, S. 511 - 515.

Goldfeld, S.M./Sichel, D.E. (1990): The Demand for Money, in: Friedman, B.M./Hahn, F.H. (eds.): Handbook of Monetary Economics, Chapter 8, Vol. I, Amsterdam, S. 300 - 356.

Goldsmith, R.W. (1951): A Perpetual Inventory of National Wealth, New York.

Goodfriend, M. (1985): Reinterpreting Money Demand Regressions, in: Brunner, K./Meltzer, A.H. (eds.): Understanding Monetary Regimes, Carnegie-Rochester Conference Series on Public Policy, vol. 22, S. 207 - 242.

Goodhart, C.A.E. (1984): Disequilibrium Money - A Note, in: Goodhart, C.A.E. (ed.): Monetary Theory and Practice. The UK Experience, London, S. 254 - 276.

Gordon, R.J. (1984): The Short-Run Demand for Money: A Reconsideration, Journal of Money, Credit and Banking, vol. 16, S. 403 - 434.

Granger, C.J.W. (1969): Investigating the Causal Relationships by Econometric Models and Cross Spectral Methods, Econometrica, vol. 37, S. 424 - 438.

Granger, C.W.J. (1981): Some Properties of Time Series Data and their Use in Econometric Model Specification, Journal of Econometrics, vol. 16, S. 121 - 130.

Granger, C.W.J. (1983): Co-Integrated Variables and Error-Correction Models, Discussion Paper 83:13, University of California.

Granger, C.W.J. (1986): Developments in the Study of Cointegrated Economic Variables, Oxford Bulletin of Economics and Statistics, vol. 48, S. 213 - 228.

Granger, C.W.J./Newbold, P. (1974): Spurious Regressions in Econometrics, Journal of Econometrics, vol. 2, S. 111 - 120.

Granger, C.W.J./Newbold, P. (1986): Forecasting Economic Time Series, 2nd ed., San Diego.

Granger, C.W.J./Weiss, A.A. (1983): Time Series Analysis of Error-Correcting Models, in: Karlin, S. et al. (eds): Studies in Econometrics, Time Series, and Multivariate Analysis, New York, S. 255 - 278.

Gray, M.R./Parkin, J.M. (1973): Portfolio Diversification as Optimal Precautionary Behaviour, in: Morishima, M. et al. (eds.): Theories of Demand, Real, and Monetary, London, S. 76 - 89.

Gregory, A.W. (1994): Testing for Cointegration in Linear Quadratic Models, Journal of Business and Economic Statistics, vol. 12, S. 347 - 360.

Griliches, Z. (1967): Distributed Lags: A Survey, Econometrica, vol. 35, S. 16 - 49.

Gupta, K.L./Moazzami, B. (1990): Nominal versus Real Adjustment in Demand for Money Functions, Applied Economics, vol. 22, S. 5 - 12.

Hafer, R.W. (1985): The Stability of the Money Demand Function, 1920 - 1939, Explorations in Economic History, S. 271 - 295.

Hafer, R.W./Hein S.E. (1979): Evidence on the Temporal Stability of the Demand for Money Relationship in the United States, Federal Reserve Bank of St. Louis Review, vol. 61, S. 3 - 14.

Hafer, R.W./Thornton, D.L. (1986): Price Expectations and the Demand for Money: A Comment, The Review of Economics and Statistics, vol. 68, S. 539 - 542.

Hall, R.E. (1978): Stochastic Implications of the Life-Cycle-Permanent Income Hypothesis: Theory and Evidence, Journal of Political Economy, vol. 86, S. 971 - 987.

Hall, S.G./Henry, S.G.B. (1988): Macroeconomic Modelling, Amsterdam.

Hamburger, M.J. (1977): The Demand for Money in an Open Economy: Germany and the United Kingdom, Journal of Monetary Economics, vol. 3, S. 25 - 40.

Hamilton, J.D. (1994): Time Series Analysis, Princeton.

Hanau, K. (1992): Wirtschaftsstatistik im vereinten Deutschland – einheitlich, zweigeteilt oder differenziert?, Allgemeines Statistisches Archiv, Bd. 76, S. 34 - 42.

Hannan, E.J. (1980): The Estimation of the Order of an ARMA Process, The Annals of Statistics, vol. 8, S. 1071 - 1081.

Hansen, B./Phillips, P.C.B. (1990): Estimation and Inference in Models of Cointegration: A Simulation Study, Advances in Econometrics, vol. 8, S. 225 - 248.

Hansen, G. (1991): Neuere Entwicklungen auf dem Gebiet der Ökonometrie, Zeitschrift für Wirtschafts- und Sozialwissenschaften, 111. Jg., S. 337 - 399.

Hansen, L.P./Sargent, T.J. (1980): Formulating and Estimating Dynamic Linear Rational Expectations Models, Journal of Economic Dynamics and Control, vol. 2, S. 7 - 46.

Harvey, A.C. (1981): Time Series Models, Oxford.

Harvey, A.C./Scott, A. (1994): Seasonality in Dynamic Regression Models, The Economic Journal, vol. 104, S. 1324 - 1345.

Harvey, A.C./Todd, P.H.J. (1983): Forecasting Economic Time Series with Structural and Box-Jenkins Models, Journal of Business and Economics Statistics, vol. 1, S. 299 - 315.

Hasza, D.P./Fuller, W.A. (1979): Estimation for Autoregressive Processes with Unit Roots, The Annals of Statistics, vol. 7, S. 1106 - 1120.

Hasza, D.P./Fuller, W.A. (1982): Testing for Nonstationarity Parameter Specification in Seasonal Time Series Models, Annals of Statistics, vol. 10, S. 1209 - 1216.

Haugh, A.A. (1992): Critical Values for the Phillips-Ouliaris Test for Cointegration, Oxford Bulletin of Economics and Statistics, vol. 54, S. 461 - 471.

Heller, H.R./Khan, M. (1979): The Demand for Money and the Term Structure of Interest Rates, Journal of Political Economy, vol. 87, S. 109 - 129.

Hendry, D.F. (1979): Predictive Failure and Econometric Modelling in Macroeconomics: The Transactions Demand for Money, in: Ormerod, P. (ed.): Modelling the Economy, London, S. 217 - 242.

Hendry, D.F. (1980): Econometrics – Alchemy or Science?, Economica, vol. 30, S. 193 - 200.

Hendry, D.F. (1983): Econometric Modelling: The Consumption Function in Retrospect, Scottish Journal of Political Economy, vol. 30, S. 193 - 220.

Hendry, D.F. (1984): Monetary Economic Myth and Econometric Reality, Oxford Review of Economic Policy, vol. 1, S. 72 - 83.

Hendry, D.F. (1986): Econometric Modelling with Cointegrated Variables: An Overview, Oxford Bulletin of Economics and Statistics, vol. 48, S. 201 - 212.

Hendry, D.F. (1987): Econometric Modelling: A Personal Perspective, in: Bewley, T.F. (ed.): Advances in Econometrics: Fifth World Congress, vol. 2, Cambridge.

Hendry, D.F. (1988): The Encompassing of Feedback versus Feedforward Mechanisms in Econometrics, Oxford Economic Papers, vol. 40, S. 132 - 149.

Hendry, D.F./Ericsson, N.R. (1991a): An Econometric Analysis of U.K. Money Demand in Monetary Trends in the United States and the United Kingdom by Milton Friedman and Anna J. Schwartz, The American Economic Review, vol. 81, S. 8 - 38.

Hendry, D.F./Ericsson, N.R. (1991b): Modeling the Demand for Narrow Money in the United Kingdom and the United States, European Economic Review, vol. 25, S. 833 - 886.

Hendry, D.F./Mizon, G.E. (1978): Serial Correlation as a Convenient Simplification, Not a Nuisance: A Comment on a Study of the Demand for Money by the Bank of England, The Economic Journal, vol. 88, S. 549 - 563.

Hendry, D.F./Morgan, M.S. (1986): A Re-Analysis of Confluence Analysis, Oxford Economic Papers, vol. 44, S. 35 - 52.

Hendry, D.F./Neal, A.J. (1988): Interpreting Long-Run Equilibrium Solutions in Conventional Macro Models: A Comment, The Economic Journal, vol. 98, S. 808 - 817.

Hendry, D.F./Pagan, A.R./Sargan, J.D. (1984): Dynamic Specification, in: Grilichs, Z./Intriligator, M.D. (eds.): Handbook of Econometrics, S. 1023 - 1100.

Heri, E.W. (1985): The Short-Run Demand for Money in Germany: Some Caveats for Empirical Work, Weltwirtschaftliches Archiv, Bd. 121, S. 524 - 540.

Heri, E.W. (1986): Die Geldnachfrage. Theorie und empirische Ergebnisse für die Schweiz, Berlin.

Heri, E.W./Kugler, P. (1988): Kurzfristige Dynamik und langfristige Gleichgewichte. Das Beispiel der Geldnachfrage, in: Bombach, G./Gahlen, B./Ott, A.E. (Hrsg.): Geldtheorie und Geldpolitik. Schriftenreihe des wirtschaftswissenschaftlichen Seminars Ottobeuren, Bd. 17, S. 177 - 203.

Herz, B./Röger, W. (1988): Wechsel des monetären Zwischenziels, Wirtschaftsdienst, 68. Jg., S. 163 - 168.

Herz, B./Röger, W. (1990): Evaluating Conflicting Stability Results in German Money Demand Regressions, Weltwirtschaftliches Archiv, Bd. 126, S. 691 - 708.

Hoffman, D.L./Rasche, R.H./Tieslau, M.A. (1995): The Stability of Long-Run Money Demand in Five Industrial Cointries, Journal of Monetary Economics, vol. 35, S. 317 - 339.

Hooker, M.A. (1993): Testing for Cointegration. Power versus Frequency of Observation, Economics Letters, vol. 41, S. 359 - 362.

Hurn, A.S. (1993): Seasonality, Cointegration and Error Correction: An Illustration Using South African Monetary Data, Scottish Journal of Political Economy, vol. 40, S. 311 - 322.

Hwang, H. (1985a): The Term Structure of Interest Rates in Money Demand: A Re-Evaluation, Journal of Money, Credit and Banking, vol. 17, S. 391 - 196.

Hwang, H. (1985b): Test of the Adjustment Process and Linear Homogeneity in a Stock Adjustment Model of Money Demand, The Review of Economics and Statistics, vol. 67, S. 689 - 692.

Hylleberg, S./Engle, R.F./Granger, C.W.J./Yoo, B.S. (1990): Seasonal Integration and Cointegration, Journal of Econometrics, vol. 44, S. 215 - 238.

Hylleberg, S./Jorgenson, C./Sorensen, N. (1993): Seasonality in Macroeconomic Time Series, Empirical Economics, vol. 18, S. 321 - 335.

Issing, O. (1987): Der Euro-DM-Markt und die Deutsche Geldpolitik, in: Gutkowski, A. (Hrsg.): Geldpolitische Regelbindung: Theoretische Entwicklung und empirische Befunde, Berlin, S. 163 - 191.

Issing, O./Tödter, K.-H. (1995): Geldmenge und Preise im vereinten Deutschland, in: Duwendag, D. (Hrsg.): Neuere Entwicklungen in der Geldtheorie und Währungspolitik, Schriften des Vereins für Socialpolitik, Bd. 235, Berlin, S. 97 - 123.

Issing, O./Tödter, K.-H./Herrmann, H./Reimers, H.-E. (1993): Zinsgewichtete Geldmengenaggregate und M3 - ein Vergleich, Kredit und Kapital, 26. Jg., S. 1 - 21.

Jarque, C.E./Bera, A. (1980): Efficient Tests for Normality, Homoscedasticity, and Serial Independence of Regression Residuals, Economics Letters, vol. 6, S. 255 - 259.

Johansen, S. (1988): Statistical Analysis of Cointegrating Vectors, Journal of Economic Dynamics and Control, vol. 12, S. 231 - 254.

Johansen, S. (1991): Estimation and Hypothesis Testing of Cointegration Vectors in Gaussian Vector Autoregressive Models, Econometrica, vol. 59, S. 1551 - 1580.

Johansen, S./Juselius, K. (1990): Maximum Likelihood Estimation and Inference on Cointegration – With Applications to the Demand for Money, Oxford Bulletin of Economics and Statistics, vol. 52, S. 169 - 210.

Johansen, S./Juselius, K. (1992): Testing Structural Hypotheses in a Multivariate Cointegration Analysis of the PPP and the UIP for UK, Journal of Econometrics, vol. 53, S. 211 - 24.

Jonson, P.D. (1976a): Money and Economic Activity in the Open Economy: The United Kingdom 1880 - 1970, Journal of Political Economy, vol. 84, S. 979 - 1012.

Jonson, P.D. (1976b): Money, Prices and Output: An Integrative Essay, Kredit und Kapital, 9. Jg., S. 499 - 518.

Judd, J.P. (1983): Deregulated Deposit Rates and Monetary Policy, The Federal Reserve Bank of San Fransisco Economic Review, vol. 65, S. 27 - 44.

Judd, J.P./Scadding, J.L. (1982a): Dynamic Adjustment in the Demand for Money: Tests of Alternative Hypotheses, Federal Reserve Bank of San Fransisco Review, vol. 64, S. 19 - 30.

Judd, J.P./Scadding, J.L. (1982b): The Search for a Stable Money Demand Function: A Survey of Post-1973 Literature, Journal of Economic Literature, vol. 20, S. 993 - 1023.

Kanniainen, V./Tarkka, J. (1986): On the Shock-Absorption View of Money: International Evidence from the 1960s and 1970s, Applied Economics, vol. 18, S. 1085 - 1101.

Kelly, C.M. (1985): A Cautionary Note on the Interpretation of Long-Run Equilibrium Solutions of Conventional Macro Models, The Economic Journal, vol. 95, S. 1078 - 1086.

Kennan, J. (1979): The Estimation of Partial Adjustment Models with Rational Expectations, Econometrica, vol. 47, S. 1441 - 1456.

Kennan, J. (1988): An Econometric Analysis of Fluctuations in Aggregate Labor Supply and Demand, Econometrica, vol. 56, S. 317 - 333.

Ketterer, K.-J. (1988): Finanzinnovationen und Geldpolitik. Einige Ergebnisse im Überblick, in: Gutowsky, A. (Hrsg.): Neue Instrumente an den Finanzmärkten: Geldpolitische und bankenaufsichtliche Aspekte, Berlin S. 91 - 111.

Keynes, J.M. (1936): The General Theory of Employment, Interest and Money, New York.

Khan, M.S./Knight, M.D. (1982): Unanticipated Monetary Growth and Inflationary Finance, Journal of Money, Credit, and Banking, vol. 14, S. 347 - 364.

Kirchgässner, G. (1983): Size and Development of the West German Shadow Economy, 1955 - 1980, Zeitschrift für die gesamte Staatswissenschaft, 139. Jg., S. 197 - 214.

Kirchgässner, G./Wolters, J. (1992): Implications of Temporal Aggregation on the Relation between Two Time Series, Statistical Papers, vol. 33, S. 1 - 19.

Klein, B. (1977): The Demand for Quality Adjusted Cash Balances: Price Uncertainty in the U.S. Demand for Money Function, Journal of Political Economy, vol. 85, S. 691 - 716.

Klein, L.R. (1969): Estimation of Interdependent Systems in Macro-Econometrics, Econometrica, vol. 37, S. 171 - 192.

Kmenta, J. (1986): Elements of Econometrics, 2nd ed., New York.

König, H. (1968): Einkommenskreislaufgeschwindigkeit des Geldes und Zinssatzveränderungen: Eine ökonometrische Studie über die Geldnachfrage der Bundesrepublik Deutschland, Zeitschrift für die gesamte Staatswissenschaft, Bd. 124, S. 70 - 90.

Kohli, U. (1987): Exogenous Money, Monetary (Dis)equilibrium and Expectational Lags, Kredit und Kapital, 20. Jg., S. 179 - 199.

Koyck, L.M. (1954): Distributed Lags and Investment Analysis, Amsterdam.

Kunst, R. (1993): Seasonal Cointegration in Macroeconomic Systems: Case Studies for Small and Large European Countries, The Review of Economics and Statistics, vol. 75, S. 325 - 330.

Laidler, D.E.W. (1966): Some Evidence on the Demand for Money, Journal of Political Economy, vol. 74, S. 55 - 68.

Laidler, D.E.W. (1980): The Demand for Money in the United States - Yet Again, in: Brunner, K./Meltzer, A.H. (eds.): On the State of Macro-Economics, Carnegie-Rochester Conference Series on Public Policy, vol. 17, S. 219 - 271.

Laidler, D.E.W. (1982): Monetarist Perspectives, Oxford.

Laidler, D.E.W. (1984): The Buffer Stock Notion in Monetary Economics, Conference Proceedings, Supplement to the Economic Journal, vol. 94, S. 17 - 34.

Laidler, D.E.W. (1987): Buffer Stock Money and the Transmission Mechanism, Federal Reserve Bank of Atlanta Economic Review, vol. 72, S. 11 - 23.

Laidler, D.E.W. (1988): Some Macroeconomic Implications of Price-Stickiness, The Manchester School of Economics and Statistics, vol. 56, S. 37 - 54.

Laidler, D.E.W. (1993): The Demand for Money: Theories, Evidence, and Problems, 4th ed., New York.

Langfeldt, E./Lehment, H. (1980): Welche Bedeutung haben "Sonderfaktoren" für die Erklärung der Geldnachfrage in der Bundesrepublik Deutschland?, Weltwirtschaftliches Archiv, Bd. 116, S. 669 - 684.

Lastrapes, W.D./Selgin, G. (1994): Buffer-Stock Money: Interpreting Short-Run Dynamics Using Long-Run Restrictions, Journal of Money, Credit, and Banking, vol. 26, S. 34 - 53.

Lee, H.S. (1992): Maximum Likelihood Inference on Cointegration and Seasonal Cointegration, Journal of Econometrics, vol. 54, S. 1 - 47.

Lee, H.S./Siklos, P.L. (1991): Unit Roots and Seasonal Unit Roots in Macroeconomic Time Series: Canadian Evidence, Economics Letters, vol. 35, S. 273 - 277.

Lee, H.S./Siklos, P.L. (1993): The Influence of Seasonal Adjustment on the Canadian Consumption Function, 1947 - 1991, Canadian Journal of Economics, vol. 26, S. 575 - 589.

Leventakis, J.A./Brissimis, S.N. (1991): Instability of the U.S. Money Demand Function, Journal of Economic Surveys, vol. 5, S. 131 - 161.

Lieberman, C. (1977): The Transactions Demand for Money and Technological Change, The Review of Economics and Statistics, vol. 59, S. 307 - 317.

Loef, H.-E. (1980): Exchange Rate, Inflation Rate, Expectations and the Demand for Money: Germany 1970 - 1978, Diskussionsbeiträge der Fakultät für Wirtschaftswissenschaften und Statistik der Universität Konstanz, Serie A, Nr. 135.

Loef, H.-E. (1982): Geldnachfrage in einer offenen Volkswirtschaft: Bundesrepublik Deutschland 1970 - 1979, Kredit und Kapital, 15. Jg., S. 517 - 537.

Lothian, J.R./Darby, M.R./Tindall, M. (1990): Buffer Stock Models for Money and the Conduct of Monetary Policy, Journal of Policy Modeling, vol. 12, S. 325 - 345.

Lucas, R.E.Jr. (1972): Expectations and the Neutrality of Money, Journal of Economic Theory, vol. 4, S. 103 - 124.

Lucas, R.E.Jr. (1973): Some International Evidence of Output-Inflation Tradeoffs, The American Economic Review, vol. 63, S. 326 - 334.

Lucas, R.E.Jr. (1976): Econometric Policy Evaluation: A Critique, in: Brunner, K./Meltzer, A. (eds.): The Phillips Curve and the Labor Markets, Carnegie-Rochester Conference Series on Public Policy, vol. 12, S. 19 - 45.

Lütkepohl, H. (1991a): Analyse trendbehafteter multipler Zeitreihen, Allgemeines Statistisches Archiv, 75. Bd., S. 103 - 123.

Lütkepohl, H. (1991b): Introduction to Multiple Time Series Analysis, Berlin.

MacKinnon, J.G./Milbourne, R.D. (1984): Monetary Anticipations and the Demand for Money, Journal of Monetary Economics, vol. 13, S. 263 - 274.

MacKinnon, J.G./Milbourne, R.D. (1988): Are Price Equations Really Money Demand Equations on their Heads?, Journal of Applied Econometrics, vol. 3, S. 295 - 305.

Mankiw, N.G./Summers, L.H. (1986): Money Demand and the Effects of Fiscal Policies, Journal of Money, Credit and Banking, vol. 18, S. 415 - 429.

McCallum, B.T. (1976): Rational Expectations and the Estimation of Econometric Models: An Alternative Procedure, International Economic Review, vol. 17, S. 484 - 490.

McDermott, C.J. (1990): Cointegration: Origins and Significance for Economists, New Zealand Economic Papers, vol. 24, S. 1 - 23.

Meese, R. (1980): Dynamic Demand Schedules for Labor and Capital Under Rational Expectations, Journal of Econometrics, vol. 14, S. 141 - 158.

Michael, P./Nobay, A.R./Peel, D.A. (1994): The German Hyperinflation and the Demand for Money Revisited, International Economic Review, vol. 35, S. 1 - 22.

Milbourne, R. (1983a): Optimal Money Holdings under Uncertainty, International Economic Review, vol. 24, S. 685 - 698.

Milbourne, R. (1983b): Price Expectations and the Demand for Money: Resolution of a Paradox, The Review of Economics and Statistics, vol. 65, S. 633 - 638.

Milbourne, R. (1986): Price Expectations and the Demand for Money: Reply, The Review of Economics and Statistics, vol. 68, S. 543 - 544.

Milbourne, R. (1987): Re-Examining the Buffer-Stock Model of Money, Supplement to the Economic Journal, vol. 97, S. 130 - 142.

Milbourne, R. (1988): Disequilibrium Buffer Stock Models: A Survey, Journal of Economic Surveys, vol. 2, S. 187 - 208.

Milbourne, R./Buckholtz, P./Wasan, M.T. (1983): A Theoretical Derivation of the Functional Form of Short Run Money Holdings, The Review of Economic Studies, vol. 50, S. 531 - 541.

Miller, S.M. (1991): Monetary Dynamics: An Application of Cointegration and Error-Correction Modeling, Journal of Money, Credit, and Banking, vol. 23, S. 139 - 154.

Miller, M.H./Orr, D. (1966): A Model of the Demand for Money by Firms, Quarterly Journal of Economics, vol. 80, S. 413 - 435.

Mills, T.C. (1990): Time Series Techniques for Economists, Cambridge.

Mishkin, F.S. (1982): Does Anticipated Money Policy Matter? An Econometric Investigation, Journal of Political Economy, vol. 90, S. 22 - 51.

Mishkin, F.S. (1983): A Rational Expectations Approach to Macroeconomics: Testing Policy Inefficient and Efficient Markets Models, Chicago.

Mishkin, F.S. (1993): Comments on Monetary Union, Money Demand, and Money Supply: A Review of the German Monetary Union by Jürgen von Hagen, European Economic Review, vol. 37, S. 832 - 836.

Mizen, P. (1992): Should Buffer Stock Theorists be Broad- or Norrow-Minded? Some Answers from Aggregate U.K. Data: 1966-1989, The Manchester School of Economic and Social Studies, vol. 60, S. 403 - 418.

Mizen, P. (1994): Buffer Stock Models and the Demand for Money, New York.

Müller, H. (1969): Die Geldnachfragefunktion. Theorie und Test, Gießen.

Muscatelli, V.A. (1988): Alternative Models of Buffer Stock Money: An Empirical Investigation, Scottish Journal of Political Economy, vol. 35, S. 1 - 21.

Muscatelli, V.A. (1989): A Comparison of the 'Rational Expectations' and 'General to Specific' Approaches to Modelling the Demand for M1, Oxford Bulletin of Economics and Statistics, vol. 51, S. 353 - 375.

Muscatelli, V.A./Hurn, S. (1992): Cointegration and Dynamic Time Series Models, Journal of Economic Surveys, vol. 6, S. 1 - 43.

Nasseh, A. (1989): The UK's Demand for Money and the Choice of the Scale Variable and the Interest Rate: An Application of Non-Nested Tests, Applied Economics, vol. 21, S. 973 - 982.

Nelson, C.R./Plosser, C.I. (1982): Trends and Random Walks in Macroeconomic Time Series, Journal of Monetary Economics, vol. 10, S. 139 - 162.

Neumann, M.J.M. (1983): Stabilität der Geldnachfrage und Geldpolitik, Wirtschaftsdienst, 63. Jg., S. 415 - 420.

Neumann, M.J.M. (1986): Die Grundgeldmenge - Ein neuer Indikator der Geldpolitik, Weltwirtschaftliches Archiv, Bd. 122, S. 520 - 532.

Neumann, M.J.M./von Hagen, J. (1987): Theoretische und empirische Grundlagen von Geldmengenzielen und ihrer Realisierung, in: Gutowski, A. (Hrsg.): Geldpolitische Regelbindung: Theoretische Entwicklungen und empirische Befunde, Berlin, S. 63 - 111.

Newbold, P./Davies, N. (1978): Error Mis-Specification and Spurious Regressions, International Economic Review, vol. 7, S. 127 - 175.

Nickell, S.J. (1985): Error Correction, Partial Adjustment and All That: An Expository Note, Oxford Bulletin of Economics and Statistics, vol. 47, S. 119 - 129.

Osborn, D.R. (1990): A Survey of Seasonality in UK Macroeconomic Variables, International Journal of Forecasting, vol. 6, S. 327 - 336.

Osborn, D.R./Chui, A.P.L./Smith, J.P./Birchenhall, C.R. (1988): Seasonality and the Order of Integration for Consumption, Oxford Bulletin of Economics and Statistics, vol. 50, S. 361 - 377.

Oxley, L./McAleer, M. (1993): Econometric Issues in Macroeconomic Models with Generated Regressors, Journal of Economic Surveys, vol. 7, S. 1 - 39.

Pagan, A.R. (1984): Econometric Issues in the Analysis of Regressions with Generated Regressors, International Economic Review, vol. 25, S. 221 - 248.

Pagan, A.R./Wickens, M.S. (1989): A Survey of Some Recent Econometric Methods, The Economic Journal, vol. 99, S. 962 - 1025.

Park, J.Y./Phillips, P.C.P. (1988): Statistical Inference in Regressions with Integrated Processes: Part I, Economic Theory, vol. 4, S. 468 - 497.

Park, J.Y./Phillips, P.C.P. (1989): Statistical Inference in Regressions with Integrated Processes: Part II, Economic Theory, vol. 5, S. 95 - 131.

Perron, P. (1988): Trends and Random Walks in Macroeconomic Time Series. Further Evidence from a New Approach, Journal of Economic Dynamics and Control, vol. 12, S. 297 - 332.

Pesando, J.E. (1979): On the Random Walk Characteristics of Short- and Long-Term Interest Rates In an Efficient Market, Journal of Money, Credit, and Banking, vol. 11, S. 457 - 466.

Phillips, P.C.B. (1986): Understanding Spurious Regressions in Econometrics, Journal of Econometrics, vol. 33, S. 311 - 340.

Phillips, P.C.B. (1987): Time Series Regression with a Unit Root, Econometrica, vol. 55, S. 277 - 301.

Phillips, P.C.B. (1991): Optimal Inferences in Cointegrated Systems, Econometrica, vol. 59, S. 283 - 326.

Phillips, P.C.B./Durlauf, S.N. (1986): Multiple Time Series Regression with Integrated Processes, Review of Economic Studies, vol. 53, S. 473 - 495.

Phillips, P.C.B./Ouliaris, S. (1990): Asymptotic Properties of Residual Based Tests for Cointegration, Econometrica, vol. 58, S. 165 - 193.

Phillips, P.C.B./Perron, P. (1987): Testing for a Unit Root in Time Series Regression, Biometrika, vol. 75, S. 335 - 346.

Phylaktis, K./Taylor, M.P. (1993): Money Demand, the Cagan Model and the Inflation Tax: Some Latin American Evidence, The Review of Economics and Statistics, vol. 75, S. 32 - 37.

Pindyck, R.S./Rubinfeld, D.L. (1993): Econometric Models and Economic Forecasts, 4th ed., New York.

Plosser, C.I./Schwert, G.W. (1978): Money, Income, and Sunspots: Measuring Economic Relationships and the Effects of Differencing, Journal of Monetary Economics, vol. 4, S. 637 - 660.

Poniachek, H.A. (1980): Alternative Definitions of Money in an Open Economy: The Case of West Germany, Kredit und Kapital, 13. Jg., S. 1 - 20.

Poole, W. (1988): Monetary Policy Lessons of Recent Inflation and Disinflation, Journal of Economic Perspectives, vol. 2, S. 73 - 100.

Quandt, R.E. (1958): The Estimation of the Parameters of Linear Regression Obeying Two Separate Regimes, Journal of the American Statistical Association, vol. 53, S. 873 - 880.

Quandt, R.E. (1960): Test of the Hypothesis that a Linear Regression System Obeys Two Separate Regimes, Journal of the American Statistical Association, vol. 55, S. 324 - 330.

Radecki, L.J./Wenniger, J. (1985): Recent Instability in M1's Velocity, Federal Reserve Bank of New York Quarterly Review, vol. 10, S. 16 - 22.

Ram, R. (1982): Recent Instability of the Demand for Money. Another Test of Stability, Southern Economic Journal, vol. 48, S. 1083 - 1087.

Ramsey, J.B. (1974): Classical Model Selection through Specification Error Tests, in: Zarembka, P. (ed.): Frontiers of Econometrics, New York, S. 13 - 47.

Rinne, H. (1994): Wirtschafts- und Bevölkerungsstatistik, München.

Rissanen, J. (1978): Modelling by Shortest Data Description, Automatica, vol. 14, S. 465 - 471.

Roley, V.V. (1985): Money Demand Predictability, Journal of Money, Credit and Banking, vol. 17, S. 611 - 641.

Roskamp, K.W./Laumas, G.S. (1969): The Rate of Interest and the Demand for Money. Some Empirical Evidence from the West German Economy, 1953 - 1965, Weltwirtschaftliches Archiv, Bd. 102, S. 150 - 155.

Roskamp, K.W./Laumas, G.S. (1970): The Demand for Monetary Assets in the West German Economy: Evidence from Short-Run Data, Zeitschrift für die gesamte Staatswissenschaft, Bd. 126, S. 469 - 483.

Rossiter, R. (1991): The Demand for Money: A Rational Expectations Approach: A Comment, The Review of Economics and Statistics, vol. 73, S. 749 - 751.

Rüdel, T. (1989): Kointegration und Fehlerkorrekturmodelle. Mit einer empirischen Anwendung zur Geldnachfrage in der Bundesrepublik Deutschland, Heidelberg.

Sachverständigenrat (1978): Sachverständigenrat zur Begutachtung der gesamtwirtschaftlichen Entwicklung, Wachstum und Währung, Jahresgutachten 1978/1979, Stuttgart.

Santomero, A.M./Seater, J.J. (1981): Partial Adjustment in the Demand for Money: Theory and Empirics, The American Economic Review, vol. 71, S. 566 - 578.

Sargan, J.D./Bhargava, A. (1983): Testing Residuals from Least Squares Regression for being Generated by the Gaussian Random Walk, Econometrica, vol. 51, 153 - 174.

Sargent, T.J. (1977): The Demand for Money During Hyperinflation under Rational Expectations, International Economic Review, vol. 18, S. 59 - 82.

Sargent, T.J. (1978a): Rational Expectations, Econometric Exogeneity and Consumption, Journal of Political Economy, vol. 86, S. 673 - 700.

Sargent, T.J. (1978b): Estimation of Dynamic Labour Demand Schedules under Rational Expectations, Journal of Political Economy, vol. 86, S. 1009 - 1044.

Sargent, T.J. (1979): Macroeconomic Theory, New York.

Sargent, T.J. (1981): Interpreting Economic Time Series, Journal of Political Economy, vol. 89, S. 213 - 248.

Sargent, T.J./Wallace, N. (1975): Rational Expectations, the Optimal Monetary Instrument, and the Optimal Money Supply Rule, Journal of Political Economy, vol. 83, S. 241 - 254.

Sauer, C. (1992): Money Illusion and the Long-Run Demand for Money in Germany, Konjunkturpolitik, 38. Jg., S. 340 - 352.

Schlomann, H. (1988): Zur Spezifikation einer Geldnachfrage für die Bundesrepublik Deutschland von 1974 - 1986, Ifo-Studien, Bd. 34, S. 43 - 68.

Schröder, W. (1983a): Ist die Geldnachfragefunktion in der Bundesrepublik Deutschland hinreichend stabil, um eine potentialorientierte Geldmengenpolitik zu rechtfertigen? Hamburger Jahrbuch für Wirtschafts- und Gesellschaftspolitik, 28. Jg., S. 73 - 87.

Schröder, W. (1983b): Wie stabil ist die Geldnachfragefunktion? Wirtschaftsdienst, 63. Jg., S. 464 - 465.

Schwarz, G. (1978): Estimation the Dimension of a Model, The Annals of Statistics, vol. 6, S. 461 - 464.

Seitz, F. (1995): Der DM-Umlauf im Ausland, Diskussionspapier 1/95, Volkswirtschaftliche Forschungsgruppe der Deutschen Bundesbank.

Serletis, A. (1991): The Demand for Divisia Money in the United States: A Dynamic Flexible Demand System, Journal of Money, Credit, and Banking, vol. 23, S. 35 - 52.

Serletis, A./Robb, A.L. (1986): Divisia Aggregation and Substitutability among Monetary Assets, Journal of Money, Credit and Banking, vol. 18, S. 430 - 446.

Sidrauski, M. (1967): Rational Choice and Patterns of Growth in a Monetary Economy, The American Economic Review, vol. 57, S. 534 - 544.

Siklos, P.L. (1991): War Finance, Reconstruction, Hyperinflation and Stabilization in Hungary, 1938-48, Oxford.

Siklos, P.L. (1993): Income Velocity and Institutional Change: Some New Time Series Evidence, 1870-1986, Journal of Money, Credit, and Banking, vol. 25, S. 376 - 392.

Sims, C.A. (1980): Macroeconomics and Reality, Econometrica, vol. 48, S. 1 - 48.

Smirlock, M. (1982): Inflation Uncertainty and the Demand for Money, Economic Inquiry, vol. 20, S. 355 - 365.

Spencer, D.E. (1985): Money Demand and the Price Level, The Review of Economics and Statistics, vol. 67, S. 490 - 496.

Starleaf, D.R. (1970): The Specification of Money Demand-Supply Models which Involve the Use of Distribution Lags, Journal of Finance, vol. 25, S. 743 - 760.

Statistisches Bundesamt (1993): Statistisches Jahrbuch 1993 für die Bundesrepublik Deutschland, Stuttgart.

Statistisches Bundesamt (1994a): Statistisches Jahrbuch 1994 für die Bundesrepublik Deutschland, Stuttgart.

Statistisches Bundesamt (1994b): Bruttoinlandsprodukt 1993, Wirtschaft und Statistik, Heft 1, S. 11 - 22.

Statistisches Bundesamt (1994c): Volkswirtschaftliche Gesamtrechnungen 1. Halbjahr 1994, Wirtschaft und Statistik, Heft 4, S. 695 - 716.

Stevenson, A./Muscatelli, V./Gregory, M. (1988): Macroeconomic Theory and Stabilisation Policy, New York.

Stewart, J. (1991): Econometrics, New York.

Stewart, M.B./Wallis, K.F. (1981): Introductory Econometrics, 2nd ed., Oxford.

Stock, J.H. (1987): Asymptotic Properties of Least Squares Estimators of Co-Integrating Vectors, Econometrica, vol. 55, S. 1035 - 1056.

Stock, J.H./Watson, M.W. (1988): Variable Trends in Economic Time Series, Journal of Economic Perspectives, vol. 2, S. 147 - 174.

Sumner, M. (1991): Leakages from the Money Demand Function, Applied Economics, vol. 23, S. 531 - 534.

Swoffort, J.L./Whitney, G.A. (1991): The Composition and Construction of Monetary Aggregates, Economic Inquiry, vol. 29, S. 752 - 761.

Tanzi, V. (1980): The Underground Economy in the United States: Estimates and Implications, Banca Nazionale del Lavoro, vol. 33, S. 427 - 453.

Tanzi, V. (1983): The Underground Economy in the United States: Annual Estimates, 1930 - 1980, IMF Staff Papers, vol. 30, S. 283 - 305.

Tavlas, G.S. (1989): The Demand for Money in South Africa: A Test of the Buffer Stock Model, The South Africa Journal of Economics, vol. 57, S. 1 - 13.

Taylor, J.B. (1979): Staggered Wage Setting in Macroeconomic Model, The American Economic Review, Papers and Proceedings, vol. 69, S. 108 - 113.

Taylor, M.P. (1986): From the General to the Specific: The Demand for M2 in Three European Countries, Empirical Economics, vol. 11, S. 243 - 261.

Taylor, M.P. (1987): On Long-Run Solutions to Dynamic Econometric Equations under Rational Expectations, The Economic Journal, vol. 97, S. 215 - 218.

Taylor, M.P. (1991): The Hyperinflation Model of Money Demand Revisited, Journal of Money, Credit, and Banking, vol. 23, S. 327 - 351.

Taylor, M.P. (1994): On Reinterpreting of Money Demand Regressions, Journal of Money, Credit, and Banking, vol. 26, S. 851 - 866.

Thornton, D.L./Yue, P. (1992): An Extended Series of Divisia Monetary Aggregates, Federal Reserve Bank of St. Louis Economic Review, vol. 74, S. 25 - 52.

Thornton, J. (1990): Money Supply Shocks and the Demand for Money in Germany, Economic Notes, vol. 3, 441 - 447.

Timmermann, A. (1995): Cointegration Tests of Present Value Models with a Time-Varying Discount Factor, Journal of Applied Econometrics, vol. 10, S. 17 - 31.

Tödter, K.-H. (1994): Eine transaktionsorientierte Geldmenge, Kredit und Kapital, 27. Jg., S. 319 - 347.

Tobin, J. (1956): The Interest Elasticity of the Transactions Demand for Cash, The Review of Economics and Statistics, vol. 38, S. 241 - 247.

Trehan, B. (1988): The Practice of Monetary Targeting: A Case of the West German Experience, Federal Reserve Bank of San Fransisco, Spring, S. 30 - 44.

Tucker, D. (1966): Dynamic Income Adjustment to Money Supply Changes, The American Economic Review, vol. 59, S. 433 - 449.

Url, T./Wehinger, G. (1990): The Nature of Austrian Macroeconomic Time Series. Unit Root Tests, Empirica, vol. 17, S. 131 - 154.

Vital, C. (1978): Geldnachfragegleichungen für die Schweiz, Zürich.

von Hagen, J. (1993): Monetary Union, Money Demand, and Money Supply, European Economic Review, vol. 37, S. 803 - 836.

von Hagen, J./Neumann, M.J.M. (1988): Instability versus Dynamics. A Study in West German Demand for Money, Journal of Macroeconomics, vol. 10, S. 327 - 349.

Wallis, K.F. (1974): Seasonal Adjustment and Relations between Variables, Journal of the American Statistical Association, vol. 69, S. 18 - 32.

Walters, A.A. (1967): The Demand for Money - The Dynamic Properties of the Multiplier, The Journal of Political Economy, vol. 75, S. 293 - 298.

Weber, A.A. (1988): Neue Klassische Makroökonomie, rationale Erwartungen und kontemporäre Information: Theoretische Analyse, ökonometrische Testprobleme und empirische Evidenz für die Bundesrepublik Deutschland unter Verwendung des Kalman-Filters, Frankfurt/M.

Weber, A.A. (1991): EMU and Asymmetries and Adjustment Problems in the EMS - Some Empirical Evidence, European Economy, Special Edition No. 1, S. 187 - 207.

Weinrobe, M.D. (1972): A Simple Model of the Precautionary Demand for Money, Southern Economic Journal, vol. 39, S. 11 - 18.

West, K.D. (1988): Asymptotic Normality, when Regressors have a Unit Root, Econometrica, vol. 56, S. 1397 - 1417.

Westphal, U. (1970): Theoretische und empirische Untersuchungen zur Geldnachfrage und zum Geldangebot, Kieler Studien, Tübingen.

Westphal, U./Kuhnert, S. (1995): Geldpolitik und Preisentwicklung in der Bundesrepublik Deutschland: Eine disaggregierte Analyse, in: Duwendag, D. (Hrsg.): Neuere Entwicklungen in der Geldtheorie und Währungspolitik, Schriften des Vereins für Socialpolitik, Bd. 235, Berlin, S. 72 - 95.

White, H. (1980): A Heteroscedastic-Consistent Covariance Matrix and a Direct Test for Heterocedasticity, Econometrica, vol. 48, S. 421 - 448.

White, W.H. (1978): Improving the Demand for Money Function in Moderate Inflation, IMF Staff Papers, vol. 25, S. 564 - 607.

White, W.H. (1981): The Case For and Against "Disequilibrium" Money, IMF Staff Papers, vol. 28, S. 534 - 573.

Wickens, M.R. (1982): The Efficient Estimation of Econometric Models with Rational Expectations, Review of Economic Studies, vol. 44, S. 55 - 67.

Willms, M./Clausen, V. (1995): Der Bufferstock-Ansatz der Geldnachfrage, in: Duwendag, D. (Hrsg.): Neuere Entwicklungen in der Geldtheorie und Währungspolitik, Schriften des Vereins für Socialpolitik, Bd. 235, Berlin, S. 11 - 44.

Woll, A. (1969): Die Theorie der Geldnachfrage: Analytische Ansätze und statistische Ergebnisse für die Bundesrepublik Deutschland, Zeitschrift für die gesamte Staatswissenschaft, Bd. 125, S. 56 - 81.

Wolters, J. (1991): Alternative Ansätze zur Messung der Persistenz in ökonomischen Zeitreihen, Allgemeines Statistisches Archiv, 75. Bd., S. 184 - 196.

Workings, H. (1960): Note on the Correlation of First Differences of Averages in a Random Walk, Econometrica, vol. 28, S. 916 - 918.

Yue, P./Fluri, R. (1991): Divisia Monetary Services Indexes for Switzerland: Are they Useful for Monetary Targeting?, Federal Reserve Bank of St. Louis Review, vol. 73, S. 19 - 33.

GPSR Compliance

The European Union's (EU) General Product Safety Regulation (GPSR) is a set of rules that requires consumer products to be safe and our obligations to ensure this.

If you have any concerns about our products, you can contact us on ProductSafety@springernature.com

In case Publisher is established outside the EU, the EU authorized representative is:

Springer Nature Customer Service Center GmbH
Europaplatz 3
69115 Heidelberg, Germany

Batch number: 10809466

Printed by Printforce, the Netherlands